高等教育国家级一流本科专业·公共管理教学用书

"教学名师"优秀作品

公共政策导论

第2版

张红凤　主编

张　莹　张电电　韩　瑢　副主编

上海财经大学出版社

图书在版编目(CIP)数据

公共政策导论 / 张红凤主编. —2 版. —上海：上海财经大学出版社，2023.1
高等教育国家级一流本科专业·公共管理教学用书
ISBN 978-7-5642-3796-7/F.3796

Ⅰ.①公… Ⅱ.①张… Ⅲ.①公共政策-高等学校-教材 Ⅳ.①D035-01

中国版本图书馆 CIP 数据核字(2022)第 200272 号

□ 责任编辑　李嘉毅
□ 封面设计　张克瑶

公共政策导论

(第二版)

张红凤　主编

上海财经大学出版社出版发行
(上海市中山北一路 369 号　邮编 200083)
网　　址：http://www.sufep.com
电子邮箱：webmaster @ sufep.com
全国新华书店经销
上海新文印刷厂有限公司印刷装订
2023 年 1 月第 2 版　2023 年 1 月第 1 次印刷

787mm×1092mm　1/16　18 印张(插页：2)　438 千字
印数：11 501－14 500　定价：56.00 元

前言
FOREWORD

随着社会问题日趋复杂,公众关心的不再是抽象的理念,而是与切身利益密切相关的公共问题,如犯罪与社会安全、不公平与经济发展、污染与环境保护,以及教育、医疗卫生、社会保障、住房等问题。这些问题的解决都离不开公共政策。以人口政策为例,为缓解人口红利逐步消失、人口快速老龄化的问题,在计划生育基本国策的基础上,2013年出台的"单独二孩"政策标志着中国人口生育政策逐步趋向宽松,2015年"全面二孩"政策出台,2021年"三孩政策"实施,表明了中国人口生育政策依据中国人口总量和人口结构变化不断调整的基本准则。无论重大或细微,直接或间接,每个人、每个领域都处于公共政策的影响下,公共政策已然成为经济社会发展不可或缺的重要组成部分,这对政府制定公共政策的质量和实施公共政策的能力等提出了更高的要求。基于上述需求,公共政策学——一门能够兼容各相关学科的优势,且能够解决各种公共政策问题的学科应运而生。

纵观历史,无论是西方国家还是中国,在治理与管理活动中,有关公共政策的知识、思想和观点不断丰富并发展。在西方,公共政策学的出现被认为是西方政治学、公共行政学乃至整个西方社会科学的一次"革命"。其本身具有极强的实践性,自产生后迅猛发展,成为第二次世界大战后社会科学领域发展最快、影响最大、应用最广、社会效用最明显的学科之一。在中国,《史记》《资治通鉴》等名典通过总结前朝以及更久远的统治者施政的经验教训,作为当今和以后统治者施政的借鉴,可以称为早期朴素的政策研究著作。改革开放后,现代化建设迫切需要加强对公共政策制定和执行的研究,进而完善公共政策运行机制、提高政府工作效率。公共政策学在中国的发展迎来了春天。

当今世界正经历百年未有之大变局,新一轮科技革命和产业变革深入发展,各国力量对比深刻调整。中国已转向高质量发展阶段,制度优势显著,治理效能提升,经济长期向好,发展韧性强劲,社会大局稳定,继续发展具有多方面的优势和条件;但同时,中国发展不平衡、不充分问题仍然突出,重点领域、关键环节改革任务仍然艰巨。党的十九届五中全会指出,必须"全面深化改革,构建高水平社会主义市场经济体制。充分发挥市场在资源配置中的决定性作用,更好发挥政府作用,推动有效市场和有为政府更好结合""激发各类市场主体活力,完善宏观经济治理,建立现代财税金融体制,建设高标准市场体系,加快转变政府职能"。一系列矛盾的解决及重点领域、关键环节的改革有赖于政府制定和实施科学的公共政策,更加有效地发挥其主导作用,这对公共政策学研究提出了更高的要求。

西方在政策实践与政策研究方面开展得较早,且政府行为具有一定的共性,对中国的政策实践活动与政策研究具有一定的借鉴意义。但要讲好"公共政策学"这门课,就需要进行

"中国化"。在中国七十多年的政策实践中，我们经历过挫折，也取得了很多成就。将这些重要的历史事实与政策理论相结合，一方面可以印证理论的适用性，另一方面可以反映理论的局限性和发展方向，更重要的是对中国建设、发展历史过程的回顾有助于唤起学生的家国情怀，树立学生的道路自信、理论自信、制度自信和文化自信，以期达到"润物细无声"的效果。

本书基于目前中国处在世界百年未有之大变局的时代背景，"以中国为观照、以时代为观照"，考虑中国经济社会全面转型时期的各种矛盾，在保证规范性的前提下，构建更加符合中国公共政策教学与实践要求、满足学生学习需求的本土化理论框架，强调理论的具体应用，并注重对实际问题的分析和解决；全面、系统地介绍了当代公共政策分析领域基本、主要的概念、范畴、原理和分析方法，客观、公正地评析了国内外代表性人物的标志性成果，反映了当代公共政策分析领域的重要研究动态和最新发展趋势。本书的特色及创新点主要在于：

一是注意引进、消化和吸收当代国外政策科学的研究成果，特别注意跟踪当代西方政策科学发展的最新趋势，借鉴和吸收其最新的理论与方法成果。

二是立足于国情，紧密结合当前中国的政策实践，以中国的政策系统、政策过程以及政策实践作为研究对象，并注意总结具有中国特色的政策实践经验。

三是全面准确把握新时代意识形态建设的新态势，把理论性、政策性、权威性较强的意识形态内容转化为学生愿意接受、易于接受、乐于接受的话语，持续提升社会主义意识形态的吸引力、说服力和引领力。

四是将政策科学的基础理论知识与实证分析方法相结合，不仅可以使读者掌握政策分析的主体理论，而且有助于读者了解和运用政策分析的具体方法，改善公共行政管理人员和各类国家公务员的知识结构和能力结构。

在内容和结构体系安排上，本书突出强调知识性与思辨性相结合、理论性与实践性相结合、阐述性与启发性相结合，层层深入，充分论证，既有一定的理论深度和前瞻性，又有较强的可操作性。每一章都有复习思考题，重点章节均有分析案例，力求为读者提供一个理论创新、深入思考的平台。

本书不仅适合公共管理专业或相关专业的本科生、硕士研究生和MPA等各类学员作为教材使用，而且可以作为各级政府管理人员、相关教学和科研人员的培训辅导教材或参考书。

本书的再版受到"山东财经大学优秀教材培育项目"的资助，得到上海财经大学出版社的大力支持，在此，对所有为本书出版做出贡献的人表示最衷心的感谢，并诚望读者们给予批评指正！

2022 年 12 月

目录
CONTENTS

上篇　公共政策基础

第一章　绪论
- 4　第一节　公共政策的内涵与特征
- 7　第二节　公共政策的类型与功能
- 16　第三节　公共政策学的产生与发展
- 25　第四节　公共政策研究的意义、范式与途径
- 29　第五节　本书框架与内容
- 30　复习思考题

第二章　公共政策系统
- 32　第一节　公共政策主体
- 38　第二节　公共政策客体
- 43　第三节　公共政策环境
- 46　第四节　公共政策工具
- 48　第五节　公共政策运行
- 51　案例
- 54　复习思考题

第三章　公共政策分析模型
- 56　第一节　政治模型
- 63　第二节　围绕"理性"探索的模型
- 68　第三节　系统模型
- 77　案例
- 78　复习思考题

中篇　公共政策过程

第四章　政策问题的认定

- 82　第一节　政策问题的形成、内涵与特征
- 86　第二节　政策问题的分类
- 90　第三节　政策问题的构建
- 93　第四节　政策议程的设置
- 103　案例
- 105　复习思考题

第五章　政策制定

- 107　第一节　政策制定概述
- 111　第二节　政策目标的确定
- 116　第三节　政策方案的设计
- 119　第四节　政策方案的评估与择优
- 126　第五节　政策合法化
- 132　案例
- 134　复习思考题

第六章　政策执行

- 136　第一节　政策执行概述
- 138　第二节　政策执行的过程与手段
- 143　第三节　政策执行模型
- 148　第四节　影响政策有效执行的因素
- 151　第五节　政策执行的偏差及其矫正
- 155　案例
- 156　复习思考题

第七章　政策评估与监控

- 158　第一节　政策评估概述
- 164　第二节　政策评估的过程与内容

167	第三节　政策评估方法
173	第四节　政策监控概述
176	第五节　政策监控过程与机制
190	案例
192	复习思考题

第八章　政策调整与终结

194	第一节　政策调整
198	第二节　政策终结
206	第三节　政策周期
210	案例
211	复习思考题

下篇　公共政策方法

第九章　公共政策分析方法（一）*

216	第一节　政策信息收集方法
228	第二节　数据描述分析方法
243	复习思考题

第十章　公共政策分析方法（二）*

245	第一节　政策分析预测方法
261	第二节　政策规划决策方法
269	上机实验

| 271 | **附录** |

| 275 | **参考文献** |

| 281 | **后记** |

上篇
公共政策基础

第一章　绪论
第二章　公共政策系统
第三章　公共政策分析模型

第一章 绪论

全章提要

- 第一节　公共政策的内涵与特征
- 第二节　公共政策的类型与功能
- 第三节　公共政策学的产生与发展
- 第四节　公共政策研究的意义、范式与途径
- 第五节　本书框架与内容

复习思考题

在社会发展的历史长河中,公共政策(public policy)始终作为国家与社会管理不可或缺的重要手段,发挥着重要的作用。公共政策是政府等公共权力机关管理社会公共事务的指导准则,它决定着管理活动的方向和目标。正确的公共政策及有效的执行有益于国民经济和社会的发展,政策失误或执行不力可能造成不良后果。当我们在讨论和研究公共政策时,理解"公共政策"这个名词,特别是在当代中国语境下正确、全面理解"公共政策"的内涵尤为重要。

本章主要介绍公共政策的内涵与特征、类型与功能、公共政策学的产生与发展以及公共政策研究的意义、范式与途径。

第一节　公共政策的内涵与特征

一、公共政策的内涵

关于公共政策概念的界定,学术界尚无统一的解释,不同的学者对公共政策有不同的理解,这从某种意义上说明公共政策有着丰富的内涵。

西方学者对公共政策这一概念做出了多种解释。罗伯特·艾斯顿(Robert Eyestone)在其《公共政策的思路:政策领导之研究》一书中提出,"广义上的公共政策是政府机构与它周围环境之间的关系"。[①] 这是一个非常宽泛的解释,指出了与政府机构相关联的周围环境对政府决策的重要性,但不能确定公共政策的内涵。托马斯·R.戴伊(Thomas R. Dye)认为,凡是政府决定做的或决定不做的事情都是公共政策。[②] 这一观点侧重于政府的作为和无为,突出了公共政策的行为特征,意味着政府在面对某一公共问题时,既可能采取积极的政策行为,也可能采取消极的政策行为。理查德·罗斯(Richard Rose)在《英国的政策制定》中提出,不该把公共政策只看作某个孤立的决定,而应把它看作由"或多或少有联系的一系列活动所组成的一个较长的过程",以及这些活动对有关事物的作用和影响。罗斯对公共政策的解释包含了一种很有价值的见解,即公共政策是一个活动过程或一种活动方式,而不只是一个关于做什么事的决定。[③] 美国政治学家哈罗德·拉斯韦尔(Harold Lasswell)则认为,公共政策是"一种含有目标、价值和策略的大型计划"。[④] 这一定义突出了公共政策的价值取向,在公共政策制定过程中要有科学的论证和合理的程序。詹姆斯·安德森(James Anderson)将政策与公共政策做了正确的区分,把公共政策界定为"由政府机关和政府官员所制定的政策"。安德森认为,公共政策的特点在于它是由政治系统中的"权威人士"制定的,而政治系统中的绝大部分成员认为自己对他们处理着的政治系统中的日常事务负有责任,并承认这些活动对自己的约束力。[⑤] 安德森的这一阐释提出了政策问题、政策目的、政策过程的直接

[①] Robert, E.. The Thread of Public Policy:A Study in Policy Leadership[M]. Indianapolis, 1971:18.
[②] 托马斯·R.戴伊.理解公共政策[M].台北:韦伯文化事业出版社,1999:2.
[③] Rose, R.. Policy-making in Britain:A Reader in Government[M]. London:Macmillan, 1969:13.
[④] 陈振明.政策科学——公共政策分析导论(第二版)[M].北京:中国人民大学出版社,2004:6.
[⑤] 詹姆斯·E.安德森.公共决策[M].唐亮,译.北京:华夏出版社,1990:4.

或间接参与者等多种政策环节，并着重强调了公共政策的行为过程性，在一定程度上揭示了公共政策的一些本质特征。

国内学者在总结西方学者对公共政策概念的各种界定的基础上，提出了能够揭示公共政策内涵的各种定义。中国台湾学者伍启元认为："政策是行动或活动的指引、引导或指示，公共政策是一个政府对公私行动所采取的指引。"[1]张世贤认为："公共政策乃政府为解决公共问题，达成公共目标，经由政治过程所产生的策略。"[2]张金马认为，公共政策是"党和政府用以规范、引导有关机构、团体和个人行动的准则或指南。其表达形式有法律规章、行政命令、政府首脑的书面或口头声明和指示以及行动计划与策略等"。[3]陈振明总结了公共政策的基本含义：(1)公共政策是由政府或其他权威人士所制订的计划、规划或所采取的行动；(2)公共政策不仅是一种孤立的决定，而且是由一系列活动构成的过程；(3)公共政策具有明确的目的、目标或方向，并以一定的价值观作为基础；(4)公共政策是对全社会的有价值之物所做的权威性分配，即涉及人们的利益关系。

综合国内外学者对公共政策概念的解释，本书将公共政策界定为：公共权力机关在特定时期为解决公共问题、实现公共目标和公共利益，经由政治过程所采取的政治行动或所制定的行为准则，它是一系列谋略、法令、措施、方法、条例等的总称。

为了更好地理解公共政策的内涵，本书强调以下几点：

第一，公共政策的主体主要是"公共权力机关"。公共权力机关通常是指国家、政府、执政党和其他能够制定公共政策的政治实体。

第二，公共政策是"特定时期"的政策，总是在一定时期内起作用，具有很强的时效性。

第三，"公共问题""公共目标"和"公共利益"是公共政策的三大要素。公共问题的提出来自政治系统环境的挑战以及政治系统自身维持和存续的需要，公共问题轻重缓急次序的认定原则取决于公共权力机关经由政治过程所做的考量；公共目标的设定意味着公共政策是一种有明确方向的活动；公共利益的实现是公共政策的灵魂和目的。[4]

第四，公共政策是一种"政治过程"。公共政策是公共权力机关为解决特定社会问题以及调整利益关系而采取的政治行动，是公共权力机关权力意志的表现，是与谋略、措施、方法等密切相关的政治行为，是按照政治的程序和原则运转的。

第五，公共政策是一种"行为准则"。公共政策带有指导性、原则性和强制性的特点，规定公共权力机关应该做什么或不应该做什么。这些行为准则或行为规范通常表现为一系列谋略、法令、措施、方法、条例等。

二、公共政策的特征

为了更好地理解公共政策的内涵，本书总结了公共政策的基本特征。具体而言，公共政策具有公共性与层次性、合法性与权威性、公平性与效率性、稳定性与动态性等特征。

(一) 公共性与层次性

公共政策是公共权力机关为解决公共问题、进行社会公共管理、维护社会公正、实现公

---

[1] 伍启元.台湾公共政策[M].台北：台湾商务印书馆，1985：4.
[2] 张世贤.公共政策析论[M].台北：五南图书出版公司，1986：181.
[3] 张金马.政策科学导论[M].北京：中国人民大学出版社，1993：17.
[4] 宁骚.公共政策学[M].北京：高等教育出版社，2003：186.

众利益、确保社会稳定与发展的措施和手段。因此,公共政策必须立足于整个社会的发展,从全社会绝大多数人的利益出发来制定和实施各种行为准则,这就是它的公共性。这种公共性源于公共权力机关的公共性。"政府是一切组织中最具有也最应具有全民性的组织。"[1] 离开了公共性,公共政策就可能变成某些个人、团体、阶层谋取私利的工具。公共政策所解决的是根据广大人民意愿经政府工作程序认定的公共问题,如环境问题、交通问题等。政策的目标和实施步骤也要符合广大民众的要求和利益,这些都是公共政策公共性的体现。

公共政策解决的是公共问题,其本身具有层次性特点。按照权力主体划分,政策包括中央政策和地方政策。从内容上看,政策体系中的各项政策可以分为元政策、基本政策和具体政策等。不同类型的政策之间并非"平起平坐",而是有主次之分的。一般而言,高层次的政策对低层次的政策有指导作用,但往往是概括性极强的原则性规定,可操作性不强。只有把高层次的政策具体化并逐层分解,才能使之转化为低层次的、具体的、可操作的政策。

(二) 合法性与权威性

公共政策要发挥对社会团体和个人行为的规范与指导作用,就必须以公共政策作用对象的认可和接受为前提。从广义角度而言,公共政策的合法性主要是指公众对其认可和接受程度。公共政策要具有合法性,就必须经过一个合法化的过程,这个过程可以分为两个部分,第一个部分是政治系统的合法化,第二个部分是公共政策的合法化。如果政治系统不能被公众认可,它所输出的政策就必然难以被公众接受;没有政治系统的合法性,公共政策的合法性就无从谈起。

公共政策的权威性以合法性为基础,只有合法的政策才对公众有约束力。公共政策是社会关系的调节器,它的运行和有效性有赖于它的权威性。所谓公共政策的权威性,是指政治系统的输出在一定范围内成为起支配作用的意志,他人愿意服从或者不得不服从。[2] 政策的权威性与强制性并存。公共政策的强制性主要源于公众利益的差异性与多层次性。一项公共政策并不一定符合所有人的利益,满足了一部分人的利益,就有可能满足不了甚至损害另一部分人的利益;即使满足了绝大部分人的利益,也有可能损害一小部分人的利益;满足了人们眼前的、近期的利益,就有可能损害其长远的、根本的利益。权威性的政策要求社会公众都遵守,违背它就要受到相应的惩罚。

(三) 公平性与效率性

从公平性来看,公共政策是政府等公共部门进行公共管理的途径与手段,其根本目标是实现社会的公正与公平。公共政策是针对多数人和普遍性问题而制定的,是要求社会成员普遍遵守的行为规范。

公共政策在注重公平的同时注重效率。公共管理必须讲求效率,尽量做到"少花钱,多办事"。这是因为:公共部门进行公共政策的制定、执行、评估需要有一定的公共政策资源作为支撑,而在一定的时期内,在特定的条件下,政府所能提取和利用的公共政策资源,尤其是经费与设施方面的资源是有限的;与此同时,需要通过公共政策来解决的社会问题越来越多。在这种状况下,公共政策的运行必须做到高效率。

---

[1] 王振海.公共职位论纲——政府职位的属性与配置机制[M].郑州:河南人民出版社,2002:70.
[2] 宁骚.公共政策学[M].北京:高等教育出版社,2003:194.

(四) 稳定性与动态性

追求稳定是任何一个政治系统的基本目标。公共政策作为政治系统运行的中心、公共部门履行职能的手段和进行公共管理的途径，必须保持一定的稳定性。朝令夕改、变化无常的政策不仅不得人心，而且无法发挥作用。公共政策稳定性的前提是政策的正确性，最重要的表现是政策的连续性与严肃性。保持公共政策稳定性的根本途径是政策的法律化，即政策立法。

强调公共政策的稳定性并不是说公共政策一劳永逸、一成不变。实际上，公共政策既是稳定的，又是变动着的。公共部门制定和实施公共政策的目的是协调和平衡公众利益，而公众利益是不断变动的，原有的差距和不平衡得到调整后会出现新的矛盾与冲突，需要有新的政策来进行协调。正所谓"世异则事异，事变则备变"。

第二节 公共政策的类型与功能

一、公共政策的类型

为了更好地理解公共政策的本质和把握公共政策的功能，需要对公共政策进行分类。根据不同的分类标准，可以将公共政策分为不同的类型。本书主要介绍以下几种分类：

(一) 按照政治体制划分

根据政治体制的不同，可将公共政策分为西方国家三权分立体制下的公共政策和中国议行合一体制下的公共政策。在不同的政治体制下，公共政策表现出不同的类型。[1]

1. 西方国家三权分立体制下的公共政策

（1）国会立法

国会立法是公共政策最基本的形式，除了授予行政部门的决策及法院制定的专门政策，其他政策必须通过立法者立法规定。美国政治学家查尔斯·林德布洛姆（Charles E. Lindblom）指出："在基本原理上，人们熟悉立法者的决策作用。在美国政府中，所有政策必须通过立法规定，除了授权给行政部门的决策以及法院的专门决策。"[2]

美国国会的权力分为立法权和非立法权两种。立法权属于直接制定公共政策的权力，是国会的首要权力，包括财政权、战争权、商业管理权等。非立法权属于间接制定公共政策的权力，主要是指国会对行政部门和司法部门的监督权。

一项议案的提出、审议、听证、通过，最终成为法律，标志着一项公共政策完成其制定过程，正式出台。

（2）总统决策

总统是强有力的直接决策者。总统须在政府面临的一系列政策问题上做出决定。决定可以通过以下两个途径做出：一是在内阁决策中具有独断权；二是政府各部门提出的政策倡议汇集至总统直辖机构即行政系统末端。

---

[1] 谢明.公共政策导论（第五版）[M].北京：中国人民大学出版社，2020：37-41.
[2] 林德布洛姆.决策过程[M].竺乾威，胡君芳，译.上海：上海译文出版社，1998：118.

总统决策包括立法倡议(如向国会提出国情咨文)、立法否决(有权否决国会通过的立法)、委托立法(国会依法将部分立法权委托给总统)、外交决策、防务政策等类型。

(3) 行政决策

总统领导下的行政机构的基本职能是执行国会立法和总统决策,在执行的过程中制定政策。[①] 行政决策往往是国会授予政府机构正式权力以做出具有法律效力的抉择。对国会立法和总统决策的解释,制定的规章、条例、细则等都属于行政决策,也都是公共政策的组成部分。另外,行政机构做出的行政裁决也属于行政决策。

(4) 司法决策

最高法院也是公共政策的直接制定者。法院通过解释宪法和法律进一步扩大现行法律的适用范围,或宣布违宪无效,或提出纠正措施,都是在制定政策。司法决策的主要形式有司法审查、推翻先前的裁决和司法命令等。

2. 中国议行合一体制下的公共政策

议行合一体制是立法权和行政权属于同一个最高权力机关,或者行政机关从属于立法机关,仅是立法机关的执行部门的政体形式和政权活动原则。议行合一体制与三权分立体制相对。议行合一体制的基本特征:一是由人民直接或间接选举产生的代表机关统一行使国家权力。二是国家行政机关和其他国家机关由人民代表机关产生,各自对国家权力机关负责并受其监督。国家权力机关在国家机构体系中处于最高地位,不与国家行政机关、审判机关和检察机关分权,不受它们的制约,只对人民负责,受人民监督。

中国现行的政治体制是中国共产党领导下的议行合一体制,这赋予了政策过程两大特征:其一,从权力关系看,全国人民代表大会(以下简称"全国人大")是国家的最高权力机关,行使国家立法权,在国家机关体系中居首要的、全权的地位。其二,从政府系统与中国共产党的关系看,中国共产党是中国政府系统的领导核心,左右着政府的运行,主导着公共政策的制定。当代中国的公共政策,从实质特征看,能充分体现中国共产党的领导作用;从形式特征看,由中国共产党的政策、人民代表大会(以下简称"人大")的立法、国家行政机关的决策构成。

(1) 中国共产党的政策

中国宪法规定了中国共产党对国家和社会的全面领导地位。中国共产党是执政党,也是国家的最高政治领导,其对公共政策的核心领导作用体现于整个政策过程中。在中国现行的政治体制中,党的政策以两种形式成为公共政策:

① 直接形式。历次中国共产党全国代表大会和中国共产党中央委员会全体会议通过的政策性文件及主要领导人讲话,都是党在社会生活各个领域所直接采取的公共政策形式。

② 间接形式。将党的主张通过法定程序变成国家的意志,可以通过以下方式:中共中央与其他机构联名发布政策方案;中共中央单独提出政策倡议,国家机构据此制订具体的政策方案,并按照法定程序通过;国家机构以党的政策为指导原则制定相关政策。

(2) 人大的立法

人大在立法上享有最高权限,其立法权限的行使不受任何制约,在地位上高于人民政府、人民法院和人民检察院等其他国家机关。立法是人大的首要职权。人大的决策主要有以下几种形式:

---

① 宁骚.公共政策学[M].北京:高等教育出版社,2003:206-207.

① 宪法。宪法一方面集中体现了全国各族人民的意志和利益,另一方面赋予党的路线和总政策法的形态。[①] 全国人大有权修改宪法和解释宪法,并监督其实施。全国人大对宪法的每一次修改和解释都意味着国家公共政策的重大变动。

② 基本法。宪法的精神和基本原则必须通过基本的法律形式表现出来。全国人大制定的刑事、民事、选举等法律都属于基本法的范畴。

③ 其他法律。其主要是指由全国人大及其常委会制定的行为规范,主要涉及外交、社会治安、环境保护、统计、土地管理、工商行政管理、专利等各个领域的各个方面。全国人大常委会还有权解释法律。立法解释是立法工作的延伸,具有法律约束力。

④ 地方性法规、自治条例和单行条例。根据宪法的规定,地方人民代表大会(以下简称"地方人大")可制定地方性法规,并报上级人大批准和备案。地方人大虽也从事立法活动,但没有独立的立法权。

⑤ 人大决定。人大有四大职权,即立法权、决定权、任免权和监督权。人大决定权行使的结果是决议、决定、命令、条例等的制定和颁行。[②]

(3) 国家行政机关的决策

国家行政机关是指国务院及其组成部分和地方各级人民政府,它们是国家权力机关的执行机关,行使国家行政权。行政机关的决策即行政决策,是指国家行政机关在法定的权力和职能范围内,按一定程序和方法做出的决定。行政决策作为公共政策出现,主要有以下几种形式:

① 行政法规。行政机关依据国家宪法的规定和全国人大授予的权力制定行政法规,习惯上被称为政府立法活动或行政立法活动。行政法规以总理令的形式发布,在所有公共政策中占有重要地位。

② 行政措施、决定和命令。行政措施、决定和命令与行政法规在实质构成要件上尚未有明确规定,在形式上则做了区分,即行政措施、决定和命令往往以国务院文件或国务院办公厅文件的形式发布。无论是行政法规还是行政措施、决定和命令,都被称为"国家政令",具有相同的法律效力。

③ 部门规章。部门规章是国家法律和行政法规的具体化,具有较强的规范性,是行政决策的基本组成部分。部门规章大多以部长令的形式发布,并须报国务院备案,国务院有权予以改变或撤销。

除此之外,根据宪法和地方政权组织法的规定,省、自治区和直辖市政府,省会城市的市政府以及计划单列市的市政府有权制定地方性规章,地方各级政府有权制定行政措施,发布决议和命令。

(二) 按照政策产生的逻辑顺序划分

按照政策产生的逻辑顺序,可将公共政策分为元政策、基本政策和具体政策。按照这种标准划分的政策往往属于同一政策体系,各项政策之间存在涵盖与衍生的关系。

1. 元政策

元政策又称总政策、总路线、总方针,是公共政策主体在一定的历史阶段为实现一定的目标或完成一定的任务而制定的指导全局的总原则,对其他各项政策起指导和规范的作用。

---

① 宁骚.公共政策学[M].北京:高等教育出版社,2003:202.
② 宁骚.公共政策学[M].北京:高等教育出版社,2003:203.

元政策处于公共政策体系的最高等级。在公共政策体系中,元政策只有一个,它是基本政策和具体政策制定与运作的基础,处于提纲挈领和总揽全局的指导地位,是政策的政策。元政策的表现形式一般有以下几种:一是宪法及其解释;二是执政党的纲领;三是执政党领袖、国家元首、政府首脑的施政纲领和政策报告;四是执政党、政府的重要文件。

2. 基本政策

基本政策是公共政策主体用以指导某一领域或某一方面工作的原则,是元政策在某一领域或某一方面的具体化。基本政策与元政策的区别在于:元政策是跨领域的、指导全局的综合性政策,在一定的历史阶段是稳定不变的;基本政策是对某一领域或某一方面的指导性原则,在不同的时期具有不同的内容。"基本政策是总政策的具体化,是具体政策的原则化,是联结总政策和具体政策的中间环节。"①基本政策的要素主要包括政策目标、战略重点、战略方针、实施原则等。

3. 具体政策

具体政策又称部门政策,是不同层次的公共政策主体针对某一具体问题而制定的具体措施、准则、界限性规定等。具体政策在公共政策体系中处于最低层次,是基本政策的具体化,元政策、基本政策的目标和原则最终要靠具体政策贯彻和落实。社会生活的方方面面都需要具体政策,这种政策既要有可操作性,又要留有余地,具有适度的灵活性。从分类角度说,具体政策又可以分为若干等级层次,高一层次的具体政策相对于低一层次的具体政策而言具有统摄作用。

(三) 按照政策的社会内容划分

由于每项政策针对的社会领域、解决的社会问题不同,因此每项政策都有其特定的社会内容。按照政策的社会内容不同,可将公共政策分为政治政策、经济政策、社会政策、教科文政策和生态政策等。

1. 政治政策

政治政策是指一定的政策主体在政治生活领域为达到一定的政治目标而针对相关对象制定的行为准则与规范。政治是社会公共领域的重要组成部分,政治行为的核心目的就是通过合法手段支配国家公共权力,按照施政者的意图影响国家治理和社会发展。政治政策是政治体系得以存续和发展的根本举措。政治政策通常包括外交政策、国防政策、法制政策、政党政策、民族政策、宗教政策等。政治政策保障社会政治的健康发展,健康的社会政治是其他领域发展的必要条件。

2. 经济政策

经济政策是指政府根据社会发展的需要,在经济领域为达到一定的经济、政治和社会目标而制定的调整人们的经济关系、经济活动的准则与规范。现代市场经济条件下的竞争与效益原则必然要求政府宏观引导、调控与规范管理,调整社会经济关系,以达到资源配置的优化和平等竞争下的高效率。获取最大社会经济效益是经济政策的核心价值。一般来说,经济政策包括产业政策、财税政策、贸易政策、区域发展政策等。

3. 社会政策

社会政策是以解决社会问题、促进社会安全、改善社会环境、增进社会福利为目的,经由

---

① 王福生.政策学研究[M].成都:四川人民出版社,1991:48.

国家立法与行政手段,促进社会各阶层均衡发展的一种途径。社会正义、社会公正、社会协调和社会稳定是社会政策的核心价值。在现代社会条件下会出现各种各样的社会问题,制定政策以解决这些问题是政府的重要职能之一。人口问题、环境污染问题、公共交通问题、公共安全问题等都是必须重视的社会问题,需要政府制定和执行有效的社会政策来解决。相应地,社会政策通常包括人口政策、环境保护政策、交通管理政策、劳工权利保护政策、犯罪处罚政策等。

4. 教科文政策

教科文政策指的是政府根据社会发展的需要,在教育、科技、文化领域为达到一定的目标而制定的发展规划、指导原则和行为规范。作为公共政策的重要组成部分,教科文政策不仅体现社会精神文明领域的发展方向和行为规则,关系国民教育、科技发展和人民文化生活水平的提高,而且对经济、政治和社会管理等其他领域的发展起着重要的促进作用。思想自由和国家财政的支持是教科文政策的根本要素。一般来说,教科文政策包括教育政策、科研政策、技术开发政策、新闻出版政策等。

5. 生态政策

生态政策是政府部门为了解决生态环境问题,达到环境公共政策预期目标,选择并确定用来实施的环境公共政策方案。保护生态环境,需要政府相关部门制定和实施有利于环境保护的社会发展战略和政策法规,并将环境保护目标列入国家社会经济发展规划,通过环境保护机构来协调经济发展与环境保护的关系,做好综合平衡。中国先后制定了《中华人民共和国环境保护法》《中华人民共和国大气污染防治法》《中华人民共和国水污染防治法》《中华人民共和国海洋环境保护法》等环境法律和《中华人民共和国森林法》《中华人民共和国水法》《中华人民共和国土地管理法》等资源法律,确定了环境影响评价、城市环境综合整治定量考核、污染物总量控制等环境管理制度,初步形成了生态保护及管理的制度体系。随着全球生态环境的不断恶化,各国政府越来越重视生态政策的制定和完善。

(四) 按照公共政策的功能划分

不同的公共政策有不同的功能,根据公共政策发挥的功能不同,可将公共政策分为实质性和程序性政策,提取性、分配性和再分配性政策,行为限制性和行为自我调节性政策,物质性和象征性政策等。[①]

1. 实质性和程序性政策

根据政策的主导或辅助功能,可将公共政策分为实质性政策和程序性政策。

实质性政策与政府将要采取的行动有关,是指解决现实公共问题的政策,会直接给人们带来利益或造成不便,并分配相关利益和支付成本,如修建高速公路、抓捕恐怖分子、禁止酒精饮料零售等。实质性政策通常具有到位的物质资源投入和明确的执行授权,对政策调适对象,或有切实的利益提供,或有具体的行为规范,同时有严密的组织程序辅助执行。

程序性政策是指规定如何做、由谁去做的政策,是组织、落实实质性政策的政策,是实质性政策目标顺利实现的保障性政策,包括政策制定的程序和政策执行的策略,如办事流程。程序性政策虽然不产生实质性后果,但通过明确规定政府的活动程序来规范和约束政府的行为,约束公共权力。《中华人民共和国行政许可法》属于程序性政策,它明确规定了行政许

---

① 王骚.公共政策学[M].天津:天津大学出版社,2012:21.

可的实施机关、实施程序、费用、监督检查、法律责任等内容。①

2. 提取性、分配性和再分配性政策

从政策的社会资源提取与利益分配功能出发，可将公共政策分为提取性政策、分配性政策和再分配性政策。

提取性政策是指政府从国内外提取资源的政策。通过公共政策提取的资源是政府得以维持和运转的经济与物质来源，也是公共事业建设与发展的物质保障。国家的税收政策，物力、人力的引进政策，土地及资源开发政策等都属于提取性政策。

分配性政策一方面是指国家向社会或社会某一领域提供经济资助或资源投入的政策。这种政策投入的资源来自全社会的收入，而受益的可能是全社会，也可能是社会中的某一领域。例如国家重点投资政策（如经济开发区政策、经济特区政策），国家往往通过税收优惠等办法，鼓励社会投资投向相关地区。分配性政策另一方面是指工薪报酬发放管理政策，如"多劳多得"等。

再分配性政策是指政府通过公共权力将一部分人的利益合法地再分配给另一部分人的政策，目的是缩小贫富差距、保障分配公平、加强社会保障，如政府转移支付政策、扶贫政策、社会保障政策等。例如针对企业退休职工养老金低的问题，2021年城镇企业和机关事业单位退休职工养老金上调，实现"十七连涨"。

3. 行为限制性和行为自我调节性政策

从政策对公共行为的限制功能这一角度出发，可将公共政策分为行为限制性政策和行为自我调节性政策。两者都是通过明文规定来保障社会秩序。

行为限制性政策是指通过规章制度对公共行为进行合理限制的政策，也可称为规制性政策、管制性政策。政府为了解决社会公共问题，保证社会良性运转，需要发布大量政策法规来合理地限制和规范公共行为。环境保护政策、交通管理政策、征税政策、工商管理政策、产品质量检查和技术监督政策、对犯罪行为的处罚政策等都是必要的行为限制性政策。

行为自我调节性政策是指只规定政策原则，在政策原则下，公共行为可以自我调节和控制的政策。这类政策对公共行为限制得不具体，在不违反政策原则的前提下，政策执行者和政策对象都有很大的行为自由度，可以自主调节自己的行为。例如在"新冠"疫情防控政策中，在低风险地区就采取了行为自我调节的方法，非必要不出省，居民可根据自己的实际需要选择出行。

4. 物质性和象征性政策

从政策是否发挥实质性的功能出发，可将公共政策分为物质性政策和象征性政策。

物质性政策是指将有形的资源和实质性的权利给予受益人，或将真正的不利条件强加给那些受相反影响的人。法律要求雇主必须向雇员支付规定的最低工资、给公共住宅计划拨款、向农民提供收入补贴等政策在内容和效果上都具有物质性特征。②

象征性政策又称符号性政策，其在内容上没有物质资源、实权、实利的提供。对政策对象来说，象征性政策只是一种号召或舆论，不分配有形的利益，如和平理念、爱国主义、民族自豪感和社会公正等。

---

① 谢明.公共政策导论[M].北京：中国人民大学出版社，2009：39.
② 谢明.公共政策导论（第五版）[M].北京：中国人民大学出版社，2020：47.

在现实中,绝大多数公共政策是物质性公共政策。物质性公共政策与象征性公共政策并不是完全对立的,它们会发生转化。例如,禁烟政策就是从象征性政策逐步转向物质性政策的。2011年北京市政府第二次常务会议审议通过了《北京市公共场所禁止吸烟范围若干规定》,该规定自2011年5月1日起施行,但仅是一种口号,并没有实质性地执行,起到警戒和号召的作用。随着各地陆续出台禁烟政策,禁烟政策逐渐从口号转为物质性政策。

二、公共政策的功能

公共政策的功能,是指公共政策在管理社会公共事务过程中所发挥的作用。公共政策的基本功能主要包括导向功能、规制功能、调控功能和分配功能等。

(一) 导向功能

公共政策是针对社会利益关系中的矛盾所引发的社会问题而制定的行为准则。为解决某个社会公共问题,政府依据特定的目标,通过政策对人们的行为和事物的发展加以引导,使得政策具有了导向性。公共政策的导向功能既引导行为,也引导观念。事实证明,正确的公共政策可以合理调整人们的利益关系,保障人民群众的根本利益和公民权利,引导人们为实现国民经济和社会发展的预期目标而努力奋斗。在中国推动绿色生活方式的过程中,倡导绿色消费,加强生态文明宣传教育,强化公民环境意识,推动形成节约适度、绿色低碳、文明健康的生活方式和消费模式,形成全社会共同参与的良好风尚[1],就是一种典型的政策导向。

公共政策的导向功能有两种作用形式:一种是直接引导,另一种是间接引导。例如,中国的许多农村政策,既直接引导农民发展农业生产的行为,也间接地对城市居民的工作和生活产生影响,引导与制约他们的行为。

从公共政策导向作用的结果看,既有正导向功能,也有负导向功能。正导向功能是政策对事物发展方向的正确引导,体现了人们对事物发展规律的正确认识。不正确的公共政策违背大多数人的利益,就一定会带来负导向功能。当然,正确的公共政策也可能带来负导向功能。因此,人们既要充分发挥政策的正导向功能,又要清醒地认识到政策具有的负导向功能,尽量克服其消极影响。

(二) 规制功能

从某种意义上说,公共政策是公共权威部门制定的有所为、有所不为的行为规则。公共政策在规范人们的行为时,必然规定什么是可以做的,什么是不可以做的。公共政策的规制功能又称管制功能、制约功能,其要达到的目标是禁止公共权威部门不希望发生的行为发生。政策问题可以通过政策对象不做什么来解决。公共权威部门要制约政策对象,就必须使政策对政策对象的行为具有规制功能。公共政策的规制功能通常通过两种途径来实现:

1. 积极性规制

通过明文规定使政策对象不能、不愿、不敢超出规范擅自行为,并加以物质或精神奖励,以激励这种现象重复出现,从而达到减少反向行为的目的。例如为深入贯彻落实习近平总书记系列重要讲话精神和治国理政新理念、新思想、新战略,推动见义勇为奖励和保障工作法治

---

[1] 习近平.习近平谈治国理政(第二卷)[M].北京:外文出版社,2018:394.

化、规范化、长效化,弘扬社会正气,倡导见义勇为精神,培育和践行社会主义核心价值观,出台的《关于加强见义勇为人员权益保护的意见》对见义勇为人员的基本生活、医疗、入学、就业、住房等方面做了具体规定,尤其明确了见义勇为死亡人员抚恤补助政策,目的在于除了让"英雄"得到精神褒奖外,在物质上也得到应有的保护和优待,最终鼓励见义勇为的行为。

2. 消极性规制

通过明文规定使政策对象出现违反规范的行为时受到相应的物质或精神方面的惩罚,以抑制这种行为重复出现。用于法庭审判的法律条文多具有这种功能。例如《中华人民共和国道路交通安全法》规定:机动车行经人行横道时,应当减速行驶;遇行人正在通过人行横道,应当停车让行;机动车行经没有交通信号的道路时,遇行人横过道路,应当避让。如出现未礼让行人的行为,罚款100元并记3分;因未礼让行人造成交通事故的,罚款200元并记3分。通过惩罚让违法者为自己的行为付出代价,以达到减少甚至杜绝这种违法行为的目的。

(三)调控功能

公共政策的调控功能,是指政府等公共部门运用政策,在对社会公共事务中出现的各种利益矛盾进行调节和控制的过程中所起的作用。现实中总是存在追求不同利益的各种群体,他们之间的利益差别、摩擦乃至冲突不可避免。为了平衡各种利益矛盾,实现社会的稳定和发展,公共政策需要承担起调控社会利益关系的重任。公共政策的调控功能主要体现在调控社会各种利益关系尤其是物质利益关系方面。

公共政策的调控功能有直接和间接两种形式。例如对于中央宏观调控政策而言,如经济政策、人口政策、环境政策等,对中国经济的发展、人口数量的控制和质量的提高、环境保护等都起到了直接调控作用;同时,这些政策对企业的发展起到了间接调控作用。

政府公共政策的调控作用往往具有一定的倾斜性,因为政府目标在不同时期有不同的侧重点,在满足整体利益的前提下,会优先对某一领域以及相应的某些利益群体施加保护或者采取促进性措施,使之得到充分发展。

公共政策的调控功能同样具有积极与消极之分。在实施倾斜性公共政策时,由于强调一种倾向而掩盖了另一种倾向,因此可能会出现政策的负调控功能。

(四)分配功能

公共政策的分配功能是指政策通过政府的社会再分配职能,在一定历史时期的特定分配原则的指导下,对新创造的社会价值在不同社会成员之间进行分配以实现预期目标。在对公共政策进行解释的众多定义中,有一种观点认为,公共政策是对全社会的价值做有权威的分配。这说明了公共政策具有对全社会的公共利益进行分配的功能。对社会公共利益进行分配是公共政策的本质特征。这种功能需要回答三个问题:将那些满足社会需求的资源(利益)分配给谁?怎样分配?最佳分配方案是什么?

社会经济地位、思想观念、风俗习惯以及知识水平的差别造成了不同的人有不同的利益诉求。然而社会资源是有限的,不能事事、时时满足每一个人的需要。每一个利益群体和个人都希望在有限的社会资源中多获得一些利益,这必然导致分配过程中出现冲突。政府的公共政策要尽量做到公平,但又很难做到绝对公平。在通常情况下,公共政策容易把价值或利益分配给与政府主观偏好一致或基本一致者、最能代表社会生产力发展方向者及普遍获益的社会多数者。

世界各国的实践证明,严重的分配不公必然导致冲突,且这种最初的物质利益冲突有可能发展到非物质利益冲突,进而影响政权和社会稳定。因此,认真研究公共政策的利益分配功能,既是重要的理论问题,又是严肃的实践问题。

思政园地

抗疫斗争彰显中国制度优势

2019年12月以来的"新冠"肺炎疫情是百年来全球发生的最严重的传染病大流行,给世界各国经济社会发展造成严重冲击,也考验着各国的国家治理成效。习近平指出,抗击"新冠"肺炎疫情斗争取得重大战略成果,充分展现了中国共产党领导和中国社会主义制度的显著优势。

一、抗疫斗争充分展现中国共产党的领导力

中国共产党领导是中国特色社会主义制度的最大优势,中国共产党的领导力集中体现中国特色社会主义制度的优越性。习近平指出,中国共产党来自人民、植根人民,始终坚持一切为了人民、一切依靠人民,得到了最广大人民的衷心拥护和坚定支持,这是中国共产党领导力和执政力的广大而深厚的基础。在长期的革命、建设、改革中,中国共产党正是依靠人民形成无比坚强的领导力。

中国共产党的领导力体现为党中央统揽全局、果断决策,以非常之举应对非常之事。面对突如其来的严重疫情,以习近平同志为核心的党中央坚持把人民的生命安全和身体健康放在第一位,实施集中统一领导,提出坚定信心、同舟共济、科学防治、精准施策的总要求,成立中央应对疫情工作领导小组,派出中央指导组,建立国务院联防联控机制。正是在党中央的坚强领导下,全国迅速形成统一指挥、全面部署、立体防控的战略布局,有效遏制了疫情大面积蔓延,有力改变了病毒传播的危险进程,最大限度地保护了人民生命安全和身体健康。

一个政党在面对重大风险挑战时的表现最能检验其领导力。中国共产党在抗疫斗争中所发挥的核心作用充分展现了党无比坚强的领导力,充分发挥了中国特色社会主义制度的最大优势。只要毫不动摇地坚持和加强党的全面领导,不断增强党的政治领导力、思想引领力、群众组织力、社会号召力,永远保持党同人民群众的血肉联系,就一定能够形成强大合力,从容应对各种复杂局面和风险挑战。

二、抗疫斗争充分展现中国制度的优越性

习近平指出,衡量一个国家的制度是否成功、是否优越,一个重要方面就是看其在重大风险挑战面前,能不能号令四面、组织八方共同应对。中国特色社会主义制度充分体现了以人民为中心的发展思想,能够有效体现人民意志、保障人民权益、激发人民创造力,凝聚起同心同德、奋勇前行的磅礴力量。在这次抗疫斗争中,中国特色社会主义制度展现出非凡的组织动员能力、统筹协调能力、贯彻执行能力,发挥出集中力量办大事、办难事、办急事的独特优势,有力彰显了中国国家制度和国家治理体系的优越性。

(一)非凡的组织动员能力

在党中央的坚强领导下,我们充分发挥制度优势,迅速组织动员起各方面的力量。各行各业都自觉扛起责任,国有企业、公立医院勇挑重担,基层党组织冲锋陷阵,社区工作者日夜值守,各类民营企业、民办医院、慈善机构、养老院、福利院等积极出力,广大党员、干部带头拼搏,千千万万志愿者和普通人默默奉献。依靠非凡的组织动员能力,我们在很短的时间内把数量庞大、构成多元的社会群体团结起来,使全国人民心往一处想、劲往一处使,形成万众一心、同甘共苦的凝聚力。

(二)非凡的统筹协调能力

在党中央的坚强领导下,最优秀的人员、最急需的资源、最先进的设备千里驰援,对口帮扶,在最短时间内实现了医疗资源和物资供应从紧缺向动态平衡的跨越式提升。在抗疫形势最严峻的时候,经济社会发展的不少方面一度按下"暂停键",但群众生活没有受到太大影响,社会秩序总体正常。中国共产党准确把握疫情形势变化,立足全局、着眼大局,及时做出统筹疫情防控和经济社会发展的重大决策,坚持依法防控、科学防控,推动落实分区分级精准复工复产,最大限度地保障人民生产生活。各项工作有条不紊地全面展开,展现了中国社会主义制度非凡的统筹协调能力。

(三)非凡的贯彻执行能力

各级党组织和广大党员、干部坚决贯彻以习近平同志为核心的党中央的决策部署,牢记人民利益高于一切,全面落实"坚定信心、同舟共济、科学防治、精准施策"总要求,践行初心使命。湖北省和武汉市医务人员同病毒短兵相接,率先打响了疫情防控遭遇战。国家医疗队、医务人员毅然奔赴前线,很多人在万家团圆的除夕之夜踏上征程。人民军队医务人员视抗疫为命令,招之即来、来之能战、战之能胜。火神山医院和雷神山医院在十多天内先后建成,大规模改建十数座方舱医院并迅速开辟数百个集中隔离点。科研攻关和临床救治、防控实践协同,第一时间研发出核酸检测试剂盒,加快有效药物筛选和疫苗研发,充分发挥科技对疫情防控的支撑作用。各地区各部门认真贯彻执行党中央统筹推进疫情防控和经济社会发展的工作部署,各级党委和政府积极作为、主动担责。依靠非凡的贯彻执行能力,人民的生命安全和身体健康得到了最大限度的保护,中国成为自"新冠"疫情发生以来第一个恢复增长的主要经济体。

习近平指出,抗疫斗争伟大实践再次证明,中国特色社会主义制度所具有的显著优势是抵御风险挑战、提高国家治理效能的根本保证。只要我们坚持和完善中国特色社会主义制度,推进国家治理体系和治理能力现代化,善于运用制度力量应对风险挑战,就一定能够经受住一次次考验,不断化危为机,在全面建设社会主义现代化国家的新征程上创造新的历史伟业。

资料来源:http://www.npc.gov.cn/npc/c30834/202009/23b0cae2d4ee431dbff217536eacee40.shtml。

第三节 公共政策学的产生与发展

公共政策学是一门新兴学科,它尽可能地运用类似于自然科学的研究程序和方法,对政策系统及其环境之间、政策过程诸环节之间及其与系统内外诸影响因素之间进行因果关系或相关性分析,探索公共政策的固有规律,以期改进政策系统、提高政策质量。[①] 公共政策学作为一门学科源于第二次世界大战后以美国为代表的西方世界,从公共政策的创始人拉斯韦尔提出"政策科学"的概念至今,经过五十多年的发展,公共政策理论日臻成熟,其学科体

---

① 宁骚.公共政策学[M].北京:高等教育出版社,2003:2.

系取得了长足的发展。对公共政策的研究,从其产生到发展经历了一个长期的演变过程。

一、公共政策学产生的条件

公共政策学的诞生离不开先前学者对政策的研究成果,离不开产业革命和科学技术的发展,离不开系统论、信息论、控制论的产生,离不开决策科学的形成和行为科学的诞生。此外,凯恩斯主义的出台和政府政策领域的扩大促成了公共政策学的面世。

(一) 古代中国的政策研究

公共政策是公共权力机关即国家和政府进行管理的工具。随着国家的产生,对政府政策的思考和研究就开始了。纵观历史,无论是古代中国还是古代西方国家,在国家与政府的统治和管理活动中都包含有关公共政策的丰富的知识和思想。古代中国的政策研究尤其深入,对公共政策学科的诞生起了很大的推动作用。

《尚书·周书》是对周天子一系列重要决策的记录,其中蕴含着珍贵的政策思想。《史记》《资治通鉴》等名典通过总结前朝统治者施政的经验教训,作为当今和以后统治者施政的借鉴,可以称为中国早期的政策研究著作。

在春秋战国时期,士尤其是策士可以称为中国古代最早的政策研究者。各诸侯国君主以官、爵、禄来大力争取有才能的士,像孟尝君、信陵君那样的卿大夫则以养士、礼贤下士来扩大势力和提高声誉。在各种士中,策士对各诸侯国的生存和发展关系重大。这些人胸怀文韬武略,有经国治世之才。他们通过雄辩的才能来说服别人,实际上展现的是政策规划与分析的能力,管仲辅佐齐桓公成就霸业、商鞅辅佐秦孝公为秦国的强盛打下坚实的基础等就是很好的例子。另外,先秦诸子百家的论著,如《论语》《孟子》《韩非子》等也都堪称政策研究的杰作。《战国策》和《智囊补》更是中国古代有关政策研究的两部经典著作。在中国的封建制度下,决策权常常掌握在统治者一人手中,但在决策过程中,臣子往往会建言献策,这在中国的历史上有诸多杰作可以佐证,如汉代贾谊的《论积贮疏》和《陈政事疏》、唐代韩愈的《谏迎佛骨表》、王安石的《本朝百年无事札子》等。

中国古代悠久的文明史所包含的政策思想有些影响至今,如"世异则事异,事异则备变""学而优则仕"的政策理念,"以民为本""政在得民"的政策原则,"惠民、养民、富民"的政策传统,"不患寡而患不均"的政策倾向以及"无为而治"的政策构想等。这些政策思想对公共政策学科的诞生无疑有着重要的影响。

(二) 西方国家 18 至 19 世纪的政策研究

西方国家在 18 至 19 世纪开展了一些有关政策的研究,同样为公共政策学的诞生奠定了基础。封建主义社会经济形态的衰落与新的生产力、生产关系的生长,要求国家的基本政策具有新的政策理念和政策倾向。19 世纪初期,统计学逐步发展为一门独立学科,英国、法国等国的一些学者开始使用调查研究方法获取认识经济和社会问题的一手资料。随后,比较语言学、经济学等学科从哲学体系中分离出来。产业革命和科学技术的进步为人们从经验和定量方面研究公共政策提供了新的条件和手段。19 世纪中期,政治学开始沿着两条路线由思辨的哲学转向实证的科学:一是约翰·穆勒(John S. Mill)和阿历克西·德·托克维尔(C.A. de Tocqueville)通过运用比较方法和社会调查方法对政治假设进行验证;二是马克思(Karl H. Marx)、恩格斯(Friedrich Engels)运用辩证唯物主义与历史唯物主义方法对政治现象进行社会经济的考察和社会阶级的分析。这两条路线对作为政治学分支学科的政策研究的发展产生了且仍在产生深刻的影响。①

从产业革命到20世纪初,亚当·斯密(Adam Smith)、克劳塞维茨(Clausewitz)、马克思和马克斯·韦伯(Max Weber)为公共政策的研究做出了重大贡献。斯密提出了一整套理论和经济政策,为自由资本主义时期国家的经济政策和社会政策提供了基本的政策理念,界定了政策的范围和方向。在研究方法上,他提出了"经济人"假设,对后来的理性选择理论和公共选择理论有着深刻影响,并间接影响到现代的政策分析。克劳塞维茨提出了系统的战略决策思想,设定了战略、策略与战术之间的关系,为"政策链""政策群"概念的形成奠定了基础。他将战略要素分为精神要素、物质要素、地理要素和统计要素,为政策研究中的因素分析提供了典范。同时,克劳塞维茨强调战略决策必须根据条件的变化而变化,这为公共决策如何根据内外环境的变化而变化提供了思路。马克思主义为无产阶级政党的战略、策略、基本政策等的制定提供了理论指导,辩证唯物论的认识论为政策研究从注重政策结果到注重政策过程的转变指明了方向,历史唯物论则有助于更加准确地掌握政策的本质,更加深入地认识政策系统与环境之间、政策过程诸环节之间的本质关系等问题。韦伯主张对社会政治现象进行文化解释,这对后行为主义时期政策研究中倡导的价值分析有显著影响。他认为人的行动或社会行动包含动机和目标两大基本因素,这一主张对公共政策学中的政策评估具有指导意义。另外,韦伯还提出了官僚制的决策模型,在社会科学方法论上提出了理想类型和价值无涉。② 理想类型的提出为认识现实提供了中介手段,价值无涉为公共政策学提供了一种方法论的指导。

上述学者们的思想为公共政策学的形成奠定了理论和方法论的基础。

(三) 20世纪前半期学科孕育的历史条件

20世纪前半期,系统论、信息论、控制论的产生,决策科学和行为科学的形成,以及凯恩斯主义的出台,为公共政策学的产生提供了有利条件。

1. 系统论、信息论、控制论的产生奠定了公共政策学的理论和方法论基础

系统论由美籍奥地利人、生物学家贝塔朗菲(Bertalanffy)创立,其于1956年出版的《一般系统论——基础、发展和运用》一书标志着系统论的正式形成。系统论又称系统科学,包含三个部分:系统论原理、系统方法和系统工程。系统论旨在通过对这三个方面的研究向人们提供对现实世界中各类系统的性质、特点和运行规律的理论性认识,并依照人的目的和需要在建造与完善各种系统的过程中进行科学的设计、管理、预测和决策。

信息论的创始人是美国贝尔电话研究所的申农(Shannon),其主要研究通信过程中信息的度量、提取、存储、传递和识别等的规律和方法。后来的学者将申农的信息论加以推进,把有关信息的规律和理论广泛应用于物理、化学、心理学和管理学等学科,从而形成信息科学。

控制论由美国数学家维纳(Winer)创立,是研究不同系统之间的共同控制规律以实现优化目标的科学,是利用系统各部分之间的相互关系和信息传递,使整个系统成为能自动地合乎要求的运动机制的一门横断科学。

系统论、信息论和控制论被称为"三论"。"三论"提供的思维方法的特点是系统性、动态

---

① 王骚.公共政策学[M].天津:天津大学出版社,2012:31.
② 价值无涉是指科学研究等工作不使用价值判断,只采用逻辑判断,即客观地说明"事实是什么""事物是如何变化的"。

性和最优化,所提供的基本方法是系统的方法、信息的方法、反馈的方法和功能模拟的方法。"三论"奠定了公共政策学的理论和方法论基础。

2. 决策科学成为公共政策学的内容

决策科学是以现代科学手段与分析工具研究决策原理、决策程序和决策方法并认识和把握正确的决策规律的综合性新兴学科,它的研究对象是人类社会的决策活动。决策科学的代表人物是美国人赫伯特·西蒙(Herbert Simon),其代表作是《行政行为》。西蒙不仅建立了有限理性决策模型,而且借助心理学的研究成果,对决策过程进行了科学分析,概括出他的决策过程理论——认定问题,确定目标,寻找方案措施,比较方案优劣,做出决策,执行方案并对执行过程进行核查和控制以保证预定目标的实现。后来,西蒙和詹姆斯·马奇(James G. March)开展合作研究,运用运筹学、组织理论、系统分析方法等对决策行为的过程、方法、组织等进行综合性研究,使决策过程理论更加系统和完善,从而形成决策科学。决策科学的有关成果,如西蒙的有限理性决策模型和决策过程理论,都成了公共政策学的内容。

3. 行为科学的形成和行为主义政治学的进展是公共政策学产生的催化剂

行为科学发端于20世纪30年代的美国,孕育于管理学领域。它是运用自然科学的实验和观察方法,研究在自然和社会环境中人的行为规律以及人与人的相互关系的学科。行为科学的宗旨是解释、预测、控制人的行为,以利于达到群体和组织预期的目标。20世纪20年代到50年代,一批政治学家开始采取行为主义的研究方法来研究政治学,这对公共政策学的产生造成了重大影响,可以说是公共政策学产生的催化剂。

4. 凯恩斯主义的出台和政府政策领域的扩大使公共政策学研究的必要性日趋凸显

20世纪30年代在欧美资本主义国家爆发的经济危机暴露了市场经济体制的缺陷,斯密的自由主义主张受到了前所未有的挑战。市场经济的实践证明,政府不能仅仅扮演"守夜人"角色,凯恩斯主义应运而生。英国著名经济学家约翰·M. 凯恩斯(John M. Keynes)通过《就业、利息和货币通论》一书,提出了著名的国家干预理论,即凯恩斯主义。凯恩斯主义主张抛弃自由放任政策,实行国家调控,干预经济体系的运行。

凯恩斯主义对公共政策学的产生具有重大影响,它说明公共政策对经济、社会可以产生积极作用。政府政策领域随之扩大,由原来的政治领域扩大到经济、社会、科技、文化等领域,相应的政策也随之出台。凯恩斯主义的出台和政府政策领域的扩大使得公共政策学研究的必要性迅速增加。

二、公共政策学的产生

20世纪50年代初期,在纽约卡耐基财团的资助下,众多学者在美国斯坦福大学召开了"关于国际关系理论革命性、发展性学术讨论会",简称"斯坦福学术会议",第一次针对政策科学的有关问题进行了广泛的讨论。这次会议被视为政策科学发展史上的首次会议,标志着政策科学的正式产生。1951年,由美国著名政治家勒纳(Lerner)和拉斯韦尔共同主编的论文集《政策科学:视野和方法的近期发展》面世。该书首次提出并界定了"政策科学"(policy sciences)的概念,认为政策科学是用于解决社会问题特别是那些结构和关系都很复杂的社会问题的工具。书中所收论文对公共政策的概念、政策科学的学科特点和基本范畴、科学的决策方法等都做了比较深入的探讨,奠定了公共政策学的学科基础。这本书被视为公共政策学的开山之作,是公共政策学诞生的标志。

拉斯韦尔被视为公共政策学的创立者,他也是政治学行为主义学派的重要代表人物之一。他指出,政治学的实证部分即政治科学的研究,应重视对公共政策的研究。在他看来,政府机构做出规定、下达行政命令、颁布法律文件都是动态的政府行为,对政府决策行为的科学研究是政治科学的重要内容。行为主义从一开始就成为拉斯韦尔公共政策学的主导范式。拉斯韦尔在编入前述论文集的他的一篇名为"政策方向"的文章中,第一次对政策科学的对象、性质、发展方向和政策过程等学科要素做了论述。他认为,公共政策学有以下特点:

第一,政策科学以民主政治体制为前提。因为公共政策与社会个人的选择密切相关,所以政策研究必须以民主主义社会体制为政治前提,政策分析必须反映社会政治的民主性。只有在民主体制下,政策才能达到一定的社会透明度。政治只有在自我发展的过程中,才能把政府意向反映到个人的意志中。

第二,政策科学的哲学基础是逻辑实证主义。政策科学要求追求政策分析的科学理性,要求使用数学公式和实证数据,因此,它是一门用科学方法论作为研究和分析工具的学问。

第三,政策科学对时间和空间都极其敏感。政策是对特定时空环境中的政策问题的解决方案,随着时间和空间的变化,政策也将发生变化。

第四,政策科学具有跨学科的特点。拉斯韦尔认为,政策科学不等于政治学,它融会了其他社会学科,如经济学、政治学、社会学、心理学等,如果把以上不同学科的学者聚在一起,就能找到最好的解决政策问题的办法。

第五,政策问题须与政府官员共同研究。从政策科学研究对象的特殊性来说,政策研究与政府工作有着密切的联系,专家学者非常需要了解政府官员对政策的认识倾向和有关的具体数据。因此,政策科学的研究必须有政府官员的积极参与。

第六,政策科学以社会变迁和发展为对象,以动态模型为核心。在政策科学体系中,必须有发展的概念,当研究一项以社会发展为前提的政策的实施时,需注重观察它究竟给社会带来了哪些积极的变化。

以斯坦福学术会议为标志,政策科学作为崭新的学科出现,其重要意义逐渐被世人接受。美国政策科学及系统科学家罗伯特·克朗(Robert Krone)对政策科学的重要意义进行了高度概括:"政策科学不是作为某一现存学科的更新出现的,而是全新的跨学科领域。……从哲学角度讲,政策科学认为人类已经发展到了历史上这样一个阶段,在这个阶段人必须自己塑造自己的未来,否则就会因软弱无力而被不希望有的后果吞噬掉。因此,改善政策制定的质量与人类的命运第一次直接地联系了起来。进一步讲,政策科学的创举之所以重要,就在于现代科学无法适应制定政策的紧迫需要,并且不能适当地处理科学知识、政治权力以及知识和权力的社会含义之间相互关系的问题。……总之,如不改善政策制定能力的话,未来的发展会在社会上产生更大的问题。"[1]

20世纪50年代至60年代前半期,公共政策在政策分析的定量方法和技术方面,尤其在系统分析、线性规划以及成本-效益分析等方法和技术的应用上取得了显著的成就。例如托马斯·S.库恩(Thomas S. Kuhn)在其《科学革命的结构》中完成了方法论意义上的一次革命,给政策科学的发展注入了活力。另外,许多政治学者开始投身于公共政策学研究,如戴维·伊斯顿(David Easton)、林德布洛姆和阿尔蒙德(Almond)等,他们的许多研究成果不同

---

[1] R. M. 克朗.系统分析与政策科学[M].北京:商务印书馆,1985:20-30.

程度地推动了公共政策学的进一步发展。尤其是林德布洛姆从社会政治民主体制与政策制定之间的关系角度，第一次提出了"政策分析"的概念，对西方民主体制下国家元首，政府立法、司法、行政各机构，政党，利益团体，民众等在公共政策制定过程中的政治互动作用展开深入分析，并提出公共政策的"渐进分析模式"。

林德布洛姆是对公共政策学贡献甚多的著名政治学家。1958年其在《美国经济评论》杂志上发表《政策分析》一文，1959年在《公共行政评论》杂志上发表论文《渐进调适的科学》，1963年出版《决定的策略——政策体系是一种社会过程》，1965年出版《民主的智慧——经由相互调适的决策》，1968年出版《决策过程》。林德布洛姆认为，政策分析不仅是关于决策科学化的应用性学科，而且是与社会民主体制紧密联系的考察民主实际的有关知识。在此基础上，他首次提出并阐释了"政策分析"这一概念。他认为，政策制定过程要面临两个重要问题：一是如何使公共政策在解决实际社会问题中更有效，二是使公共政策的制定过程反映社会政治民主。对于第一个问题，答案在于将更多的信息、想法、分析方法纳入政策制定过程；对于第二个问题，则要求分析政策制定过程的民主性和政治性。在对政治因素进行分析时，要考察各种因素之间的互动作用对政策制定的影响。

以上众多专家学者的研究使公共政策研究从理论到实践、从基础到方法都得到了不同程度的发展，催生了公共政策学。

三、公共政策学的发展

从20世纪60年代后期至80年代，以德洛尔(Dror)为代表的政策研究学者掀起了批判拉斯韦尔行为主义方法论的热潮，他们提出的许多新观点大大推动了公共政策学的发展。

德洛尔认为，拉斯韦尔等学者在公共政策研究方面偏重于方法论而忽视对政策内容的研究；片面强调运用纯科学的方法而忽视政策过程与自然过程的差别，以及各种政策问题在性质上的差别；片面追求理性化和计量方法，而实际上有大量政策问题包含价值判断，或者无法进行定量分析。德洛尔在批判拉斯韦尔的基础上，先后出版了《重新审查公共政策的制定过程》(1968年)、《政策科学探索：概念和适用》(1971年)和《政策科学构想》(1971年)，并发表了一批公共政策学论文，一举奠定了公共政策学进一步发展的理论基础。德洛尔在他的一系列成果中分析了行为科学和管理科学在学科建设上存在的误区，肯定了管理科学和决策科学研究中使用的系统群研究方法，并主张将其引入公共政策学，还提出并界定了"总体政策""超政策"和"政策系统"的概念，强调公共政策学的跨学科性和实践性。他认为，以理性人假设为前提的管理科学无视制度问题，不能研究诸如维护全体一致和派系形成这样的政治问题，不能研究政治价值、意识形态以及神的恩宠等非理性问题。德洛尔强烈主张建立一种将管理学、行为科学、系统科学、政治科学、经济科学和决策科学等融为一体的新的公共政策学。[①]

公共政策学研究在这一阶段取得了新的进展，在政策系统与政策过程的研究上取得了显著成就，特别是在政策评估、政策执行和政策终结方面形成了较为系统的理论脉络。具体说来，公共政策学在这一阶段取得了以下成就：

第一，方法论的多样化。行为主义一统天下的局面结束，自然科学研究方法在公共政策

---

① Dror, Y.. Policy Making Under Adversity[M]. New Brunswick, 1986: 219-240.

学中的运用继续受到关注,公共选择方法论崭露头角,博弈论成为公共政策分析中的重要方法,个案研究受到重视。由著名经济学家詹姆斯·M.布坎南(James M. Buchanan)在20世纪40年代创立的公共选择方法论逐渐成为公共政策学领域的一种重要方法论。公共选择理论假定理性人为经济人,以此为逻辑起点采用经济理性主义、交换、供求分析、效用最大化等经济学方法研究集体决策,其研究范围包括国家、政府、国防、警察、教育、环境保护、财产权和分配等政治和政策问题。

第二,对政策过程研究的重点由原来的政策制定转向政策执行、评估和终结。普雷斯曼(Pressman)、韦尔达夫斯基(Wildavsky)、史密斯(Smith)等美国学者认为,政策执行的实际结果与政策形成过程中设定的政策的逻辑结果可能存在很大差距,一项合理的政策因执行机关执行不力会导致政策失败。美国等国家的政府重视政策评估,这大大推动了公共政策学的评估研究,一大批成果相继出现,如罗西(Rossi)的《评估的系统学途径》。在这一阶段也有学者开始重视对政策周期的研究,如巴拉克(Bardach)的《作为政治过程的政策终结》、德龙(Deleon)的《公共政策终结:结束与开始》等。

第三,重视政策过程中的价值因素和伦理因素的作用。一些政策科学的研究者从政治学、案例分析等角度研究政策价值问题,加强了对政策价值观或公共政策与伦理关系问题的研究。例如安德森在其《公共决策》一书中指出,绝大多数决策涉及有意识的选择。虽然许多因素会对政治决策者的选择发生作用,但对决策者的行为起指导作用的是决策者本人的价值观。

第四,公共政策比较研究起步,安德森于1975年发表的论文《在比较政策分析中的系统和策略》就是有关公共政策比较研究的成果。

四、公共政策学的最新发展

20世纪90年代至今,西方公共政策研究表现出三种趋势:一是对原有研究主题的深化,二是对新研究方向的拓展,三是政策分析逐渐职业化。

(一)对原有研究主题的深化

对原有主题的深化研究主要反映在两个问题上:一个问题是公共政策的伦理与价值。20世纪90年代,布坎南和高斯罗伯(Gawthrop)分别提出了有关社会哲学、社会道德和专业伦理的研究方法。他们的研究成果表明,对于决策者来说,只有在相关价值已经得到确认后,才能开始理性的政策分析。另一个问题是公共政策与公共管理的关系。梅尔斯诺(Meltsner)和贝拉维塔(Bellavita)提出了政策管理、政策沟通、政策组织、政策行动四者的相互影响理论;林恩(Lynn)提出组织行为、政治理论与公共政策的融合思想,强调组织、计划、指挥与管制等管理工具的运用。进入20世纪90年代,政府改革在发达国家成为一种潮流。政府改革的目标是建立高效能的政府。政府改革对公共政策研究产生了重大影响。德洛尔指出,政府改革或行政改革就是对某一公共行政系统做指导性的改变。改革的方向是在客观方面重视效率和效果,在主观方面强调质量和满意度。

(二)对新研究方向的拓展

对新研究方向的拓展主要体现在两个方面:一是开辟了新的研究领域,增强了公共政策的应用性,公共政策学家开始将研究兴趣转向一系列新的社会问题。随着全球化、信息化和智能化的发展，人类面对的社会问题越来越复杂，单靠政府的努力是不够的，需要多个部门、多个政策主体建立政策网络，协同工作，这使得政策工具、政策网络等逐步成为政策科学研究的焦点。二是强化了研究的理性，由传统的政策决策研究转向政策调查研究。所谓理性，可以理解为人类在实现自身目的时，对人类本性和目的所要求的规则的遵循以及运用概念、判断和推理等逻辑形式和数学方法把握外在世界、实现目的的能力。20世纪90年代以来，政策学者主张在公民参与和民主化的基础上通过采用调查研究的方法把握问题的根源，制定合理有效的政策。

（三）政策分析逐渐职业化

政策分析职业化从一个侧面反映了政策分析及政策科学的发展演化及其广阔的前景，政策分析日益成为一个热门的职业。政策分析职业化是指在政府部门、研究机构、咨询公司、大专院校中从事专门的政策分析或政策研究活动。职业化有其标准和过程。[1] 奈格尔(Nagel)和莱特·米尔斯(Wright Mills)认为，一份工作尤其是那些需要较高专业知识的工作要成为职业，必须包括以下几个基本因素：(1)必须有专门的教育培训机构或项目，如法学院、医学院、公共政策学院等，以便人们为准备从事一项职业而参加学习并达到一定的要求(如毕业)；(2)必须有某种表示这种职业的工作描述，如律师、医生、政策分析者或项目评估者等；(3)必须有从事这一职业的人自己的组织或专业行会，如律师协会、政策研究组织(协会)等；(4)必须有明确的或被认可的职业伦理规范，规定就业者应如何对待当事人、一般公众及同行。依照他们的观点，公共政策分析职业化也需要具备相应的因素，还需要一个逐步的、长期的过程。

在美国，政策分析作为一种职业已经取得了长足的发展，主要表现在：

第一，美国政策分析的教育培训已经得到充分发展。现在，几乎所有主要的大学都设有公共政策研究生院、研究所或研究生培养项目，哈佛大学、密歇根大学、普林斯顿大学等都设有公共政策或公共事务的研究生院。值得一提的是，在美国大学的研究生教育中，公共管理硕士(MPA)、公共政策硕士(MPP)与工商管理硕士(MBA)几乎同样热门。

第二，政策分析的就业者人数不断增加。"政策分析者"在职业描述中作为一种正式职业逐渐为人们所接受，他们就职于各类组织。在此背景下，政策分析研究问题的范围逐步扩大，从城市垃圾收集到国防均有涉猎。

第三，在职业化组织方面，美国政策分析的学术研究团体及职业协会已有相当的规模。从20世纪70年代初开始，美国先后建立了一些与政策研究及应用相关的学术研究团体，如政策研究组织、社会问题研究学会、公共政策分析与管理协会等。这些团体或协会通过创办期刊、出版论著、举行定期或不定期的学术讨论会来推动政策分析及其职业化的发展，如《政策分析》《政策科学》《公共政策》等杂志。

第四，在职业伦理方面，虽然还没有形成一套被大多数政策分析者认同和遵守的职业伦理规范，但有很多专家和学者已经提出了一些值得考虑的意见。例如德洛尔认为，政策分析者不应为那些与其目标、民主和人权等基本价值相矛盾的当事人工作；应该为目标的实现设计方案，而不是致力于目标的实现。

---

[1] 陈振明.公共政策学[M].北京：中国人民大学出版社，2012：33-39.

五、中国公共政策的发展及趋势

中华人民共和国成立初期,中国共产党在革命时期的政策模式成为构建中国公共政策的典范。在指导思想上,主要将阶级斗争的理论作为制定政策的依据;在主导价值上,主要以政治是非作为检验政策的最高价值标准;在行为方式上,习惯于按政策办事,形成了政策的权威高于甚至取代法律的权威的局面,致使很多政策缺乏法制化、科学化,经历了很多政策失败。[1]

改革开放后,市场经济体制建设迫切需要加强对公共政策制定和执行的研究,从决策和执行两个方面完善公共政策运行机制,尽快提高政府工作效率。1983年孟繁森在《理论研讨》上呼吁建立一门研究党和国家"生命"的科学——政策学。1984年李铁映在《哲学研究》上发表论文——《决策研究》,指出决策须由硬结构和软结构组成。1986年时任国务院副总理万里在全国软科学学术会议上明确提出实现决策科学化和民主化的任务,并提出要做"政策研究"这一重大课题。随后,公共政策学的理论研究和实践应用逐渐在全国展开并取得了可喜的成果。大批国外政策科学专著被翻译成中文出版,针对大学本科教育的公共政策学相关教材大量涌现,一批有影响力的公共政策研究论文、专著相继面市,中国的公共政策研究逐渐升温。

经过七十多年的发展,中国特色社会主义建设进入了新时代,新的形势和新的任务要求公共政策有新的目标和前景。党的十九届四中全会明确提出,沿着推进国家治理体系和治理能力现代化的方向,"到2035年,各方面制度更加完善,基本实现国家治理体系和治理能力现代化;到新中国成立一百年时,全面实现国家治理体系和治理能力现代化,使中国特色社会主义制度更加巩固、优越性更加展现"[2]。公共政策作为国家治理的基本工具,需充分体现中国治理的特色:在政策性质方面,坚持中国共产党的领导和中国特色社会主义方向;在政策目标方面,坚持以人民为中心,努力实现人民对美好生活的向往;在政策过程中,更加重视决策科学化、民主化和制度化,更加重视体制机制优化,更加注重政策体系和能力的双重现代化。目前,中国的公共政策呈现以下发展趋势:

第一,公共政策逐步成为政府全面管理社会公共事务的准则,党政政策职能分工将进一步深化。新的政策体系分工原则应该坚持:党的政策从实现"总揽全局,协调各方"的目标着手,侧重于发挥战略性、前瞻性和原则性的指导作用;政府公共政策从管理社会公共事务和对经济实施宏观调控的目标出发,侧重于加强技术性、规则性、操作性功能的发挥。党经过法定程序把自己的政策变成国家意志和政府的政策法规,政府通过公共政策贯彻执行党的路线、方针和政策。

第二,公共政策决策进一步科学化、民主化。公共政策决策的科学化、民主化是公共政策决策的价值追求。2015年,习近平指出,把中国特色新型智库建设作为一项重大而紧迫的任务切实抓好,并强调重视专业化智库建设,党的十九大报告重申"加强中国特色新型智库建设"。在此原则的指导下,当前中国特色新型智库建设、数据中心和实验室建设取得了长足发展,极大地推进了公共政策决策的科学化。党的十八届四中全会明确提出把公众参与、专家论证、风险评估、合法性审查、集体讨论决定确定为重大行政决策的法定程序,进一

---

[1] 陈季修.公共政策学导引与案例[M].北京:中国人民大学出版社,2011:4.
[2] 中共中央关于坚持和完善中国特色社会主义制度、推进国家治理体系和治理能力现代化若干重大问题的决定[M].北京:人民出版社,2019:7.

步确保了公共政策决策的民主化。

第三,公共政策决策逐步信息化。随着全球化、信息化、网络化、数据化和智能化时代的来临,在公共治理中,通过将大数据技术广泛运用于政府决策、公共服务、社会监管以及社会民生保障等领域,推动社会治理模式的不断创新,提升政府科学决策、精准服务、精细管理等水平。这就要求公共政策决策逐渐向数据化和智能化发展。公共政策必须更新其数据收集、挖掘、分析和利用方式,如通过智能终端、物联网、云计算、区块链等技术来追踪和收集数据,借助"机器学习"、模拟仿真等智能化分析工具来进行数据的挖掘和分析,使政策的制定和执行更加高效。现代的公共政策决策已经大量纳入数据分析、行为实验、模拟仿真、预测研究等内容,可进一步对复杂性公共政策行为进行模拟、实验和预测研究,公共政策决策已经全面进入信息化时代。

此外,政策分析职业化已经起步,主要表现在:(1)中国目前有大量实际从事政策分析职业的人员,主要分布在党政机关的政策研究室、职能部门的政策研究单位、学术研究机构和大专院校、科协及民间咨询机构等,如浙江省公共政策研究院、上海科学公共政策研究中心、复旦大学公共管理与公共政策研究国家哲学社会科学创新基地等。(2)中国的政策分析教育开始步入正轨,许多高校开设了政策分析或政策科学及其他相关课程,政策分析专业及学位点的设置已经提上议事日程,旨在通过严谨的学术训练,全面系统地理解海内外公共政策领域的相关知识,培养公共管理、政策研究、全球研究、经济及其他相关领域的复合型人才。香港中文大学(深圳)人文社科学院已于2022年4月30日宣布推出硕士项目——公共政策硕士。复旦大学全球公共政策研究院也于2022年推出了全球公共政策硕士学位(MGPP)项目和全球公共政策博士学位项目,培养具有全球视野的国际化人才,增强学生科学分析公共政策问题、独立开展学术研究的能力,以满足全球公共部门、市场机构以及国际组织对政策人才和未来领导者的需求。(3)全国性的政策分析或政策科学的研究组织已经出现,如1992年中国行政管理学会成立的政策科学研究会。已经出现专门的政策研究刊物,如《中国公共政策分析》(年刊)、《公共政策评论》(辑刊)、《中国公共政策评论》(年刊)等,政策分析的文章逐渐增多,学术研究和应用开发取得了显著成果。可以预言,随着中国特色社会主义经济的深入发展和政治体制改革的稳妥推进,中国的公共政策分析职业化将迅速发展。

第四节 公共政策研究的意义、范式与途径

公共政策学是一门具有很强社会应用性的学科,也是一个需要进行广泛而深入的理论探讨的领域。公共政策研究在当代迅速发展并对各国的政策制定及社会进步产生了重大影响。本节主要介绍公共政策研究的意义、范式与途径。

一、公共政策研究的意义

(一)有助于提高中国公共政策的科学化和民主化

公共政策的制定和执行是公共权力机关的基本活动,这种活动的出发点和归宿应当是广大人民群众的根本利益。要实现这一价值,就必须借助科学决策和民主决策。在中国社会主义建设的实践中,党和国家制定了一系列正确的政策,社会主义建设的各项事业得以顺

利开展,人民生活水平不断提高。但是必须看到,因为政策制定者和执行者不能正确了解和深刻认识政策过程这种复杂事物的本质和规律,导致有些政策匆匆出台,朝令夕改,这种非科学的态度和方式致使国家蒙受了巨大的损失。[1] 所以,应通过研究公共政策,探究公共政策过程的规律性,形成系统科学的制定、执行和评估理论,以指导公共政策的制定、执行等实践,提高公共政策的科学化和民主化。

(二) 有助于促进中国社会主义市场经济的发展

目前,中国正处于社会主义市场经济建设和发展的关键时期,面对众多经济和社会问题,需要党和政府做出正确的决策,以进一步推进社会主义市场经济建设。面对大量财税、金融、投资、就业、环境、分配、消费等社会问题,如何在尊重市场经济规律并结合中国现实的情况下制定切实可行的经济政策和社会政策以保证社会主义市场经济的健康发展,这需要加强对公共政策的研究。只有深入研究公共政策,依靠现代的政策科学理论和政策分析方法,制定高质量的经济社会政策,才能促进中国社会主义市场经济的发展。

(三) 有助于深化中国政治体制和行政体制改革

经济体制改革必定引起和促进政治体制及行政体制改革。政治体制与行政体制改革本身正是政策科学及政策分析中政策制定系统改革的研究范围,要建立更加有效、灵活的政治及行政体制,就必须借助政策科学及政策分析的有关理论和方法。由此可见,研究公共政策有助于深化政治体制和行政体制改革,从而促进政治文明建设。[2]

总之,公共政策在指导和促进社会政治、经济和科技文化的发展中起着巨大的作用。学习和研究公共政策有助于提高政策质量,推动经济和社会的发展。

二、公共政策研究的范式

公共政策学不是现有某一学科的更新,而是一个全新的跨学科、综合性研究领域,有自己的一套"范式",即它有自己的研究对象、研究范围和研究方法等。[3]

首先,公共政策学以社会政治生活中的政策系统及政策过程为研究对象。简单地说,公共政策学的研究对象就是公共政策,既有具体的个别的政策,也有内容各异但理念同源、导向相近的政策群[4],还有具有共同本质属性的政策一般。公共政策学把公共政策作为研究对象,其基本目标是端正人类社会发展方向,改善公共决策系统,提高公共政策制定质量。

其次,公共政策学的研究范围十分广泛,主要包括政策系统、政策功能、政策目标、公共权力、政策诉求、政策议程、政策方案、政策选择、政策宣示、政策思维、政策战略、政策资源、政策效果、政策周期、政策环境、政策预测、政策评估、政策咨询,从大政方针到各层次、各部门的具体政策等。

最后,公共政策学的研究途径和方法多样化。公共政策学是一个跨学科、综合性的研究

---

[1] 陈振明.公共政策学[M].北京:中国人民大学出版社,2012:42.
[2] 陈振明.公共政策学[M].北京:中国人民大学出版社,2012:43.
[3] 朱崇实,陈振明.中国公共政策[M].北京:中国人民大学出版社,2003:8-9.
[4] 张勤认为,政策群是指国家、政府和一定类型的政治体制中的执政党在某一段较长的时间内制定和实施的内容各异但理念同源、导向相近的政策的集合体,如改革开放政策。张勤.当代中国的政策群:概念提出和特质分析[J].北京行政学院学报,2000(1):13-14.

领域,它有不同的研究视角和研究方法。由于社会环境、政治传统、意识形态等方面的差别,因此不同的政策问题需要采用不同的研究途径和分析方法。既可以是政治学途径、社会学途径,也可以是经济学途径、伦理学途径;既要有定量的方法,也要有定性的方法;既要有理性的方法,也要有超理性的方法;既有描述性的,也有规范性的,特别是必须依赖直觉、灵感和判断的创造性思维活动。从这个意义上说,政策分析既是一种方法论,又是一门艺术。

三、公共政策研究的途径

公共政策学本身的跨学科、综合性特征决定了其研究途径的多样性。一方面,公共政策分析可以从不同的社会科学学科的框架角度研究。在西方政策分析的发展中,形成了几种比较有影响的学科途径,即政治学途径、经济学途径、管理学途径、社会学途径和伦理学途径。另一方面,可以从某些社会科学的理论、假设或模型出发来研究公共政策及其过程,由此形成的研究途径更是多种多样。研究途径、方法的不同,引致对公共政策的性质、成因和结果,公共决策系统及其运行做出不同的描述或解释,从而形成不同的政策分析理论。[①]

(一)政治学研究途径

政治学是研究个人和公共权力如何配置、权利资源如何分配的科学。公共政策作为一种普遍和重要的政治现象,一直是政治学关注和研究的对象。权力、权利和资源都具有价值或者直接就是利益,因此,政治与公共政策具有高度一致性,都是关于如何对资源、价值、利益进行划分、协调和分配,那么,从政治学的角度研究公共政策便是自然的事。

在当代西方,公共政策作为政治系统输出的主要内容而备受关注。一般来说,西方的政治学研究分为三个阶段,即传统政治学时期、行为主义政治学时期和后行为主义政治学时期。传统政治学时期的研究重点是政府和主权,强调对公共政策过程的规范性研究而很少论及公共政策的内容以及各种影响公共政策制定的因素。行为主义政治学从社会学和心理学领域,借用了多种方法,通过对公共政策过程的描述性研究来进行公共政策分析,但不注重研究政策过程和行为与公共政策之间的联系。后行为主义政治学力求将公共政策过程和行为的描述性研究与公共政策的内容结合起来,并将数学推论和模型等规范性研究引入公共政策分析。

(二)经济学研究途径

经济学研究途径是采用经济学的理论假定、概念框架、分析方法及技术来看待公共政策问题。经济学要解决的是任何社会和个人都要面临的选择和资源分配问题,经济学者要考察特定决策或选择行为的利益和成本。从这个意义上说,经济学是公共政策的基础。

经济学视角下的公共政策,简单地说,就是市场与政府的相互关系,是寻求市场与政府之间的平衡,在市场效率与社会公平之间获得均衡。在当代政策分析学科中,最有影响的经济学途径是福利经济学理论、公共选择理论和新制度主义。

1. 福利经济学

福利经济学主张通过市场机制做出大部分社会决策;然而,市场本身是有缺陷的,它并不总是有效地分配资源,在市场失灵的情况下,必须依靠政府和公共权力来弥补市场机制的

---

① 陈振明.公共政策学[M].北京:中国人民大学出版社,2012:29.

不足。

按照福利经济学的观点,政府干预是必要的,关键是找到并实施最佳的公共政策。最有效的政策是社会成本最低的政策,或者是一定的成本和资源投入获得最高产出的政策。

2. 公共选择理论

公共选择理论是 20 世纪 70 年代发展起来的一种"新政治经济学"或"政治的经济学"理论,20 世纪 80 年代后被广泛应用于公共管理和公共政策领域。公共选择是对集体行为、政治和公共政策行为进行经济分析。公共选择理论将"经济人"假设、交换范式和方法论个人主义应用到政治和公共政策领域,假定政治行动者个人(不管是决策者还是投票者)被自利的动机所引导,进而选择一个对其最有利的行动方案。由这一假定出发,公共选择理论把政治和政策制定看作一个市场,不同的是人们用选票而不是货币进行选择,政治和公共政策过程是一个类似市场选择的过程,是一种政治或政策交易。

3. 新制度主义[①]

新制度主义是一种新的、影响在不断扩大的公共政策研究途径。新制度主义强调制度在政治生活中的决定性作用,认为制度是人类设计的产物;制度之所以在社会中存在,是因为它们可以克服社会组织中的信息障碍并减少交易成本;在社会中,两种能最小化交易成本的组织是市场(如企业)和等级制组织(如军队);作为正式或非正式的规则,制度规定行为角色、约束行为和形成期望,不仅减少交易成本,而且形成偏好。

制度一旦确立,在降低交易成本、提高效率的同时,由于路径依赖,其会形成对未来选择空间和可能的限制。僵化的、不与时俱进的制度势必增加交易成本、降低效率,这样的制度必须进行革新。

(三) 管理学研究途径

管理是指按照一定的计划和步骤,服从一定的指挥和原则,从而使个人与各个方面的活动协调一致,以便用最小的代价实现既定目标的活动。管理科学是研究管理理论、管理方法和管理实践活动的一般规律的科学,其对公共政策研究的最大贡献是决策科学。

公共政策从总体上来说是一种抽象的行为原则与规范,只有通过管理才能将公共政策的目标变为现实。公共政策学与管理科学尤其是公共管理学在研究对象上有很多共同之处,它们都是管理社会公共事务、解决社会公共问题,都要经过确认问题、制订方案、实施计划和评估结果的程序。自 20 世纪 60 年代以来,管理学的发展为新公共管理范式的兴起提供了条件。[②]

(四) 社会学研究途径

社会学就是研究社会现象的科学。社会学对公共政策分析的主要贡献在于它对种族关系、家庭问题、犯罪学和社会变革等所进行的研究。[③]

社会学中关于政策的研究是描述性的,主要集中在政策过程特别是公共政策的制定、实施和效果评估等几个阶段。社会学在社会控制、社会化和社会变化等领域发展了大量的实践知识和理论,这些都有助于理解不同公共政策的效果及公共政策制定者和执行者的行为。社会学对公共政策研究的另一大贡献在于微观的实证研究方法。

---

① 陈振明.公共政策学[M].北京:中国人民大学出版社,2012:32.
② 宁骚.公共政策学[M].北京:高等教育出版社,2003:65-66.
③ 宁骚.公共政策学[M].北京:高等教育出版社,2003:67.

(五) 伦理学研究途径

伦理学也称"道德哲学",是一门研究各类社会道德现象,揭示道德的本质、发展规律和社会作用的理论学科,分为规范伦理学和非规范伦理学两大类。

伦理学对公共政策研究的影响主要表现在两个方面:一是强调政策研究中的价值分析;二是政策研究本身的伦理规范,或者说是政策分析的职业伦理,包括政策决策者的行为标准、政策研究者的职业道德要求、政策执行者的道德规范等。具体来说,政策分析职业伦理的基本内容包括:(1) 道德品质要求。政策决策者和研究者既要具备社会成员的一般道德,又要具备作为政治角色的职业道德。这种职业道德实质上就是责任和义务的表现,它要求决策者和研究者对国家和人民负责,为国家和人民的利益服务,实现目的性和责任性的统一。(2) 行为规范要求。政策过程具有很强的实践性,政策主体在决策和执行过程中都要依法行事,从实际出发,为政策目标的实现创造有利条件。任何一个政策选择都要注意体现广大人民的利益并协调好各方面的利益关系。(3) 价值判断要求。价值判断要以事实为依据,决策者和研究者要把价值判断和事实判断有机地统一起来。价值判断要以公共利益为重,政策是否具有权威性、是否具有规范和命令的功能与其能否反映公共利益密切相关。价值判断应是责、权、利的统一。[①]

第五节 本书框架与内容

本书分为上、中、下三篇,共十章。上篇为公共政策基础篇,包含第一、二、三章;中篇为公共政策过程篇,包含第四、五、六、七、八章;下篇为公共政策方法篇,包含第九、十章[②](如图1-1所示)。

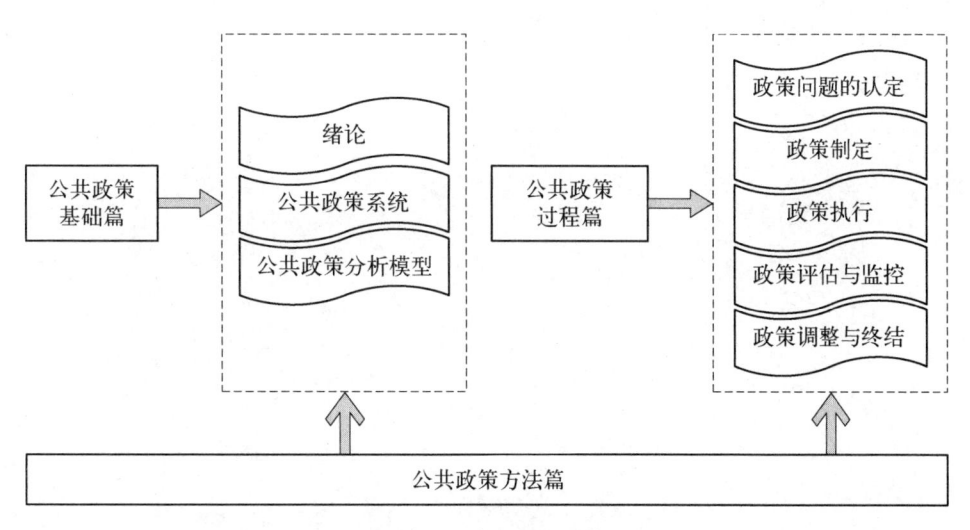

图 1-1 本书框架结构

---

① 宁骚.公共政策学[M].北京:高等教育出版社,2003:69-70.
② 第九章和第十章为带 * 号章,作为选讲章。

第一章为绪论，是本书的基础理论章节，主要介绍公共政策的内涵与特征、类型与功能、公共政策学的产生与发展以及公共政策研究的意义、范式与途径。

第二章为公共政策系统，主要内容包括公共政策的主体、客体、环境、工具以及公共政策运行。

第三章为公共政策分析模型，主要介绍政治模型、围绕"理性"探索的模型、系统模型等政策分析模型。

第四章为政策问题的认定，主要介绍政策问题的形成、内涵、特征、分类与构建，政府议程的设置及相应的方法和模型。

第五章为政策制定，主要介绍政策制定的基本理论、政策目标的确定、政策方案的设计、政策方案的评估与择优以及政策合法化等。

第六章为政策执行，主要介绍政策执行的一般理论、政策执行的过程与手段、政策执行的模型、影响政策有效执行的因素、政策执行的偏差及其矫正。

第七章为政策评估与监控，主要介绍政策评估的一般理论、政策评估的过程与内容、政策评估的方法、政策监控的一般理论以及政策监控的过程与机制。

第八章为政策调整与终结，主要介绍政策调整、政策终结和政策周期。

第九章为公共政策分析方法（一），主要介绍政策信息收集方法和数据描述分析方法。

第十章为公共政策分析方法（二），主要介绍政策分析预测方法和政策规划决策方法。

复习思考题

1. 简述公共政策的含义。公共政策有哪些基本特征？
2. 简述公共政策的分类标准及种类。
3. 简述公共政策的基本功能。
4. 简述公共政策的产生与发展。
5. 举例论述公共政策分析的途径。

第二章
公共政策系统

全章提要

- 第一节 公共政策主体
- 第二节 公共政策客体
- 第三节 公共政策环境
- 第四节 公共政策工具
- 第五节 公共政策运行

案例
复习思考题

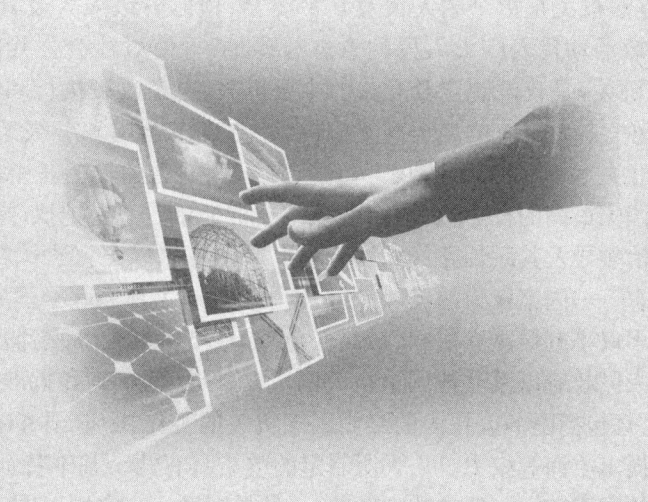

基于系统工程的理论和方法,公共政策系统是由公共政策主体、公共政策客体、公共政策环境、公共政策工具等因素相互作用而构成的社会政治系统,是公共政策运行的载体,是公共政策过程展开的基础。公共政策系统各因素之间的联系是否得当,直接关系到其整体协调性、系统环境适应性和系统功能最优化状况。

第一节 公共政策主体

公共政策主体是指直接或间接参与公共政策制定、执行、评估和监督的组织与个人,具体包括立法机关、行政机关、政党、司法机关、利益团体、公民(选民)、大众媒体、思想库等。从政策主体的身份特性出发,可将其分为官方决策者和非官方政策活动者。

一、官方决策者

官方决策者是指政治体制内行使公共权力的政策过程参与者,一般包括立法机关、行政机关、执政党和司法机关等。

(一) 立法机关

立法机关是公共政策主体之一。西方国家的立法机关主要是指国会、议会以及代表性机构。代议制国家中,议会机关是代表和反映民意的机关,他们通过制定法律和公共政策来代表或反映民意(实际上是反映执政党及统治者的意志)。按照安德森等人的说法,在西方国家尤其是美国,立法机关通常能够在独立决策的意义上行使立法权,如关于税收、人权、福利和劳动关系等方面的政策在很大程度上是由国会制定的。但立法机关并不具有真正完全独立的决策功能。例如在国防和外交政策的制定方面,总统拥有比国会更大的权力,国会要服从总统的领导。

在中国,立法机关是指全国人大及其常委会、地方各级人大及其常委会,通过人民代表的参政与议政活动代表广大人民的意志与要求,行使对社会公共事务的决定权。人大是中国的权力机关,是政策制定及立法的主要机关,也是政策执行和监控的制约机构。就其法律地位来说,人大的地位是至高无上的,它决定着全国和各级地方的一切重大事务。宪法规定,中国的一切权力属于人民,人民行使国家权力的机关是全国人大和地方各级人大。人大作为国家最高的权力机关,有两项重要的职能:一是把执政党即中国共产党对国家和社会的政治领导及其政治路线、政治纲领、政治意志以国家法律的形式表现出来,使其成为国家的意志——国家权力的灵魂;二是建立政府权力体系——国家行政机关、司法机关等。全国人大不仅享有最高立法权、最高任免权、最高决策权、最高监督权,而且有选举、决定和任免中央人民政府以及其他国家机关的主要领导人,审查和批准国家的预算和预算执行情况报告,监督包括国务院在内的最高国家机关的工作,听取国务院的工作报告,对国务院及其各部委提出质询等权力。人大所制定的政策具有两个基本特征:一是权威性——它们是经过法定的程序制定一般大政方针的;二是强制性——它们以国家强制力为后盾,必须被坚决执行。

（二）行政机关

行政机关及其政府官员是公共政策主体之一。西方国家由于行政权力的逐步增大，因此，无论是公共政策的制定还是执行，政府官员的作用都越来越大，即使是实行三权分立的美国也是如此。总统在立法和行政决策方面的权力很大，尤其是在外交政策的制定方面。行政部门由于直接处理社会公共事务，因此在控制政策议题、掌握政策信息以及决定政策方案的选择上有更多权力和机会。

在西方国家特别是美国，无论是政策的制定还是政策的执行，政府的效能从根本上说都取决于行政领导尤其是总统。总统在进行立法和政策领导方面的权威大大加强，国会的立法往往将重大的决策权授予总统。特别在决策权难以分散的国防和外交领域，总统拥有的权力和行动自由比在内政方面拥有的权力和自由大得多。美国的外交政策主要是总统领导和决策的产物。当然，国会并非一定要采纳总统提出的政策建议，这些建议可能被拒绝，也可能被修改。行政机构在政策过程中的作用巨大不仅在于其是政策执行的主导机构，而且在于其日益参与政策制定的事务。行政机构可以制定某些法规或政策（尤其是行政法规），还可以使别的国家机关制定的法律或政策不起作用。此外，英国、美国等西方国家的行政机构还是立法或政策建议的重要来源，它们不仅积极提交法案，而且主动游说，向立法机关施加压力，让他们采纳有关建议。

在中国，政府作为管理机关，是政策主体的一个重要因素。宪法规定：国务院即中央人民政府，是最高权力机关的执行机关，是最高国家行政机关；地方各级人民政府是地方各级权力机关的执行机关。国务院享有行政立法权、提案权、监督权、人事权、全国人大及其常委会所授予的其他方面的职权。它统一领导全国行政机关的工作，统一领导全国的内政、外交事务，主要包括编制并执行国民经济和社会发展计划以及国家预算，领导和管理经济工作和城乡建设、生态文明建设，领导和管理教育、科学、文化、卫生、体育和计划生育工作，领导和管理国防建设事业等。县级以上地方各级人民政府享有执行权、制令权、管理权、监督权和中央政府授予地方的其他权力，其管理权限是全面领导本行政区域内的经济文化建设和各项行政事务。政府机关不仅是政策执行的主要机构，而且有权根据基本国策制定具体的政策法规。政府机关制定的政策具有如下特征：一是具体性——行政机关制定的政策绝大部分是党和国家权力机关政策的具体化，体现党和国家权力机关所制定的政策的基本精神；二是补充性——对党和国家权力机关政策所没有涉及的领域，行政机关有权制定补充性的政策规定，以防止出现政策空白。

（三）执政党

政党尤其是执政党是公共政策制定的核心力量之一。政党具有利益表达和利益聚合的功能，其通过选举和一系列活动把民众及利益团体的利益与要求转变成一般的公共政策方案，从而把政党的主张转变为政府的公共政策，这一过程是通过选举获得执政权力来实现的。政党在选举中为了迎合部分选民的需要，往往制定"短视"的公共政策从而损害长远公共利益的实现。

在西方国家两党制或多党制条件下，政党首先与权力而不是与政策相联系，也就是说，政党的主张转变为国家或政府的公共政策是靠选举实现的，只有在大选中获胜，取得政权的政党才能成为直接的政策制定者，把它的主张转变为公共政策。在实行两党制的国家（如美国和英国),政党希望获取更多选民支持的愿望迫使两党在它们的"一揽子"政策意见中体现更多利益和要求,并尽量避免与势力强大的社会阶层或利益团体的利益和要求相左。在多党制国家(如法国),政党所表现的利益聚合的功能相对弱一些,在政策制定过程中,执政党更多的是充当各种特定利益的经纪人而非倡导者的角色。[①]

在中国,中国共产党是全国人民的领导核心,它在政策的制定、执行、评估和监控中起主导作用。作为执政党,中国共产党代表广大人民群众的根本利益和普遍意志。尽管党和政府在政策过程中的指导思想和工作一致,但它们的职能和起作用的方式是不同的。中国共产党在政策过程中的主要作用是政治领导和向国家机关尤其是政府部门推荐重要干部。党对国家事务实行政治领导的主要方式是使党的主张经法定程序变成国家意志,通过党组织的活动和党员的模范带头作用,带动广大人民群众,实现党的路线、方针和政策。因此,政策方面的领导是党的政治领导的主要内容。中国共产党制定具有综合指导性和根本性的总政策。其政策的综合指导性主要体现在,这些政策具有总体性并涉及政治、经济、社会和文化生活的各个方面,其表现形式是党的纲领、路线、方针;其政策的根本性主要体现在,党通过制定政策,掌握国家和社会生活总的发展方向,社会各阶层的活动都要受其制约。

(四)司法机关

作为国家或政府组成部分的司法机关,在公共决策过程中也占有重要的一席之地,也是公共政策主体之一。例如在美国,司法机关(法院)能通过司法审查权和法令解释权对公共政策的性质和内容产生很大影响,通过判例对经济政策(如财产所有权、合同、企业、劳动关系等)和社会政策(如福利政策、基础设施建设等)产生影响。法院不仅参与政策的制定,而且在其中扮演重要角色。它不仅规定政府不能做什么,而且规定政府应该采取何种行动以符合宪法和法律的要求。在中国,司法建议作为人民司法的一项重要制度,是法院参与社会管理创新和服务经济社会发展大局不可缺少的环节,具有重要作用。人民法院根据相关决策实施过程中发现的公共决策、行政执法、社会治理等方面的问题和隐患,积极开展司法建议工作,为服务保障社会工作,在更高起点、更高层次、更高目标上推进社会主义法治和社会治理建设提供了有力的司法保障。最高人民检察院作为中国立法明确规定的有权对法律进行司法解释的机构之一,其司法解释本身就是政策的表现形态,最高人民检察院通过对公共政策的阐释,并根据社会情势的变迁,及时制定或将有关现有规则转化为司法政策,形成有约束力的成文条款,对公共政策起着一定的影响和推动作用。

从上面的分析可以看出,中西方的官方政策主体在内容、地位和作用方面的主要区别在于:(1)在中国,无论是中国共产党还是国家机关,都是广大人民群众根本利益的真实代表;而西方的国家机器及执政党是资产阶级利益以及利益团体利益的代言人。(2)中西方政党在政策过程中的地位和作用以及发挥作用的方式明显不同。在中国,中国共产党直接对政策过程起核心领导作用,其他民主党派积极参与政策过程;而在西方国家,政党必须通过竞选执政后才能对国家或政府政策产生决定性的影响。

二、非官方的政策活动者

非官方的政策活动者是指政治体制外不直接行使公共权力的政策过程参与者,主要包

[①] 詹姆斯·E.安德森.公共决策[M].唐亮,译.北京:华夏出版社,1990:54-55.

括利益团体、公民(选民)、大众传媒和思想库等。

(一) 利益团体

当某个群体提出一项政治要求时,政治过程开始。这种提出要求的过程称为利益表达,利益表达的主体称为利益团体。利益团体又称"压力团体"或"倡议团体",是指具有相同利益并向社会或政府提出合理诉求,以争取团体及其成员利益,影响公共政策的社会团体。美国政治学家阿尔蒙德指出,"因兴趣或利益而联系在一起,并意识到这些共同利益的人的组合"为利益团体,[①]即基于某种共同价值、共同利益、共同态度或某种职业、行业而形成的正式、非正式团体等社会组织。其目的在于建立、维持、增进共同利益和共同态度所蕴含的行为模式。其职责是履行利益聚合功能,以保障或增进其成员的利益作为最高目标。

在利益团体中,一些具有一定的组织形式,另一些则没有特定的组织形式,只是具有共同利益的个人正式或非正式地结合成某一团体,以便于向政府提出他们的要求,这是当今多数国家政策生活的主要特征之一。利益团体广泛存在、数量众多、种类繁杂、形式各异,它们的利益要求也不尽相同,有的要求对社会价值和资源重新分配,有的要求维持现状和既得利益。前者趋向革新,后者趋向保守。它们通常不具有典型而浓厚的政治色彩,但往往是政府与公民之间联系的重要桥梁。各种利益团体参与和影响政策制定过程,成为非官方政策主体的重要构成因素之一,在公共决策过程中起着显著作用,这是现代国家政治体制的一个显著特征。

利益团体影响公共决策的方式主要有游说、宣传、助选、集会游行等。以美国为例,美国国会、行政当局和利益团体之间存在一个非正式的"铁三角"。利益团体影响政府的方法主要有两种。一是游说(又称"院外活动"),即利益团体的代表向国会议员、政府官员进行有针对性的说服工作,希望他们支持本集团所希望的政策,并借助媒体使得一项具体政策被通过或被拒绝。游说本身并没有什么不好,因为它是民主过程的灵魂,它让政府官员知道不同利益团体和选民的利益与要求。美国政府的游说通常分为两种:一种是内部游说,它较为传统,一般是游说人和国会议员或行政当局官员私下接触,金钱是成功游说的保证;另一种是外部游说,也称"草根性游说",是指许多组织调动自己的会员在华盛顿以外影响大众,通过向议员写信、发电报、利用当地媒体宣传自己的主张等方式,从外部对议员施压。二是政治捐款,即利益团体统筹捐款给议员候选人,支持国会议员和总统当选,议员候选人以其职务上的权限来回馈捐款团体,也就是说,用金钱购买对立法的影响力。

改革开放前,中国实行社会主义计划经济体制,着重强调人民利益与社会利益的一致性以及人民内部利益的均等化,忽略了不同利益主体之间的利益冲突与矛盾,不具备利益团体存在与发展的土壤。改革开放和社会主义市场经济的发展使得中国的社会利益结构逐渐呈现多元化趋势,"利益团体"的概念越来越清晰。1988年党的十三届二中全会首次在工作报告中指出,在社会主义制度下,人民内部仍然存在不同利益团体之间的矛盾。随着市场经济体制的建立和完善以及利益多元化格局的形成和发展,作为社会活动领域人群组织的利益团体不断成长、成熟,并从政治领域中分离出来,成为一种重要的社会力量,对政府的公共决策产生日益重要的影响。如何建立和完善利益团体成长的法律制度环境,理顺政府改革与社会组织发展的互动关系,充分发挥利益团体在社会监督、提高公民素质、满足社会多元化

[①] 阿尔蒙德,鲍威尔.比较政治学:体系、过程和政策[M].上海:上海译文出版社,1987:200.

需求等方面的积极作用,同时尽量限制其消极作用,是中国公共决策过程中必须认真处理的问题。

(二) 公民(选民)

公民(选民)是政策主体的一个重要组成部分,或者说是一种最广泛的非官方政策主体。公民是指具有某国国籍并依照该国宪章享有权利和承担义务的个人。公民享有的政治权利是公民权利的重要组成部分。公民依法享有参与国家政治生活、管理国家公共事务以及参与制定公共政策的权利。

在公共政策过程中,公民可以个人身份或通过参加民间组织、营利性组织、专业化服务性组织等非政府组织,以直接或间接的方式,参与公共政策制定、执行、监督、评估等各个阶段,以此来表达自身的利益诉求和意愿,并期望影响公共资源的分配。特别是在公共政策制定环节,民意与公共政策制定的关系非常密切,失去民意基础的公共政策最终会丧失其合法性基础并导致政策失败。英国公共政策学者帕森斯(Wayne Parsons)认为:"公共政策是民意的功能表现,政策需求决定政策供给,事实上,那些被政策制定者注意,并且加以测量与处置的民意,更证实了这种论点:政策议程是民意与公共权力的互动结果。"[1]如何看待公共政策制定中的民意?首先要重视民意,因为民意代表和反映公共利益,脱离民意的政策制定就脱离了公共利益,这种失去基本民意的公共政策不可能最终实行;但是如果公共政策制定者毫无分析地全盘接受民意,就会导致"民粹主义",制定"短视"的公共政策从而损害民众的长远利益。公众表达民意的途径有两种:一种是直接表达,如投书、请愿、申诉、示威、抗议等;另一种是间接表达,如通过民意代表、利益团体和其他社会组织表达。

(三) 大众传媒

大众传媒是指在传播路线上用以传达信息的报纸、书籍、杂志、电影、广播、电视、因特网等诸形式。[2] 决策中的信息总要借助一定的媒体才能传播,大众媒体是现代社会最为普遍的信息传播载体。大众传媒对全世界的政治、经济、文化正产生越来越大、越来越广泛的影响,以至于在西方有人将大众传媒称作与立法权、行政权、司法权并列的"第四种权力"。

大众传媒对政策制定的影响与作用体现在:大众传媒能及时反映社会上发生的公共问题;同时,其传播的信息是对政策信息和政策问题进行选择、整理,经过层层加工和筛选后提供给公众的,其建构的"第二现实"受公众对问题内容和性质的认知与态度影响,进而影响政策议程的建立。大众传媒的直接性、迅速性和广泛性使其能为政策制定创造良好的公众支持环境,从而扩大政策支持群体,加深对政策问题的认知。大众传媒的"焦点效应"可以形成强烈的政策舆论压力,促使决策系统接受来自公众的愿望和要求。大众传媒是政府与公众相连接的桥梁,可以加深公众对政策制定的参与程度,使分散的公众公开表达自己的诉求,是实现决策科学化和民主化的重要载体。

(四) 思想库

随着社会公共事务日益复杂化与专业化,政府公共政策的制定越来越需要"外脑"的支持,现代的思想库应运而生,这些思想库构成了公共政策的研究与咨询系统。现代公共政策

---

[1] Parsons, D. W.. Public Policy[M]. Aldershot UK: Edward Elgar, 1995: 110.
[2] 沙莲香. 传播学[M]. 北京: 中国人民大学出版社, 1990: 115.

思想库主要有以下几种类型：

1. 官方思想库

这类思想库通常隶属于不同国家或地区的政府及其职能部门，带有鲜明的官方色彩，反映政府的态度、立场及其感兴趣的问题。它们直接研究政策问题，为决策提供咨询。官方思想库可分为以下几种：

（1）最高行政长官的研究咨询机构

最高行政长官的研究咨询机构由最高行政长官的办事机构和专门委员会组成，如中华人民共和国国务院发展研究中心、美国总统科学咨询委员会、日本审议会、法国总统府中的总秘书处等。这种机构与最高决策者保持密切联系，及时提供各方面的情报和资料，提供各种备选方案，作为政策制定者决策的依据与参考，对最高决策者的影响重大。

（2）相对独立的研究咨询机构

相对独立的研究咨询机构与行政系统关系密切，其成员由政府任命，但又保持相对独立的组织体系和研究方法，如中国的中央政策研究室、党校等，法国的经济和社会委员会，荷兰的国务会议和社会经济理事会等。这类思想库在西方政治生活中地位重要，对国家的立法、行政和司法都有很大影响，如法国的经济和社会委员会素有"第三议会"之称。

（3）部门的咨询机构

部门的咨询机构为各部门提供研究咨询服务，其形式多样、层次分明，构成一个相互关联、各司其职的系统。例如中华人民共和国国家发展和改革委员会宏观经济研究院，其主要职能之一就是承担党中央、国务院、国家发展和改革委员会等有关部门交办的文件文稿起草工作；日本政府的各个部门都有相当数量的审议会作为咨询机构，通产省设有3个审议会，厚生省设有21个审议会，它们对专题进行研究，提出各种方案，供各部门决策选用。

2. 半官方思想库

西方国家为了让专家们能在民间工作，既保持研究的独立性，又为政府部门服务，建立了许多半官方思想库，具体如下：

（1）政府通过投资和资助重点研究领域和方向，将思想库纳入为政府服务的轨道。例如作为日本"智库总管"的综合研究开发机构的重要任务就是根据日本政府的需要拟定研究课题，分配给相关民间研究机构，并提供充足的资金；德国基尔世界经济研究所一半以上的经费由政府提供。西方国家政府正是通过资金上的援助与这些思想库建立了长期的、稳定的、密切的合作关系。

（2）政府通过与思想库签订合同，建立相互依存的关系。例如斯坦福国际咨询研究所总收入的70%来自政府和军方的合同收入，它是主要为政府和军方服务的半官方研究咨询机构。

（3）与政府部门对口挂钩的思想库。虽然政府对这一类思想库的资助只占很小一部分，但它们与政府部门对口挂钩，直接为对口的政府部门提供研究咨询服务，因此，它们实际上也是半官方的研究咨询机构，如美国对外关系委员会（与国务院对口挂钩）、经济发展委员会（与商务部对口挂钩）、税务基金会（与财政部对口挂钩）等。

中国的半官方思想库通常为传统的事业单位型研究机构，主要是指各类以事业单位为主的社科类研究机构，如国家各部委的研究院、中国社科院、各省市社科院、直属各级政府的各种科研机构等。

3. 民间思想库

民间思想库是由民间发起,得到基金会和企业资助,为国家机构及其长官服务的政策研究机构,如美国现代问题研究所、美国企业公共政策研究所、外交政策研究所等。民间思想库是思想库的典型形式,其最大的特点是独立性和客观性。它们熟悉技术方法,不为个人意志所左右,直接体察民情,既超脱又接近实际,研究成果更具全局性和有效性。

民间思想库有两大优势:(1) 民间政策研究组织有一定社会性,在获取真实信息方面有较多有利条件,可以克服行政性研究机构在搜集真实政策信息上的局限性;(2) 可以保持政策研究的连续性和系统性,克服行政性研究机构因领导人更迭或领导人注意力转移而影响政策研究课题及其条件的弊端,有利于提高决策的透明度、开放度与民众参与度,对社会政治经济的稳定有积极意义。

民间思想库对公共决策的作用巨大。中国的全球化智库(CCG)、中国(海南)改革发展研究院、零点研究咨询集团等杰出的民间思想库均对中国的政府决策、企业发展、社会舆论与公共知识传播具有深刻影响。20世纪60至70年代,美国布鲁金斯学会出版《制定国家优先项目》(每年1卷),由布鲁金斯学会的学者评价总统的全部规划,提出各种可供选择的方案,并对不同于总统设想的各种替代方案可能产生的影响做出评估,对政府的公共政策产生了很大影响。

4. 跨国思想库

跨国思想库是由世界各国经济学家、企业家、政策科学家等组成的,以研究人类全球问题为主的思想库。首先,这类思想库研究的是在规模上具有全球性,在性质上涉及全人类利益,在解决时需要世界各国协同努力、采取共同对策的问题。其次,它们经常与一些国家的政府首脑和著名政治家举行联席会议,共同磋商、讨论问题。最后,它们努力促进各国成员之间对解决各国面临的问题的经验方法的交流,探讨各种专业知识的综合运用方法。例如中国的安邦智库(ANBOUND)就是独立跨国思想库,专注于宏观经济、产业政策、城市和社会发展、地缘政治和国际关系等领域的公共政策研究。著名的跨国思想库——罗马俱乐部的研究报告始终广泛吸引着世界各国政府,并引发了自20世纪70年代以来在西方世界中占有重要地位的社会运动——生态和环境保护运动。

综上可知,现代思想库有提供政策信息、诊断政策问题、提供政策方案、评估政策得失的重要作用。重视和鼓励各类思想库的发展对提高公共政策的科学化水平有重要意义。

第二节 公共政策客体

公共政策客体研究的是公共政策的作用对象及其影响范围,即所要处理的社会问题和公共政策约束的目标群体。

一、公共政策的直接客体:社会问题

政府的主要功能及其公共政策的主要作用在于有效解决社会所面临的诸多问题,所以社会问题的客观存在及其主观认定被普遍视为政策过程的出发点。政府作为社会的公共权力机构,主要针对社会问题进行决策,社会问题就成为公共政策的直接客体。

(一) 社会问题的含义及类型

社会问题是指社会关系或社会环境失调，影响全体社会成员或部分社会成员的生活，破坏社会正常活动，妨碍社会协调发展的社会现象。从抽象意义上讲，社会问题就是指实际条件与应有条件之间的偏差，或者是实际状态与社会期望状态之间的差距，这种偏差或差距往往导致社会的紧张状态，它超越了个人稳定的环境和范畴，牵涉较为广泛的社会关系。当社会上的一些人对社会生活中的某个方面表示焦虑和不满，或提出一定的主张，或采取一定的行动时，就显示发生了问题。但通常在人们表示不满前，问题就已经存在了，只是那些受其影响的人或畏惧社会习俗、政府权威，或没有意识到存在不公、应该改革。

现代社会问题纷繁芜杂，社会学家至今没有找到令人满意的统一划分标准。本书认为，社会问题的类型可以从两个角度进行划分：一是根据社会问题产生的根源，分为结构失调性社会问题与功能失调性社会问题；二是根据社会问题产生的历史条件和地区差异，分为普遍性社会问题与特殊性社会问题。

1. 结构失调性社会问题与功能失调性社会问题

结构失调性社会问题是指由于社会结构失调而发生的社会问题。社会是个复杂的大系统，是由各个组成要素相互联系起来构成的整体。当这种结构遭到破坏时，或者这种结构不适应社会发展时，就会产生结构性失调。结构性失调的社会后果：一是社会秩序混乱，二是社会运行迟滞。这时就发生结构失调性社会问题。例如，在解决群众住房问题的过程中，存在住房困难家庭的基本需求尚未满足、保障性住房总体不足、住房资源配置不合理等问题，必须下更大决心、花更大力气解决好住房发展中存在的各种问题。

功能失调性社会问题是指由于社会结构存在某些障碍或病变而没有发挥应有的功能，由此产生的社会问题。社会结构是根据社会需要自然形成或人为建立起来的，社会结构运行过程也就是社会结构发挥其功能的过程。当社会结构运行遇到某些障碍或发生某些病变时，社会结构预定的社会功能就会遭到破坏，或萎缩退化，或扭曲变形，或嬗变转化，这些都是功能性失调，由此产生的社会问题被称为"功能失调性社会问题"。例如，由于公共物品、外部效应、不完全市场、信息不对称等因素的存在，市场这双"无形的手"就无法实现资源的有效配置，当市场机制无法发挥应有的功能时，会出现短期失衡即"市场失灵"的情况。因此，市场不是万能的，必须正确处理好政府与市场的关系，坚持发挥中国社会主义制度的优越性，发挥党和政府的积极作用。

2. 普遍性社会问题与特殊性社会问题

普遍性社会问题是指在一定时期内普遍发生在各个地区或国家的社会问题，如环境问题、经济危机问题、犯罪问题等。这是所有社会都要面临的社会问题，虽然其具体的表现形式、危害程度不同，但有某些共同的特征和大致相同的规律，各地区、各国家可以彼此沟通、合作、借鉴，甚至共同解决这些问题。

特殊性社会问题是指在一定时期内发生在某个地区或国家的社会问题，如美国的种族问题、中国的人口问题等。特殊性社会问题只是在某个地区或国家才有的社会问题，对于这类问题要运用一些特殊的手段予以解决。

社会所面临的问题很多，但在政府决策者看来，并非所有问题都需要政府解决：有些问题通过民间渠道就能处理；有些问题过于复杂，政府无力解决；有些问题已经成为历史，再无解决的必要。另外，也不能排除政府出于各种利益的考虑，对有些问题采取漠视的消极态度。所以,只有一部分社会问题能够得到政府的真正重视,进入政府议程,这部分社会问题就转化成政策问题。

(二) 社会问题的特征

1. 社会问题是一种客观条件

客观条件是指一种可以通过实证加以认识的情况,换句话说,它的存在状况及数量(比例)大小能够被人们认识,如国防状况、出生率和失业问题等。客观条件是社会问题存在的必要条件,但不是充分条件,也就是说,没有客观条件就不可能形成社会问题,但只有客观条件还不足以构成社会问题。尽管两个地区的客观条件相同,但这种客观条件可能仅在一个地区形成社会问题。例如,公共场所吸烟在一些地区是一个社会问题,而在另一些地区则不是;离婚率在一些地区是一个社会问题,而在另一些地区则不是。

2. 社会问题是一种主观定义

主观定义是指人们对上述客观条件的察觉和认识,即他们明显感到目前的客观条件已经危及他们珍视的社会价值观,是对他们信奉的社会规范的背离。社会问题主要是由人定义的。如果某种状态不被身处其中的人们认定为社会问题,那么对于这些人来说,这种状态就不构成社会问题,尽管有时在旁观者眼中,这种情况可能的确是社会问题。

3. 在被定义为社会问题的客观条件中,人的价值判断起重要作用

研究社会问题不仅要研究其产生的客观条件,而且要研究身处其中的人的价值判断。这些价值判断使这些人以不同的方式或从不同的角度看待同一种状况及其解决方法。社会问题之所以出现并得以持续,主要是因为人具有不同的价值选择和目标取向。社会问题会涉及价值观的双重冲突:(1)在某些情况下,人们并不会一致地认为某些状态对社会基本价值观构成了威胁,如离婚问题、种族歧视、童工现象等;(2)在另一些情况下,尽管人们基本上一致同意某些状态对社会基本价值观造成了威胁,但由于他们对所采取的相关措施和解决办法抱有不同的态度,因此难以就改革的计划达成一致性意见。正因如此,人的价值判断不仅在被定义为社会问题的客观条件中起了非常重要的动因作用,而且有时对解决那些客观条件起到阻碍作用。

4. 社会问题是关系到大多数人的问题

如果问题只涉及个别人或少数人的利益,则往往不能成为社会焦点,也难以引起公众的普遍重视,因而一般不构成社会问题。例如,一次偶然的歉收不构成社会问题,但大面积饥荒则是社会问题;某家工厂倒闭,一部分人失业,那只是他们个人的问题,但由于社会经济动荡而造成的许多人的失业就会形成社会问题。政府是国民的代表,应该重视关系到多数人利益的社会问题。当然,这并不等于说对少数人的事政府就可以弃之不管,而是表明政府应更多地关注那些引起社会普遍反响的问题。

5. 社会问题的形成往往具有一个时间发展过程

社会问题往往不是突然发生的,而是逐渐形成的,有一个从小到大、从潜到显、从一般到突出、从小范围到大范围的变化过程。中国发展基金会发布的《中国发展报告2020:中国人口老龄化的发展趋势和政策》显示,自2000年迈入老龄化社会后,中国人口老龄化程度持续加深。2000年,60岁及以上老年人口为1.3亿人,占总人口的10.3%;65岁及以上老年人口为8827万人,占比为7%。2005年,中国65岁及以上老年人口突破1亿人,超过多数发达国家的总人口。2010年,中国60岁及以上老年人口数达到1.78亿人,占总人口的13.3%;65

岁及以上老年人口达到1.18亿人,占总人口的8.9%。2019年末,中国60岁及以上老年人口数达到2.54亿人,占总人口的18.1%;65岁及以上老年人口达到1.76亿人,占总人口的12.6%。2021年5月发布的第七次人口普查结果显示,截至2020年11月,中国60岁及以上人口为26 402万人,占总人口的18.7%,其中65岁及以上人口为19 064万人,占总人口的13.5%。从这些数据的变化来看,随着时间的推移,中国正在向老龄社会转变。

6. 社会问题往往是系统性问题

任何一个社会问题都不是孤立存在的,它往往是整个社会问题系统中的一个有机组成部分。一个小范围的社会问题往往是一个大范围的社会问题的局部,且这个小范围的社会问题的内部有可能包含几个更小范围的社会问题。不同范围、领域、层次的社会问题存在着相互联系、相互制约的辩证统一关系。例如城市自行车被盗问题,必然涉及城市治安问题,进而涉及流动人口、户籍制度、社会救助等相关问题。所以,社会问题的系统相关性要求我们在处理问题时必须从整体出发,从各个具体问题之间的相互关系上去把握,即从一个系统去把握,不能"头痛医头、脚痛医脚"。

二、公共政策的间接客体:目标群体

尽管政策的目标各式各样、类型千差万别、内容五花八门、规模有大有小,但总表现为对一部分人的利益进行分配或调节,对一部分人的行为进行规范或指导。这些受政策影响和制约的社会成员被称为"政策对象"或"目标群体"。

目标群体的作用不可小视。政策能否落实,目标能否实现,不单纯取决于政策制定者或政策执行者的一厢情愿,它与目标群体的态度有着直接的联系。目标群体理解、接受、遵从政策的程度是衡量政策有效性的关键要素。一般来说,目标群体的态度有"接受"和"不接受"两种。接受又可分为完全接受和部分接受、积极接受和消极接受;不接受也可分为完全不接受和部分不接受、积极不接受(强烈反对)和消极不接受(不予合作)。从制度激励角度看,一项政策如果能够使目标群体获得一定的利益,就较容易被目标群体接受;反之,一项政策如果被目标群体视为对其利益的侵害或剥夺,就难以得到目标群体的认可。例如,党的十一届三中全会后,在中国农村推行家庭联产承包责任制,这项政策适应了当时农民渴望致富的利益需求,因而赢得了他们广泛的支持与积极的合作,为政策执行创造了极为有利的条件,很快取得了超出预想的政策成果。再如,一些基层政府以发展地方经济、修建公共设施为名,制定相应规制政策,损害农民利益,增加农民负担,并且造成许多"豆腐渣工程",这类政策必然受到广大农民群众的强烈反对和抵制,不可能顺利推行。

影响目标群体对政策的态度的主要因素如下:

1. 政治社会化的影响

政治社会化是指人们在社会化的过程中,政治观念的树立(对国家、政党、制度、权威、意识形态、权利义务的认识)和政治行为模式的形成(遵纪守法、拥护社会制度等)。任何国家都会设法通过家庭、教育、传媒等渠道促成人们的政治社会化。成功的政治社会化过程会使社会成员逐渐树立支持现行社会制度的观念,能够体谅公共政策中的一些无奈之举。

2. 传统思想观念和行为习惯的制约

政策往往会对目标群体思想和行为的改变提出一定的要求,其变化幅度的大小在很大程度上影响目标群体对政策的接受和服从程度。时间的塑造在一定程度上固化了人们的思想和行为,想要快速改变这些习惯模式是极为困难的。在政策制定中必须考虑习惯的因素,掌握改变的幅度。相对于激进变革,渐进的方式更加可取。

3. 对成本收益的权衡

目标群体对某一项政策的态度在很大程度上取决于其对利益得失的判断。如果接受此项政策比不接受此项政策所受的损失大,其就会采取抵制的态度。当然,现实中有许多条件限制了人们仅仅从利益得失的角度考虑问题,但目标群体的利益得失是制度激励的关键,必须引起政策制定者和执行者的高度重视。

4. 对大局或整体的考虑

人不仅是"经济人",而且是"社会人";不仅从成本和收益的角度考虑问题,而且从整体和大局的角度进行判断。如果某项政策从总体上看是合情合理的,是顾全大局的,那么即使牺牲一些个人利益和小集团利益、局部利益和眼前利益,公众也往往能够从长远考虑,接受和服从该项政策。

5. 避免受到惩罚

公共政策具有权威性是不争的事实。如果没有强制力作依托,政策就难以得到贯彻和执行。作为利益分配与调节杠杆的公共政策,可能使部分政策目标群体的利益受损或者获益。如果没有惩罚措施,利益受损者就可能违背政策;如果有惩罚措施,利益受损者就会因为畏惧惩罚而接受和遵从政策。当然,惩罚只是手段而不是目的,为惩罚而惩罚实际上就是权力的滥用。

6. 环境条件的变化

政策在实施过程中会产生"振动效应"。随着时间的推移和客观条件的改变,公众的主观认识会发生变化,一项最初不受欢迎的政策可能逐渐被人们理解并接受,一项最初深受拥护的政策可能逐渐被人们认清并抵制。所以,应该从辩证的角度把握公共政策。事物的运动是绝对的,静止是相对的。没有一成不变的事物,也没有一劳永逸的政策。

思政园地

推进"枫桥经验"法治化

20世纪60年代初,浙江省绍兴市诸暨县枫桥镇干部群众创造了"发动和依靠群众,坚持矛盾不上交,就地解决"的"枫桥经验"。为此,毛泽东曾亲笔批示"要各地仿效,经过试点,推广去做"。"枫桥经验"由此成为全国政法战线一个脍炙人口的典型。

2019年8月7日,《人民日报》刊发评论文章认为,"枫桥经验"是依靠群众就地化解矛盾,实现自治、法治、德治相结合的重要成果。新时代坚持和发展"枫桥经验"的一个重要方面就是运用法治思维、借助法治手段推进"枫桥经验"法治化,应将其纳入新时代推进全面依法治国的整体战略部署,在党的坚强领导下进行。

"枫桥经验"是中国共产党带领人民群众创造的关于基层社会治理的宝贵经验。2013年,习近平做出重要指示,要求把"枫桥经验"坚持好、发展好。在省部级主要领导干部"坚持底线思维着力防范化解重大风险"专题研讨班开班式上发表的重要讲话中,习近平指出,要推进社会治理现代化,坚持和发展"枫桥经验",健全平安建设社会协同机制,从源头上提升维护社会稳定的能力和水平。

中国特色社会主义进入新时代,"枫桥经验"有了更丰富的内涵,展现了新的时代特征:一是以人民为治理主体和中心。为了群众、依靠群众是"枫桥经验"的重要内容,也是"枫桥经验"五十多年来历久弥新的关键所在。在新时代,坚持和发展这一经验就要坚持以人民为国家和社会治理的主体和中心,充分发挥广大人民群众在基层社会治理中的积极作用。二是追求"大平安"价值目标。新时代的"大平安"价值目标拓展了平安的领域,使平安建设延伸到经济、政治、文化、社会、生态文明等各个方面。"枫桥经验"契合"大平安"价值目标,与努力满足人民日益增长的美好生活需要紧密结合,目的是让基层群众得到看得见、摸得着、感受得到的利益。三是多种手段结合创新基层社会治理。把法治思维、法治方式与其他多种治理方法和手段有机结合起来,统筹应用于基层社会治理,推动基层社会治理现代化。

在新时代,总结好、坚持好、发展好、推广好"枫桥经验",一个重要方面就是运用法治思维、借助法治手段推进"枫桥经验"法治化。这就要求我们根据新时代的新形势、新要求、新目标,把"枫桥经验"这一基层治理经验上升为普遍的法治规则,总结并转化为国家和社会治理中具有普遍意义的法治模式,赋予"枫桥经验"新的生机和活力,促进这一经验在全国其他地方的基层社会治理中推广应用。推进"枫桥经验"法治化应纳入新时代推进全面依法治国的整体战略部署,在党的坚强领导下进行。应通过推进科学立法、民主立法、依法立法,以良法促进发展、保障善治,为基层社会治理提供良法依据;通过建设法治政府、推进依法行政、严格规范公正文明执法,保证基层社会治理法律规范得到贯彻落实;通过深化司法体制综合配套改革,全面落实司法责任制,依法调解矛盾、化解纠纷,努力让人民群众在每一个司法案件中都感受到公平正义;通过加大全民普法力度,建设社会主义法治文化,推进全民守法。需要指出的是,推进"枫桥经验"法治化,要根据不同情况区别对待。一般来讲,在基层社会治理中,如果基层既有的村规民约等能够解决问题,就应充分发挥这些习俗习惯的作用;如果民主协商、民间调解等手段可以解决问题,就可以不运用司法诉讼裁判手段;如果当事人愿意协商解决且不违反法律,就应尊重当事人的意愿。

社会治理的重心在基层,难点在基层,活力也在基层。"枫桥经验"是依靠群众就地化解矛盾,实现自治、法治、德治相结合的重要成果。在新时代,我们要坚持和发展好"枫桥经验",深入推进基层社会治理创新,提升基层社会治理效能,让"枫桥经验"不断焕发新的生机和活力。

资料来源:治理之道——推进"枫桥经验"法治化[N].人民日报,2019-08-07.

第三节 公共政策环境

公共政策是环境的产物,受自然和社会政治经济环境等各种因素的制约和影响。根据系统论的观点,采取政策行动的要求产生于环境中存在的问题和冲突,并由公民、利益团体、政府官员及其他政策利益相关者传递到政治系统,作用于政治社会环境,进而影响下一轮公共政策的制定和执行。

一、公共政策环境的内涵与特征

公共政策环境是指影响公共政策产生、存在和发展的一切因素的总和。公共政策环境的特点主要表现在以下五个方面：

第一，多样性与复杂性。任何一项公共政策，从制定到执行的全过程，都会受到各种环境因素的影响。

第二，动态性与稳定性。一般来说，环境因素是不断变化的。公共政策一旦形成并执行，就会反过来对环境发生作用，从而引起环境的变化。但是，在一定时期和特定领域，公共政策环境具有一定的稳定性，包括自然地理环境的稳定性，以及政治、经济、文化结构和相关制度的稳定性。

第三，确定性与突发性。虽然公共政策环境处于不断变化发展中，但其变化有规律可循，从而表现出确定性。诸如一定社会的政治、经济和文化环境，它们的数量、质量和趋势是决策者可以预料的。但也不排除出乎意料的、突发的情况，尤其是自然因素变化导致的突发事件。

第四，交叉性与定向性。将环境作为一个系统，系统里任何一个要素发生变化都会影响其他的要素，甚至是整个系统。交叉性就是指各环境要素相互作用。定向性是指特定政策环境对特定领域或特定地区的公共政策产生最为重要和关键的影响。

第五，主观性与客观性。主观性是指公共政策的制定者本身各方面的能力与修养构成公共政策环境的部分，从而使公共政策环境表现出主观性。客观性是指除决策者本身因素外的一切因素构成公共政策环境的部分，这些因素是客观存在的，不可人为改变，从而使公共政策环境表现出客观性。

二、公共政策环境与公共政策之间的关系

公共政策与公共政策环境始终处于相互联系、相互依存、相互影响、相互作用的关系模式中。公共政策环境决定和制约公共政策，起主导作用；公共政策的制定与执行则会形成和改变公共政策环境。两者的关系具体如下：

首先，公共政策的产生源于经济与社会的不断发展而引发的政策需求，即公共政策的产生源于公共政策环境。作为群居动物，人类社会的建立和不断扩大催生了公共事务和公共问题，进而演化出公共治理。公共治理的开展需以公共政策为基础和依据，由此产生了公共政策需求与公共政策活动。如果没有产生公共治理的外界环境，公共政策就失去了存在的必要。

其次，公共政策必须适应公共政策环境，特定的公共政策环境下产生特定的公共政策。若公共政策与其所处的公共政策环境格格不入，则无法为公共治理提供有效的工具与手段，公共治理无法顺利开展，公共问题无法有效解决，公共政策必将失败，更有甚者会引发公众的不满与社会动荡。因此，中国在开展公共政策活动时，除了要借鉴国外先进的经验，更重要的是要结合中国的具体国情，融入"中国特色"。

再次，公共政策环境的发展变化推动公共政策的发展变化。公共政策环境的发展变化永不停息，这是普遍存在于人类社会的客观规律。身处公共政策环境中的公共政策必须与该种发展变化协调一致，否则会成为社会发展的阻力。因此，在社会发展的不同阶段，需要有不同的公共政策与之相协调，解决不同阶段的公共问题，满足不同阶段的公共政策需求。这都要求公共政策与时俱进，伴随公共政策环境的变化不断改进。

最后，公共政策并不是完全消极与被动的，它对公共政策环境有能动作用，若能较好地

发挥公共政策的作用,就能改善和优化公共政策环境,塑造良好的社会环境;反之,则会使公共政策环境遭到破坏,成为社会发展的阻碍。

三、公共政策环境的构成要素

公共政策环境是多层次、多方面的,有国内与国际之分、宏观与微观之分。具体来说,公共政策环境有政治、经济、自然、国际等单一要素之分。只有准确认识与把握公共政策环境,才有可能制定最优的公共政策。

(一) 政治环境

公共政策的政治环境是指直接或间接影响一个国家或地区公共政策的政治制度、政治体制和政治文化等的总和,主要包括基本的阶级状况、政治制度、政党制度、政治结构、政治文化、国家法律完备程度、军事与国防状态等。

政治环境与公共政策之间是一种辩证统一的关系。政治环境是公共政策赖以产生和发展的先决条件,决定和制约着公共政策的特性和功能,居主导地位,公共政策必须适应政治环境。具体来说,政治环境对公共政策的影响表现为以下几点:(1)政治环境的现实需要是公共政策制定的前提,也就是说,对一切公共政策问题的发现和界定都来自政治环境。(2)政治环境的性质决定了公共政策的性质,即政治环境制约着公共政策主体的构成和行为,从而决定了公共政策系统的现实特性,公共政策要适应政治环境。(3)政治环境的发展变化必然引致公共政策的发展变化。政治环境不断变化,这种变化不以人的主观意志为转移,公共政策就必须不断调整,使之与政治环境保持平衡。

(二) 经济环境

公共政策的经济环境是指对公共政策系统有重要影响的各种经济要素的总和,主要包括经济制度和经济体制,由社会生产力结构、性质和生产资料所有制构成。

就经济环境与公共政策的关系来讲,经济环境是公共政策制定的首要和根本条件。任何公共政策制定者要制定合理的公共政策,都必须从本国或本地区社会经济发展的实际情况出发,具体来说:(1)经济条件是制定公共政策的基本条件;(2)经济实力是公共政策运行的基础条件;(3)经济状况是制定公共经济政策的主要依据。

(三) 自然环境

公共政策的自然环境是指一个国家所处的地理位置及其地势、地形、气候、土壤、水系、矿藏和动植物分布等自然物。为人类社会生存提供生物资源和非生物资源,是人类赖以生存的场所和创造文明的自然前提。

自然环境与公共政策的关系体现在:(1)对公共政策过程的影响。自然环境与其他多种环境组成一个外部系统,对公共政策过程产生影响。(2)公共政策影响自然环境变化。一个国家或地区的自然环境会向哪个方向发展,取决于政府是否对生态环境有科学认识,能否按客观规律解决自然环境与经济发展的矛盾,在资源问题、生态环境等方面制定科学的公共政策,形成和保持良性循环的自然环境,以达到公共政策与自然环境共赢。

(四) 国际环境

公共政策的国际环境是指对一个国家或地区的生存与发展产生影响的,由国家和国际组织相互竞争、合作、冲突所形成的,带有一定稳定性的世界政治、经济、文化运行秩序。国际环境是一个不断发展变化的大系统,它的构成丰富且复杂,体现多层次、多方面的网状结构,具有整体性、层次性、动态性和可控性等特点。

现代国际环境对一个国家或地区政府公共政策的进程产生巨大影响,主要表现在以下几个方面:(1)国际环境影响公共政策的价值选择;(2)国际环境影响公共政策的目标选择;(3)国际环境影响公共政策的选择途径,即在充满机遇又潜伏危机的国际环境中,各国在制定与执行公共政策时,一方面要加强合作,另一方面要利用已有的国际规则,依靠实力参与竞争。

第四节 公共政策工具

公共政策是公共政策系统的输出,是公共政策主体、公共政策客体和公共政策环境互动的产物。公共政策工具的选择是公共政策成功与否的关键。公共政策工具是政府实现特定政策目标的一系列机制、手段、方法与技术,是政策目标与政策结果之间的纽带。

一、公共政策工具概述

政策工具(policy instruments)又称"治理工具"(governing instruments)或"政府工具"(tools of government),是指为解决社会问题或达成政策目标而采用的具体手段和方式。公共政策方案只有通过适当的公共政策工具才能得到有效执行,从而达到公共政策设计的理想状态。公共政策工具是将公共政策目标转化为具体行动的路径和机制。

二、公共政策工具的分类

本书借鉴加拿大学者霍利特(Michael Howlett)和拉梅什(M. Ramesh)的分类[①],依据政府在提供公共物品和服务的过程中的介入程度,将公共政策工具分为强制性工具、混合性工具和自愿性工具。

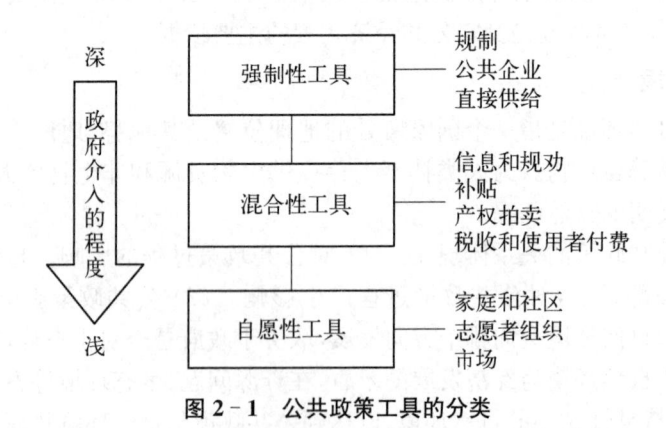

图 2-1 公共政策工具的分类

---

① Michael, H. and Ramesh, M.. Studying Public Policy: Policy Cycles and Policy Subsystems [M]. Oxford University Press, 1995: 80-98.

（一）强制性工具

强制性工具又称"规制性工具"（regulatory tools），它借助政府的权威和强制力，对目标群体的行动进行控制和指导。政府可以选择规制、公共企业或直接供给等手段来实现其政策目标。

1. 规制

规制是指通过一系列行政管理过程对个人和机构的行为做出要求和规定的活动。对于这些规定，目标群体必须遵守和服从，否则将受到惩罚。从性质来看，规制可分为经济性规制和社会性规制两种类型。经济性规制是指纠正市场运行所导致的不平衡问题，如金融市场规制、垄断行业规制等；社会性规制是指那些针对健康、安全和环境等方面的监督与管理，如食品安全、安全生产、职业危害、污染问题、性别歧视等方面的规制。

2. 公共企业

公共企业也称"国有企业"。一般认为，公共企业有以下三个特征：（1）具有一定的公共产权；（2）需要政府对其进行某种程度的控制或直接管理；（3）主要生产与供给公共物品和公共服务。

3. 直接供给

直接供给由公共财政拨款并由政府及其雇员直接提供物品和服务，是一种基本的、最常见的公共政策工具，大部分政府职能是通过此公共政策工具来完成的，如国防、外交、教育、消防、社会保障、公园与道路维修等。

（二）混合性工具

混合性工具结合了强制性工具和自愿性工具的特征，允许政府对非政府行为主体的决策进行不同程度的干预，但最终仍由私人做出决策。在某种程度上，这类政策工具兼备自主性工具和强制性工具的优点，主要包括信息和规劝、补贴、产权拍卖及税收和使用者付费四种形式。仍以政府力量介入的强制力为指标，可以发现在西方成型的混合性工具中存在两个极端，强制力最弱的一端是信息发布，强制力最强的一端为惩罚性税收。

1. 信息和规劝

信息传播是指政府向个人和企业提供信息，并期待它们的行为发生预期的变化。它假设人们一旦获得相关问题的知识或信息，就能做出明智的选择。例如，政府要求烟草公司在烟盒上印上"吸烟有害健康"的标识，以引导公众不吸烟或少吸烟。但是，信息传播不具有强制性，公众没有义务做出特定的回应。规劝是指政府试图说服人们做或不做某事，力求改变人们的偏好和行动，而不仅仅向人们提供信息并期待其行为发生预期变化。规劝不运用奖励和惩罚手段。例如，政府规劝人们参加体育锻炼，形成良好的生活习惯，节约用水，节约能源，乘坐公共交通工具等。

2. 补贴

补贴是指政府或者通过其代理机构给个人、企业和组织的各种形式的财政转移，目的在于通过影响和改变受资助者对不同备选方案成本与收益的判断，促使其采取政府期望的行为。尽管受资助者行使最后的选择权，但其做出政府所期望的行为的可能性因补贴而增加。补贴的形式包括赠款、拨款、税收减免、转移支付、票证等。

3. 产权拍卖

这种工具假定市场是最有效的资源配置工具。政府通过产权拍卖，在没有市场的公共物品和服务领域建立市场。政府对特定资源确立一定数量的可交易产权,创造人为的稀缺性,并让价格机制起作用。许多国家采用这种工具来控制有害污染物的排放。

4. 税收和使用者付费

税收是一种法定的由个人或者企业向政府的强制性支付。它是政府获取财政收入的重要手段,也可以作为一种政策工具来引发政府所期望的行为或者限制政府所不希望的行为。使用者付费是税收作为一种政策工具的创新应用形式,是规制和市场两种政策工具的结合。政府不用禁止或限制某种行为,只需设定收费的水平,运用市场力量来控制这种行为的数量。使用者付费常用来控制负外部性,如污染治理和城市交通控制。

(三) 自愿性工具

自愿性工具的核心特征是很少或几乎没有政府干预,由民间力量或市场自主运作。近年来,随着市场化的发展,人们对自愿性工具的使用逐渐频繁。由于自愿性工具既具有成本效益上的优势,又与主张个人自由的文化相吻合,且有助于维护家庭与社区的关系,因此,其在许多社会中成为首选的公共政策工具。自愿性工具包括家庭和社区、志愿者组织、市场等。

1. 家庭和社区

家庭和社区是常见的自愿性工具。在任何社会中,亲戚、朋友和邻里提供了无数物品和服务。政府可以直接或间接地将服务职能转交给家庭和社区,增强它们在达成政策目标上的作用。在现代社会中,家庭和社区往往作为处理复杂的社会问题的辅助工具。

2. 志愿者组织

志愿者组织的志愿活动不受国家强制力的约束且不以追求利润为目标。一般认为,由志愿者组织提供的服务是低成本的,具有较强的灵活性和回应性。例如在救灾中,它们的行动往往比政府快得多。

3. 市场

市场是最重要的自愿性工具,在提供私人物品和保证资源的有效配置上具有优势。然而市场并不是万能的,它不能充分解决大部分公共政策旨在解决的公共物品与服务问题,在提供各种各样的收费物品和共用物品的过程中也存在困难。而且,市场是一种高度不公平的政策工具,它仅仅满足那些有支付能力的人的需求。

第五节 公共政策运行

根据系统论的观点,可以把公共政策看作由公共政策主体、客体、环境、工具等各因素相互作用而构成的系统,是由信息、咨询、决断、执行和监控等子系统所构成的一个有机大系统。它的实际运行表现为政策问题的确认、政策制定、政策执行、政策评估与监控、政策调整与终结等环节所组成的活动过程。

一、公共政策子系统

现代化、科学化的公共政策系统是由信息、咨询、决断、执行和监控等子系统所构成的大系统。政策过程及其各项功能活动是由这些子系统共同完成的,这些子系统各有分工、相互独立,又密切配合、协同一致,促使政策大系统的运行顺利展开。

(一) 信息子系统

信息子系统由掌握信息技术的专门人才组成,从事信息的收集、整理、存储和传递等活动,为公共决策提供信息资料。从某种意义上说,公共决策过程就是信息的流动与转换过程。信息原则是公共决策的基本原则。信息是政策制定、执行、评估和监控的依据。没有信息,这些活动就无法展开。

信息子系统在政策过程中具有重要的地位和作用,它是政策系统的神经系统,为政策制定、执行、评估和监控及时地提供各种准确、适用的信息。它在公共决策活动中的主要作用是信息的收集、信息的加工处理、信息的传递。信息子系统要为公共决策提供准确、及时和适用的信息,保证制定合理的公共政策并加以有效执行,以取得预期目标,这就要求信息系统高效运转。

(二) 咨询子系统

咨询子系统又称"参谋子系统"或"智囊子系统",由现代政策研究组织以及各类专家、学者组成。它集中专家、学者们的集体智慧,运用科学的方法和技术,为公共决策提供方案和其他方面的咨询服务。

咨询子系统是现代化公共决策系统的一个重要组成部分,在政策制定活动中的主要作用是政策问题分析、政策未来预测、方案设计和论证,以及其他政策相关问题的咨询,参与政策评估并反馈信息。简言之,咨询子系统参与公共决策活动,在其中发挥着参谋、咨询的重要作用,保证公共决策科学化、民主化。

(三) 决断子系统

决断子系统也称"中枢子系统",由拥有决策权的高层领导者组成。决断子系统在整个公共决策系统中居于核心地位,既是公共决策活动的组织者,又是政策的最终决定者,领导公共决策活动的全过程,具有权威性和主导性两个特点。决断子系统在公共决策活动中具有最终决策权,因而具有权威性;决断子系统作为公共政策系统的核心,主导公共决策活动的全过程,因而具有主导性。决断子系统在公共决策过程中的主要作用是提出有关的政策课题、考虑政策目标的确立、组织政策方案的设计、负责政策的最终决定。

"谋"与"断"是公共决策过程中的两种不同的职能。咨询子系统与决断子系统的关系是"多谋"与"善断"的关系,两者相辅相成而非相互取代。决断子系统要充分利用咨询子系统的长处,充分发挥其参谋、咨询作用。

(四) 执行子系统

执行子系统由政策执行组织及其人员,特别是政府行政机关和行政人员构成,是公共政策系统的有机组成部分,主要职责是将政策方案(理想)转变为政策效果(现实)。

执行子系统具有现实性、综合性、具体性和灵活性等特点。现实性是指执行子系统能够将政策方案转变为政策效益。综合性是指政策执行是一个复杂的活动过程,牵涉许多动态因素,必须采取种种措施和行动。具体性是指执行子系统必须将政策目标分解,使其具体化,把执行任务落实到具体的单位和个人。灵活性是指执行子系统所遇到的是复杂多变的情况,新问题、新矛盾随时会发生,因此,执行子系统必须具有灵活性。

执行子系统在公共决策活动中的作用:(1)为政策方案或项目的执行做好准备;(2)将

政策付诸实践,从事指挥、沟通、协调等方面的活动;(3)分析和总结执行情况。

(五)监控子系统

监控子系统是整个政策系统的一个有机组成部分,是体制内和体制外的有关部门、单位和个人所组成的一个子系统,相对独立于信息、咨询、决断、执行等子系统,地位较特殊。它的作用贯穿于整个公共决策过程尤其是政策执行过程,目的是使政策目标顺利实现,避免政策变形、走样,保持政策的权威性和严肃性。

监控子系统在政策执行过程中的主要作用:(1)确立政策执行的准绳和规则,提供检查执行情况的依据;(2)监控政策执行情况;(3)反馈政策执行情况。

监控子系统是公共决策科学化、民主化和法制化的重要保障,它的发展和功能的充分发挥有助于制定并执行合理的公共政策,减少政策失误,避免出现灾难性后果。

综上,公共决策系统或政策系统是由信息、咨询、决断、执行和监控等子系统相互联系、相互依存、相互作用而构成的一个大系统。在这些子系统中,决断子系统是核心,具有权威性和主导性特点。决断子系统根据信息系统、咨询系统提供的信息和预选方案做出正确的判断和决策,并由总体设计部门做出切合实际的规划。信息子系统是公共决策系统的基础。公共决策的过程就是信息的输入、转换和输出的过程,即从信息系统那里输入决策所需要的信息,掌握大众对政策的要求和意见,形成政策问题,经过研究、咨询后制定、出台政策,通过政策实施把信息输送出去,再将其作用结果反馈回来,并据此调整和完善政策。对信息子系统的要求是客观、准确、及时。咨询子系统是公共决策子系统的另一个基础部分,它参与政策的制定,主要是根据客观实际,参照历史经验和未来预测结果,以系统内外的各种信息为基础,对决策问题提出科学的依据和可行的方案,供决策系统参考,对其要求是客观准确,并富有科学性和创造性。公共政策系统的良性运行对决断子系统的要求是决策正确合理、规划周密可行。执行子系统贯彻决断子系统的指令,实行科学、高效的管理,它是公共政策系统运行的实践环节,其作用是使条文上的政策转化为改造客观世界的活动,实现公共政策目标,因此,它是公共政策主体与客体直接发生相互作用的环节,对它的要求是执行坚决有力、科学高效。监控子系统主要负责监督公共政策的制定和实施,以控制政策失误,确保围绕总政策目标执行政策,保证政策的权威性和严肃性。它还应灵敏地反映执行结果与目标的差异,并及时向信息系统提供信息,使决策能得到及时调整、提高效率。对它的要求是真实无误、及时迅速。公共决策系统的运行正是在这些子系统相互联系、相互作用的基础上展开的。

二、公共政策系统的运行

公共政策系统的运行表现为各个阶段(环节),或者说它是由一系列功能活动组成的一个过程。

政策科学家们对公共政策系统的运行有不同的说法。借鉴国外学者的观点,结合中国公共政策实践,本书将公共政策系统的运行看作由政策问题的确认、政策制定、政策执行、政策评估与监控、政策调整与终结等环节组成的过程,这些环节构成了一个政策周期。

(一)政策问题的确认

政策问题的确认是公共政策的逻辑起点,是公共政策过程的第一个环节,直接影响公共政策全过程。通过发现社会问题，寻求社会问题进入政策议程的途径，进而将社会问题上升为政策问题，为准确制定有效公共政策方案奠定基础。

(二) 政策制定

政策制定涉及公共政策方案的规划、比较、择优等环节，即根据确定的政策目标，拟订一系列解决问题的方案，并对方案进行评估，从中优选方案，并最终确认公共政策的合法化。

(三) 政策执行

政策执行是公共政策方案付诸实践、解决实际问题的过程，即将政策理想变为政策现实的过程，包括政策执行的原则与模型、政策执行的过程、资源与工具、影响政策执行的因素、政策执行偏差及其矫正、政策执行中的监控等功能(环节)。

(四) 政策评估与监控

公共政策评估主体依据一定的标准和程序，利用一定的评估方法对政策执行过程和执行结果进行评估，确定某项公共政策的效果、效益以及优劣，找到公共政策成功或者失败的原因，发现问题，并寻找解决问题的办法。

(五) 政策调整与终结

这是在公共政策执行并进行评估后，依据评估结果对公共政策进行周期性调整，并采取相应措施进行政策终结的过程或行为。

案 例

实现扶贫攻坚　迈向共同富裕

材料1[①]　中共中央国务院关于抓好"三农"领域重点工作，确保如期实现全面小康的意见。

党的十九大以来，党中央围绕打赢脱贫攻坚战、实施乡村振兴战略做出一系列重大部署，出台一系列政策举措。农业农村改革发展的实践证明，党中央制定的方针政策是完全正确的，今后一个时期要继续贯彻执行。

2020年是全面建成小康社会目标实现之年，是全面打赢脱贫攻坚战收官之年。党中央认为，完成上述两大目标任务，脱贫攻坚的最后堡垒必须攻克，全面小康"三农"领域的突出短板必须补上。脱贫攻坚质量怎么样、小康成色如何，很大程度上要看"三农"工作成效。全党务必深刻认识做好2020年"三农"工作的特殊重要性，毫不松懈，持续加力，坚决夺取第一个百年奋斗目标的全面胜利。

做好2020年"三农"工作总的要求是，坚持以习近平新时代中国特色社会主义思想为指导，全面贯彻党的十九大和十九届二中、三中、四中全会精神，贯彻落实中央经济工作会议精神，对标对表全面建成小康社会目标，强化举措、狠抓落实，集中力量完成打赢脱贫攻坚战和补上全面小康"三农"领域突出短板两大重点任务，持续抓好农业稳产保供和农民增收，推进

---

① 中共中央国务院关于抓好"三农"领域重点工作，确保如期实现全面小康的意见.www.gov.cn/zhengce/2020-02/05/content_5474884.htm.

农业高质量发展,保持农村社会和谐稳定,提升农民群众的获得感、幸福感、安全感,确保脱贫攻坚战圆满收官,确保农村同步全面建成小康社会。

材料2[①] 2020年11月23日,在国新办举行的新闻发布会上,民政部副部长唐承沛介绍了中国脱贫攻坚兜底保障情况。兜底保障是打赢脱贫攻坚战的重要组成部分,也是一项底线制度安排。经过各方合力攻坚,脱贫攻坚兜底保障取得决定性成效。

唐承沛表示,全国共有2 004万建档立卡贫困人口纳入低保或特困人员救助供养范围,其中纳入低保1 852万人,纳入特困人员救助供养152万人。2017年底以来,全国所有县(市、区)的农村低保标准持续达到或超过国家扶贫标准,纳入低保、特困人员救助供养范围的贫困人口稳定实现"吃不愁、穿不愁"。困难残疾人生活补贴和重度残疾人护理补贴制度分别惠及困难残疾人1 153万人、重度残疾人1 433万人。儿童督导员和儿童主任实现全覆盖,更多贫困儿童享受到关爱服务。

2020年是脱贫攻坚收官之年,而"新冠"肺炎疫情带来冲击,能否如期完成脱贫攻坚兜底保障任务?民政部社会救助司司长刘喜堂介绍,民政部已会同扶贫办和有关部门采取四方面应对措施:一是开展社会救助兜底脱贫行动,针对尚未脱贫的人口,已经脱贫但收入不稳定、增收能力较弱、返贫风险较高的人口,以及建档立卡的边缘人口这三类人群加强监测和预警。二是适度扩大社会救助覆盖范围,把低收入家庭中的重病重残人员参照"单人户"纳入低保,对特困人员供养中的未成年人的年龄从16周岁延长到18周岁。三是通过优化、简化申请流程,畅通救助渠道,加大对受疫情影响贫困人口的救助帮扶力度。四是加大对特殊地区的支持力度。"疫情的影响是可控的。到目前为止,符合条件的贫困人口基本上已经纳入了兜底保障范围,能够如期实现兜底保障的目标。"刘喜堂说。

材料3[②] 用人才支点撬动脱贫攻坚——聚焦中国边远贫困地区事业单位招聘扶持政策落地成效。

在脱贫攻坚的路上,人才是支持贫困地区发展不可或缺的力量。然而,贫困地区一直面临吸引人才难和留住人才难的困境。早在2016年,国家出台专门通知,给予倾斜支持政策帮助艰苦边远地区县乡事业单位解决人才短缺问题。到2020年,这些政策落地成效如何?

人力资源和社会保障部统计显示,2017年至2019年,全国31个省(区、市)艰苦边远贫困地区县乡事业单位共统一组织招聘5 541次,招聘超过74.1万人。

2016年中共中央组织部、人力资源和社会保障部印发《关于进一步做好艰苦边远地区县乡事业单位公开招聘工作的通知》,明确对国家确定的集中连片特殊困难地区的县、国家扶贫开发工作重点县,以及经省级组织、人力资源和社会保障部门确定的其他条件特别艰苦的县乡,在事业单位公开招聘时可以实行"三放宽一允许"等倾斜支持政策。艰苦边远地区在坚持公开招聘制度的基础上,可以适当放宽年龄、学历、专业等招聘条件,拓宽招聘渠道;允许拿出一定数量的岗位面向本县、本市或者周边县市户籍人员(或者生源)招聘。

各地结合当地实际出台了一系列配套政策措施。四川省就提出"定向培养、定向就业""放宽学历门槛""放宽考核招聘条件""放宽招聘权限"等差异化政策措施,积极支持贫困地

---

① 国务院新闻办发布会介绍脱贫攻坚兜底保障有关情况.www.gov.cn/xinwen/2020-11/23/content_5563582.htm.
② 综述:人才支点撬动脱贫攻坚——聚焦我国边远贫困地区事业单位招聘扶持政策落地成效.www.gov.cn/xinwen/2020-07/24/centent_5529801.htm.

区空岗补员。数据显示,2018年四川深度贫困县事业单位空编率从2017年的13.4%降至3.5%。内蒙古赤峰市探索"乡编村用",面向社会为苏木乡镇、街道事业单位公开招聘,受聘人员要在苏木乡镇、街道所属嘎查村至少服务5年后回苏木乡镇、街道事业单位工作。甘肃省规定民族地区、贫困地区的事业单位可降低开考比例,尤其是针对少数民族地区工作中需要大量本民族工作人员的实际情况,可采取1∶1设置岗位开考比例。有的地方还拿出一定比例的岗位,专项招聘"三支一扶""西部志愿者"等服务基层项目的人员。人力资源和社会保障部事业单位人事管理司有关负责人说,一系列举措缓解了人才招不进与本地人外流并存的难题,为当地脱贫攻坚提供了人才支撑。

2017年至2019年,全国31个省(区、市)艰苦边远贫困地区县乡事业单位采取面试、直接考察方式招聘超过13.5万人,共招聘本地和周边县市户籍超过46.3万人,基层服务项目专项招聘58 667人、招聘建档立卡贫困家庭大学生6 094人。

随着各地推进脱贫攻坚取得积极进展,有关部门也在相应完善举措,帮助边远困难地区留住多层次建设人才。

材料4[①] 习近平于2021年8月17日在中央财经委员会第十次会议上的部分讲话。

改革开放后,中国共产党深刻总结正反两方面历史经验,认识到贫穷不是社会主义,应打破传统体制束缚,允许一部分人、一部分地区先富起来,推动解放和发展社会生产力。党的十八大以来,党中央把握发展阶段新变化,把逐步实现全体人民共同富裕摆在更加重要的位置,采取有力措施保障和改善民生,打赢脱贫攻坚战,全面建成小康社会,为促进共同富裕创造了良好条件。

现在,已经到了扎实推动共同富裕的历史阶段。我们正在向第二个百年奋斗目标迈进。为适应中国社会主要矛盾的变化,更好满足人民日益增长的美好生活需要,必须把促进全体人民共同富裕作为为人民谋幸福的着力点,不断夯实党的长期执政基础。高质量发展需要高素质劳动者,只有促进共同富裕,提高城乡居民收入,提升人力资本,才能提高全要素生产率,夯实高质量发展的动力基础。当前,全球收入不平等问题突出,一些国家贫富分化,中产阶层塌陷,导致社会撕裂、政治极化、民粹主义泛滥,教训十分深刻!中国必须坚决防止两极分化,促进共同富裕,实现社会和谐安定。

同时,必须清醒认识到,中国发展不平衡不充分问题仍然突出,城乡区域发展和收入分配差距较大。新一轮科技革命和产业变革有力推动了经济发展,也对就业和收入分配带来了深刻影响,包括一些负面影响,需要有效应对和解决。

共同富裕是社会主义的本质要求,是中国式现代化的重要特征。我们说的共同富裕是全体人民共同富裕,是人民群众物质生活和精神生活都富裕,不是少数人的富裕,也不是整齐划一的平均主义。

要深入研究不同阶段的目标,分阶段促进共同富裕:到"十四五"末,全体人民共同富裕迈出坚实步伐,居民收入和实际消费水平差距逐步缩小。到2035年,全体人民共同富裕取得更为明显的实质性进展,基本公共服务实现均等化。到21世纪中叶,全体人民共同富裕基本实现,居民收入和实际消费水平差距缩小到合理区间。要抓紧制定促进共同富裕的行动纲要,提出科学、可行、符合国情的指标体系和考核评估办法。

---

① 习近平主持召开中央财经委员会第七次会议.www.gov.cn/xinwen/2021-08/17/content_5631780.htm.

讨论题：
1. 在脱贫攻坚的政策运行过程中，有哪些公共政策主体参与？
2. 根据以上材料，分析中国决胜脱贫攻坚后扎实推进共同富裕的政策主体的构成及其作用。

复习思考题

1. 简述政策系统的构成因素。
2. 简述官方决策者的政策角色及其相互关系。
3. 如何看待非官方政策主体尤其是公民在政策过程中的地位与作用？
4. 简述社会问题的类型及特征。
5. 简述影响目标群体对公共政策态度的因素。
6. 联系实际，阐释公共政策工具。

第三章
公共政策分析模型

全章提要

- 第一节　政治模型
- 第二节　围绕"理性"探索的模型
- 第三节　系统模型

案例

复习思考题

模型是对现实世界的某个方面进行简化的表现形式,是现实世界部分化、序列化、简单化或抽象化的代表。[1] 模型不仅可以用来预测备选方案的结果,而且可以应用于问题的建构或界定,甚至可以应用于整个政策分析过程。公共政策分析模型是对复杂公共政策过程的简化表述,突出了公共政策及政策过程的本质特征,有助于人们理解和解释公共政策产生的原因,认识和分析其社会效果,思考和预测其未来发展。在政策分析领域,基于对公共政策本质的不同理解,形成了各种各样的公共政策分析模型,包括政治模型、围绕"理性"探索的模型和系统模型,它们体现了对公共政策思考的不同角度,为政策分析提供了多种途径。

第一节 政治模型

政治模型是围绕社会政治制度和社会政治因素进行政治分析的理论与方法的概括,主要包括制度模型、精英模型和团体模型。无论是社会制度、社会精英(特别是社会政治精英)还是社会团体,都是社会政治的重要因素,它们对公共政策的形成有着重要影响。

一、制度模型

按照政治学的观点,制度模型认为,政策分析主要是对社会政治制度的分析。公共政策与政府制度的关系非常紧密。公共政策是一定社会政治制度下的产物,一项政策只有被政府制度体系内的机构采纳、执行后才能成为公共政策。政府制度赋予公共政策三个显著特征:一是合法性。虽然企业、行业组织、公民团体等的政策非常重要,但只有公共政策才表现为法律的规定,公民必须服从。二是普遍性。公共政策影响所有社会成员,而其他团体或组织的政策仅仅涉及其自身成员或利益相关者。三是强制性。只有政府才拥有对合法暴力的垄断,才能合法地惩罚违反政策的人,而其他组织或团体运用这种制裁手段时会受到诸多限制。

(一) 制度的界定

西方对制度的研究中,代表性的学者有康芒斯(Commons)、科斯(Coase)和诺斯(North)。康芒斯认为制度的概念是难以准确界定的,在他看来,制度是集体行动控制个人行为的一系列准则或标准。他指出,"如果我们要找出一种普遍的原则,适用于一切所谓的制度行为,我们就可以把制度理解为集体行动控制个体行动"[2]。科斯主要从产权交易规则、产权结构和经济组织形式的角度界定"制度"。在科斯看来,制度是指一系列关于产权安排、调整的规则,是"规则"或组织形式,其外延非常广泛。他指出,"对个人权力无限制的制度实际上是无权力的制度……当在各自为改进决策的前提下,对各种社会格局进行选择时,我们必须记住,将导致某些决策改善的现行制度的变化也将导致其他决策恶化"[3]。诺斯则主张,制度就

---

[1] 托马斯·R.戴伊.理解公共政策(第十二版)[M].北京:中国人民大学出版社,2011.
[2] 康芒斯.制度经济学(上册)[M].北京:商务印书馆,1997:87.
[3] R.科斯,A.阿尔钦,D.诺斯.财产权利与制度变迁——产权学派与新制度学派译文集[M].上海:上海三联书店,上海人民出版社,1994:51-52.

是"结构"和"游戏规则"。在诺斯的《经济史上的结构与变迁》中,他指出制度提供了人类相互影响的框架,建立了构成一个社会特别是一种经济秩序的合作与竞争关系,"制度是为约束在谋求财富和本人效用最大化中的个人行为而制定的一组规章、依循程序和伦理道德行为准则"[①]。

(二)传统制度模型与现代制度模型

根据分析内容中政治制度的不同特征,可以将分析模型分为传统制度模型和现代制度模型。传统制度模型更多地关注制度的属性,以及制度如何使个人行为变得更好,其重点在于制度的规范性导向,以及制度对社会的影响力。例如,亚里士多德(Aristotle)对制度的成功要素进行分析,并依此进行制度设计;霍布斯(Hobbes)希望通过制度使人类摆脱其罪恶本性;洛克(Locke)开创了关于公共机构的契约学说,主张民主的制度和结构;孟德斯鸠(Montesquieu)意识到政治结构平衡的必要性,提出"三权分立"学说;伍德诺·威尔逊(Woodrow Wilson)、韦伯等学者创立传统行政学理论进而建立政策分析理论与方法。

传统制度模型认为,公共政策是一定政治制度下以政府为代表的国家权力机构活动的产物,一切公共政策都必然由政府制定和执行,非政府政治因素对政策形成过程的影响包含在政府与其周围环境的关系中;政府代表国家权力机构,制约和决定公共政策的制定及执行,社会制度决定了国家权力机构的性质和运作方式。因此,政策分析的基本内容是社会制度分析,而制度分析的核心是某一具体的社会制度如何影响国家权力机构的性质和运作方式,以及具体制度下的国家权力机构如何影响公共政策的形成。传统制度模型如图3-1所示。

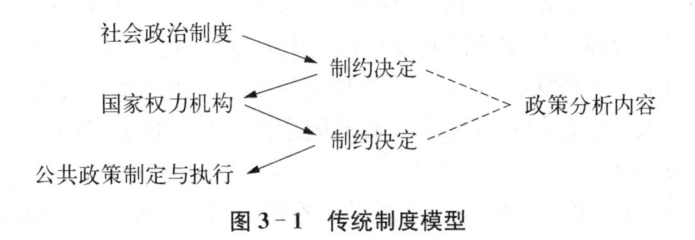

图3-1 传统制度模型

随着新制度主义的兴起,个人行为的解释元素被纳入制度分析的框架中。现代制度分析模型批判吸收了传统制度分析模型的相关成果,形成更为丰富的理论,研究领域由传统制度主义的以国家为中心转向以社会为中心。传统制度分析途径停留在政府制度结构和功能层面,并没有系统地探讨制度与公共政策的关系,现代制度分析模型则对这个问题做了重点探讨。现代制度模型把制度视为一个变量,着重探讨不同制度安排对公共政策的影响,主要代表学者有罗伯特·达尔(Robert Dahl)和林德布洛姆。达尔在批判西方传统民主政治理论的基础上,提出了"多元政体"的系统学说。他认为,规范的多元民主政体应该包含六项基本内容,即选举产生的行政官员,自由、公正、定期的选举,公民表达意见的自由,公共决策的多种信息来源,社会团体组织的自治,包容广泛的公民身份。[②] 林德布洛姆借鉴了达尔的多元主义政治理论,认为民主决策过程是一个社会相关各阶层广泛参与的过程,是直接决策者与广大民众之间的

---

① 道格拉斯·C.诺斯.经济史上的结构与变革[M].北京:商务印书馆,1992:195-196.
② 罗伯特·达尔.论民主[M].北京:商务印书馆,1999:93-95.

一种复合性政治互动过程。现代制度模型认为,由于现代西方民主政治制度与传统政治制度的本质区别,多元政治使得公共政策在现代民主政治制度下表现为政府、非政府组织机构、社会民众政治互动的结果,因此公共政策不仅体现为政府的行为指导和行为规范作用,而且体现为多元利益的调节与均衡以及社会民主状况。由此,政策分析的中心内容包括政府、政党、社会民众、利益团体之间的政治互动分析。现代制度模型如图3-2所示。

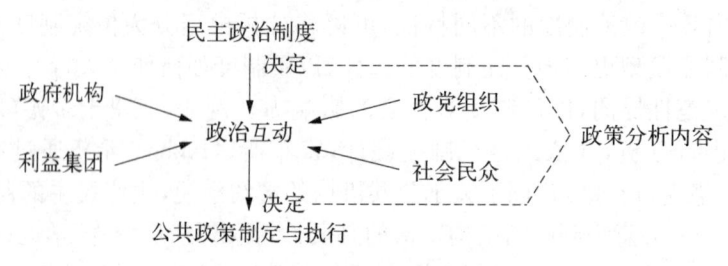

图 3-2 现代制度模型

(三) 对制度模型的评价

制度模型在一定程度上说明了不同政治制度下不同的政策决定因素,从一个特定角度揭示、概括了政策分析的重要内容,对政策科学的理论与实践以及政治学的发展具有一定的意义。在现实中,许多公共政策研究者,尤其是政治学家在转向政策分析实践时,大多采用这一模型。

制度模型也存在明显的局限性,具体表现在以下几个方面:

第一,政治制度与公共政策之间的因果制约关系是相对的。世界各国的政策实践表明,许多公共政策的出台超越了特定政治制度和特定决策体制的制约,在不同政治制度下,可产出内容一致或相似的公共政策。这说明公共政策的制定不仅受政治制度的影响,而且受自然环境、经济规律、人类生存的基本要求等其他因素的影响。因此,制度模型只适用于政治性较强的公共政策分析。

第二,政治制度与国家权力机构对政策制定的制约和影响很难用翔实的调研信息资料进行准确说明。要想获得准确的分析结果,将得不偿失地耗费极大的财力、物力和人力。现实中出于直觉和经验的推论很难采用科学手段证实。凭经验、直觉甚至传统政治理论来推导政治制度、国家权力机构在具体公共政策制定和执行中所产生的影响作用,结果必定带有或然性。因此,制度模型只适用于公共政策的定性分析。

第三,制度模型虽然能够揭示不同政治制度下政策制定的不同机制,但是无法指出哪种制度下制定的政策更有功效。相关研究证明,虽然政策制定系统与政策功效之间存在极其紧密的联系,但是政治制度的改革并不一定会提高政策功效。林德布洛姆认为,"在这一层次的研究上,人们还不可能十分有把握地对那些政策制定系统中导致政策功效有巨大差异的区别做出明确的概括"。在现实研究工作中,"民主的功效与专制的功效之间的某些其他不同之处尚有待揭示,正如各种形式的政策制定的功效之间,某些不同之处有待进一步发现一样。但是,人们发现在许多政策领域,政策制定系统之间的差异在功效上并没有多大影响,这一发现已动摇了政治科学"。[①]

---

① 查尔斯·林德布洛姆.政策制定过程[M].北京:华夏出版社,1988:8.

鉴于制度模型的局限性,在采用制度模型进行公共政策分析时,要注意不可将政治制度对公共政策的制约影响关系普遍化和绝对化。

二、精英模型

精英通常指杰出人物。政治精英即社会上少数握有政治权力和支配社会政治运转的杰出人物。戴伊在传统与现代精英政治的理论基础上,对政策科学进行了新的发展,概括出了公共政策的精英模型。精英模型的主要观点:公共政策是统治精英偏好和价值观的体现,由杰出的精英人物决定,反映占统治地位的精英们的观点。在决策过程中,决策精英们的价值观在公共决策中占支配性的地位,公众在相当程度上是被精英所操纵的,是无知和冷漠的。正如拉斯韦尔所指,在任何给定的时期,所有大型社会中的决策权一般掌握在若干少数人手中。这恰恰证明了这样一个事实:无论是以少数人的名义,还是以某个人的名义,或者是以很多人的名义,一个政府总是由少数人操纵。[1]

(一) 代表人物及其主张

精英主义的代表人物主要有意大利的帕累托(Pareto)、加塔诺·莫斯卡(Gaetano Mosca),德国的罗伯特·米歇尔斯(Robert Marinus)和美国的米尔斯。

帕累托认为,任何社会都可以分为三个群体:少数的统治精英集团、非统治的精英集团和普通大众。少数精英统治社会,这是一般社会的普遍规律。社会权力在精英之中分配,而精英集团的构成是不确定的,处于不断变化中。帕累托这样来解释精英的概念:"让我们假设,在每个领域的人类活动中,可以给每个人打一个分数,这个分数代表能力,正像学校的考试成绩一样。例如,最优秀的律师给10分,则一个顾客也没有的人就是1分,而十足的白痴就是0分……"[2]在帕累托看来,各行业中得分最高的那些人便是社会精英,并进一步把他们分为统治精英和非统治精英。他认为,在人类历史上所有形式的国家中都必然存在一个由极少数政治精英组成的统治阶级,他们左右着国家的发展进程。

莫斯卡指出,一切社会都存在统治阶级和被统治阶级。统治阶级是一个很小的群体,他们属于政治精英,控制着社会的大多数人,承担政府的所有功能,垄断权力并享受权力所带来的一切好处。精英的统治之所以得到维持和拥护,权力之所以可以在精英中分配,原因在于精英的组织化。因此,有组织的少数对于无组织的多数实施统治是必然的。而作为统治阶级的少数成员,精英一般具有某些明显不同凡人而又令人尊敬的品质。[3]

米歇尔斯从政党的角度研究权力问题,提出了著名的"寡头统治铁律",认为组织从来就是寡头的组织。任何社会都由政党来实施统治,而政党又是由少数领袖来实施统治,民主的政党也无法例外。米歇尔斯指出,讲组织就是讲寡头政治。他认为,与组织单一的小社团相比,组织复杂的大集团是被封闭性的一群人统治的,而这一群人持有的权力受自己能自由处理的资源、行动模式、身份保障等的保证而得天独厚,并且他们的政策与社会地位或资源的运用不受成员政策选择的约束。随着组织的扩大,组织规模、成员、复杂性、专业化等元素都会提高权力的集中化程度,扩大精英与大众之间的差异。因此,政治家一旦掌握了权力,他

---

[1] 托马斯·R.戴伊.自上而下的政策制定[M].北京:中国人民大学出版社,2002:1.
[2] 俞可平.权利政治与公益政治[M].北京:社会科学文献出版社,2000:268.
[3] 加塔诺·莫斯卡.统治阶级——政治科学原理[M].南京:译林出版社,2002:168.

们的权力就具备了累积性,最终将导致少数寡头垄断权力。① 在米歇尔斯看来,这是一个铁律,它适用于包括国家在内的所有组织。

米尔斯在《权力精英》一书中表明,三种相互封闭的集团支配着美国社会,即政治领袖集团、社团领袖集团和军事领袖集团,他们构成了美国的精英集团。米尔斯指出,当人们在社会组织中占据支配地位时,他们便拥有了权力。一旦掌握了权力,无论是有作为还是无作为,他们都会使其他人感受到权力的存在,都会对其他人的行为产生极大影响。权力精英做不做出这种决策并不重要,重要的是精英占据着关键的位置。② 无所作为和不作为决策本身就是一种行为,甚至可能比做出决策产生更大的影响。

戴伊在《理解公共政策》一书中对精英理论的基本观点做了如下概括:(1)社会分化成掌权的少数人和无权的多数人,少数人掌握社会价值的分配权。前者执行政治功能,垄断政治权力;后者受前者的操纵和控制。(2)作为统治者的少数人并非作为被统治者的多数人的代表。精英主要来自经济地位较高的社会阶层。(3)从被统治的非精英阶层进入统治者的精英阶层,这个变化过程一定是缓慢且持续的,这样才能保持社会的稳定。在非精英阶层中,只有那些能够接受精英阶层共同观点的人才被允许进入统治精英的行列。(4)在社会制度的基本价值观和维护这一社会制度的发展方面,精英阶层表现出看法的一致性。精英之间的矛盾仅限于很小的议论范围,相互一致多于彼此冲突。(5)公共政策所反映的不是公众的要求,而是政治精英的主要价值观。公共政策的产生、发展、变化和创新都来自精英对自身价值观的重新定义。公共政策的变化是渐进的而不是革命性的。(6)精英是活跃的,公众是麻木的,两者的信息严重不对称。前者对后者的影响远远大于后者对前者的影响。

精英模型如图3-3所示。

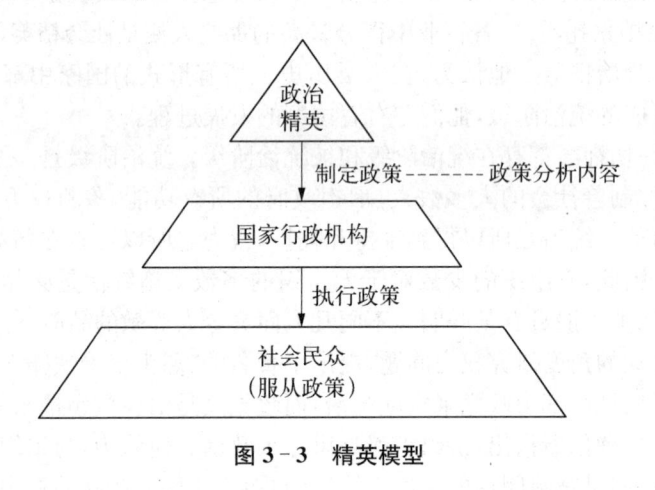

图3-3 精英模型

(二)对精英模型的评价

精英模型在一定程度上揭示了西方民主政治的弊端,对剖析西方民主政治制度具有很大参考价值。作为一种政策分析角度,这一模型具有一定的实践意义。精英模型的最大启示为,公共政策并非集合公众的意见形成,而是由社会上少数人所决定的。处于政治精英地

---

① 罗伯特·米歇尔斯.寡头统治铁律——现代民主制度中的政党社会学[M].天津:天津人民出版社,2003:31.
② 米尔斯.权力精英[M].北京:北京时代华文书局,2019:20.

位的国家领袖与政府首脑对公共政策的制定和执行往往起着决定性的作用。同时,政治精英的分析方法为比较政治研究及比较政策分析开辟了新的研究途径。

精英模型的局限性也非常明显,表现为:

第一,这一模型驳斥了现代民主政治制度,认为民主政治制度是虚伪无用的,彻底否认了民主政治制度在公共政策制定和执行中的主要作用,不符合实际。

第二,这一模型不切实际地贬低了民众在公共政策中的作用。精英模型将公共政策视为反映占统治地位的精英们的价值观,精英的政策立场不会受民众舆论的影响,民众对政策的看法则常常受精英政策立场的影响。把广大民众视为无知、冷漠的,甚至是目光短浅的井底之蛙。事实上,随着民主政治程度的不断加深、文化教育的普及和大众传媒的发展,广大民众已不再是一盘散沙,其参政议政能力不断提高,民众的观点对于公共政策的制定和执行起着越来越重要的作用。

第三,精英模型不切实际地认为政策变化是渐进的。事实上,随着社会的不断变化和锐意进取,社会的统治仅仅依靠政治精英保守的渐进政策显然是不合时宜的。

第四,精英模型强调占社会少数的精英阶层的利益,偏离了公共政策的"公共"原则,漠视公众的公共利益。这一模型认为政策分析的核心内容是政治精英分析,但是政治精英的个人情况极少对社会全面公开,这无疑使公共政策分析难以得出科学、准确的结果。

三、团体模型

团体模型源于政治学对组织问题的思考,是以团体政治理论为基础演变而来的。团体是个体的集合,是具有共同利益需求或理想追求的个人正式或非正式的联合形式。不同团体有不同要求,这些要求都聚敛于政府从而对政府形成不同程度的压力。团体模型认为,公共政策是集团斗争的产物。政治生活中存在大量政治利益集团,它们之间不断相互作用和斗争,公共政策就是团体之间斗争所达到的平衡,它体现了那些一直试图获得优势并相互斗争的党派或集团之间出现的均势。公共政策代表的是团体冲突协调后的一种均衡。团体模型如图3-4所示。

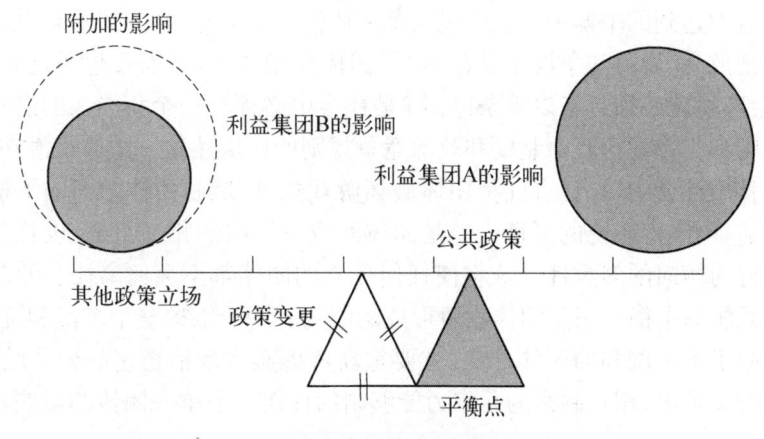

图3-4 团体模型

(一) 代表人物及其主张

团体模型的代表人物是美国学者阿瑟·本特利(Arthur Bentley)、戴维·杜鲁门(David

Truman)和厄尔·拉兹姆(Earl Latham)。本特利是团体理论的创始人,他在 1908 年出版了《政府过程》一书,指出社会本身只不过是一些组成社会的群体的联合。社会上存在着不同的利益,这些利益都可以由相同利益个体组成的群体来代表。本特利视利益集团为经济、政治生活中起主导作用的基本力量。每个集团都有自身的集团利益,它们总是集体行动并对政府决策施加压力,互相冲突的集团压力结果是政府政策方向的唯一决定因素,政府统治过程就是一种团体的政治活动过程。本特利指出,团体压力的结果不仅始终是公共政策的决定因素,而且是公平合理的最终源泉。集团的压力大小基本上与人数的多少成正比,大集团的利益通常能够战胜小集团的利益,多数人的利益将优先于少数人的利益。根据本特利的理论逻辑,利益集团之间的互动能够对政府及其决策活动形成具有决定意义的社会均衡。

杜鲁门和拉兹姆接受和发展了本特利的观点,将团体政治分析引入公共政策的研究中,为公共政策团体模型的产生奠定了基础。[①] 以政治团体为基础的研究方法被称为"本特利-杜鲁门研究方法"。杜鲁门著有《统治过程》一书,在书中提出,人作为一种社会动物不能单独存在,而必须以某种相同特征和最低交往为基础结成某种集合体,也就是社会团体。团体的存在可以维持人类生存的平衡,一旦这种平衡受到威胁,或是团体本身的存在和利益受到威胁,团体就必然做出相应的对策。在现代社会中,随着专业化和分工的发展,利益逐渐趋于多元化,人与人之间的社会接触增多,相互作用的机会也随之增加,在相互作用的过程中逐渐形成利益集团,政府机构本身也是利益集团的集合体。利益集团彼此相互作用并与政府相互作用,达成一定的稳定和均衡。由于政府在社会生活中的特殊权力和地位,政府之外的利益集团都会向政府提出自身的要求和主张,要求政府回应并予以实现,因此,政府决策过程实际上是各种利益集团争取影响政策的过程。在这个过程中,利益集团的格局是政策走向的决定因素,一旦利益集团的利益对比发生变化,政策的利益偏向发生转移,政策也就随之发生改变。

拉兹姆从团体理论的视角出发,对公共政策做了如下描述:所谓公共政策,实际上就是团体竞争在既定时间达到均衡的结果,它代表的是相互竞争的派别或团体坚持不懈地努力为维护自身利益而达到的平衡……立法机关裁决团体之间的斗争,认可取得胜利的团体,并用法令或条例把放弃、妥协和争议记录在案。[②] 团体模型认为,政府要想通过公共政策协调团体冲突,社会环境就必须具备以下条件:一是社会中必须有一个相当大的潜在团体存在。这一团体是认同和支持现行政治制度和政治竞争规则的。虽然这一团体是潜在的、无形的,但普遍存在于整个社会中,一旦有任何团体破坏游戏规则,威胁团体之间的平衡,这个潜在团体就会被激活,以维持系统的平衡。二是团体间成员资格的相互重叠,也就是说,团体成员要有思想和行为倾向的多重性。这将使任何孤立的团体都不会偏离社会的基础价值观,从而维护整个系统的平衡。三是团体竞争形成的制约有助于维护整个政治制度的均衡。如果政策结果引起了不可调和的团体冲突,就要重新考虑实现政治稳定的公共政策。在团体权力相互制约的关系中,相互制衡的元权力能够制约任何一个单一团体的影响,并保护个体权利不受剥夺。

---

① Truman, D.B.. The Governmental Process[M]. New York: Alfred A Knopf, 1951.
② Latham, E.. The Group Basis of Politics in Political Behavior[M]. New York: Free Press, 1956: 239.

（二）对团体模型的评价

团体模型分析法是一种中观分析法，它是从政治系统的中层分析单位——政治团体着手，向上可以分析整个政治过程，向下可以分析团体成员之间及团体与成员之间的利益活动。与其他政治模型一样，团体模型从某一个角度概括和阐释了政策分析的内容，具有一定的理论与现实意义：

第一，该模型用团体冲突及冲突的均衡来描述社会政治活动，说明了政策问题产生及政府议程形成的途径及方式。政府作为公共权力机构，经常会遇到各种团体的政治压力，并且必须对此做出反应，建立政策议程，制定公共政策，均衡团体冲突。这有利于理解公共政策的本质及过程。

第二，该模型有助于人们认清西方发达国家的政治特点。利益团体和公众向政府提出问题，施加政治压力，促使政府制定公共政策以维护团体利益。当某一团体通过公共政策获得利益时，其他团体便会努力竞争，如此循环，直至政府发布使团体利益达到均衡的政策，这是西方发达国家社会政治的重要特点。团体模型认为公共政策是利益集团之间力量均衡的结果，是政府承受集团压力的综合表现。利益集团平衡的思想对政策过程的描述是比较中肯的，也符合决策过程中民主和制衡的要求。

当然，该模型也存在明显的局限性：一是该模型只强调了政策问题进入政府议程的一种方式，即团体的政治压力，无法说明建立政府议程的其他方式和过程。二是该模型将政府视为完全被动的压力承受者，没有说明政府作为国家公共权力机构在发现和解决公共问题上的主动性，低估了政府决策者在政策制定过程中的独立性和创造性作用。三是该模型只强调团体之间的冲突，没有涉及政府机构内部在政策制定过程中的均衡。四是在社会现实中，该模型所要求的前提条件并不是永恒存在的。当发生重大突发事件，权力与法律受到威胁时，特别是当社会中出现完全对立不可调和的利益团体尤其是与现行政治制度完全对立并企图取而代之的政治团体时，这一分析模型就变得无能为力了。五是利益集团的活动是造成巨大政治不平等的根源。由于各个利益集团在追求各自利益时忽略了社会整体利益，在权力角逐的过程中造成了极大的政治不平等现象，因此，在该模型下产生的公共政策反映的是占支配地位的利益团体的利益而不是社会整体的公共利益。

第二节　围绕"理性"探索的模型

"理性"与公共政策的内容及决策过程密切相关。围绕公共政策能否达到理性，怎样达到理性，学者们展开了深入的研究，开拓了新的分析方法，建立了分析模型。围绕理性问题建立的公共政策分析模型包括理性模型、渐进模型和混合扫描模型。

一、理性模型

（一）完全理性模型的主张及其评价

理性模型起源于传统经济学理论，借助"经济人"假设解释政府行为，根据数据和事实，用合理的方法与精细的计算分析解决问题的各种政策方案的优劣，从而找寻最佳的政策或解决问题的办法。该模型也称"最佳决策模型",实质是一种政策选优的方法。

该模型认为,只要决策过程的每一个步骤都是出于理性的考虑,最后所决定的政策就自然是合理的,能使问题迎刃而解。这种分析模型的特征是用"目的-方法"的分析途径来规划政策,即先确定目的,再寻求最佳的手段以达到既定的目的,其最终目标是设计出一套程序,使决策者能够通过程序制定有最大净价值的合理政策。换言之,完全理性模型旨在以最小的代价取得最大的成果。该模型主张,理性的政策即效率最高的政策,为了达成理性的政策,决策者必须具备一些条件。例如,了解所有社会价值偏好及其相对权重,了解可以获得的所有备选方案,知道每一备选方案的所有结果,计算每一备选方案的收益和成本之比,选择其中最有效的政策方案。理性的政策制定还需要一个有助于形成理性决策的决策系统。理性模型如图3-5所示。

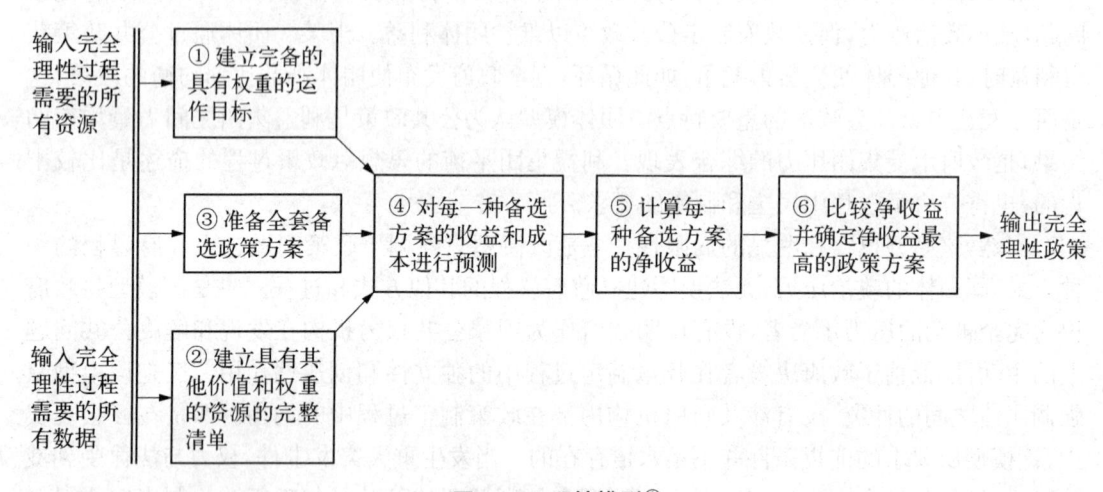

图 3-5 理性模型①

显然,完全理性模型为公共政策决策科学化、最优化提供了思路和方法。这一分析模型的"绝对理性"要求引起了政策科学界的关注。西蒙、林德布洛姆、达尔等诸多学者对理性模型提出了强烈批评,认为:(1) 完全理性模型使用的条件过于苛刻,这种条件在现实生活中往往不可能实现。理性模型的决策只有在所有方案都能找到,并且所有方案的成本都能估算的情况下才适用,决策者无法穷尽各种政策的可能性。(2) 人类的决策能力有限,不能穷尽可选方案,也无法准确综合计算成本和收益。决策者的主观意识与能力有限性无法使政策方案达到完美的理性与最佳;同时,决策者所处环境尤其是权力与影响系统使决策者无法观察到或正确衡量各种社会价值。(3) 现行政策中已经投入且无法回收的沉没成本将阻碍决策者从纯理性角度考虑替代方案的成本投入。因此批评者指出,完全理性模型是误导性的,甚至可能是有害的。

(二) 有限理性模型的主张及其评价

在批评完全理性模型的基础上,西蒙提出了有限理性模型或称"满意模型""次优决策模型",主要体现在其《现代决策理论的基石》《行政行为》等代表作中。有限理性模型是建立在

---

① 理性模型假定目标完全一致,对备选方案完全了解,并且有能力对政策的收益和成本进行估算,选出收益最大、成本最小的政策。

西蒙"行政人"假设基础上的,与"经济人"假设相区别。在西蒙看来,"经济人"追求最优,也就是从所有备选方案中选择最好的那种,而"行政人"是寻找一种令人满意或"足够好即可"的行动方案。"经济人"旨在与真实世界的一切复杂因素打交道,而"行政人"认为,感知的世界只是对复杂的真实世界的极度简化模型,各种情境只是松散地连接在一起,真实世界里的多数事实与某一具体情境没有多大关系,最重要的因果链条也非常简短。因此,"行政人"追求的是"满意"而不是"最优",他们在做决策前不需要考虑所有可能的行为方案,也不需要穷尽所有备选方案。[①] 西蒙认为,在政策制定中,希望决策者达到完全理性、最佳结果是不切实际的。决策者事实上不可能具备完全信息,往往只能在掌握一定资料的情况下规划政策。另外,排列所有可能方案的成本过高,也不可能做到。因此,现实中的决策者一般选择几个比较满意的方案进行比较,确定相对较优的方案。在比较政策方案的心理活动过程中,决策者追求"满意方案的欲望水平是可以发生变化的……如果在探索备选方案时感到容易发现满意方案,其欲望水平便提高;反之,如果感到发现满意方案是比较困难的,其欲望水平便下降"。[②] 因此,无论方法多么科学,决策者最终达到的都只能是一种"有限理性",方案的"最佳"也只能是有限范围内的"相对满意"。所以,决策者要寻求的不是经济学模型主张的最佳方案,而只是符合某个预先设定好的最低限度规定的标准。这种有限理性在决策过程中的表现:(1)在情报活动阶段,决策者的决策行为往往受直觉性选择的支配,不同经验和背景的决策者对决策环境的认知与解释不同;(2)在设计活动阶段,决策者并不试图找出所有可行方案,而是通过力所能及的求解活动寻找满意的决策方案;(3)在抉择活动阶段,决策者的选择往往与备选方案的提出顺序有关,如果 A 是优先于 B 提出的,A 又是满意方案,那么决策者就不会再花时间去考虑 B,哪怕 B 比 A 好。

西蒙认为,绝大多数人类决策方案,无论是个人还是组织机构做出的,属于有限理性的决策。有限理性模型包括两种类型,"一种是不采取最佳的政策,而愿意采用第二最佳或第三、第四最佳的政策,这种方法可以称之为次佳决策模型;另一种是满意的模型,即决策者不坚持采取最佳的政策,而愿意采取任何可以被认为'满意'的政策"[③]。次佳方案是指可以列出最佳标准而不能达到最佳标准时,降低标准所选择的方案。利普希(Lipsey)和兰卡斯特(Lancaster)在《次佳一般理论》中对此有代表性论述。[④] 有限理性模型是对决策过程的正确、现实描述,该模型不需要决策者穷尽所有选择方案,从而简化了决策过程。有限理性模型主张,实践中的公共政策并不是沿着收益-成本最大化的思路,而仅仅是达到决策者在有限理性下对某个问题的满意标准。

二、渐进模型

(一) 渐进模型的主张

同西蒙一样,林德布洛姆对完全理性模型进行了严厉的批评,并提出了渐进模型,这是他对政策科学的主要贡献。林德布洛姆认为,政策制定的实际过程并不完全是理性过程(分

---

① 赫伯特·西蒙.管理行为[M].北京:机械工业出版社,2004:109.
② 赫伯特·西蒙.现代决策理论的基石[M].北京:北京经济学院出版社,1989:20.
③ 伍启元.公共政策[M].香港:商务艺术馆(香港)有限公司,1989:66.
④ Lipsey, R. G. and Lancaster, K.. The General Theory of Second Best[J]. Review of Economic Studies, 1956, 24(1): 11-32.

析问题、明确问题、提出方案、优化选择等)而是对以往政策不断补充和修正的过程,政策制定是"一步接着一步,永远没有完结的渐进过程"。这一过程体现"修正政策和目标的可能性……任何采纳这一方式的政治体系都会建立一种高度的灵活性、恢复力和持久性,从而大大提高为解决复杂问题而制定良好政策的能力……这样,尽管或许没有一个政策措施是壮举,但接连而来的小进展可能使社会发生迅速变化……按部就班、修修补补的渐进主义者或安于现状者或许看起来不像个英雄人物,但他却是个足智多谋的问题解决者,因为他能清醒地认识到自己正在同浩瀚的宇宙进行勇敢角逐"①。

公共政策的渐进模型把公共政策看作一个政治过程,在这个过程中,自利决策者的讨价还价和妥协起着主导作用。一种与以往政策越不同的方案,就越难预测其后果,也就越难获得一般人对该政策的支持,其政治可行性就越低。因此,重大创新的政策后果难以预料。所以,政策制定基本上应是保守的,以旧有或现有的合法政策为基础并稍加修改,且应该把政策创新限定在"边际性的改革"范围内。②渐进决策模型由一系列"相互支持的简化和集中战略"组成③,它可以由图3-6示意。

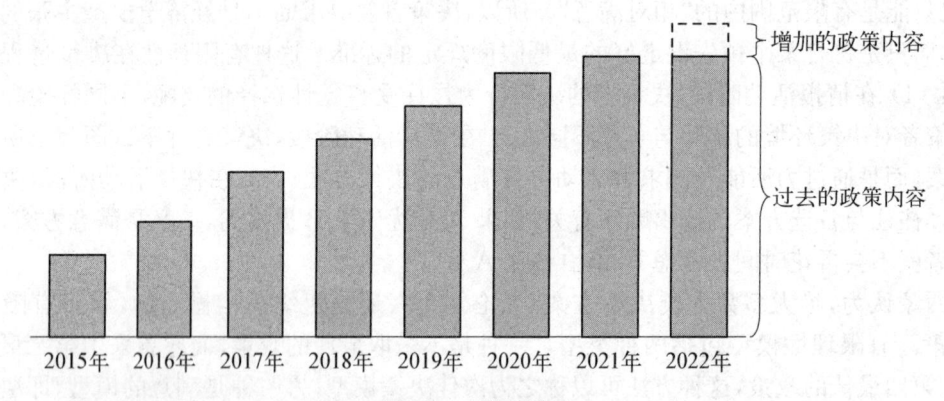

图3-6 渐进模型

在渐进模型中,公共事务的复杂性使决策者不可能面对一成不变的问题,而是先要找出问题并说明问题,在决策制定中通过对早期决策"连续性的有限比较"来形成政策。渐进模型源自现实,逐步改变现有政策,所以达成的政策均衡只是与现有政策有细微差别。决策无法大幅度改变现状主要有以下几个原因:(1)讨价还价的活动需要各方参与者共同对有限的资源进行分配。在这种情况下,现存分配模式很容易持续,而不是寻找激进的新方案。这是因为在现有的政策条件下,各方参与者可以明确彼此的成本和收益,政策改变后将会带来什么样的成本和收益相对来说很不明确,这就使得各方参与者难以达成关于改变的一致意见。所以,政策结果往往是现实的持续,或者只是一些细小的变化。(2)墨守成规是官僚行为的特性。在规则导向和非人格化的官僚体制中,官僚只是按照规章制度办事,这往往会阻碍政策创新,固化现存的制度安排。(3)在多数政策领域,政策选择的一致性是难以达成的,因此,决策者往往会避开那些难以达成一致意见的老问题,这样,与原有政策有细微差别

---

① 查尔斯·林德布洛姆.决策过程[M].上海:上海译文出版社,1988:40-43.
② 查尔斯·林德布洛姆.政策制定过程[M].北京:华夏出版社,1988:5.
③ Micheal, H. and Ramesh, M.. Studying Public Policy: Policy Cycles and Policy Subsystems[M]. Oxford University Press, 1995:141-142.

的决策就会获得支持。

(二) 对渐进模型的评价

以有限理性为基础的渐进模型,一方面丰富了政策科学的理论研究,另一方面更加贴近社会现实。采用渐进的方法研究制定政策,对保持政策的连续性和社会的稳定性具有很大的现实意义。渐进模型的最大启示:公共政策是对旧政策中存在的问题的补充和修正。这种模型的关键在于寻找"临界点",在"旧政策是好政策"的指导原则下,根据外界的政治、经济和社会环境来确定渐进演变的速度。由于这种模型遵循原有的路径缓慢地演变,因此对节约信息成本无疑是经济和理性的。同时,渐进模型在政治上是比较可行的,对缓解矛盾冲突、维持政治稳定和社会安定具有现实意义。

尽管渐进模型在某种程度上正确地描述了公共政策是如何制定的,但是这种模型存在一定的内在缺陷:

第一,现实社会不能完全满足公共政策渐进变化的条件。政策的渐进性首先需要旧政策基本满足社会需要,这样政策的边际变化才能被普遍接受。这一条件只能出现在高度稳定、发展变化缓慢的社会中。但是在发展迅速、复杂多变的现代社会中,新问题不断出现,极度滞后的旧政策已不能满足社会需求。在这种情况下,渐进分析软弱无力。

第二,极容易导致保守观念的产生,使政策制定者安于现状,阻碍发展与变革。尽管林德布洛姆极力强调渐进积累对重大变革的意义,但这一分析模型中的保守倾向仍然是显而易见的。保守的渐进政策极容易导致政府公共管理的软弱无力,面对全新的问题极有可能陷入公共政策的困境。

三、混合扫描模型

(一) 混合扫描模型的主张

为了克服理性模型和渐进模型各自的局限性,美国社会学家阿米泰·埃特佐尼(Amitai Etzioni)综合两种分析模型的实用价值,针对现实情况提出了公共政策混合扫描模型。[1] 埃特佐尼在《混合扫描:决策的第三种方法》一文中认为,理性模型过于理性化,超越了决策者的智慧和能力,局限性是显而易见的。然而渐进模型也不是十全十美的,存在严重的片面性:一方面过于墨守成规,并且不可避免地只能关注到势力强大的组织的既得利益而忽略社会下层和无组织者的利益;另一方面只是将注意力集中在公共政策的短期目标上进行微小的政策修正,这样会忽视社会发展的根本变革。长远政策和根本变革性政策在现实中虽然数量有限,但它们可以成为无数渐进性政策的基础。同时,理性分析和渐进分析又有各自的优点:理性分析提出的对政策科学性、全面性的追求适合从宏观角度考虑政策问题,渐进分析提出的政策边际变化适合从微观角度考虑政策问题;此外,在渐进模型中,具体到某个环节、某个方面的政策制定,可能需要运用理性模型,而且在相当部分政策制定中,单纯的理性模型和单纯的渐进模型不能解决问题,只有把两者结合起来,才能顺利地制定相应的政策。因此,应该综合理性分析与渐进分析两种模型的优点,形成一种公共政策的宏观和微观混合扫描分析方法。

---

[1] Amital, E.. Mixed Scanning: A "Third" Approach to Decision Making[J]. Public Administration Review, 1967, 27(4): 385-392.

混合扫描理论认为,公共政策的决策者针对某一问题制定决策时可以根据具体情况选择两种扫描方式的使用比重。政策资源投入越大,扫描范围越广,决策依据就越趋近科学、理性。如果局部扫描可以解决问题,那么渐进分析方法可取;如果局部扫描和渐进决策不能解决问题,就必须加大资源投入,进行全面扫描和分析。混合扫描模型如图3-7所示。

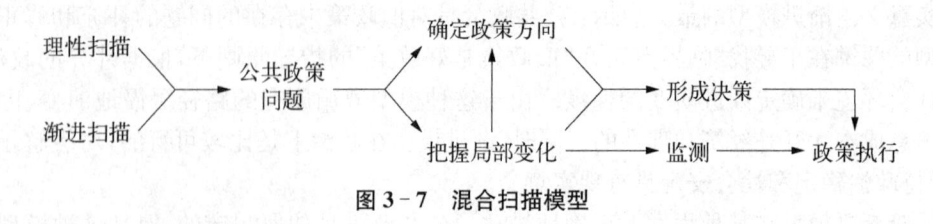

图 3-7 混合扫描模型

(二) 对混合扫描模型的评价

混合扫描模型具有一定的实际操作意义,既可以用于对问题的把握,也可以用于政策执行过程中的检测。正如安德森所言,混合扫描模型"把根本性的决定和渐进性的决定都考虑到了。它所提供的高级的、基本的决策过程确定了行动的基本方向。而渐进性的决定形成过程是为根本性的决定做准备的,并在根本性的决定做出后加以实施"。但是,这一模型也有局限性,即"这一方法在实际中如何运用不那么清楚,它只是引起读者思索和推测的东西"。[1] 很明显,混合扫描模型只是从一个角度为政策分析提供了实践性的思路,需要进一步充实和具体化。

第三节 系 统 模 型

公共政策系统模型是指从整体角度,将公共政策看作由各个环节组成的整体运作系统,从动态角度进行分析的模型。该类模型包括政策过程模型、政治系统模型、博弈模型和"上下来去"模型等。

一、政策过程模型

(一) 政策过程模型的主张

政策过程模型也被称为"政策生命周期理论",将政策过程视为政治行为的生命过程加以描述,试图通过阶段性的描述,对政策进行程式化的分析。从动态视角看,公共政策是一个从无到有再到终结的动态运行过程。该模型的核心观点:公共政策是解决政策问题的一系列活动过程,政策分析的主要内容是系统整体、影响因素及各系统环节功能。拉斯韦尔将行为主义政治学的研究方法引入公共政策研究中,提出了政策过程分析理论。该模型一方面概括出公共政策从产生到终结的各个动态运行环节,另一方面分析了各个环节应该发挥的具体功能。[2] 拉斯韦尔的功能过程分析理论为政策过程模型的完善和发展奠定了基础。

---

[1] 詹姆斯·E.安德森.公共政策[M].唐亮,译.北京:华夏出版社,1990:17-18.
[2] Lasswel, H. D.. The Decision Process[M]. College Park, Md.: Bureau of Governmental Research, 1956.

20世纪70年代后,查尔斯·琼斯(Charles Jones)、安德森等进一步发展并系统化该理论。琼斯在政策过程环节的概括中进一步明确了政府接受问题、认定问题的主要意义以及各环节中的政府功能。安德森对政策过程和功能的阐释更加明确,并指出了政策议程和政策合法化在政策过程中的意义,完善了公共政策的过程模型。政策过程模型如图3-8所示。

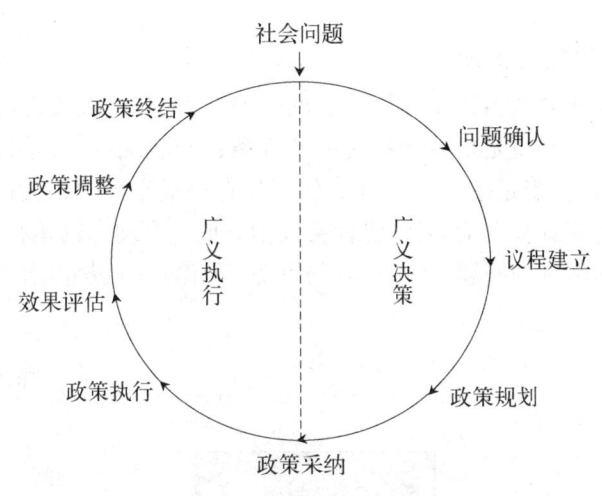

图3-8 政策过程模型

对政策过程模型的理解大致包括以下几个环节:(1)社会问题,即社会关系失调、影响大部分人的生活、破坏社会正常秩序、妨碍社会协调发展的一些社会现象。它不仅是一种客观存在,而且是一种主观认定,是被人感知和觉察到的状况,是社会实际状态与社会期望之间的差距。(2)问题确认,即发现问题的内涵和界限,确定问题的特征和性质,把握问题的深度和广度,分析问题的严重性和关联性,寻找进入政府政策议程的途径,寻求问题解决方法的过程。(3)议程建立。政策没有能力解决所有社会问题,社会问题只有在进入政策视野和政府议程的情况下,才会转化成政策问题。(4)政策规划,即策划、设计、评估和选择政策方案的过程,主要有单一和多元两种形式,前者主要指体制内运作,后者主要指体制外运作。(5)政策采纳,即在政策制定系统中,决策者根据一定的标准、方法、程序和规则决定采取何种政策方案的抉择行动。(6)政策执行,即政策方案的实施过程,是从纸上谈兵到实际用兵。(7)效果评估。预期与现实总会有差距,通过政策评估,可以分析政策的价值,把握政策的方向。(8)政策调整。通过信息反馈和效果评估,不断对政策内容做出必要的调整,使其逐渐完善。(9)政策终结。通过评估会发现一些不合时宜或已经完成使命的政策,如果不及时终结,不仅会浪费宝贵的政策资源,而且会贻误解决问题的时机。

(二)对政策过程模型的评价

政策过程模型将公共政策看作有始有终的系统运行过程。模型概括的政策动态运行过程以及各个环节已经被政策科学理论所接受,成为政策科学理论的一个重要组成部分。该模型有利于从整体把握各个运行环节在政策运行中的功能,系统检测各个环节功能的发挥是否正常,检测政策成功或失败,对更加科学有效地制定公共政策具有重要意义。尽管政策科学领域对该模型一直存有许多疑虑,但并没有动摇其在政策过程分析中的主导地位。

同其他模型一样,政策过程模型也有局限性:一方面,这一模型实际上是把政策过程视为政治行为的生命过程加以描述,然而政策的实际生命过程不一定会与模型所描述的政策过程相吻合。另一方面,这种分析模型的宏观性和抽象性特征容易导致纯理论性的抽象形式研究,而现实政策的分析是在理论框架指导下对具体内容和运行过程的综合分析。

二、政治系统模型

(一) 政治系统模型的主张

政策系统理论源于对政治系统分析方法的研究,它把公共政策视为政治系统对外界环境压力所做出的反应。环境是指政治系统的外部条件与状况,压力是指环境作用于政治系统的要求与支持,政治系统是指对社会价值分配具有权威作用的相关机构和运行过程。该模型从整体的角度考察社会政治运行,将社会政治看成一个动态的运行系统,这一系统运行的核心任务就是针对输入的问题,运用输入的资源,输出解决问题的公共政策。政治系统模型如图3-9所示。

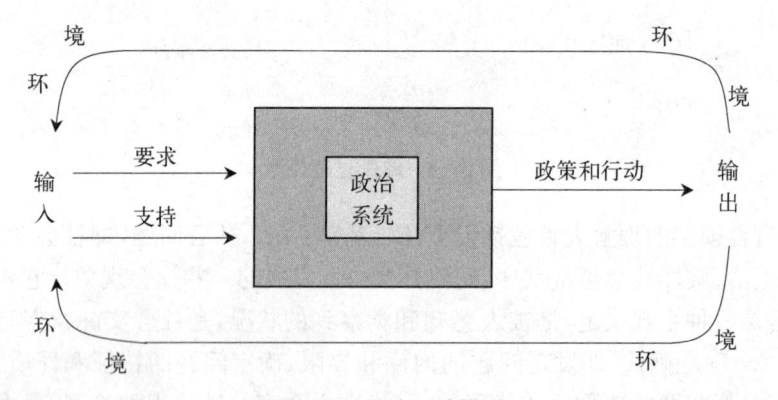

图3-9 政治系统模型

伊斯顿在批评传统政治分析理论的基础上,建立了政治系统模型。他的理论观点集中反映在《政治系统的分析方法》等代表作中。政治系统分析的核心观点:社会政治是一个在环境作用下不断输入、输出的动态开放系统。政治系统的功能就是将环境中产生的公共需求和政治系统的支持资源输入政治系统中,并转换为公共决策和执行行为的输出。伊斯顿认为,传统的政治理论,包括柏拉图、亚里士多德、卢梭、密尔甚至杜威的理论,都可以说是"政治哲学"。这些理论"坚持并鼓吹自己只探求和理解美好生活的本质,或者只限于把握先人对此问题的看法。高居于理论特权等级巅峰的是道德分析,而不是严格的经验世界的分析"[1]。随着现代社会的发展,经验理论越来越受到关注,各种不同政治理论的研究实际上表现出政治现象的连贯性和相关性,这种连贯性和相关性说明政治生活是一个由局部问题相联系的系统过程。一个贯穿整体的问题是一切政治系统如何设法在稳定和变化的世界上得到持续生存和发展。伊斯顿认为,对这一过程和反应的本质及条件进行分析可以被设定为政治分析的核心问题。

政治系统模型认为,公共政策的输出是政治系统与其外部环境互动的结果,要求与支持的输入是社会团体和个人试图影响公共政策的表现。当公众发现社会环境中存在问题并感

---

[1] 戴维·伊斯顿.政治生活的系统分析[M].北京:华夏出版社,1989:5.

知需要为此做点什么的时候,要求就会出现。政治系统为了自身的生存与发展必然对环境的压力做出反应。源于公众的要求常常是复杂多变和相互冲突的,为了把这些要求转变为公共政策,政治系统需要做出制度上的安排并通过有关机构和活动强化这种安排。政策输出可能会起到缓解环境影响、弱化公众要求的作用。政治系统与其外部环境之间的互动是一个反复循环的过程,政策输出会引起公众要求的变化,新要求的不断提出会使新的政策不断出台。政治系统可以通过下列途径保护自身利益,维持系统生存:(1) 政策输出满足环境需求,符合公众利益;(2) 加强系统自身建设,完善内部机制;(3) 以武力为威胁或直接使用武力。

(二)对政治系统模型的评价

政治系统模型对现实政治生活进行了高度概括,从整体角度揭示了公共政策产生的动态过程和基本作用,从宏观角度对政策过程进行了分析,它在政策分析领域无疑具有十分重要的理论指导意义:首先,该模型提出了政策分析的一个新角度和新方法,引导人们从系统视角整体探索公共政策的有关问题。内、外部环境将源源不断地向政治系统输入社会需求和支持资源,政治系统也将源源不断地输出公共政策,并反馈到社会环境中,这就构成了政治生活的系统过程。一个政策问题能否有效解决,往往与整体系统的运作有关。其次,该模型揭示了公共政策在社会政治生活中的核心地位。政治系统对外部环境的反应是问题分析和政策制定。政治系统输出的是公共政策,政治系统内部信息反馈是政策执行前对修订方案的反馈意见,政治系统外部信息反馈是对政策执行效果的反馈意见。再次,从系统的角度揭示环境对公共政策的重要性,说明了政治系统是一个面对环境的开放系统。只有根据环境做出必要的反应,输出相关政策,才能维持系统的正常运转。

政治系统模型也有一定的局限性:一方面,此模型过于宏观概括,对政策分析思维角度的改变作用较大,理论性较强,但缺乏具体可操作性,使其"在研究公共政策中的作用受到高度概括性的限制"[①];另一方面,系统理论对政治系统这一"黑箱"缺少针对性的分析,没能很好地解释政策决定的具体形成过程,使其在政策实践中的应用受到很大限制。

三、博弈模型

(一)博弈模型的主张

博弈模型是指基于博弈决策理论,对处于竞争冲突状态中的两方或多方决策者相互制约决策过程进行分析的模式。这一模型将冲突双方或多方的相互决策看作一个由博弈者、策略集合、结局函数构成的博弈系统,通过分析来探索竞争冲突中相互决策的规律。博弈理论研究的是在特定情况下如何进行理性决策的问题。这种特定情况是指两个或两个以上参与者存在利害关系,每个人的选择都会对他人的决定产生影响,博弈的最终结果依赖所有参与者的选择。在政策制定过程中也会出现类似情况,当独立的最优选择不存在时,只能根据他人的选择做出自己最佳的决定,这就是博弈论的用武之地。博弈理念源于互为因果、互为关联的选择,每个参与者不仅要考虑自己的需要和能力,而且要对他人的预期行为做出判断,然后调整自己的决定。博弈技巧经常用来处理重大政策问题。博弈参与者可以是个人,

---

① 詹姆斯·E.安德森.公共决策[M].唐亮,译.北京:华夏出版社,1990:22.

也可以是组织或政府。博弈模型并不描述人们实际上如何进行决策,而是解释理性的人在竞争状态下会怎样考虑决策。这种分析模型是一种理性的分析模型,只是它更多地适用于竞争环境中,告诉我们的是在考虑了对手选择的基础上,做出自己最理性的选择。在现实中经常有这样的情况:两方或多方决策者对立竞争,其中一方根据对手的决策情况制订自己的政策方案,力图推出有利于自身的最佳决策,对方的决策成为自己决策的制约条件。这一特点正如詹姆斯·多尔蒂(James Dougherty)所说,若将竞争看成一个博弈过程,那么"对于每一个博弈的参加者(竞赛者)来说,其最佳的行动方案取决于在他看来其他参加者将要采取怎样的行为"[1]。一般来说,在两方或多方竞争的不同状态下,解决问题的方式大致有三种:(1)武力征服。通过动用武力征服对方,解决问题。(2)经由公共权力机构互动调适。通过公共权力机构组织各方竞争者进行协商谈判,通过相互交易、相互妥协,制订各方都认可的均衡方案,以解决问题。(3)博弈竞赛。各方决策者根据竞争对手的行动可能,制订并执行自己的最佳行动方案,以解决问题。公共政策的博弈模型正是从第三种解决问题的方式出发,将政策制定过程看作一个博弈运作系统,采用系统科学中"对策论"的方法,对公共政策进行分析。其核心理论可以这样概括:政策制定是博弈系统的运作过程,政策分析的中心内容是通过博弈过程求得最佳决策方案。

关于竞争状态下的博弈竞争问题,早在战国时期先哲们就针对各国军事竞争进行了深入研究。《孙子兵法》《战国策》等古代著作都是研究博弈问题的经典。19世纪初,西方古典经济学理论也针对社会经济发展开始了博弈问题的分析研究。以斯密为代表的西方古典经济学理论认为,国内市场经济的发展和海外市场的扩张,必将极大地增加国民财富。然而,针对西方资本主义早期自由发展给社会民众带来的贫苦,大卫·李嘉图(David Ricardo)提出一种新的观点:假如国家的土地和其他资源固定不变,那么社会经济将呈现一种封闭的循环状态,社会也将呈现在固定财富的彼此争夺中"你失多少,我即得多少"的"零和"状态。20世纪30年代,英国现代经济学家利欧奈尔·罗宾斯(Lionel Robbins)在《论经济学的本质与特征》一书中进一步明确提出,经济问题的中心就是有限资源的分配问题。如果资源有限的假设成立,那么在一定的经济状态下,有限资源所产生的国家财富与国民所得也是有限的。这样,资源与财富的分配必然是"你得我失"的"零和赛局"。[2] 20世纪40年代,约翰·冯·诺伊曼(John von Neumann)与奥斯卡·摩根斯坦(Oskar Morgenstern)联合发表了《博弈论与经济行为》,对经济活动中的博弈决策进行了系统研究。以上理论为公共政策的博弈分析建立了基础。

博弈模型将竞争冲突中相互制约的决策看作由博弈者、策略集合、结局函数构成的博弈竞赛系统。其中,博弈者也称"竞赛者"或"局中人",是参与博弈竞赛的主体,拥有选择和实施策略的决策权,并且直接承担博弈竞赛胜败得失的后果。博弈者可以是个人,也可以是社会团体、国家、国家联盟体或国际组织等。策略集合是指每个博弈者在竞赛中可能采取的各种行动策略的集合。在博弈竞赛中,针对竞争对手的不同策略,每个博弈者都有许多不同内容、不同步骤的策略可供选择。可供每个博弈者选择的策略组合起来就构成了其自己的策

---

[1] 詹姆斯·多尔蒂.争论中的国际关系理论[M].北京:世界知识出版社,1987:551.

[2] Robbins, L.. An Essay on the Nature and Significance of Economic Science[M]. London: Ludwig von Mises Institute, 1932.

略集合。结局函数是指一方博弈者在竞赛中采用不同策略方案与他方的策略方案相互对应下的竞争结果。

博弈规则描述了适用于所有参与者的多种选择,这些选择通常用数学矩阵描述,最简单的形式称为二阶矩阵,即只有两个参与者,且每个人只有两种选择。图3-10即一个博弈的二阶矩阵。

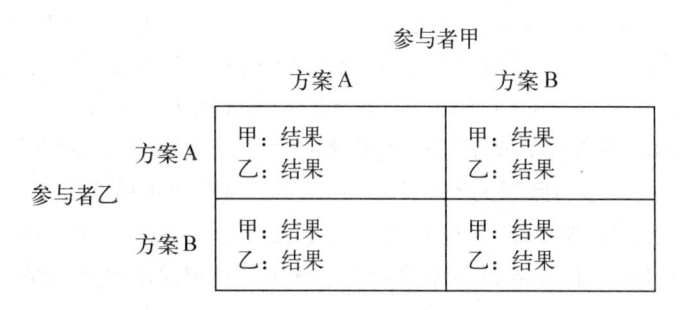

图3-10 博弈的二阶矩阵

二阶矩阵有四种可能结果,通常矩阵的一个小方框用来表示一种结果,每种结果都依赖双方的选择。这些结果代表不同的价值回报,往往通过赋值来表现。因为每个参与者对结果有不同的评价,所以在矩阵的每个方框内都有两个值。以政府与流浪汉之间的社会福利博弈为例(如图3-11所示)。

图3-11 政府与流浪者之间的社会福利博弈

矩阵中的组合分别表示:当政府选择救济而流浪汉也积极寻找工作时,政府和流浪汉的获益为(3,2);当政府选择救济而流浪汉选择游手好闲时,政府和流浪汉的获益为(-1,3);当政府选择不救济而流浪汉选择找工作时,政府和流浪汉的获益为(-1,1);当政府选择不救济同时流浪汉选择游手好闲时,政府和流浪汉的获益为(0,0)。对政府而言,有救济流浪汉的意愿,前提是流浪汉要积极找工作,但政府无法区分每个流浪汉是否在找工作,因此只能统一对待;对流浪汉而言,只有在政府不救济时才会找工作。所以,该博弈不存在纯策略均衡,为一个混合策略博弈。

1. 政府的最优策略

假设政府选择救济与不救济的概率都是0.5,则流浪汉找工作的预期效用为1.5(0.5×2+0.5×1),游手好闲的预期效用为1.5(0.5×3+0.5×0)。此时,流浪汉找工作或游手好闲(纯策略),或者以任何概率找工作和游手好闲(混合策略)的预期效用一样。如果救济的概率大于不救济的概率,流浪汉游手好闲的预期效用大于找工作的预期效用,流浪汉就会选择游手好闲(纯策略),政府则会选择不救济(纯策略),流浪汉又会选择找工作,政府则又转为选择救济……不能达成市场均衡,反之亦然。故而此时政府的最优策略为选择救济与不救济的概率均为0.5。

2. 流浪汉的最优策略

假设流浪汉以 r 的概率选择找工作,以 $(1-r)$ 的概率选择游手好闲。流浪汉的目的是使政府救济或不救济的预期效用相同。通过 $r \times 3 + (1-r) \times (-1) = r \times (-1) + (1-r) \times 0$,可知 r 为0.2,即流浪汉以0.2的概率选择找工作、0.8的概率选择游手好闲,此时政府救济的预期效用为$-0.2[0.2 \times 3 + 0.8 \times (-1)]$,不救济的预期效用为$-0.2[0.2 \times (-1) + 0.8 \times 0]$。政府救济或者不救济(纯策略),或者以任何概率选择救济或不救济(混合策略)的预期效用一样。如果流浪汉找工作的概率大于0.2,政府救济的预期效用就会大于不救济,政府会选择救济(纯策略),流浪汉则会游手好闲,政府又不救济……不能达成市场均衡,反之亦然。故而0.2的概率选择找工作、0.8的概率选择游手好闲是流浪汉的最优策略。

3. 纳什均衡

根据以上分析,可知政府与流浪汉的社会福利博弈最终的纳什均衡结果是政府以0.5的概率选择救济、以0.5的概率选择不救济,流浪汉以0.2的概率选择找工作、以0.8的概率选择游手好闲。

(二)对博弈模型的评价

博弈论开阔了我们的眼界,为政策分析提供了一个有趣的思路,特别是在冲突情景下进行政策选择时,它所发挥的作用更为明显。作为现代政策分析模型,博弈模型被广泛地用来进行竞争性对策研究,在政治、经济、外交、军事、文化等领域中用于不确定情景下的决策分析。

博弈模型也有局限性:首先,由于这一模型带有浓厚的量化分析色彩,因此分析必须在获得大量信息的基础上进行,通过统计计算将结局函数量化表示。对不能量化的问题,该模式只能列出策略对局而不能得出精确的结果。其次,该模式不能分析非常规的情况。出奇制胜、以少胜多等不适用该模型。最后,由于该模型追求分析中的理性结果和最佳对策,因此带有浓厚的理性主义局限性。

四、"上下来去"模型[①]

(一)"上下来去"模型的主张

构建公共政策过程模型须借助两种资源:一是理论,特别是认识论和历史理论;二是公共政策的社会实践。在中国共产党领导中国新民主主义革命和社会主义建设的过程中,这两种资源往往能够以主观与客观、理论与实践、知与行的统一获得某种一致性。这样,我们就可以考虑做出如下尝试:通过整理毛泽东思想、邓小平理论、"三个代表"重要思想和科学发展观关于认识论、思想方法论、工作方法论的思想资料,构建一个新的政策过程模型。鉴于政策制定过程在认识论上是一个从"形而下"到"形而上"的过程,政策执行过程在认识论上是一个从"形而上"到"形而下"的过程,与此同时,整个政策过程在政策主体与政

---

① 宁骚.中国公共政策为什么成功?——基于中国经验的政策过程模型构建与阐释[J].新视野,2012(1).

策客体的关系上是"从群众中来,到群众中去"的过程,我们从总体上称之为"上下来去"模型,如图3-12所示。

政策的社会认识过程		
政策制定过程	政策执行过程	政策过程的循环
实事求是,一切从实际出发: 从客观到主观 从实践到认识 从个别到一般	实事求是,一切从实际出发: 从主观到客观 从认识到实践 从一般到个别	物质—精神—物质循环往复 实践—认识—实践循环往复 个别——一般—个别循环往复

政策的社会操作过程		
政策制定过程	政策执行过程	政策过程的循环
从群众中来: 从群众到领导 从民主到集中 从点到面: "解剖麻雀"引出一般 调查—研究—决策	到群众中去: 从领导到群众 从集中到民主 从面到点: 一般号召与个别指导相结合 试点—总结—推广	群众—领导—群众循环往复 民主—集中—民主循环往复 点—面—点循环往复

图 3-12 "上下来去"模型

这里构建的"上下来去"模型是一个逻辑过程。政策过程是主体认识世界、改造世界的过程。公共政策的主体是执政党和公共权力机关,它们只有在独立自主的条件下才可能真正地、完全地按照"上下来去"指示的决策路线制定和执行政策。这里说的"独立自主",既包括主权国家能够独立根据自己民族的具体情况和特殊条件决定自己的政治方针、政策和行动,也包括地方政府和中央政府下属的其他公共权力机关在统一战略和策略下,因地制宜,因时制宜,从不同地区、不同历史条件的具体情况出发,决定当时当地的工作任务和工作方法。

在政策的社会操作层面上,"上下来去"模型可以简单归结为一句话:从群众中来,到群众中去。按照这一模型的要求,政策主体在制定和执行公共政策的过程中,要坚持以人为本;尊重人民主体地位,尊重人民首创精神;从人民的实践中汲取智慧,从人民的发展要求中获得动力;把最广大人民的根本利益作为公共决策的出发点与归宿,在制定和执行政策的过程中切实做到集思广益、凝聚共识,充分体现人民群众的共同意愿。政策主体不管是个人还是组织,认识政策问题、制定和执行政策的行为都属于社会行为。政策主体对政策问题的认识经由社会实践而把握其因果关系的脉络,据此形成应对的行动方针,经由社会实践,将观念形态的政策思维转变成社会现实。这就是政策的社会认识过程。在政策的社会操作过程中,政策主体经由"从群众中来",集中群众的认识和要求,形成政策,并经由"到群众中去",将政策实施于群众。政策的社会认识过程和政策的社会操作过程在逻辑上区分为政策制定阶段和政策执行阶段,前一阶段为后一阶段提供依据与指导,后一阶段的完成对前一阶段形成反馈。政策的社会认识过程为政策的社会操作过程提供观念上的指导,政策的社会操作过程则把抽象的认识和理论转换成具体的政策并将政策转化为社会现实;同时,政策的社会操作过程反过来影响政策的社会认识过程。

模型中的"上",指的是主观、精神、认识、理论以及居于上位或核心地位的政策行为者;"下",指的是客观、物质、实践、行动以及居于下位或外围地位的政策行为者。"上"与"下"是互动的,互动的路线和方向在政策的社会认识过程中是客观—主观—客观(物质—精神—物质)、实践—认识—实践、个别—一般—个别,在社会操作的过程中是从群众中来、到群众中去,其具体操作性程序是群众—领导—群众、民主—集中—民主、点—面—点。这两个过程中的上下互动都不是一次完成的,而是经过无数次的循环往复(如图3-13所示)。

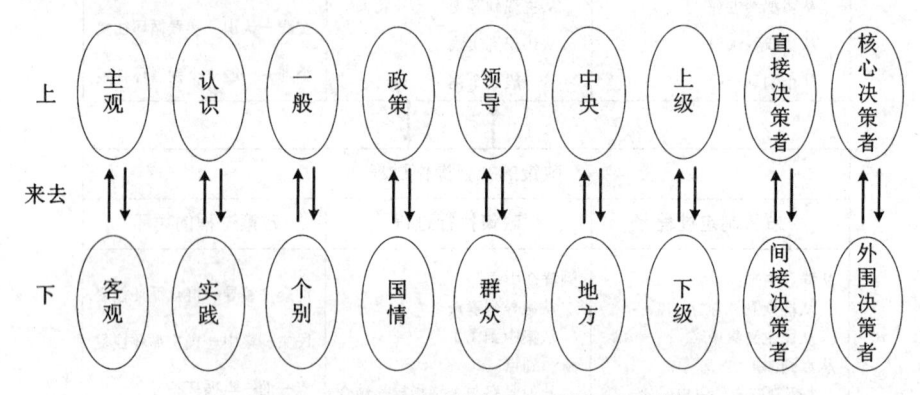

上	主观	认识	一般	政策	领导	中央	上级	直接决策者	核心决策者
来去	⇅	⇅	⇅	⇅	⇅	⇅	⇅	⇅	⇅
下	客观	实践	个别	国情	群众	地方	下级	间接决策者	外围决策者

图3-13 "上下来去"模型中的"上下互动"

(二) 对"上下来去"模型的评价

"上下来去"模型是一个以本土经验为依据,具有鲜明中国特色的政策过程模型。构建"上下来去"模型的目的是为世人提供一个从公共决策的视角观察和分析中国为什么能够崛起的理论框架。该模型功能的设定不是用作分析其他国家或地区公共政策过程的理论工具,而是用作观察和解释当代中国重大公共决策的指南或路线图,其示范作用也仅限于当代中国的公共决策机构。还要指出的是,即使在当代中国,该模型也不适用于解释所有公共政策。那些日常性、操作性以及即时性、应急性的决策很少按照该模型所指示的路线图行事。该模型只适用于解释当代中国重大政策的政策过程。

思政园地

群众路线是党的生命线

习近平强调,群众路线是中国共产党的生命线和根本工作路线。把群众路线提到党的生命线的高度来强调,使群众路线成为生命线和根本工作路线的统一,体现了中国共产党对党的建设新的伟大工程和中国特色社会主义伟大事业的深邃思考。我们要深刻认识以党的群众路线作为生命线的重大意义,切实贯彻落实好党的群众路线。群众路线彰显了中国共产党的根本宗旨,使党的生命深深植根于广大人民群众。人民群众对自身利益的追求是创造历史的强大动力。任何一个国家的政党都只有把政治追求与人民群众的利益追求一致起来,才能获得并持续拥有政治生命。中国共产党能够获得蓬勃生机和旺盛活力,很大程度上是靠践行全心全意为人民服务的根本宗旨,特别是靠创立并坚持群众路线来实现的。党章强调:"党在自己的工作中实行群众路线,一切为了群众,一切依靠群众,从群众中来,到群众中去,把党的正确主张变为群众的自觉行动。"从中可以看到,群众路线是中国共产党的根本宗旨与党的实际工作的有机结合,是根本宗旨落地生根的最好领导方法和工作方法。有了这样的群众路线,中国共产党就能把维护好、实现好、发展好最广大人民的根本利益作为一切工作的出发点和落脚点,就能赢得人民群众的衷心拥护和鼎力支持。这是中国共产党特有的政治优势。群众路线推动了马克思主义与中国实际的结合,使中国共产党的生命深深植根于科学真理的正确指导。一个政党的政治生命从来就是与其政治主张是否符合本国实际紧密相连的。符合实际,就能指导实践发展并增强自身生命力;背离实际,就会被时代淘汰而失去政治生命。中国共产党顽强的生命力在很大程度上得益于群众路线推动马克思主义与中国实际的有效结合。党的群众路线与认识路线是高度统一的,从群众中来、到群众中去的过程也是从实践中来、到实践中去的过程,是为人民服务的过程,也是发现真理的过程。坚持党的群众路线,有利于中国共产党通过正确的认识路线发现中国革命、建设、改革、发展的特点和规律,有利于确立和坚持中国共产党的思想路线,从而使马克思主义与中国国情和时代特征结合起来,推动马克思主义中国化、时代化、大众化的进程,形成指导伟大事业的科学指南。群众路线体现了社会主义民主政治的本质要求,使中国共产党的生命深深植根于人民当家做主的实践。事实证明,群众路线是永葆中国共产党的生机活力的强大法宝,是中国共产党永远不可移易的生命线。

资料来源:人民网 http://theory.people.com.cn/n1/2017/0616/c40531-29343306.html。

案 例

从三组数据看"十四五"规划编制过程

编制和实施"十四五"规划,是中国共产党治国理政的重要方式,是中国之治的重要"密码"。2020年以来,习近平多次主持召开重要会议、赴地方考察,就"十四五"开门问策,听取大家对当前经济形势以及规划的意见和建议,强调要着眼长远,把握大势,研究新情况,做出新规划。追寻习近平的足迹,回顾问策"十四五"规划之路,再次深刻彰显了中国共产党以人民为中心的根本立场和"人民至上"的价值理念。

4次考察调研,体现了坚持贯彻以人民为中心的发展思想。"党的根基在人民、血脉在人民、力量在人民。"2020年7月以来,习近平先后前往吉林、安徽、湖南、广东等地调研考察,深入基层一线、深入公司企业,从在田间地头查看粮食生产及土地保护利用到防汛救灾现场了解恢复生产情况,从关注"半条被子"红色教育基地及文旅资源开发情况到强调企业自主创新,"人民至上、以人民为中心"始终是习近平念兹在兹的执政信条和最鲜明的政治品格。"能用众力,则无敌于天下矣;能用众智,则无畏于圣人矣。"正因如此,面对来势汹汹的"新冠"肺炎疫情冲击,在党中央的统一领导下,在人民群众的配合支持下,我们才能凝聚起坚不可摧的强大力量,在化危机、开新局中筑起抗疫的钢铁长城。"人民"二字力重千钧、温暖人心,我们要将人民利益高高举过头顶,始终保持共产党员的先进性、纯洁性,在"十四五"时期不断增强人民群众的获得感和幸福感。

7场座谈会,发挥了坚持开门问策和集思广益的治理作用。"凡事预则立,不预则废。"面对世界大变局加速深刻演变及国内外环境的深刻变化,如何把握新挑战和新机遇,编制好"十四五"规划这份纲领性文件?3个月内,习近平开门问策,相继主持召开了企业家座谈会、党外人士座谈会、扎实推进长三角一体化发展座谈会、经济社会领域专家座谈会等7场座谈会,通过与多个领域的专家、学者、基层代表等进行深入交流,碰撞出许多对"十四五"时期的发展环境、思路、任务、举措有价值的意见和建议。思路决定出路,坚持开门问策是中国共产党的优良传统。我们要保持清醒和执着,坚持开门问策和集思广益,着眼长远、把握大势,谈成绩实事求是,讲问题开诚布公。更重要的是,对尚未研究透彻的成果,要深入交流,让社会的期盼、群众的智慧、专家的意见、基层的经验在国家治理中发挥重要作用。

61位嘉宾现场发言,彰显了把加强顶层设计和坚持问计于民统一起来的优良传统。"知屋漏者在宇下,知政失者在草野。"在7场座谈会上,共有61位各界人士从经济、民生、教育、文化、医疗、体育等领域对"十四五"规划建言献策。用中长期规划指导经济社会发展,是中国共产党治国理政的重要方式。"十四五"规划涉及民主法治、经济发展、对外开放、科技创新、国民教育、医疗卫生、社会保障等方方面面,如何更好地制定和落实决定着未来5年乃至15年中国能否走好、能否顺利迈向新的百年目标。2020年以来,党中央首次通过互联网就"十四五"规划编制向全社会征求意见和建议,累计收到网民建言超过101.8万条,为编制工作提供了有益参考。我们要坚持加强顶层设计和问计于民相统一的好传统,善于倾听民声、了解民情、汇聚民智,发挥"以众人之力起事者,无不成也"的作用,推动党和国家事业不断蓬勃发展。

"察势者明,趋势者智。"在"十四五"这个承上启下的重要时期,我们必须正确认识和把握中长期经济社会发展重大问题,以"咬定青山不放松"的信念和"乱云飞渡仍从容"的气魄,集中力量办好自己的事,一件一件抓落实,一年接着一年干,谱写实现中华民族伟大复兴的历史新篇章。

资料来源:共产党员网 https://tougao.12371.cn/gaojian.php?tid=3623809。

讨论题:

试用"上下来去"模型对上述案例进行分析。

复习思考题

1. 试述并评价政治模型。
2. 试述并评价理性模型。
3. 试述并评价系统模型。

中篇
公共政策过程

第四章　政策问题的认定

第五章　政策制定

第六章　政策执行

第七章　政策评估与监控

第八章　政策调整与终结

第四章
政策问题的认定

全章提要

- 第一节 政策问题的形成、内涵与特征
- 第二节 政策问题的分类
- 第三节 政策问题的构建
- 第四节 政策议程的设置

案例
复习思考题

政策问题的认定是公共政策的逻辑起点,是公共政策过程——动态运行的第一个环节,它直接影响公共政策全过程。在这一环节中,通过发现社会问题、了解社会问题产生的背景和根源、寻求社会问题进入政策议程的途径,进而将社会问题上升为政策问题,为准确制订有效的政策方案奠定基础。

第一节 政策问题的形成、内涵与特征

人类社会的发展过程是"问题出现—解决问题—新问题出现……"的不断运动过程,公共政策的制定和执行是解决社会问题、保障社会正常运转与健康发展的重要手段。要有效地解决问题,首先要界定问题。

一、政策问题的形成

公共政策问题是一种特殊的社会问题,要准确界定公共政策问题的概念,首先需要厘清问题、个人问题、社会问题等概念。

(一)个人问题转化为社会问题

问题通常是指现有状况与期望状况之间的偏差。正因为产生这种偏差,才导致了许多紧张状态。但仅有客观存在的偏差是不行的,我们还要看偏差的幅度与范围。一般来说,偏差的范围出现在个人身上,仅仅涉及某个人的期望与实际状态之间差距的问题,属于个人问题(或私人问题),个人问题能否解决关键看个人的力量,其他人大多不关心也不感兴趣。当相当一部分人感觉到期望与实际状态出现偏差,进而认为社会规范问题出现偏差时,这一部分偏差就带有共性,超出了个人的界限而具有社会性。这部分偏差可以在一定程度上引起社会共鸣,即产生解决的诉求,这部分偏差就变成了社会问题,需要动用社会力量去解决。例如,一个人失业,无论出于何种原因,都是私人问题;但当某一时期社会上有很多人失业时,这一问题就转化成了社会问题。

(二)社会问题转化为公共问题

当社会问题只影响特定利益群体而尚未影响其他人时,其涉及范围是比较小的。当某些社会问题的影响已不再局限在某个群体或某些社会生活领域时,便会引起社会公众的普遍关注。同时,公众基于价值观念和切身利益的考虑,开始提出以解决该问题为目的的公意诉求,甚至向政府部门提出政策诉求,要求采取措施予以解决,社会问题就转化为公共问题。

(三)公共问题转化为政策问题

并不是所有公共问题都能成为政策问题,因为任何公共权力主体在一定的社会发展阶段和时期都会有总体目标,其所拥有的解决社会公共问题的资源、手段和能力有限,所以,任何一个社会的公共权力主体在一定的社会发展阶段和时期只能将一部分社会公共问题确定为政策问题。一般来说,当公共权力主体意识到公共问题已经妨碍整体社会发展,或公共权

力主体意识到公众的公共意向且认同这种公众的政策诉求时,公共问题就变为公共政策问题。在发现公共政策问题后,公共权力主体会根据问题的严重性、影响度及自身的处理能力,选择某个或某几个政策问题作为急需要解决的政策问题,列入正式政策范围,进而采取相应措施予以解决。

一般而言,政策问题的构建遵循"问题—社会问题—公共问题—政策问题"的逻辑次序(如图 4-1 所示)。

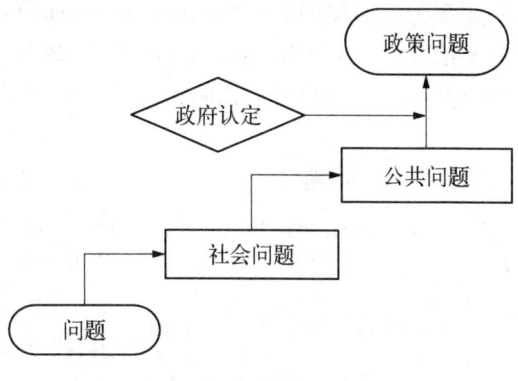

图 4-1 政策问题的形成

二、政策问题的内涵

(一) 政策问题的概念

对政策问题的概念,目前学术界没有统一的表述。有"问题界定之父"之称的德瑞(Dery)于 1984 年出版了《政策分析中的问题界定》一书,对政策问题的概念进行了系统研究,认为"政策问题是未实现的需要、价值或可以通过公共行动来追求的改善机会"。[1] 很多学者也进行了类似的研究,具有代表性的政策问题的概念主要有以下几种:

安德森认为,从政策意图的角度来看,政策问题可被定义为某种条件或环境,这种条件或环境引起社会上某一部分人的需要或不满足,并为此寻求援助或补偿。寻求援助或补偿的活动可以由那些受环境影响的人直接从事,也可以由别人以他们的名义进行。[2] 该定义强调一定的条件或环境对政策问题产生的影响,但没有清晰地指出政策问题认定的主体。

威廉·N.邓恩(Willian N. Dunn)认为,政策问题是还没有实现的,通过公共行动可能追求得到的需求、价值或改进的机会。[3] 该定义虽然指出了政策问题实现所经由的路径——公共行动,但是把政策问题表述为"需求、价值或改进的机会"则显得模糊。

林永波和张世贤认为,政策问题是在一个社群中,大多数人觉察到或者关心的一种情况,与他们所持的价值、规范或者利益相冲突时,便产生一种需要被剥夺或者不满足的感觉,于是通过团体的活动向权威当局提出,而权威当局认为众人所提出的问题属于其权限范围,且有采取行动予以解决的必要。[4]

陈振明认为,政策问题不仅是一种客观存在的事实或者状况,而且是一种主观感知及集体行动的产物。它是一种由相当数量的社会成员感觉到的,与人的利益、价值和要求相联系的,并由团体活动界定的,以及为政府所认可必须予以解决的社会问题。[5]

宁骚认为,在考虑政策问题时不应该忽略两点:一是社会统治集团与社会多数民众在公共政策问题的认知上往往有差异甚至相互矛盾,有些可能并不为社会大多数人所感知的

---

[1] David, D.. Problem Definition in Policy Analysis[M]. Lawrence KS: University Press of Kansas, 1984: 26.
[2] 詹姆斯·E.安德森.公共决策[M].唐亮,译.北京:华夏出版社,1990: 65-66.
[3] Dunn, W. N.. Public Policy Analysis: An Introduction[M]. Englewood Cliffs, New Jersey: Prentice Hall, 1994: 85.
[4] 林永波,张世贤.公共政策[M].台北:五南图书出版公司,1993: 72.
[5] 陈振明.公共政策学[M].北京:中国人民大学出版社,2003: 84.

问题却为统治集团的少数人所认识,因而也可能成为公共政策问题;二是公共政策问题尽管主要依靠政府来解决,但并非都必须由政府亲自出面解决,有许多问题可由一些非政府的社会公共组织乃至政府委托的私人组织解决。①

通过以上定义可以发现,对政策问题的理解存在一些共识:政策问题都源自客观存在,而这种客观存在又不能满足人们的需求与价值。基于这些共识,本书认为,所谓政策问题,是指社会组织中的统治集团或者相当数量的成员感知的,当现实中出现的某种客观存在状况与他们的期望、利益、价值观念或者他们所遵循的社会规范有严重的冲突或矛盾时,通过团体或者组织活动,要求有关权威当局采取行动予以解决,且权威当局认可并认为所提出的问题属于其权限范围,有必要采取行动予以解决的既存的或潜在的公共问题。问题的概念范畴如图4-2所示。

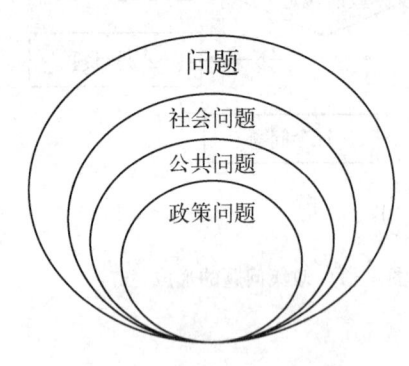

图4-2 问题的概念范畴

(二) 政策问题的含义

由政策问题的概念可知,政策问题包含以下几个方面②:

1. 政策问题是多数人感知到的客观存在的情势

政策问题来源于可被观察到的,能够表述的客观事实或者问题情境(problem situation)。这些事实或问题情境是客观存在的,不以人的意志为转移。同时,这种客观的事实或情境已被社会大多数人或统治集团及其少数权威统治者从各自的角度所感知。尽管有些社会问题可能并不被社会大多数人所感知,但其趋势和危害性已被少数能直接影响政府决策的有识之士或权威统治者所洞察,其也可能进入政策议程,成为政策问题。

2. 政策问题表现为现实与利益期望等的冲突性

不同的行为主体在特定社会条件及情境中都受到社会问题的影响和制约,作为"理性经济人",人们必然从各自利益出发,从而形成客观现状与统治者或社会大多数人的利益、期望、价值和规范等之间的冲突与矛盾,表现为个体与个体之间、个体与团体之间、团体与团体之间,甚至个体、团体与社会之间的冲突与矛盾。这种冲突与矛盾的存在使人们产生一种被剥夺的感觉,形成强烈的改变现状的需求,此时,社会问题就可能转化为政策问题。

3. 政策问题表现为团体与组织活动

从问题到社会问题再上升为政策问题,不是单纯通过少数个人的努力就能达成的。在现代社会,人们只有组成一定规模的团体或组织,通过团体行动才有可能影响有关公共组织和政府部门。即便是具有权威的人也必须通过一定的组织行为(如游说执政党或公共权力机关)才能将其察觉并期望改变的公共问题变成公共政策问题。

4. 政策问题要求政府和社会公共组织采取必要的政策行动

社会问题成为政策问题需具备两个基本条件:一是要求人们所察觉的问题必须在政府的职能范围内,且政府认为有必要解决。并不是一切社会问题都由政府负责治理,其中一些可以依靠市场机制或社会力量进行协调。二是被政府认可的社会问题的解决途径、方法、成

---

① 宁骚.公共政策学[M].北京:高等教育出版社,2003:296.
② 宁骚.公共政策学[M].北京:高等教育出版社,2003:296.

本在政府的能力范围内。有些社会问题虽属于政府职能范围,但受政府财力、精力等的内在约束,社会条件、经济条件、政治条件等的外在约束,在现有条件下无法解决。当社会问题满足以上两个基本条件而成为政策问题后,也不可能仅靠少数人或一些私人部门的努力来解决,而必须通过有关政府组织或社会公共组织依法采取相应的政策行动来解决。

三、政策问题的特征

从政策问题的概念及含义可以看出政策问题的一些明显特征。根据邓恩[1]、宁骚[2]等学者的相关研究,政策问题的特征可概括为以下几点:

(一) 公共性与关联性

政策问题的公共性表现为政策问题发生于社会公共领域,与公众的生活息息相关,并影响某一地区的公众利益及社会秩序,且必须通过公共权力机构来解决。公共权力机构对政策问题的解决通常表现为法律、法规、行政命令或指示等形式的公共政策,对其所针对的所有人都具有权威性和普遍的效力。

政策问题的关联性表现为任何一个公共政策问题都不是孤立的,而是整个公共政策问题体系的一个组成部分,与其他领域、地区或部门的政策问题有不同程度的相关性,且相互作用、相互影响。某一个或某一种政策问题的治理可能会产生可预测或不可预测的其他相关的政策问题。这就要求我们在分析和解决公共政策问题时,从政策问题系统和社会系统的高度进行。例如,在治理空气污染的问题上,政府无论是采用禁止、限制高污染企业向空气中排污,提倡居民绿色出行,还是建立严格的排污标准,都将影响企业的效益乃至生存,从而涉及经济问题;如果企业按照国家的排污标准改进废气处理系统,则又涉及技术政策问题。

(二) 主观性和人为性

任何政策问题都基于一定客观的社会现实而得以成立。但是,同一社会客观现实,不同的人群从不同的标准、价值、利益和规范出发就会产生不同的认知,部分公众可能认为需制定相应政策予以解决,部分公众则可能并不这样认为。因此,帕森斯针对政策问题的主观性指出:"我们可能会分享相同的数据,至少我们相信我们分享相同的数据,但这一事实并不意味着我们看到同一件事。价值观、信仰、意识形态、利益以及偏见等都塑造我们对事实的感知。"[3]例如,在部分西方国家,私人枪支持有标准过低已严重威胁到社会治安与公民人身安全,但政府、执政党或利益集团不以为然,多次否定控枪法案。另外,不同政治制度、社会制度、历史文化和传统习俗等也可能造成对相同问题的不同认识。例如对于同性婚姻问题,有的国家采取坚决禁止的态度,有的国家置之不理,还有的国家立法认可。

(三) 历史性与动态性

政策问题的历史性是指政策问题不是突发的,而是要经过一个逐步发展的过程以达到普遍化和严重化的程度,尤其新的政策问题很可能是旧的政策问题遗留或发展衍生而来的,

---

[1] Dunn, W. N.. Public Policy Analysis: An Introduction[M]. Englewood Cliffs, New Jersey: Prentice Hall, 1994.
[2] 宁骚.公共政策学[M].北京:高等教育出版社,2003.
[3] Parsons, W.. Public Policy: An Introduction to the Theory and Practice of Policy Analysis[M]. Cheltenham: Edward Elgar Publishing Limited, 1997: 176.

所以政策问题常常具有历史性。例如中国目前面临的老龄化问题,其根源可以追溯到新中国成立之初的一系列人口政策。

政策问题的动态性是指一定的政策问题的性质、严重程度、解决办法等总是随着时间、环境的变化而变化。例如城市人口老龄化问题,针对不同的城市和同一城市的不同时间段,其老龄人口的数量、程度、对城市发展的影响等都是不同的,因此需针对不同地区、不同时期的问题制定相应的公共政策,不可一概而论。

第二节 政策问题的分类

政策问题涉及范围较广、涉及层次较多,可对政策问题从不同的角度进行考量进而分类,以使政策问题体系清晰、结构清楚,便于更好地认识和解决政策问题。

一、问题结构分类

政策问题的结构是指与政策相关的各种要素的构成状态,根据所达到的不同标准确定问题结构的不同质量。邓恩从政策问题的结构角度,根据政策问题的相对复杂程度和结构质量把政策问题划分为结构良好、结构适中和结构不良三种类型,[1]如表4-1所示。

表4-1 公共政策问题的结构类型

结构要素\质量状态	结构良好	结构适中	结构不良
问题性质	清晰可辨	清晰可辨	模糊有争议
决策者	一人或数人	一人或数人	许多
资源投入	少量可计算	大量可计算	不可计算
备选方案	有限	有限	无限
效用(价值)	一致	一致	冲突
结果	确定或者有风险	不确定	未知
概率	可计算	不可计算	不可计算

结构良好的政策问题(well-structured problem),问题性质清晰易辨,包含的决策者人数较少,问题的解决方案也较有限,解决问题的资源投入较少并且可以计算。决策者在政策的效用或者价值方面容易达成一致,备选方案的结果确定或误差较小,政策结果和风险的概率都是可预计的,是比较容易解决的问题,可利用计算机处理,一般出现在公共权力机构的

---

[1] Dunn, W. N.. Public Policy Analysis: An Introduction[M]. Englewood Cliffs, New Jersey: Prentice Hall, 1994.

较低层次。

结构适中的政策问题(moderately-structured problem),问题性质清晰易辨,包含较少的决策者,较之结构良好的政策问题所具有的解决方案更多,总体来看方案数量仍较有限,解决问题的资源投入较大,但仍可以计算。此类问题即使在备选方案误差较小的情况下,其结果仍具有不确定性,政策结果和风险的概率难以计算。由于不确定性的存在,决策变得较困难,甚至会出现个体理性导致的群体非理性,使得决策失误甚至失败,带来较严重的不良后果。

结构不良的政策问题(ill-structured problem),问题性质模糊或带有争议,包含的决策者数量较多,且价值观不明,或价值偏好无法排序。此类问题存在利益、目标、价值冲突,导致决策者无法形成一致意见,解决问题的投入资源无法计算。备选方案具有无法估计的风险,误差的概率也不能计算。结构不良的政策问题的几乎所有方面都带有不确定性,给政策选择带来了极大的困难和成本。

由以上分析可以看出,政策问题解决的难易程度受问题结构质量的直接影响。结构质量越趋近良好,问题越容易解决;结构质量越趋近不良,解决问题越困难。在现实复杂的政治和社会背景下,决策者面临的大量问题属于或趋近结构不良的政策问题,涉及多个利益相关者,他们的利益诉求和价值系统常常相互冲突;同时,信息获取的数量和质量也因为社会环境的复杂而受到限制,因而解决起来比较困难(如图4-3所示)。

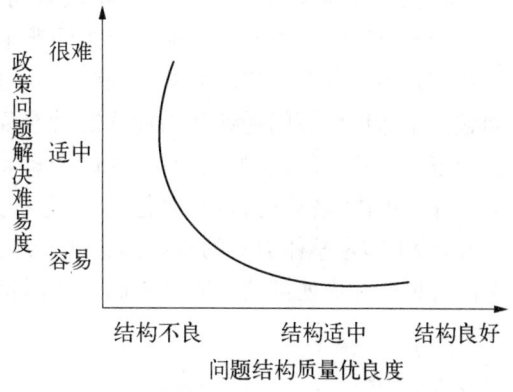

图4-3 问题结构质量与解决难易度的关系

二、问题领域分类

根据政策问题发生领域的不同,可将政策问题划分为政治政策问题、经济政策问题、社会政策问题、文化政策问题、外交政策问题、民族政策问题等。针对不同领域的问题,解决方案所遵循的原则、所采取的手段等也会有所侧重和不同。

政治政策问题主要涉及国家权力的分配、组织和运行,公民权利的维护等。在解决政治问题时,首要遵循的是合法性原则。经济政策问题涉及经济制度和结构、经济运行与发展等,与其他问题相比,更加注重效益原则。社会政策问题涉及社会关系或社会环境失调、妨碍社会发展等方面的问题,解决时注重关系的协调与问题的化解。外交政策问题强调的是维护国家的利益和主权原则。然而,这种政策问题的划分并不是绝对的,例如政治政策问题和经济政策问题等密切相关,有些政治政策问题从一定的角度来看,也是经济政策问题,反之亦然。在中国更是如此。在中国的改革过程中,先由经济改革入手,逐渐发展到对所有制的改革、政企分开改革等,这时就很难说是完全经济意义上的问题,而应该说既是经济意义上的政策问题,也是政治意义上的政策问题。

三、问题功能分类

根据政策问题的功能不同,可将政策问题划分为分配型政策问题、规制型政策问题和再分配型政策问题。[①]

分配型政策问题是将产品与服务、成本与义务分配给社会中的特定群体而引发的政策问题,涉及资源配置或利益分配等。几乎所有社会福利项目都属于分配型政策问题,如社会医疗保障、贫困家庭救济等。

规制型政策问题是政府或相关组织规制者通过设定明确的规制标准与规则,对目标个人或团体的某种行为或某种活动予以限制所引发的政策问题,涉及对某些社会成员的行为或利益进行限制等,如环境规制、价格规制、交通规制等。

再分配型政策问题是政府或相关组织将某一目标个人或团体的利益或义务转移给另一目标个人或团体享有或承担所引发的问题,如个人所得税制度、遗产税政策、社会保险等。

四、问题层次分类

根据问题涉及的层次不同,可将政策问题划分为地方政策问题、省际政策问题、中央政策问题及全球性政策问题。地方政策问题主要涉及地方辖区及基层的各项政策问题。省际政策问题涉及各个省辖区内的各项政策问题。中央政策问题涉及涵盖全国或各部门的政策问题。全球性政策问题涉及当代国际社会面临的超越国家和地区界限,关系到整个人类生存与发展的政策问题,如老龄化、气候变暖等。

在一国内,各地的自然、文化、历史等各方面条件存在显著差异,各区域都存在自身的独特性,除了国家整体面对的政策问题外,各区域都存在本区域的独特政策问题。例如中国东部沿海地区和中西部地区明显不同,南方与北方也存在差异,这些差异决定了它们面对的政策问题也有差别。所以在制定经济发展战略时,不仅有中央层面的共同经济发展战略,而且需要根据不同地区的实际情况制定相应的省际、地方经济发展计划。地方自治程度越高,其针对自身问题的解决能力越强,对地方性政策问题的意识也越强。因此,国家既存在统一性的全国政策,又存在具有差异性的区域性和地方性政策,它们构成了整个国家的政策体系。同时,政策问题层级的不同也会直接影响其解决的难易度。宏观层面越高的政策问题,解决起来越困难;反之,则越容易解决(如图4-4所示)。

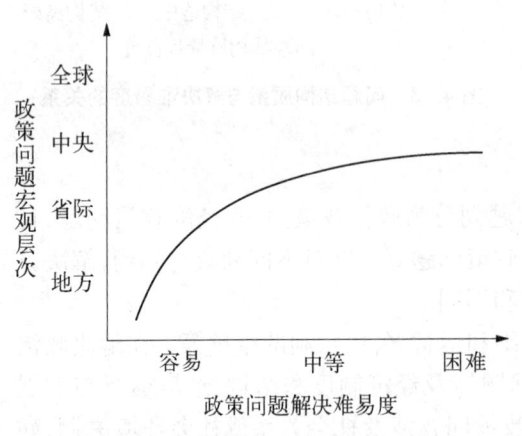

图4-4 政策问题层次与解决难易度

公共政策问题的划分角度还有很多。例如,按问题的持续时间不同,政策问题可划分为短期性政策问题(政策问题存在及产生影响的时间范围通常在一年内)、中期性政策问题(政策问题存在及产生影响的时间范围通常为一至三年)、长期性政策问题(政策问题存在及产生影响的时间范围通常在三年以上)。按问题的强度不同,政策问题可划分为温和的政策问题(没有引起过多冲突,仍处于可承受区间的政策问题)、强烈的政策问题(引起过多冲突的政策问题)、剧烈

---

① Lowi, T. J.. American Business, Public Policy, Case-studies, and Political Theory[J]. World Politics, 1964(16): 677-715.

的政策问题(引起过多冲突并造成社会剧烈震荡的政策问题)。按问题的处理手法不同,政策问题可划分为实质性政策问题(政策问题对社会有重大影响,政策制定者运用一定资源予以解决的问题)、象征性政策问题(主要集中在令决策者不安的政策问题上,对这些问题的反应倾向于提供更多心理安慰、稳定秩序,而没有提供足够的资源以促成实际改变)。这些划分的目的在于深化对政策问题的认识,有助于对政策问题的认定和分析,并制订更加合理的解决方案。

思政园地

"动态清零"尊重科学、遵循规律

面对疫情,广大干部群众正在根据中央要求和各地具体实际开展抗疫工作,同心协力,共渡难关。本着生命至上的原则,我们相信并遵从相关领域专家和责任部门的意见,普及专业知识,坚持"动态清零",以科学的方法、态度和精神解决问题,只有这样,才能防止自我迷失、良莠不辨。

"动态清零"尽管需要付出一些代价,但已是最优选择。中国疾病预防控制中心流行病学首席专家吴尊友强调,奥密克戎病毒传染性强,防控难度加大,但根据中国这两年来的防控实践以及对"新冠"病毒变化的新认识,"动态清零"依然是防控"新冠"肺炎疫情最经济、最有效的策略。负责任的观察、分析、总结和判断,既体现专业权威的科学态度,也体现生命至上的价值导向,我们应当给予充分的尊重和信任。团结一心、彼此帮助、责任共担,恰恰是应该有的对生命和健康的科学态度。

及时解决"动态清零"实施过程中的困难并非易事。医务工作者、基层社区工作人员、志愿者队伍奋战在抗疫一线,执行具体政策规定,也面临很多无法预见的挑战和考验。但家国同构的伦理文化、治理结构的政策支持以及非常时期的民众合力,都在努力确保这一目标的实现。当然,我们也应看到,抗疫期间采取的应急措施,大体是一种超常规的、动态化的公共利益和公共事务调适器,通过各类资源的再分配来实现集聚效应。疫情过后,我们要有目的、有准备地总结其中的公共管理机制,应该而且可以从具体特殊的实践中概括出一些规律性的认识,将专业性、应急型管理模式内化为政府系统性公共服务的有机组成部分,这个过程同样需要以人为本和科学态度。

有人极力将"群体免疫"(放开、躺平)与"动态清零"两种抗疫模式简单说成两种意识形态的区别,权衡利弊得失并为此不断纠结,进而严重干扰从实际出发的正当进程,这是不利于抗疫实际的。抗疫工作要遵循客观规律,实事求是,具体分析,尤其不能把抗疫工作的政治意义、科学道理和技术手段"一锅煮"。谈论现实中国的任何事情和抉择都不能忽视14亿人这个基本事实。我们应该独立自主地从实际出发,是什么问题就解决什么问题,情况一旦发生变化,就与时俱进地寻找有效的办法。企图照搬别人的或过去的现成模式,不予分析地照猫画虎,恰恰是对生命至上原则的背离,也不是严肃的科学态度。

以上海为例,根据近日确诊者和无症状感染者的数量和分布情况,按照封控区、管控区、防范区实施分区分类差异化防控,正是在抗疫实践中不断探索"动态清零"方式的做法。当然,政策在执行过程中会遇到各类问题,需要不断完善,包括加快疫苗接种、加快国产特效药的研发和上市、更新并完善检测手段、提高社会各方应对紧急事态的水平等。

资料来源:黄凯锋."动态清零"尊重科学、遵循规律[N].光明日报,2022-04-18.

第三节 政策问题的构建

政策问题的构建是比政策问题的解决更加重要的一步。应怎样构建政策问题？可以运用哪些方法进行政策问题的构建？这些是本节主要介绍的内容。

一、政策问题构建的程序

邓恩在《公共政策分析导论》[1]中提出，政策问题的构建包括问题情境（problem situation）、元问题（metaproblem）、实质问题（substantive problem）、正式问题（formal problem）四种内涵，由问题感知（problem sensing）、问题搜索（problem search）、问题界定（problem definition）、问题陈述（problem specification）四个过程构成。具体来说，政策问题构建的程序如图 4-5 所示。

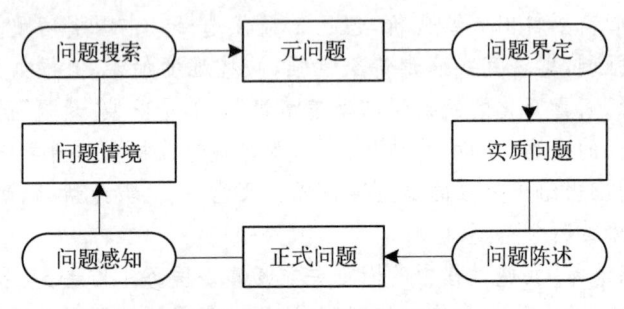

图 4-5 政策问题构建的程序

（一）以"问题感知"体悟"问题情境"

此阶段是以人的内心来感受问题的严重性，目标并不是发现一个单独存在的政策问题，而是企图发现与政策有利害关系的个人或团体所共同感受到的问题情境。

（二）以"问题搜索"认定"元问题"

此阶段以政策概念诠释政策问题，使之成为政策分析者所能处理的元问题。政策分析者面对相互纠葛的问题系统，必须依据政策科学的理论找出结构不良的政策问题，以形成政策分析者感兴趣的后设问题。

（三）以"问题界定"发现"实质问题"

此阶段以专业知识来判断该问题属于哪一个政策领域：若属于经济学的范畴，则从供需法则的角度加以分析；若属于政治学的范畴，则从权力和影响力的角度加以分析。不论是选择哪一种概念架构，这个阶段都能反映政策分析者的世界观或意识形态。

（四）以"问题陈述"建立"正式问题"

此阶段须以构建语言的方式，将实质问题转化为以数学语句或专业术语为表达方式的正式问题，但这种构建语句的形式必须明确反映政策问题本身的性质。

---

[1] Dunn, W. N.. Public Policy Analysis: An Introduction[M]. Englewood Cliffs, New Jersey: Prentice Hall, 1994.

二、政策问题构建的方法

在问题构建程序中,不同的阶段必然使用不同的分析方法与理性基础。邓恩认为:"问题构建的方法优先于问题解决的方法,问题构建的方法是更高层次的方法(higher-order),其本身属于元方法(meta-methods)。"但他同时意识到"存在着巨大的政策问题构建方法的赤字(methodological deficit)"。[①] 值得注意的是,目前政策问题的构建方法大多是模糊的、启发性的(heuristic),某些方法还很不成熟,尚未获得普遍性的共识,它们的良好目的在于激发创新和鼓励系统性思考,而非为我们的研究设定精确的步骤。

(一)边界分析法

欲具体研究政策问题,首先得划定研究对象的边界。边界分析法(boundary analysis)是划定研究对象的边界,找出其与其他事物严格区别的本质及属性,使之与外界相对隔离,在边界内组成一个统一整体。[②] 构建任何政策问题都需要确认清晰的边界,所以该方法适用于处理所有性质的政策问题。

一般通过三个相关步骤实现边界分析:饱和抽样(这种方式可以接触到与政策问题相关的绝大多数被调查者),诱导性地提出问题(为政策问题的边界分析提供更有意义、更具有实质性的数据资料),边界估计(通过编制积累频率分布图进行分析)。这三个相关步骤能得出一般的归纳判断,如问题的特征、成本与效益、有限的正确性等。边界分析如图4-6所示。

图4-6中的横轴表示问题的利益相关者,纵轴表示问题的概念要素,如思想、假说、目标等。随

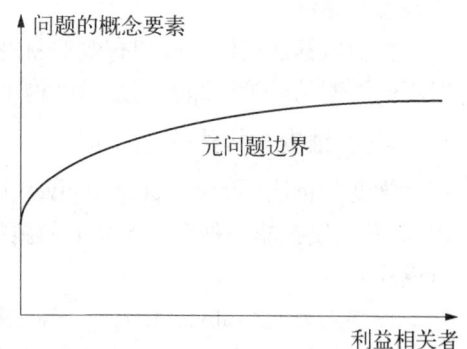

图4-6 边界分析

着被调查者对提出问题新认识的数量变化,曲线会呈现不同的走势。该方法和程序符合问题界定的基本要求,有助于弄清政策问题的本质和特征、成本和效益等。但是该方法得出的结果即便是合理的,也不一定完全肯定,需要与其他技术和方法结合使用。

卡尔·帕顿(C. V. Patton)和大卫·沙维奇(D. S. Sawicki)在《公共政策分析和规划的初步方法》一书中提出了确定问题边界的"简单快速计算方法"(back-of-the-envelope calculations)。[③] 其基本步骤:首先,使用引文找出数据。通过各种资料或者文章的引文来查找数据的来源。接着,调查数据。对数据来源进行可靠性分析,有许多全国性的或地方性的调查材料可以提供有关数据。然后,通过一些简便的方法进行猜测。有各种猜测方法,如那些不因时间、地点而变化的比率可以用来猜测一个绝对数,一个已知的变项可以用来猜测另一个变项(假如两者的关系已知),从相似的现象中借用比率进行测量,因素累加得出估计总数等。最后,向专家请教。除了访谈等常见方法外,还有一些将专家的推测集合起来的方法,如头

---

① Dunn, W. N.. Public Policy Analysis: An Introduction[M]. Englewood Cliffs, New Jersey: Prentice Hall, 1994: 37.
② Dunn, W. N.. Methods of the Second Type: Coping with the Wilderness of Conventional Policy Analysis[J]. Policy Studies Review, 1988(7): 720-737.
③ 卡尔·帕顿,大卫·沙维奇.公共政策分析和规划的初步方法[M].北京:华夏出版社,2002.

脑风暴法等。

除了快速简捷的计算外,帕顿和沙维奇在《公共政策分析和规划的初步方法》中还介绍了快速决策分析、有效的可操作性界定设计、政治分析与初步分析相对的问题论说等问题界定方法。这些方法对快速形成有实用价值的政策建议十分有效。[①]

(二) 头脑风暴法

头脑风暴法(brainstorming)又称"脑力激荡术""激智术""脑力激发术"等。该方法是指基于一定数目的人员尤其是相关的专家学者或利益当事者,从不同的角度讨论相关的政策问题,在短时间内激发大量新构想的方法。

头脑风暴法需要遵循以下原则:(1)人员的选择应有针对性,应该注重选择相关领域的专业学者及对该领域熟识的人;(2)保持开放性,不能因为讨论过程中意见的不同和争议而禁止个人的发言;(3)适时把握讨论的度,当讨论中的想法近乎穷尽时,应该果断停止,进入思想评估阶段;(4)确保结果的整合,对不同的思想和意见进行系统整理,将其整合成清晰的概念和建议。

头脑风暴法提供了一种有效的就特定主题集中注意力与思想进行创造性沟通的方式,对不同类型的政策问题尤其是对结构不良的政策问题的构建不失为一种可供借鉴的方法。

(三) 维度分析法

维度分析法(dimensional analysis)是指采用罗列问题清单的方式对政策问题进行初步探究,其本质并非一种完全意义上的新技术。该方法适用于不同性质的政策问题分析,其分析模式如下:

1. 实质维度(substantive)——问题是什么(what)

故意造成的/疏忽造成的:问题是由于失误而导致的,还是由于未能做成而导致的?

态度/行为:有必要改变态度或行为吗?

目的/手段:问题是由某种刺激导致的,还是仅仅是刺激的征兆?

主动的/被动的:问题来自主动的威胁,还是来自愤怒?

明显的/无形的:问题是否被伪装了?

2. 空间维度(spatial)——问题来自何处(where)

本身的/外部的:问题来自本身,还是受外部影响所致?

某一区域的特定位置:识别问题所处领域的精确位置。

孤立的/普遍的:问题是孤立的,还是与其他问题相联系的?

3. 时间维度(temporal)——问题何时发生(when)

长期存在/新近出现:问题中的哪一部分是新生的,哪一部分是旧有的?

现存的/迫近的:问题是已经发生了,还是看起来将要发生?

持续的/反复的:问题是一直存在,还是无规律出现或周期性出现?

4. 数量维度(quantitative)——问题有多少(how much)

单一的/多重的:问题是由单一的原因还是多重的原因导致的?

多数人/少数人:问题影响的人数有多少?

---

① 卡尔·帕顿,大卫·沙维奇.公共政策分析和规划的初步方法[M].北京:华夏出版社,2002.

普遍的/特定的：问题划归于宽泛的领域，还是特定的子领域？
简单的/复杂的：问题是否存在复杂的影响因素？
太多/太少：问题数量是太少，还是太多？

5. 性质维度(qualitative)——问题有多严重(how serious)

深刻的/浅显的：问题关涉深层次的价值，还是仅仅涉及实践的表层？
根本的/拓展的：问题的性质是否是紧迫的(live-or-die)，是否需要改变这种性质？
主要的/次要的：问题的排列是否具有优先性？
价值的违背：问题背离价值的程度。
正当的价值/不正当的价值：并非所有价值都是正当的。

（四）利害关系人分析法

利害关系人是指方案中有利益诉求的个人、群体或机构，其中能够对方案产生重要影响甚至关涉方案成败的个人或群体又被称为"关键利害关系人"。利害关系人分析(stakeholders analysis)是指通过对方案中关键利害关系人的辨认，进而对其利益进行估价，以判断方案实施带来的风险。该方法既可以用来规划方案，又有助于寻求利害关系人参与方案的恰当方式，还可以增进不同群体对方案的共识，以获取他们对方案的支持。利害关系人分析法如图4-7所示。

运用利害关系人分析法可以参照如下步骤进行：

第一，识别利害关系人。列出利害关系人清单，确保不遗漏。

第二，编制利害关系人矩阵。根据利害关系人各自的参与程度、参与力量、个性等因素构建矩阵。对拥有很大参与力量和强烈利益诉求的

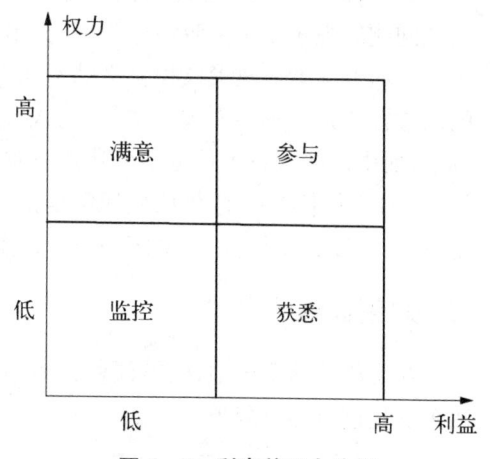

图4-7 利害关系人分析

利害关系人，应尽量让其参与并使其满意；对拥有较小参与力量和较弱利益诉求的利害关系人，则仅仅需要对其做好监控；介于上述两种情形之间的利益相关者，应尽力维持某种平衡以使其满意。

第三，提出相应策略。在方案中找出最好的方式与各个利害关系人打交道。

构建政策问题时，应该明晰相关的利害关系人有哪些、分布如何。无论何种性质的政策问题，都会涉及或多或少的利害关系人，在构建政策问题的过程中必须清楚地认定与思考所有利害关系人的立场和态度，因此利害关系人分析法是构建政策问题的必要工具之一。

第四节 政策议程的设置

政策问题无论由谁提出，无论分析得多么透彻，最终都要由有关公共组织，特别是政府通过一定的议程来正式认定，也就是形成政策议程。可以说，政策议程是一种凝聚的利益转化为政策产出的联结过程。

一、政策议程的含义

政策学者非常重视对政策议程设定的研究。关于政策议程,具有代表性的阐释如下:

约翰·W.金登(John W. Kingdon)认为,政策议程就是政府官员,以及与这些官员有密切关联的政府外部人员在特定时期所特别关注的问题清单。设定政策议程的过程就是将所有问题中真正成为关注焦点的问题筛选到列表中的过程。该定义突出了政策议程的创立主体为政府官员,并认为政策议程是一种特定的"问题筛选",但是它并没有指明何为"政府外部人员"以及他们与特别关注的问题有何联系。[①]

丘昌泰认为,政策议程是指政策制定者对来自社会的强烈需求采取积极行动,并将其列入政府处理公共问题的公共计划时程表,以解决公共问题,满足民众需要。该定义表明外在压力对政策议程创立的影响,并指明设置政策议程的目的在于满足民众需要。[②]

柏克兰德(Birkland)认为,政策议程是一系列问题的集合,是那些引起公众或政策机构行动的过程,它提供一条政策问题进入政策过程的渠道和一些需要给予考虑的事项。该定义从问题的视角来定义政策议程,并指出了政策议程的桥梁作用。[③]

中西方学者对政策议程含义的不同界定体现了中西方政治文化的差异。以美国为代表的西方社会是一种多元政治文化,列入政策议程的政策问题更多反映不同利益团体的利益诉求,而中国的政策议程更多反映政府制定规则的决策。

综上,本书认为,政策议程通常是指有关公共问题受到政府及公共组织的高度重视并被正式纳入其政策讨论和被确定为应予以解决的政策问题的过程。

二、政策议程的类型

在现代政治系统中,政策议程分布很广。基于不同的视角采用不同的划分方法,可以对政策议程进行如下分类:

(一) 公众议程和政府议程

按照政策问题引发关注的对象及形成议程的权力系统的不同,可以将政策议程划分为公众议程和政府议程。

1. 公众议程

公众议程(public agenda)又称"系统议程"(system agenda),是指某个社会问题已引起社会公众的普遍关注,他们向政府部门提出政策诉求,要求采取措施予以解决的一种政策议程。从本质上讲,公众议程是一个众人参与的讨论过程,使一个问题从某个群体扩展到社会公众。

某个问题要想形成公众议程,必须具备以下三个条件:(1) 该问题必须在社会上广泛流传并受到广泛注意,或者至少为公众所察觉;(2) 大多数人认为有采取行动的必要;(3) 公众普遍认为,这个问题是某个政府机关权限范围内的事务,应当给予适当关注(如图 4-8 所示)。

[①] 约翰·W.金登.议程、备选方案与公共政策(第 2 版)[M].北京:中国人民大学出版社,2004:27.
[②] 丘昌泰.公共政策基础篇[M].台北:复文书局,2008:42.
[③] Birkland, T. A.. An Introduction to the Policy Process: Theories, Concepts, and Models of Public Policy Making[M]. M.E. Sharpe, 2002:29.

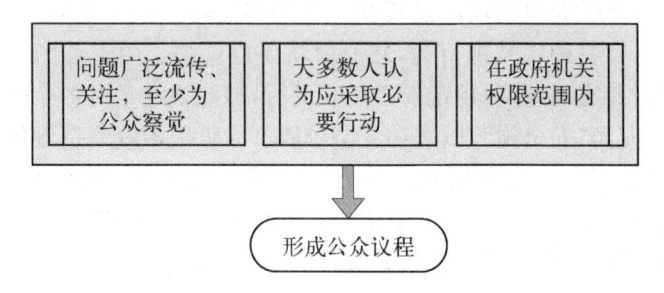

图 4-8 公众议程形成的条件

2. 政府议程

政府议程(governmental agenda)又称"正式议程"(formal agenda),是指某些社会问题已引起决策者的密切关注,他们感到有必要对之采取一定的行动,并把这些社会问题列入政策范围的一种政策议程。从本质上讲,政府议程是政府部门例行公事的过程。政府议程的流程由法律及传统规定,但政府议程的过程不是固定的。在许多情况下,政府议程可能出现倒转、循环、重复、停滞等现象。

一般而言,政府议程包括以下几个阶段:(1)界定问题议程,其功用在于积极而慎重地研究被认定的政策问题;(2)规划议程,从总体上设计被认定为优先解决的政策项目;(3)议价议程,根据政策规划的构想和规定性,政策关系人进行价值标准和利益的讨价还价;(4)循环议程,正式进入政府议程的政策不断接受科学评估和利益修正(如图 4-9 所示)。

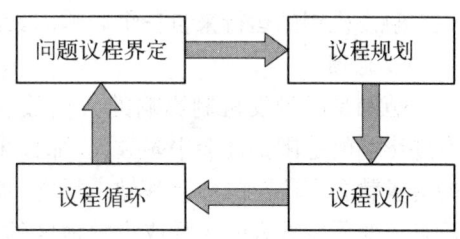

图 4-9 政府议程的形成阶段

两种议程相比较,可以发现:公众议程是由一些非官方、不系统或不完全成型的议论所组成,并引发社会大众广泛讨论的议题。其仅由一些较抽象的项目组成,概念和范围都很模糊,基本上无法提出可行的解决问题的方案,本质上属于讨论议程;政府议程是由具体可预见的项目组成,其主要目标是对与问题有关的客观事实做出主观认定,政府可能对其采取具体行动,所以又被称为"行动议程"。公众议程一般被认为先于政府议程而产生,政府议程则并非终结,其会与公众议程形成互动的关系。

(二)实质性议程和象征性议程

按照对政策问题的处理手法不同,可以将政策议程划分为实质性议程和象征性议程。

1. 实质性议程

实质性议程(substantive agenda)一般涉及实质性政策问题,这些政策问题的社会影响深远、强度大,而且它们的重要性和复杂性常常使其在公众中、决策者中以及两者之间引起争议,进而不可避免地带有冲突性,这就迫切需要政策制定者做出实质性的回应。实质性议程处理的议题涵盖经济问题、政治问题、民族问题、宗教问题、环境问题、人口问题、卫生问题等。

一个政策问题进入实质性议程必须具备三个条件:(1)公共资源的分配涉及重大利害关系;(2)议题引起公众和决策者的密切关注;(3)议题包含发生重大变化的可能性。

2. 象征性议程

余秋雨曾这样定义象征:象征,就是有限形式对无限内容的直观显示。象征性议程

(symbolic agenda)注重的是价值而不是资源。例如,美国在1968年的民权法案中规定,如果房主在租售房屋时存在种族歧视行为,政府就将予以惩罚。由于美国政府当时并没有提供充足的资源以保障其实现,这项规定未必切实可行,但此规定是对各个种族权利平等的一种保证,其作用就是充当"安全阀",以缓和社会矛盾。尽管很多政策资源倾向于实质性政策问题,但是象征性政策问题解决不当同样会给政府及社会带来棘手的麻烦。

象征性政策问题引发关于政治价值的决定,实质性政策问题则涉及政府的资源分配。如果政策问题是象征性的,那么用宣言或意向声明就可以满足。但是一个问题越具有实质性,政策制定者就越要迫切地满足竞争的利益和目标。

三、公共政策议程的触发机制

从社会问题到政策议程的演进并不是一蹴而就的,而是存在某种引爆点——作为公共政策"催化剂"的触发机制。触发机制可看作社会问题涌向政策议程的刺激物,它使某些政策方案得以出台。因此,在某种程度上可以认为触发机制是政策的源泉。

(一) 触发机制的影响因素

触发机制的运行来自三个影响因素的相互作用:范围、强度和时间(如图4-10所示)。

1. 范围

范围是指触发机制影响的人员数量。如果一个事件影响的范围是社会中多数人,那么采取相关行动的诉求就会有广泛的社会基础。反之,如果触发机制只是改变了少数人的生活或少数地区的常态,就很难获得决策者的认可。例如,某地区出现了一次恐怖事件,那么问题的范围可能被认为仅仅局限在该范围;但如果其他地方也发生了多起类似的恐怖事件,那么问题的范围就扩大了,国家的政策制定者就会对其产生浓厚的兴趣。

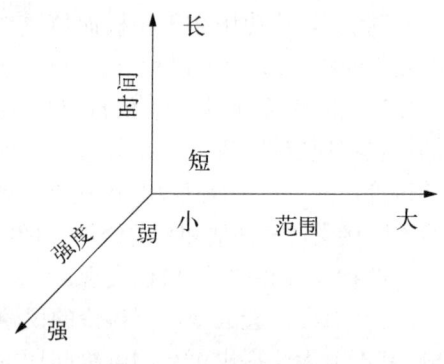

图4-10 触发机制的影响因素

2. 强度

强度是指公众对政策问题的反应程度。如果一个事件得到的是公众温和的接受,那么改变现状的可能性就比较小。反之,如果该事件引起了公众的愤怒,那么政策制定者就会在事态进一步恶化前高度重视。

3. 时间

时间是指触发事件产生、维持的时间,据此可将触发事件划分为瞬间性和长期性两种。前者是指很快就广为人知的事件,如2001年发生的"9·11"恐怖袭击事件。后者是指需要经历较长的酝酿过程的事件。例如20世纪80年代初刚发现艾滋病时,因为其具有个案性,所以人们不关心其致命性,也没有意识到其对社会的潜在威胁。但到了20世纪90年代,随着艾滋病成为美国高致死率的疾病之一,社会公众与政府才开始忙于对艾滋病的预防和治疗。

(二) 触发机制的类型

触发机制根植于内部和外部两种不同的环境。据此可以将触发机制区分为内部触发机制和外部触发机制。

1. 内部触发机制

内部触发机制是指国内的诸多环境发生变动以触动政策议程,具体内容包括:

(1) 自然灾害。自然灾害的发生是个人或政府无法左右的。虽然自然灾害本身不代表政治,但自然灾害及其结果可以极大地影响政治价值和政治事件的优先次序。一般来说,随着人类对抗自然灾害能力的增强,只有那些重大的自然灾害可以使政府在公共政策方面做出迅速的反应。例如,2020年的"新冠"肺炎疫情,促使中国政府迅速制定了应急政策,采取了针对性措施。

(2) 经济灾难。经济事件并非只是对经济领域产生影响的孤立事件,它会导致各个相关领域的连锁反应。例如,1929年至1933年美国经济的大萧条触发了包括"全国产业复兴法""公平竞争法""蓝鹰行动"等多项政策的变革。

(3) 技术突破。技术为社会的改变提供了持久的动力,经常引发社会的深刻变革。技术突破的影响远远超过产品创造本身。例如,辅助生育技术的成熟、代孕问题的出现对人们的伦理观点、人权意识造成了冲击。

(4) 生态变迁。人类生存所必备的资源的数量有限,具有稀缺性。随着人口数量的增加、环保意识的淡漠,加上很多国家和地区以牺牲环境为代价换取经济增长,造成了严重的生态恶化。生态问题一旦形成就可能造成可怕的后果并引起政治上的变化,迫使公众及政府思考过去从未考虑过的政策问题,如水污染、大气污染、沙尘暴等。

(5) 社会变迁。社会变迁会影响社会成员的价值取向、行为取向和政府的使命。例如在"新冠"肺炎的疫情常态化时期,中国的政治、经济、外交等多领域的公共政策必将发生显著变化。

2. 外部触发机制

外部触发机制是指国外的诸多环境发生变动,尤其是国与国之间的关系发生变化,以触动政策议程,具体内容包括:

(1) 战争行动。受到他国的军事侵犯是外部触发机制最明显的例子。美国由于珍珠港事件直接参加第二次世界大战,最终影响了战争的进程。然而,类似珍珠港事件的既清晰又完全地影响公共政策过程的触发事件很少,更普遍的情况是,当战争尚未成为一种现实时,一个国家需要对其做出准确的判断。例如,2022年2月以来爆发的俄乌冲突,其他国家不仅要对冲突的性质做出判断,而且要判明其对石油和天然气的生产、进口、储备的影响,以便对本国的工业发展政策进行调整。

(2) 间接冲突。除了国家之间的大规模战争行为外,在全世界,小规模冲突此起彼伏,如印度和巴基斯坦的摩擦、以色列和巴勒斯坦的流血冲突、恐怖组织制造的恐怖活动等,同样会促使政策制定者对其进行充分的考虑。

(3) 经济对抗。对世界这块"经济馅饼"的争夺呈现博弈关系,各国在经济领域的对抗是不争的事实,如中美贸易摩擦、世贸组织中的反倾销调查等。如果一个国家制定的公共政策是以损害他国的方式获利的,就不可避免地引发经济争端,导致双边贸易关系恶化。

(4) 新式武器与力量失衡。新式武器的研发与拥有,尤其像核弹那样的大规模杀伤性武器,会对整个国际社会的力量对比和政治体系带来冲击。例如,美国作为拥有新式武器的"超级大国",推行单边政治,充当世界警察,这使得各国在制定相关领域的政策时不得不考虑自身所受到的威胁。

四、公共政策议程设置的途径和策略

公共政策议程的设置实际上反映的是利益协调和平衡的过程。大部分政策议程的设置过程是体制内外的不同力量合力的结果,是政府议程与公众议程交互影响的结果。

(一) 公共政策议程设置的途径

1. 政治精英的作用

政治精英作为决策过程的关键因素,常常对政策议程的创立起到非常关键的作用。他们运用自身的资源,无论是基于个人需要还是团体利益,都会密切关注其视野中的问题,并使其政策建议几乎毫不费力地自动进入政策议程。不可避免的是,政治精英对社会问题的认定会受多种个人因素的制约,如个性特征、价值观念、社会环境、受教育情况等。

2. 利益团体的作用

许多学者认为公共政策就是对利益的权威性分配,因为社会中存在大量利益团体。每个利益团体都有自己的利益诉求,如果某种情形威胁到其自身的利益,其就会依据自身的实力做出程度不等的反应,如军方、企业、学者等都会根据自身的需要提出不同的利益诉求。

3. 公民个人的作用

当公民个人存在一定的利益诉求或对某种现状强烈不满时,他可能会动用一切可以利用的资源,以促成利益的满足或现状的改变。在现代社会,随着人们相互之间联系的紧密,公民个人的作用不可小视,其往往会引发"多米诺效应",最终促成政策议程的创立。

4. 大众传媒的作用

大众传媒对推动政策议程的建立起着非常重要的作用。传播学者认为,媒体具有议程设定的功能,会直接影响社会大众了解公共议题的相对重要性,进而形成政策议程。大众媒体既是新闻的报道者,又是解决方案的鼓吹者。民众对议题的关注程度往往与传媒宣传的力度成正比。谢茨施耐德(Schattschneider)曾描述,媒体具有使"冲突社会化"的催化作用。从功能上来看,媒体筛选报道社会问题的行动本身就是向人们提供对公共事务重要性的提示,这无疑是一种帮助人们形成政策偏好的"定位工作"。政府官员和利益团体向媒体提供经过挑选的信息,以此为自己的利益推波助澜的现象十分普遍。因此,若从政治学者所谓议题定位的本身就是权力表征的说法来看,大众媒体无疑是"握有权力的政治参与者",更是地道的"政策议程设定者"。[①]

5. 政府体制的作用

政府体制关涉组织结构、工作程序、选举制度等多种因素,它们都会直接影响政策议程的创立。政策议程能否建立,很多时候取决于政府体制中诸如利益表达机制、信息等因素的开放程度。社会问题能否进入政策议程非常关键的一点就是政府系统自身的发力。

6. 问题本身的作用

社会问题本身的性质对政策议程的建立具有非常重要的影响。那些伴随着剧烈冲突的比较清晰的社会问题最容易引起社会公众的普遍关注和政策制定者的回应。如果问题是由革命、战争、突发事件等引起的,则常常会给政府造成巨大压力,使其迅速把这些问题纳入政策议程。

---

① Schattschneider, E. E.. Party Government: American Government in Action (Library of Liberal Thought)[M]. Transaction Publishers, 2003.

（二）政策议程模型

在政策制定的过程中，政策问题能够进入政策议程成为至关重要的一个环节，不进入政策议程，政策问题就没有通过政府予以解决的可能。政策议程的确立过程是众多学者关注的一个焦点，他们纷纷建立了各种模型来研究政策议程的确立过程。

1. 外在创始模型、动员模型、内在创始模型

科柏（Cobb）和埃尔德（Elder）最初在区分系统议程和政府议程的基础上，认为政策议程的建立过程就是大众参与和精英决策之间的联系，即政策问题由系统议程进入政府议程。其缺陷在于，这一模型认为政策问题在到达政府议程前，必须先进入系统议程。然而，这并不能概括政策问题进入政府议程的所有途径，很多问题不必然经过系统议程。[1]

之后，科柏等学者对该模型进行了修正，根据政府在政策议程建立中所起的不同作用（直接提出或间接提出政策问题）以及创始者扩散问题的程度和方向，提出三种模型：外在创始模型（outside initiation model）、动员模型（mobilization model）和内在创始模型（inside initiation model）。

（1）外在创始模型

该模型描述非政府团体创始政策问题的过程，通常先形成公众议程，再进入政府议程，与科柏和埃尔德最初提出的模型相似。它适用的情境包括：创始者身处政府结构外，表达或提出一项需求，并试图将政策问题散布到其他社会团体，先行进入公众议程，最终向决策者施加足够的压力，以进入政府议程。

该模型在民主和平等的社会中比较常见。需要说明的是，通过该模型创建的政策议程只是让一个政策问题列入政府的议事日程，并不意味着政府会不折不扣地按创始者的意愿做出最后的决定。更常见的是，通过该模型创建的政策议程最终不是受到彻底否决，就是被修改得面目全非。

（2）动员模型

该模型描述政府直接创始政策问题并将该问题扩散到公众议程的过程。该模型下的政策问题一般能顺利地进入正式议程，但为了以后更好地执行该项政策，政府也需要将该问题提交公众议程加以讨论。在该模型下，政府领导人及其有关机构的主要任务是考虑如何将政府正式议程中的政策问题提交到公众议程。

该模型通常出现在民主程度较低的社会中，其领导者和政府具有极大的权威，公共政策问题通常由官方首先提出，再通过一定的形式提交社会讨论。

（3）内在创始模型

该模型描述政府因解决纯政府内部的事务而提出政策问题且不愿将该问题扩散到公众议程中的过程。显然，该模型企图排除社会大众参与的情形，使得此类问题远离公众议程。在该模型下，只有政府内部的单位或接近决策者的团体才能提出此类政策问题。此类政策问题最多扩散到一些认同性团体，以争取更多力量的支持，向决策者施加足够的压力，促使决策者将此类问题列入正式议程。该模型在财富和权力高度集中的社会较流行。

具体到一个社会或国家来说，并非仅仅采用一种模型来构建其政策议程，而是采用多种

---

[1] Cobb, R. W. and Elder, C. D.. Participation in American Politics: The Dynamics of Agenda-building[M]. Johns Hopkins University Press, 1972: 17-35.

模型,因而在多数国家,政策议程构建模型呈现高度的复杂性。例如,一个问题可能由三种模型中的任何一种开始,然后进入决策核心;在说明阶段可能通过动员或内在模式,由高层扩散到低层。当然,很多问题通常是由低层逐渐汇聚到高层,甚至某些团体会尝试同时向各层级的决策核心提出他们所关心的政策问题。

2. 金登的信息流模型

到目前为止,对政策议程确立过程最为全面的描述当数金登的模型。他在进行大量深入调研和案例分析的基础上,对政策议程的建立进行了科学的探讨。他于1984年根据"垃圾桶模式"中的政策过程,尝试解答为何政府会采纳某些议题而忽略其他议题,为何政府会青睐有些备选方案而摒弃其他备选方案,政府议程是怎样设定的……基于对这些问题的思考,提出了政策议程设定的多源流模式(multiple streams model)。他的模型建立在三种信息流的基础上:问题流(problem stream)、政策流(policy stream)、政治流(political stream)。①图 4-11 显示了该模型的基本架构。

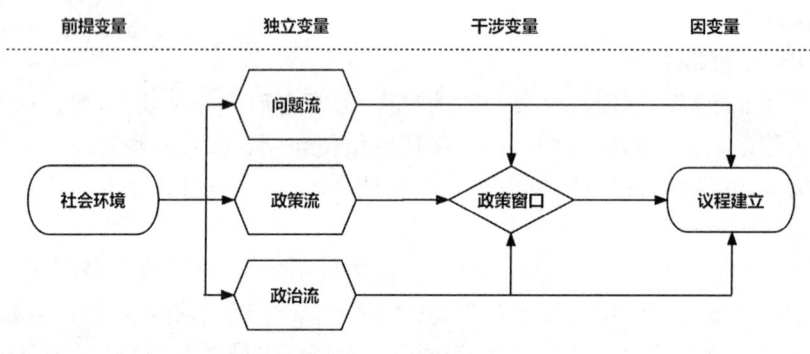

图 4-11 信息流模型

(1)问题流

问题流是指问题如何被确认,状态如何被定义为问题。政策制定者对某些问题是否关注,主要取决于他们了解真实情况的方法,而这些方法主要有三种:

① 社会指标的改变。政策制定者关注某些问题,常常是因为某些指标完全表明那儿本来就存在问题。由于社会指标通常是公共部门为了便于对各种活动和事件进行例行监控而设计的,因此这些指标的变动会吸引政策制定者的注意。

② 重大突发变故。政策问题通常不会仅仅因为一些指标的变动而浮现,它往往还需要一些推动力量,如突发性事件,来引起政府内部及公众的关注。

③ 方案的反馈信息。这常常引起决策者对某些问题的重视。官员们可以通过系统的监控、评估研究报告及一些非正式渠道得到这种反馈信息。

(2)政策流

政策流是指知识与观点的积累、相关专家提出政策方案的过程。政策流包含的内容如下:

① 通常由幕后的参与者提供方案,如专家、文官、议会助理或幕僚。金登提出了一个由办事人员、学者、利益团体的分析人员等组成的"政策共同体"概念,政策备选方案的意见和主张正是由共同体中的专家们提出的。

---

① 约翰·W.金登.议程、备选方案与公共政策(第2版)[M].北京:中国人民大学出版社,2004:52.

② 各种备选方案之间相互竞争。金登认为,在政策共同体中,政策原汤周围漂浮着多种意见主张,这些意见和主张并非简单地漂浮,它们相互碰撞,彼此整合。

③ 政策方案的选择需要根据一定的标准,包括可行性、与社会价值一致的程度、预算的限制、公众的接受性。经过检验,难以操作的建议被舍弃,与决策者价值观念不符的建议也几乎不被采用。

④ 共识的建立靠说服。在采纳政策方案的过程中有很多知识的困惑需要各方进行争论以说服对方,这一问题是不能靠压力完全解决的。

(3) 政治流

政治流是指国民情绪、行政当局的变化以及压力集团的争夺行动等对政策议程产生影响的因素集合,具体内容如下:

① 国民情绪。金登认为,政府内部及其周围的人都相信像国民情绪这样的事务具有重要的政策后果,这使得国民情绪对选举结果、政党命运以及政府决策者对利益团体院外游说的可接受性都有一定的影响。

② 行政当局的变化。首先是关键人事调整,其最重要的影响就是立法和行政部门的换届,新政府上台的第一年显然是关注变革这个主题的黄金时期。其次是管理权限问题,在政策方向的争夺战中所占的位置往往反映了有关机构的权限和利益。

③ 压力集团的争夺行动。金登把压力集团的争夺行动表述为有组织的政治力量。当利益团体发生意见冲突时,政治家们通常会想办法调和支持者与反对者的矛盾,以维持双方的平衡。为达到这种平衡所采取的技巧直接影响该问题是否能够继续受到关注。

这三种源流既在一定程度上相互独立,又并非完全独立,它们可以按照自己的特征和规则各自发展。每一种源流既可以是动力,也可以是阻力。然而,在一个关键的时间点,当三大源流汇合到一起时,政策问题就会被提上议事日程,最大的政策变化就产生于政策问题、政策建议和政治的结合。这样的时间点就是所谓的"政策之窗"(policy window),它是提案支持者们推广其解决方案或吸引别人重视他们的特殊问题的机会,三者的有机结合使一个政策问题获得政策制定者高度关注的可能性大大提高。政策之窗通常只会短暂开启,因此最重要的是抓住时机。另外,溢出现象(spillover)也影响政策议程的建立。溢出是指某一领域的议题有时会影响另一政策问题进入政策议程。需要注意的是,政策问题进入政策议程的过程都在某一种社会环境(价值观、政治文化、信仰等)中发生。

这一模型具有很强的综合性和包容性,我们在本章中论述的许多内容可以包含在这个模型中。由此可以看出,政策问题的认定本身是一个非常重要而复杂的政策制定环节。政策问题并非既定地摆在我们的面前。正是因为政策问题认定的复杂性,人们至今依旧缺乏成熟而公认的分析框架,将来更需要创建包含概念、假设、验证等内容的有效的理论分析框架,否则,公共政策问题的认定就很难真正为有关问题的解决铺好路。

(三) 公共政策议程设置的策略

设立公共政策议程的策略主要研究个人、团体、政府在设立公共政策议程过程中的相互关系。以政府的介入态度为基准,可以将公共政策议程设置的策略划分为两种类型:

1. 政府有限介入型

从逻辑层次上讲,当政府有限介入某项议题时,个人与团体可以有两种选择:要么都主动介入,要么都有限介入;但后一种情况出现的可能性很小。

为什么政府会采取有限介入的态度呢?主要有以下原因:(1)当个人和团体都主动介入时,会导致一些个人、团体与其他个人、团体在利益和政策诉求上的冲突,这种情形必然影响政府对政策问题及政策诉求的关注;(2)个人和团体提出的政策问题即使很重要,由于政府在收集信息和资料时会受时间和经费的制约,因此也会抑制对政策问题的举措;(3)个人和团体提出的政策问题尽管重要,但由于政府不具备无限的权力去解决该类问题,因此其不能积极介入;(4)个人和团体所提出的政策问题虽然重要,但政府并不具备解决这些政策问题所需要的大量资源,如果政府感到政策成本比较高或不值得进行政策投入,就不会实质性地关注这些政策问题。

2. 政府主动介入型

从逻辑层次上讲,当政府主动介入某项议题时,个人和团体可以有两种选择:要么都主动介入,要么都有限介入。

在个人和团体有限介入时,政府会主动介入的主要原因:(1)某些政策问题关涉全局,即使个人和团体不主动,政府基于长远考虑,最终也会主动介入;(2)在某些政策问题中,一些个人、团体与其他个人、团体存在冲突,并且其中某个团体起着优势作用,如果让这种态势发展下去,就会危害社会,政府必须主动介入。

在个人和团体主动介入时,政府会主动介入的主要原因:(1)个人和团体所提出的政策问题恰好就是政府希望解决的问题,因此,政府会采取积极的态度;(2)个人和团体想要解决的政策问题正好与政府态度相反,这就迫使政府采取主动的态度。

五、公共政策议程的阻滞障碍

需要政策制定者解决的政策问题成千上万,只有一部分政策问题可以幸运地进入政策议程,其他政策问题则因为自然的或人为的障碍而遭受阻滞。

理想的公共政策议程应该是体现公平公正、井然有序的,但事实绝非如此。公共政策议程的阻滞障碍主要表现为以下几种形式:

(一)政治原则的背离

不同国家的制度不尽相同,每一个国家都有自己秉承的基本政治原则,有些更是成为立国之本。政策诉求必须与其政治原则相符,否则政府就会运用各种手段将其排除在政策制定系统外,有时甚至直接将其扼杀。

(二)价值观念的排斥

价值观念根植于特定的社会环境,是人们判断的依据和行为的准则。社会中占主导地位的价值体系在一定程度上会对进入政策议程的社会问题及备选方案进行取舍。如果某项政策诉求与社会价值观念相悖,那么它就难以形成公众议程,更难进入政府议程。

(三)政府体系的封闭

在封闭的政府体系中,决策过程不透明,民选代表不能反映公众的利益诉求,公众与政府沟通的渠道不畅,这样就阻碍了民众关心的重要议题进入政策议程。所以,在保守的政府加上封闭的体制环境下,难以产生有效的政策。

(四)必要资源的稀缺

一旦政策问题被纳入政策议程,就要考虑政策方案的制定,但是如果该项政策的制定需要消耗大量资源,超出了决策者的承受能力,他们就会刻意排斥或回避。即使该问题的提出对社会发展有利,也难以使其进入政策议程。

(五) 表达方式不当

某些问题偏离了法定的正常渠道而提出;某些问题本身很温和,却用激烈的方式呈现,造成表达方式的失当;某些问题经过媒体等信息传播途径放大而失真;等等。这使很多本该列入政策议程的问题错失良机。

案 例

同舟共济战"疫"记

"新冠"肺炎疫情是新中国成立以来中国遭遇的传播速度最快、感染范围最广、防控难度最大的重大突发公共卫生事件。

2019年12月8日武汉官方通报首例不明原因肺炎患者发病入院。12月31日武汉官方通报疫情,称有27例感染病例,患者与华南海鲜市场多有关联。2020年1月1日武汉华南海鲜市场关闭,对其进行全面调查。1月3日中国正式向世界卫生组织及包括美国在内的世界各国通报信息。1月8日,国家卫健委专家组初步确认新型冠状病毒为疫情病源,次日即向世界卫生组织报告。1月11日,中国疾控中心已经将五条"新冠"病毒全基因组序列上传网站同全球和世界卫生组织共享数据。

武汉同济医院发热门诊病人从日均四五十人,最高峰一下陡增至上千人。来自一线的疫情、不断深入的科学认识等信息送到决策者的案头。这意味着,武汉当时的社会管控措施已难以阻止疫情蔓延。尽快研判疫情形势,为决策提供参考,成为当务之急。2020年1月18日,84岁的钟南山院士从广州挤上了开往武汉的列车。钟南山是国家医疗与防控高级别专家组组长,其他成员分别是国家传染病重点学科带头人李兰娟院士等。6位院士专家临危受命,由国家卫健委紧急召集而来,就是要与前期派驻前方的工作组共同研判疫情形势,为中央提出决策参考。在武汉取得第一手调查资料后,专家组成员越来越确信:"新冠"病毒有人传人现象! 1月20日一早,6位高级别专家走进中南海,直接面对决策层,汇报了对疫情的研判意见。当天的国务院常务会议专门加设疫情防控部署议程,钟南山、李兰娟应邀列席,并就疫情防控与救治等提出具体建议。这是战"疫"局势发生根本性变化的转折点。

2020年1月20日,习近平对遏制疫情蔓延做出重要指示,强调要把人民群众的生命安全和身体健康放在第一位,坚决遏制疫情蔓延势头。李克强做出批示,各相关部门和地方要以对人民群众健康高度负责的态度,完善应对方案,全力以赴做好防控工作,落实早发现、早报告、早隔离、早治疗和集中救治措施,加快查明病毒源头和感染、传播等机理,及时客观地发布疫情和防控工作信息,科学宣传疫情防护知识,做好与世界卫生组织、有关国家和港澳台地区的沟通协调,密切协作形成合力,坚决防止疫情扩散蔓延。1月23日凌晨2点,武汉市"新冠"肺炎疫情防控指挥部发布第1号通告,为控制"新冠"肺炎疫情进一步扩散,自2020年1月23日10时起,全市城市公交、地铁、轮渡、长途客运暂停运营;无特殊原因,市民不要离开武汉,机场、火车站离汉通道暂时关闭。1月25日,除了尚未发现疑似或确诊病例的西藏外,其余30个省份均已启动重大突发公共卫生事件一级响应。

隔一座城，护一国人。中国这一史无前例的防控之举是给全球各国发出的最明确的警示信号。2020年1月28日，习近平在北京会见世界卫生组织总干事谭德塞时说："疫情是魔鬼，我们不能让魔鬼藏匿。"

全球也对中国的疫情防控举措高度关注。路透社、泰晤士报认为，关闭离汉通道是现代医学史上的首次尝试。但也有媒体援引专家观点认为，没有证据表明"封城"的有效性，隔离可能引发恐慌，加剧医疗资源紧张。好与坏，有效或无效，最终都要靠事实说话。传染病防控从来都是一个逐步认识的过程，是人类与病毒有输有赢的残酷交锋。

美国耶鲁大学和中国暨南大学合作开展的一项研究显示，截至2020年2月29日，在中国实施的国家级和省级公共卫生措施可能在湖北以外避免了超过140万人感染和5.6万人死亡，并使得反映病毒传播情况的基本感染数（R0）从1月底的2.992迅速降低为2月底的1.243，并在湖北以外降至0.614。"中方行动速度之快、规模之大，世所罕见。这是中国制度的优势，有关经验值得其他国家借鉴。"谭德塞说。

岁末年初，突然爆发的"新冠"肺炎疫情正值中国春节人员大流动之际，面对这场闭卷考试，中国经过艰苦卓绝的努力，"用一个多月的时间初步遏制了疫情蔓延势头，用两个月左右的时间将本土每日新增病例控制在个位数以内，用3个月左右的时间取得了武汉保卫战、湖北保卫战的决定性成果"。截至2020年6月12日，中国累计确诊84 661人，累计治愈79 896人，累计死亡4 645人，治愈率为94.38%，病死率为5.49%。

在抗击"新冠"肺炎疫情的过程中，中国坚持人民至上、生命至上。疫情发生后，习近平多次强调"人民安全是国家安全的基石""尽最大努力挽救更多患者生命是当务之急、重中之重"。中国不计经济社会发展成本，顶住西方以人权、自由为名的批评，及时封闭人口总数超过1 000万人的武汉，将疫情控制在武汉，控制在湖北，防止蔓延到全国和全球，为人类的生命、健康、安全做出了重要贡献，体现了一个大国的担当和作为。

在疫情防治的过程中，中国尊重科学，发挥医疗专家的作用。2020年3月2日，习近平在北京考察"新冠"肺炎防控科研攻关工作时强调："人类同疾病较量最有力的武器就是科学技术，人类战胜大灾大疫离不开科学发展和技术创新。""实践证明，越是面对复杂严峻的疫情防控形势，越要坚持向科学要答案、要方法，用好科技这个有力武器。"疫情发生以来，中国科技战线闻风而动，迅速组成科研攻关组开展跨学科、跨领域的科研攻关，在世界上率先分离出新型冠状病毒毒株，分阶段推出多种检测试剂产品，及时研发新的治疗手段，筛选有效药物，发布治疗方案，快速启动部分疫苗品种研发试验。中国总结提炼出的戴口罩、勤洗手、保持社交距离、隔离14天等防疫措施已经成为国际公认的防疫指南；同时，大数据、无人机、人工智能等新技术在防疫工作中大显身手，为打赢疫情防控阻击战提供了有力支撑，凸显了中国科学的"硬核"力量。中国尊重疫情防治规律，充分发挥专业队伍的作用，白衣执甲，逆行出征，冲锋在前，既用高超医术治病救人，又以专业素养面向大众，积极发声，科学解答，安抚民众，稳定人心。"目前，中国已有1项重组腺病毒载体'新冠'疫苗和4项灭活'新冠'疫苗项目相继获得批准开展临床试验，将在今年7月陆续完成二期临床试验。全球进入临床试验阶段的10支疫苗中，中国占了一半。""中国'新冠'疫苗研发完成并投入使用后，将作为全球公共产品，为实现疫苗在发展中国家的可及性和可负担性做出中国贡献。"当84岁的钟南山院士于1月20日向民众警告"新冠"病毒的严重性时，全国都聆听其劝告并为最坏的情况做准备。尊重和发挥专业人士的作用，保证了科学防疫和有科学依据的防疫政策的有效性。

疫情是一面镜子,反映中国抗疫背后的工作理念、社会治理以及国家治理水平。在疫情面前,中国政府及时掌握疫情的真实情况,确认疫情防控工作的关键问题,在以人为本的思想指导下,尊重科学,从实际出发,迅速有效地启动应急管理响应,最大限度地保障了人民的健康与安全,也彰显了中国政府强大的治理能力。

资料来源:http://www.xinhuanet.com/politics/2020-09/06/c_1126459514.htm.

讨论题

1. 结合政策问题构建的程序分析"新冠"肺炎疫情成为政策问题的过程。
2. 分析"新冠"肺炎疫情问题进入政策议程的触发机制与途径。

复习思考题

1. 简述政策问题的形成。
2. 什么是政策问题?它有何特征?如何对政策问题进行分类?
3. 政策问题构建的基本步骤是什么?
4. 简述政策议程的含义及其类型。其触发机制是什么?设置的途径是什么?
5. 政策议程设置可能会遇到的障碍有哪些?

第五章 政策制定

全章提要

- 第一节 政策制定概述
- 第二节 政策目标的确定
- 第三节 政策方案的设计
- 第四节 政策方案的评估与择优
- 第五节 政策合法化

案例

复习思考题

当一个社会问题经由政府议程变成政策问题后,接下来就是如何制定政策、规划政策方案以解决这些问题。更具体地讲,就是确定政策目标,拟订一系列解决问题的方案,并对方案进行评估、择优,进而确认政策的合法化。政策合法化是实现公共政策民主化、科学化和法制化的重要保障。政策只有取得合法地位,才能在全社会具有普遍的约束力和真正的权威性,并得到有效实施。

第一节　政策制定概述

一、政策制定的含义

学术界对公共政策的制定有各种不同的理解。一般而言,对公共政策制定的界定有广义和狭义之分。广义的公共政策制定,是从政策问题的确认开始,一直到政策评估和政策终结为止;狭义的公共政策制定,是从确立政策目标到抉择政策方案以及合法化的过程。[1] 狭义的公共政策制定过程,实质上就是政策方案的规划过程。本书从狭义的角度探讨公共政策的制定。

安德森认为,政策制定"涉及与解决公共问题有关的,并能够被接受的各种行动方案的提出"。[2] 陈振明认为,"政策制定就是政策形成或政策规划"。[3] 政策规划指的是对政策问题的分析研究并提出相应的解决办法或方案的活动过程,包括问题界定、目标确定、方案设计、后果预测、方案决策五个环节。[4]

上述专家学者从政策制定的目的和基本内容的角度,对政策制定进行了界定。综上,本书对"政策制定"定义如下:政策制定就是公共权力机关针对特定的政策问题,依据一定的程序和原则确定政策目标、拟订政策方案,并对方案进行评估和优选的过程,是政策问题确认及政策议程形成后才进入的具体的公共政策制定过程。

对于这一定义,需要强调以下几点:

第一,政策制定的主要目的是解决既定的政策问题。政策问题的客观存在是方案制订的前提和基础,如果不存在需要解决的政策问题,就没有进行政策方案规划的必要。政策问题的性质、原因、范围和程度等决定了方案规划的基本内容。[5]

第二,政策制定的主要内容是确定政策目标和政策方案。政策目标既可能是原则性的,也可能是方向性的,还可能用一系列指标来衡量。解决政策问题是政策目标的核心内容。政策方案是解决政策问题的手段,在政策方案确定过程中往往有多种选择。哪种备选方案能够最有效地实现政策目标,这就涉及政策目标的评估和择优问题。

---

[1] 陈庆云.公共政策分析(第二版)[M].北京:北京大学出版社,2011:137.
[2] 詹姆斯·E.安德森.公共决策[M].唐亮,译.北京:华夏出版社,1990:79.
[3] 陈振明.公共政策[M].北京:中国人民大学出版社,1998:212.
[4] 陈振明.政策科学——公共政策分析导论(第二版)[M].北京:中国人民大学出版社,2004:221.
[5] 王达梅,张文礼.公共政策分析的理论与方法[M].天津:南开大学出版社,2009:196.

第三,政策制定既是一种技术性活动,又是一种政治行为。政策制定作为一种技术性活动,要借助专家学者的力量,需要他们以客观事实为依据,采用定性或定量分析方法对政策方案进行分析。政策制定作为一种政治行为,表现在两个方面:一方面,政策制定的参与者,除了政策分析人员外,还有其他众多参与者,这些参与者包括政府有关部门,也包括与政策有利害关系的群体和个人。政策涉及利益的调节和分配,各个参与者因其利益、价值观和信仰不同而相互影响和制约,这就使得政策方案规划呈现多方参与主体博弈的错综复杂的特征。另一方面,政策制定过程也是政治权力与行政权力的运行过程。

二、政策制定的特性

依据公共政策专家罗伯特·梅耶(Robert G. Meyer)的看法,公共政策的制定主要有以下五个特性:[①]

(一) 政策制定的目标取向

政策方案是对"未来事务状态"的设想。政策主体制定政策,拟订可行性方案,是要创造一个比现状更合理、更有效率、更公平公正的未来。这种目标取向要求政策方案必须具有前瞻性与指导性。在中国,社会建设的主线是带领人民创造幸福美好的生活,那就要求在公共政策制定的过程中以为人民提供"更好的教育、更稳定的工作、更满意的收入、更可靠的社会保障、更高水平的医疗卫生服务、更舒适的居住条件、更优美的环境"[②]为基本目标。

(二) 政策制定的变革取向

要实现"未来事务状态",就必须逐步改变现状,因此,政策方案必须有"变动性"与"创新性"。也就是说,政策方案要注重实际行动,要在时间、观念、行为、事务关系、人际关系等方面有所改变,以满足"未来事务状态"的要求。如在中国改革开放的过程中,实践发展永无止境,解放思想永无止境,改革开放也永无止境,停顿和倒退没有出路。要坚持改革开放正确方向,既勇于冲破思想观念的障碍,又勇于突破利益固化的藩篱。[③] 因此,在相关政策的制定中,要不断进行政策变革,与改革实践相协调。

(三) 政策制定的选择取向

政策方案重在"选择与设计",包含一系列大大小小的抉择活动,在选择上要有广度、深度、连续性、相关性。也就是说,在进行规划时,要设法扩大选择机会,在有限的资源约束下做有效的选择。但需要指出的是,在选择时,要对选择的项目、程序、时间等进行适当和谨慎的考虑。

(四) 政策制定的理性取向

政策制定或者说政策方案规划的精髓在于重视理性。其意义在于:通过环境、目标、手段之间的有效搭配,产生政策方案规划的可行性情形;如果政策方案规划超越了环境的限制,便缺乏可行性。

(五) 政策制定的群体取向

现代政策问题日趋复杂多变,使得政策制定难以由单方面的知识、思考和分析来决定,

[①] 张成福,党秀云.公共政策学[M].北京:中国人民大学出版社,2001:107.
[②] 习近平.习近平谈治国理政(第一卷)[M].北京:外文出版社,2018:4.
[③] 习近平.论坚持全面深化改革[M].北京:中央文献出版社,2018:2.

而必须由相关部门和人员进行协作与配合,依靠集体的智慧和力量,群策群力,相互补充,才能拟订周密、可行的方案。在中国社会主义制度下,众人的事情由众人商量,找到全社会意愿和要求的最大公约数,是人民民主的真谛。涉及人民利益的事情,要在人民内部商量好,不商量或者商量不够,又想把事情办成办好是很难的。要坚持遇事多商量,做事多商量,商量得越多越深入越好。涉及全国各族人民利益的事情,要在全体人民和全社会中广泛商量;涉及一个地方人民群众利益的事情,要在这个地方的人民群众中广泛商量;涉及一部分群众利益、特定群众利益的事情,要在这部分群众中广泛商量;涉及基层群众利益的事情,要在基层群众中广泛商量。在人民内部各方面广泛商量的过程,就是发扬民主、集思广益的过程,就是统一思想、凝聚共识的过程,就是科学决策、民主决策的过程,就是实现人民当家做主的过程。这样做起来,国家治理和社会治理才能具有深厚基础,也才能凝聚起强大力量。①

三、政策制定的原则

政策制定的原则,是指政策制定主体在政策制定过程中应当遵循的行为规范和行为准则。政策制定原则既体现在政策目标的确定过程中,又体现在政策方案的设计、评估和择优过程中。②

关于政策制定的原则,国内外不同学者进行了一些有益探讨。美国学者卡普兰(Kaplan)认为,政策制定的原则包括公正无偏原则、个人受益原则、劣势者利益最大化原则、分配普遍原则、持续进行原则、人民自主原则和紧急处理原则。公共政策学者斯塔林(Starling)认为,公共政策制定和方案规划应把握以下六个方面的原则:集中性原则、清晰性原则、变迁性原则、挑战性原则、协调性原则和一致性原则。③ 台湾学者朱志宏认为,政策制定和方案规划应遵循开放性原则、前瞻性原则、策略性原则和权变性原则。④

本书认为,为了保证政策制定的有效性,需要遵循以下几个方面的原则:

(一) 公平与效率原则

作为一种社会利益分配的形式或途径,公共政策方案规划既要遵循公平原则,又要遵循效率原则,这是现代社会发展的必然要求。所谓公平原则,是指在公共政策制定过程中平等地对待每个群体和个人,主要体现在:政策制定主体在参与政策制定时有同等的机会;在利益分配上同等地对待各方面的利益;在公共政策中付出较多的群体和个人获得较多的利益,而付出较少者获得较少的利益。效率原则要求在政策制定过程中尽可能地对各种成本支出进行合理和准确的计算,减少盲目的人力、物力、财力支出。这两个原则既相互联系,又相互矛盾。是遵循公平优先原则还是效率优先原则,应当根据政策规划的类型和所属领域来确定。

(二) 系统性原则

系统性是社会问题的重要特征之一,任何政策问题都不是孤立存在的。公共政策的制定和执行所要解决的常常是比较复杂的大问题,因而在政策制定中要选择和确立的政策目标往往不是单一的,而是多目标的有机结合。与此相对应,政策方案的设计就要将多个目标

---

① 习近平.习近平谈治国理政(第二卷)[M].北京:外文出版社,2018:292.
② 王达梅,张文礼.公共政策分析的理论与方法[M].天津:南开大学出版社,2009:205.
③ 陈庆云.公共政策分析(第二版)[M].北京:北京大学出版社,2011:131-132.
④ 朱志宏.公共政策[M].台北:台湾三民书局,1991:149-151.

整合起来,不轻易忽略某一个可能的目标和方案。这就需要坚持政策方案规划的系统性原则。坚持系统性原则,首先必须分清不同目标的主次、先后、远近、轻重,要特别重视那些主要的、近期的、先行的和重要的政策目标;其次必须协调好政策方案中多层次目标之间的关系,着眼于整体。一般而言,政策目标之间的关系有相互依存、相互促进和相互冲突三种类型。[①] 20世纪70年代以来,在政策制定过程中,多目标政策方案规划已经受到各国学者的高度重视,多目标的系统协调则是政策目标确定和政策方案规划中最突出的问题。

(三)可行性原则

可行性原则主要是指政策制定过程中方案的可行性。政策方案的可行性,是指在政策操作过程中具备实现政策方案的必要条件和因素。一般来说,实现政策方案的因素分为两类:一类是实现政策方案所需要的各项资源,如经济、人力、信息、权力资源等,这些常被称为"政策资源";另一类是间接制约政策方案实现的环境因素,如国际国内政治环境、社会心理状况、公众的政治社会化程度、自然环境的变迁等。制约因素又可分为可控因素与不可控因素,只有当可控因素或可利用的条件占主要地位时,政策方案才具有可行性。[②]

(四)客观性原则

尊重客观规律,把握政策对象及其环境的主要特征,克服政策制定中的主观随意性,增强针对性,是政策制定最基本的要求之一。政策制定是有目的的活动,必须针对实际问题,切中政策问题的要害。这首先表现在政策目标的确立上,政策目标是为解决某个问题而确立的,因而确立目标时必须针对客观存在的实际问题,有的放矢,以更好、更快地找到并消除政策问题存在的原因,解决实际问题。政策预案也需要围绕政策目标加以设计。既然是预案,就说明不会完全被决策者选中,但即便是供备选之用,也必须从客观实际出发,以解决问题为准绳。

(五)规范性原则

政策方案规划必须符合一定的规范。首先,政策制定要体现政策制定者所代表的社会利益。其次,各地方、各部门的政策制定要符合执政党和国家的总路线和总目标,下级部门的目标要服从上级部门的目标。再次,政策内容应当符合宪法、法律的规定以及国家权力机关的决议和决定,即政策的内容要具有合法性。最后,政策制定要符合社会的道德规范和行为准则。如果政策制定有悖于人们的价值观和信仰,就必然招致群众的抵触,也就难以实施。[③]

(六)清晰性原则

清晰性原则是指政策目标清晰,实施步骤明确。只有政策目标清楚、简明,才能得到民众的共鸣与支持;同样,实施步骤越明确,就越有利于政策方案的执行。政策制定的清晰性原则还包括以下几个方面的含义:首先,政策方案的语言表达必须明确、清晰。人们看到一个政策方案,只能得出一种解释而不产生多种理解,否则就难以评估备选方案。其次,任何一种政策都具有时效性,政策方案应包括实现目标的明确的时间期限,尤其是分目标的实现期限。再次,对实施某个政策方案时必须具备的主要条件,政策方案应明确规定。最后,政策方案要尽量量化,建立起严格的检验、评价和衡量标准。

---

① 严宽.公共政策学[M].北京:社会科学文献出版社,2008:165.
② 严宽.公共政策学[M].北京:社会科学文献出版社,2008:164.
③ 严宽.公共政策学[M].北京:社会科学文献出版社,2008:165.

此外,在政策制定过程中必须坚持信息原则、预测原则、优化原则、效益原则等。

第二节 政策目标的确定

政策目标往往是隐藏的或潜在的,澄清和确定政策目标是政策制定过程中的一个重要环节。

一、政策目标的含义与类型

(一) 政策目标的含义

公共政策目标是有关公共组织尤其是政府为了解决有关公共政策问题,通过公共政策的实施所要达到的目的、指标和效果。政策目标是政策问题和政策方案的中介和纽带,公共政策问题一旦确定后,就必须确定政策目标和相关评估标准。政策目标不仅是方案设计、评估和优选的基础依据,为政策方案的择优提供方向性指导,而且是政策方案执行的指导方针,是政策绩效评估的重要参照标准。

(二) 政策目标的类型

政策目标包括总目标和具体目标。总目标是政策主体为了解决政策问题所提出的一般性要求,是对预期在较长时间内获取的成就的正式而全面的陈述,也是对一定时期国家或者组织大的发展方针或者奋斗目标的分解。政策总目标多为方向性目标,很难量化,一般不明确限定实现的时间。具体目标多为阶段性目标或量化目标,一般有明确的目标群体和时间限制。阶段性目标是指将政策总目标划分为若干个阶段,通过逐步实现阶段性目标来最终达到总目标。量化目标是政策目标的具体化,是对政策目标的具体数量性规定,具有很强的可操作性,能够对政策执行人员的行为起到明确的引导作用。

依据分类标准的不同,还可以把政策目标划分为长期目标、中期目标和近期目标,全国性目标和地方性目标,政治目标、经济目标、文化目标和社会目标,公益性目标和特殊性目标,主要目标和次要目标等。

从政策目标的分类可以看出,政策目标具有层次性、多样性和系统性的特征。不同层次、多样化的目标并不是相互独立的,更不是相互并列的,各种目标之间要建立有机的联系,形成合理的结构,发挥系统的功能。局部的、低层的、近期的目标要从属于整体的、高层的、长期的目标,具体目标受制于总体目标并根据总体目标的要求进行调整。

(三) 基本的公共政策目标

基本的公共政策目标也称"元目标"。宁骚认为,在现代市场经济社会中,基本的公共政策目标一般包括公平、效率、自由和安全。[1] 陈振明认为,公共政策特别是经济政策的基本目标包括增长、效率、稳定和公平。[2] 本书将公共政策的基本目标归纳为公平、效率、发展、自由和安全。

---

[1] 宁骚.公共政策学(第三版)[M].北京:高等教育出版社,2018:281.
[2] 陈振明.公共政策学:政策分析理论、方法和技术[M].北京:中国人民大学出版社,2010:116.

1. 公平

公平,简单地理解,是每个人或者每个群体得到同样的利益。公平的标准在相当大的程度上依赖价值判断,因为不同的人、团体或者阶层的价值尺度不同,所以在基本政策目标问题上很难达成一致。不过,在一般情况下,公共政策应该符合利益普惠原则,即公共政策应该为绝大多数公民而不是为少数人或者特殊的利益团体谋利益。我们可以把公平归纳为三种公平:机会公平、分配公平、最终状态公平。

2. 效率

效率是指在给定投入情况下的产出最大化。在投入方面,涉及投入的计算、投入与产出的关联以及某种投入的机会成本。在产出方面,涉及产出目标的确定以及在多种产出目标的条件下的组合比例等。就经济领域而言,一般以帕累托最优作为效率标准。帕累托最优是指资源配置达到这样一种状态,在该状态下,资源配置的改变不会在任何一个人效用(福利)水平不下降的情况下使其他人的效用(福利)水平提高。

3. 发展

发展是事物向上向前的增长趋势,既包括经济的发展,也包括社会总体福利的发展;既有量的增长,也有质的提高。一个政策目标不仅应有利于解决实际的政策问题,而且应促进个人和社会的进步。从经济的角度来看,发展主要是指为了不断提高民众总体(包括子孙后代)的生活质量,应该在多大程度上抑制现在的消费,保护性地利用有限的资源发展生产。经济增长是第二次世界大战后各国追求的目标,由于追求单一的经济增长目标已经在物质产品丰富的同时付出了高昂的环境和其他方面的代价,因此,应转变经济增长方式,将单纯地追求量的扩张转变为可持续的质和量的同时增长。

4. 自由

学界对自由的争论较多。孟德斯鸠认为,"在一个有法律的社会里,自由仅仅是一个人能够做他应该做的事情,而不被强迫去做他不应该做的事情"。"自由是做法律许可的一切事情的权利。"[①]简言之,自由就是在法律许可的范围内,在不伤害他人和群体利益的条件下,人们能做他们想做的事。这里主要涉及政府对人们的行为制约的范围和程度。

5. 安全

安全是指一种预期的、有保障的、稳定的感觉,是人们生理生存上的一种最低需求,一般包括人身安全、财产安全、社会安全、国家安全、信息安全和心理安全等。就一个国家而言,经济稳定是安全的重要内容,这种稳定包括充分就业、物价稳定、国际收支平衡等。

二、确定政策目标的困难

政策目标的确定是一个比较艰难的过程,这些困难源于政策目标所蕴含的价值因素、政治因素、目标的多重性及其冲突等。[②]

(一) 价值因素

公共政策是国家或政府对社会政治经济生活的干预行为,这种干预要达到什么状态,取决于社会以及社会成员的价值观。不同的个人、集团、阶层或者阶级具有不同的或者根本对

---

① 孟德斯鸠.论法的精神(下册)[M].北京:商务印书馆,2012:194-195.
② 陈振明.政策科学——公共政策分析导论(第二版)[M].北京:中国人民大学出版社,2004:442.

立的价值观。价值观的冲突实际上是利益的冲突。政府在确定政策目标时所依据的往往是部分人的价值判断,有时这种判断代表多数人的观点,有时则代表少数人的观点。即使是通过民主程序确定的政策目标,也往往代表某些利益团体或者对不同利益团体价值观的折中。因此,在确定政策目标时,应考虑政策所涉及的各利益团体的价值观和偏好,以及谁的、什么样的价值观在起主导作用,主要反映了谁的利益和偏好等。但事实上,政策目标在很大程度上取决于政策制定者的主观价值判断,而不同的政策制定者由于受社会经济地位、政治地位、伦理道德和传统习俗等因素的影响,会有不同的价值观,这就给政策目标的确定带来相当大的困难。

(二) 政治因素

公共政策目标是政治过程的产物,而不是个人决定的产品,因此,必须考虑政治因素。以往人们假定决策者是大公无私的,以追求公共利益或者社会福利最大化为原则。但是,正如公共选择学派所指出的,决策者与其他社会成员一样是自利的,他们以个人利益最大化为行动原则,在确定目标时会首先考虑自身的政治利益,常常故意把政策目标弄得模糊不清。同时,利益团体的存在也是影响政策目标的重要因素。每个社会都有许多不同的利益团体,这些集团有着自己特殊的利益,他们总是通过各种途径影响决策者,竭力操纵政策目标的选择,增加了政策目标确定的难度。因此,在确定政策目标时,应该考虑决策者的政治立场和政治需要以及各个利益团体对政策目标的影响。政治家或者决策者本身是与政策目标密切相关的因素,不能认为他们是超脱于党派和团体利益的中介者或者调停者,必须弄清他们的政治立场、政治需要和政治观点,以及他们所代表的利益团体,评估这些立场、需要和观点是如何影响相关的政治目标的。

(三) 目标的多重性及其冲突

现实公共政策问题的复杂性及所涉及的利益相关者的复杂性使得政策目标具有多重性和冲突性。正如韦达夫斯基(A. Wildavsky)所指出的,政策目标总是具有这样突出的性质——多元的、相互冲突的和含糊的。在多元的政策目标系统中,各个层次的政策目标错综复杂地交织在一起,到底如何取舍、如何分清目标的主次轻重、如何求得各目标之间的综合平衡是非常复杂的事。奎德(Quaid)认为,如果在目标问题上存在争论,即人们不能在目标问题上达成一致或者无法确定目标,那么应该努力寻找一个能取得共识的更高一级或者更一般的目标。寻求这种统一的方法是看更高一级的组织层次,通过更高层次的目标分析或者原初目标的一致性检验来做出决策。如果这种单一目标的努力失败,就可以寻求最优化途径和满意途径来确定一个偏好目标。

三、确定政策目标的评估标准和指标

(一) 评估标准

评估标准是衡量政策目标实现的尺度,它将定性的或者概念的政策目标转化为具体的、可操作的定义,是用来比较各种备选方案的尺度、规则和标准,包括成本、收益、有效性和可行性等。

确定评估标准有时是非常困难的,主要原因如下:一是政策目标的模糊化。政治过程的性质使得决策者不愿意明确陈述相关的政策目标,目标不明确也就难有准确的评估标准。二是政策目标的多元化导致评估标准的多元化。被提出的政策方案往往不是单一目标而是多个目标,每个目标都有相关的评估标准,而每个标准又可能有多个尺度,这使得评估标准问题复杂化。三是政策分析者的主观影响。政策分析者可能被公共部门或者政府部门雇用,他们不愿意放弃多重的、冲突的目标和评估标准,因此评估标准的确定除了需要相关的专业知识外,还必须在决策者之间沟通和交流。

(二) 政策指标

政策指标是政策评估标准的具体化,是衡量政策目标的量或者质的尺度(如指数、数据或其他质的尺度),它是对政策目标的具体说明。任何政策目标都有若干指标作为具体的衡量标准。指标可以是量化的,也可以是非量化的。量化的指标是指用数量或者指数表示某一社会现象、社会变化和社会发展,如果一项政策有明确的目标取向,并且目标是可以量化的,就应该尽可能用量化的形式表示,因为量化的指标易于操作和评估。指标是目标的具体化,肯定受价值观的影响,只是反映社会事实的描述性统计指标的价值因素的显示不明显。

根据指标所要衡量的政策领域的不同,政策指标可以粗略划分为经济指标、社会指标、政治指标和综合指标。

1. 经济指标

经济指标是衡量经济政策目标的指标。基本的经济指标主要包括:(1) 经济增长指标,如国民生产、国民收入、国民消费与储蓄、人均国民生产总值和人均国民收入等;(2) 经济稳定指标,如物价稳定指标(如国民收入指数、综合物价指数)、对外经济稳定指标(如进出口贸易指标、外汇收支平衡指标)等;(3) 经济安定与繁荣指标,如国民生产指数、总供给和总需求指数等;(4) 充分就业指标,如失业率等;(5) 分配平均程度指标,如洛伦兹曲线和基尼系数等。

2. 社会指标

对于社会指标,不同的人有不同的理解。美国学者肯尼思·兰德(Kenneth Land)认为,社会指标是衡量总体各部分社会状况及其随时间变化的统计量。[1] 这里的社会状况是指一个既定的社会中人类存在的外在的(社会和自然)和内在的(主观感觉)环境。

不同的国家和地区因各自发展状况的差别而有各自不同的社会指标体系;在同一个国家的不同时期,社会指标体系也可能不同。邓恩在《公共政策分析导论》中认为,社会指标可以是主观的,也可以是客观的,因为它既可以用于评价城市化程度等客观状况,又可以用于监测对市政服务满意程度等主观状况,还可以监测社会变化的特殊领域如污染、生活质量等。他列出了一些典型的社会指标,如表5-1所示[2]。

表5-1 一些典型的社会指标

研 究 领 域	指　　标
健康与疾病	州精神病院的数量
公共安全	害怕夜间单独行走的人数

---

[1] 威廉·N.邓恩.公共政策分析导论(第四版)[M].北京:中国人民大学出版社,2011:196.
[2] 威廉·N.邓恩.公共政策分析导论(第四版)[M].北京:中国人民大学出版社,2011:197.

续 表

研究领域	指　标
教育	25岁及以上的高中毕业生人数
就业	妇女就业比率
收入	处于贫困线下的人口百分比
住房	住房条件低于法定标准的家庭数
休闲与娱乐	制造业职工年均带薪假期数
人口	计划人口数和实际人口数
政府和政治	公共管理的质量
公众价值取向和态度	对生活总的满意度和陌生感
社会流动性	父辈职业的变迁
自然环境	空气污染指数
科学和技术	科学发现

邓恩认为，社会指标的使用既有优点，也有缺点。从优点来看，社会指标的开放可以提醒人们注意那些信息不充分的领域；社会指标能为人们提供政策对目标群体影响方面的可靠信息，提供有助于构造政策问题和修改现有政策的资料。从缺点来看，社会指标的选择受特定群体的价值观念和政治偏见的影响，大部分社会指标以获得的社会状况的客观数据为基础而忽视了对主观状况的监测，社会指标很少提供关于政策投入转化成政策产出的各种途径的信息。

3. 政治指标

政治指标是指衡量一个国家或地区的政治政策（政党、阶级、法制、人事、民族、外交、国防等方面的政策）目标的具体尺度。政治指标很难量化，因而大部分是非量化指标，如保持国家的独立、加强法制、维护国内安定团结的局面等。有一些简单的量化方法，一种是耶鲁大学曾经试图编制的政治量化指标，如教育经费、军费开支、选民参选率等，但很不全面和完善；一种是采取民意调查的方式来了解公民对各项政策和项目的满意程度，以求得一些主观的指标；还有一种是编制一些综合的政治发展指标，用一些简单的指数代表政治发展的趋向，但这种方法的主观性强、代表性弱。

4. 综合指标

综合指标是表明一个国家或地区总的发展状况的指标，是上述指标的综合，比较常见的有现代化指标、社会发展指标和小康社会指标。不同国家和地区在不同时期的社会综合指标是不同的。即使同一时期，不同学者对社会发展指标也有不同的看法。

第三节 政策方案的设计

政策方案,是指一个或一组为解决问题、实现目标所设计的行动准则和内容,是决策者用来解决政策问题、实现政策目标的手段、措施或办法。政策方案设计就是在明确政策目标的基础上,经过调查研究,运用适当的技术与方法,设计或规划诸种实现政策目标的行动方案的过程。政策方案设计是政策方案规划的第二步工作和关键环节,也是解决政策问题的关键性步骤。

一、政策方案设计的内容和要点

从现实的政策决策实践看,找到尽可能多的备选方案是合理决策、提高公共政策制定质量的一个重要条件。政策方案的内容一般涉及原则和操作两个层面,原则层面是指政策目标的确立,操作层面是指政策方案的设计。在政策方案的设计中,需要注意两个方面的问题:一是对方案后果及其效应的准确估计。没有这种估计,就无从辨别方案的优劣,从而失去进行选择的价值标准。二是对方案实施细节的详尽规定。没有这种规定,再好的方案也难以付诸实施,也就无法进行优化选择。

有学者把政策方案多方面的内容通俗地用"5W1H"法进行概括,即 What(做什么)、Why(为什么)、Who(谁去做)、When(何时做)、Where(何地做)和 How(怎么做)。本书认为,如果说问题界定是为了发现问题"是什么",目标确定是为了说明"做什么""为什么",那么政策方案的设计就是解决"怎么做"的问题。

方案设计的要点包括[①]:(1)成本——方案需要考虑成本及其效率;(2)稳定性——方案的抗干扰性及目标的可持续性;(3)可靠性——在既定时间段实施方案的可能性有多大;(4)牢固性——如果执行中,方案部分失灵或受损,该方案能否持续;(5)灵活性——方案的伸缩余地有多大,目标和手段能不能改变;(6)风险性——方案失败的可能性有多大;(7)传播性——如果方案容易被理解,那么贯彻执行就会减少障碍;(8)功效性——方案的价值标准及其伦理特征,即解决问题的是非界限;(9)简单性——方案是否易于操作和执行;(10)相容性——方案是否与现行相关政策及其目标、手段衔接或相容;(11)可逆性——方案执行中阶段性目标和程序的相互替代性;(12)强韧性——方案是否适应不同环境和条件。

二、备选方案的来源

备选方案的来源是指政策规划人员通过哪种途径或方法从哪里获得或发现备选方案。政策方案的拟订过程是一个不断搜寻的创造性过程,是发明和发现的混合。搜寻到的备选方案越多,就越有可能找到理想的方案。在政策方案规划的实践中,较为常用的寻找政策备选方案的方法主要有以下六种:[②]

[①] 谢明.公共政策导论(第五版)[M].北京:中国人民大学出版社,2020:187.
[②] 王达梅,张文礼.公共政策分析的理论与方法[M].天津:南开大学出版社,2009:214-215.

(一) 借鉴现有公共政策

在现实中运行着很多公共政策,这些现有的公共政策往往包含很多有用的解决政策问题的方法和思路。尤其对类似的政策问题而言,现有的公共政策十分值得借鉴。

(二) 调查研究法

通过实地调查研究,包括采用问卷调查、访谈等方式,能够更加具体地摸清政策问题的实际情况与产生原因、不同人员对政策问题以及解决问题的看法,以期在此基础上找到解决问题的方案。

(三) 参阅相关文献资料

通过参阅相关文献资料,不仅能够找到解决政策问题的方法,而且能够减少政策规划人员的重复性劳动。

(四) 向专家学者请教

专家学者长期在某个领域进行研究,他们掌握该领域的专业理论知识,对如何解决该领域的问题有专业和独到的见解。专家学者的来源是多方面的,既可以来自高等院校和科研机构,也可以来自实际工作部门和社会咨询机构。

(五) 征求政策相关人员以及社会各方面成员的意见

政策相关人员以及社会各方面成员的意见虽然不如专家学者的意见专业,但它们确实代表了社会不同成员对解决政策问题的看法。政策相关人员以及社会各方面成员的利益和价值观存在差异,对如何解决政策问题也各有各的见解,将这些看法和见解汇集到一起,实际上就是初步获取了多套解决政策问题的备选方案。

(六) 借鉴国外的做法和经验

借鉴国外的做法和经验,一方面可以避免重走弯路,重复错误;另一方面,国外的一些成功和成熟的做法在结合中国的具体国情后,经过慎重的修改与完善,可作为中国政策制定中的备选方案。交流互鉴是文明发展的本质要求。文明的交流互鉴应该是对等的、平等的、多元的、多向的,而不应该是强制的、强迫的、单一的、单向的。[①] 在政策制定过程中,应立足于国情,有选择地吸纳国外的成熟做法和先进经验,将其应用于中国具体政策问题的解决。

获得备选方案的方法与途径很多,以上六种是比较重要和通用的方法。在实际的政策制定过程中,采用哪几种方法搜寻备选方案,取决于政策问题的实际情况。政策规划人员可以通过多种方法获得备选方案,但通常情况下,不同的政策规划人员往往会采用自己比较熟悉的方法。

三、政策方案设计的步骤

政策方案的设计一般可分为两个步骤:第一步是进行政策方案的轮廓设想,第二步是细化政策方案。[②]

(一) 政策方案的轮廓设想

政策方案的轮廓设想是指从不同的角度,运用创造性思维,设计多种实现政策目标的思

[①] 习近平.习近平谈治国理政(第三卷)[M].北京:外文出版社,2018:469.
[②] 陈庆云.公共政策分析(第二版)[M].北京:北京大学出版社,2011:141.

路和方案轮廓。方案的轮廓设想主要解决两个问题：一是为了实现既定的政策目标,大致可以提出多少个可能的政策方案;二是将各个方案的轮廓,如行动原则、指导方针、发展阶段和阶段目标等大致勾画出来,进行初步设计。

这个阶段需要注意以下几个问题：

第一,政策手段与政策目标之间必须具有因果关系,也就是说,当政策手段实施后,政策目标就可以实现。要使政策目标与政策手段之间具有因果关系,就必须通过多种途径弄清楚政策问题产生的原因,根据原因确定政策手段,设计政策方案。

第二,创新性。对新出现的政策问题以及那些运用现有政策不能解决的旧的政策问题,在方案设计的过程中,政策规划人员必须大胆创新。只有打破思想束缚,运用各种创造性思维去构思新的政策方案,才能以新的思路和技术解决政策问题。

第三,现实可行性。政策方案的设计必须从现实的主客观条件出发,在现有的条件和范围内寻求解决问题的途径,也就是说,政策方案不能超越现有的主客观条件的约束。

第四,多样性。在政策方案的设计中,要尽量避免"霍布森选择"(Hobson Choice)[①],只有备选方案多样且丰富,优化抉择阶段才有挑选的余地。只有通过对众多方案进行比较分析,才可能找到合格或最优的政策方案。

第五,相互排斥性。在政策方案的设计中,多种备选方案应彼此独立,不同政策方案之间必须有差别,不能相互交叉或包容,内容上不能雷同。

(二) 政策方案的细节设计

要获得富有使用价值的具体方案,在方案的轮廓设想阶段后,需要对方案进行精心的细节设计。对政策方案进行细节设计,必须做好以下两个方面的工作：

1. 筛选轮廓设想阶段提出的备选方案

轮廓设想阶段提出的备选方案并非都是同等重要或者可行的,有的虽然能够解决问题,但是不现实;有的虽然现实,但是难以实现政策目标;还有的可能与重要的价值观矛盾。因此,有必要对轮廓设想阶段提出的备选方案进行初步筛选。初步筛选的主要目的在于通过分析,初步去掉显然不可行的备选方案,找出数个可行的较优备选方案。初步筛选考虑的因素包括成本、收益、可行性、实施条件和应变程度等。

初步筛选常用的方法包括：(1) 经验分析。总结以往制定或者执行政策的经验和教训,判断方案的可行性。(2) 比较分析。对方案之间的政治、经济、技术可行性作比较。(3) 初步的预测分析。初步考虑各个方案的实施过程及其可能遇到的问题,并进行比较分析等。

2. 细化初步选出的方案

加工细化初步选出的方案应当遵循以下几个规则：

(1) 实用性。方案细节的设计必须对政策问题的解决有实际的价值,可以确保政策目标的实现。

(2) 可操作性。将经过筛选保留下来的方案进一步具体化,根据决策对象的性质分解为较具体的规定,详细考虑政策方案的目标体系、实施措施、相关机构设置、实施人员的素质要求、政策执行的资源保障等,这些规定、措施和步骤必须是可行的。

(3) 细致性。"如果说大胆寻找阶段特别需要勇于创新的精神和丰富的想象力,那么精

---

① 在政策科学中,人们习惯把只有一个备选方案而没有其他选择余地的决策条件称为"霍布森选择"。

心设计阶段就需要冷静的头脑和坚毅的精神。因为这里需要反复的计算、严格的论证和细致的推敲,还需要经得起怀疑者和反对者的挑剔。"[1]

四、创建备选方案应该注意的问题

在确定了方案设计的内容、要点、备选方案的来源以及步骤后,有必要明确创建备选方案时应该注意的问题,主要包括以下几个方面:

第一,要参照以往的经验,但不能过分依赖过去的经验。无论是自己的经验还是别人的经验,都只能参考,它们能提供解决问题的思路,但过分依赖过去的经验有可能限制思维、缩小视野。

第二,不要急于对别人的意见评头论足而让好主意溜掉。运用头脑风暴法,随时记下各种思想和观点,特别是其中一些看似不相关的观点和想法,这样可以增加发现具有创新性备选方案的机会。

第三,不要仓促界定问题。在明确标准和确认方案的过程中,需要对问题重新思考,以检查是否对问题进行了错误的说明。

第四,不要过早产生偏好或者对提出的观点过于挑剔。尽量中立地、多角度地考虑备选方案,不要被自己的个人偏好或者习惯思维所左右。对备选方案应该进行客观的比较,不要对自己不喜欢的观点过于挑剔。

第五,不要不经过评估就排除备选方案,特别是那些有争议的方案,或者从表面来看不符合决策者的信念或者由于文化、意识形态差异而受到限制的方案。

第六,当情况发生变化时,注意考虑那些因条件限制而被排除的方案。政策制定是一个复杂而反复的过程,需要在问题界定与方案创建之间来回转换。由于问题是处于不断发展变化中的,因此当条件发生变化时,原来被排除的方案或许会成为可行的方案。

第四节 政策方案的评估与择优

对某个特定的政策问题,其解决方案多种多样,但能够有效地解决政策问题的方案往往只有少数几个,甚至只有一个,因此,政策规划的主要任务不仅在于寻找并拟订解决政策问题的多种备选方案,而且要对各种备选方案进行评估和论证,并确定最优的方案作为最后的决策方案。

政策方案评估是对各个政策方案效果的预测性分析和比较,是在政策出台前对各种备选方案的可行性、可靠性等方面进行分析和论证,说明各个方案的优劣。方案择优是在评估的基础上提出政策建议。政策方案评估与择优都是正式的政策抉择程序前不可或缺的步骤。虽然在逻辑上或理论上能将两者区分开,但事实上,两者是相交融的,呈现的并不是简单的前后承递关系,而是反复、循环和错综复杂的关系。

一、政策方案评估和择优的步骤

(一)确定评估和择优的标准

只有确定了标准,才能对方案的优劣进行评价。评估应遵循的通用标准有效率、效益、公

---

[1] 黄孟藩.管理决策概论[M].北京:中国人民大学出版社,1987:47.

平性、回应性和可行性等,但在一些具体的情景中,可能还会有一些其他标准。当然,任何政策方案都很难同时满足所有标准,具体评估和择优时,需要根据实际需要加以取舍和区分主次。

(二) 方案展示与比较

择优是在比较的基础上进行的判断和选择。比较就是既抓住诸方案的共同点,又注意诸方案之间的差异,专注于研究它们的异同点在政策执行过程中可能产生的影响。这里需要用简单的预测技术和基本模型来描述各种选择的效果。这种比较必然揭示满足标准、符合需要的一些评估方案,也可能排除那些不需要附加分析就可以弃置的方案,得出"最佳""较佳""较差""最差"等评价。因此,比较的过程在本质上就是决策的过程,或者是整个决策过程的重要组成部分。这个过程反映了决策者的世界观、价值观,也反映了他们的经验、眼光、胆识和品德。

(三) 讨论与批评

从不同的角度、不同的要求、不同的场合、不同的结果对已拟订的政策方案提出不同的看法,以求收到"兼听则明"的效果,保证择定方案的科学性、可靠性和严密性。

(四) 审查和评定

对政策方案进行审查和评定,即进行系统的、周密的论证,目的是减少决策失误。方案审定通常需要采取一系列科学的、定量的方法,如边际分析、成本-收益分析、价值分析、可行性分析和其他技术。在过程中要把决策的政治、经济、社会、文化和技术等问题做综合的分析、权衡,决定取舍。审查和评定的结果有三种:一是通过、生效并付诸实施;二是否定或终止,对政策方案做进一步的修改或重新决策;三是搁置,既不生效执行,也不否定终止,而是等待事态进一步发展,到适当的时机再做最后决定。

二、政策方案评估和择优的标准

政策方案评估和择优的标准是从政策目标细化而来的。帕顿和沙维奇从比较宽泛的角度确定政策方案评估和择优的标准,认为成本、收益、绩效、风险、政治可行性、行政简化、合法化、不确定性、公正和时间安排等都应作为政策方案评估和优选的标准。[①] 张国庆认为,方案优选必须强调两大标准:一是价值标准,即政策方案优选要符合社会效益和价值;二是正确和科学标准。[②] 由于公共政策涉及社会的方方面面,因此,只有从多个角度和采用多种标准来衡量备选方案,才能对备选方案进行综合比较,从中选择较为理想的政策方案。本书采用邓恩提出的政策方案评价标准,具体为:[③]

(一) 效益

效益是指某一特定方案能否实现所期望的目标,常常按产品或者服务的数量或货币价值来计算。例如,要让人民群众有更多获得感、幸福感、安全感,有很多路径和方案,其中推动公共资源向基层延伸、向农村覆盖、向困难群体倾斜,为其提供更多数量、更高质量的公共服务就是从效益出发的方案。效益包括经济效益和社会效益。经济效益比较容易计量,但社会效益的计量就比较困难了,特别是有些效益是无法货币化的,如交通安全政策方案、通

---

① 卡尔·帕顿,大卫·沙维奇.公共政策分析和规划的初步方法[M].北京:华夏出版社,2002:148.
② 张国庆.公共政策分析[M].上海:复旦大学出版社,2020:196-197.
③ 威廉·N.邓恩.公共政策分析导论(第四版)[M].北京:中国人民大学出版社,2011:152-157.

过环保立法保护自然景观和历史文化遗产等。

(二) 效率

效率是指给定投入情况下的产出最大化。计算方法有单位产品或服务的成本,单位成本能提供的产品或者服务的数量等。用最低的成本实现最大的效益的政策就是有效率的。例如近年来,通过药品国家集中采购政策,大大降低了医保目录内的药品价格,花更少的钱为更多的人提供同样或者更好的医疗卫生服务,该方案就是有效率的方案。

(三) 充分性

充分性是指某方案实施的成本与效益之间的关系。如果实施方案的成本固定,则应力求效益最大;反之,效益固定,则应力求成本最低。如果成本和效益都是变动的,则应力求效益与成本之比最大。应用充分性比较困难的是,有些方案所涉及的社会效益难以货币化,它们所涉及的可能是人们的价值观问题。

(四) 公平性

公平性是指效果和努力在社会不同群体中分配的公平程度。公平的政策是指效果和努力被公平或者公正地分配。一个方案可能既有效益又有效率,而且具有充分性,但会因为将导致成本或者效益的不公平分配而被拒绝。公平性往往与人们的主观感受有关,对同一个方案是否公平,不同的人会有不同的观点。在一般情况下,我们应该考虑的是,该政策方案能否实现社会福利最大化,而不是使个别人或者个别群体的福利最大化。一般应该考虑在增加一些人的福利时保障另一些人的境况不会因此变糟;或者能使受益者给予由于实施该方案而遭受损失的群体一定的补偿,使受损者的收益增加。其实,任何一种力求公平的措施都有一定的局限性,因为公平、公正和平等是政治问题,它们受社会中权力分配和权力合法化过程的影响。

(五) 回应性

回应性是指政策满足特定群体的需要、偏好或者价值观的程度。这个标准的重要之处在于一个方案可能满足效益、效率、充分性、公平性等标准,但仍然不能对可能从政策中获益的某个群体的实际需要做出回应。在政策制定中不能仅关心效率、效益,而要对人民群众的基本需求进行有效回应。例如中国的棚户区改造事关千千万万群众的安居乐业。我们的城市不能一边是高楼大厦,一边是"脏乱差"的棚户区。目前,全国棚户区改造的任务还很艰巨。只要是有利于人民群众的事,我们就要努力去办,而且要千方百计办好。[①]

(六) 适当性

适当性是指一个方案的目标和支持这些目标的前提是否站得住脚。有些政策方案虽符合以上几个标准,但仍需考虑它们对社会是否适宜。例如在疫情防控工作中,曾出现过防疫过度问题。2022年11月11日《关于进一步优化新冠肺炎疫情防控措施 科学精准做好防控工作的通知》发布,其中提出7个"不得"和1个"严禁"。7个"不得"为:高风险区一般以单元、楼栋为单位划定,不得随意扩大;没有发生疫情的地区严格按照第九版防控方案确定的范围对风险岗位、重点人员开展核酸检测,不得扩大核酸检测范围,一般不按行政区域开展全员核酸检测;入境人员在第一入境点完成隔离后,目的地不得重复隔离;严格落实首诊负

[①] 习近平.习近平谈治国理政(第三卷)[M].北京:外文出版社,2018:343.

责制和急危重症抢救制度,不得以任何理由推诿拒诊,保障居民治疗、用药等需求;各地各校要严格执行国家和教育部门的防控措施,坚决落实科学精准防控要求,不得加码管控;发生疫情期间,要全力保障物流通畅,不得擅自要求事关产业链全局和涉及民生保供的重点企业停工停产,落实好"白名单"制度;目的地要增强大局意识,不得拒绝接受滞留人员返回,并按照要求落实好返回人员防控措施,既要避免疫情外溢,也不得加码管控。1个"严禁"为地方党委和政府要落实属地责任,严格执行国家统一的防控政策,严禁随意封校停课、停工停产、未经批准阻断交通、随意采取"静默"管理、随意封控、长时间不解封、随意停诊等各类层层加码行为。该政策及时纠正了不科学、不精准的防控措施,在确保疫情防控效果的前提下,尽最大努力减少疫情对人民群众正常生产生活的影响。

三、政策方案评估和择优的常见方法

确定政策方案评估和择优标准后,就可以依据这些标准,运用恰当的方法对备选方案进行评估和择优。

(一) 政策方案评估的方法

政策方案评估的常见方法主要有两种——可行性评估和预测性评估;此外,还有价值评估、效果评估、风险评估等。[①]

1. 可行性评估

对政策方案的可行性评估是政策方案评估中最主要的任务。帕顿和沙维奇认为,可以从技术可行性、经济可行性、政治可行性、行政可行性四个方面[②]对政策方案进行评估。在对具体的政策问题备选方案进行评估时,可以根据实际情况综合运用上述标准。

(1) 技术可行性

技术可行性是指从技术角度分析政策方案能否正常运行,主要衡量政策或者规划能否实现预期目标。用技术可行性标准测量备选方案或项目的结果能否达成预期的目标,包含两层含义:一是现有技术或方法能否使目标的实现成为可能;二是备选方案(在技术上)能够在多大程度上实现政策目标。技术可行性的一个主要标准是有效性或效能(effectiveness)。有效性标准的焦点是被提出的政策方案或项目能否取得预期效果。

(2) 经济可行性

经济可行性是指衡量政策方案成本的大小和收益的多少。经济可行性既指一个政策方案的执行能获得财经资源的充分支持,又指方案或项目的执行能取得令人满意的经济效益或效率。它主要测量方案或项目的成本和收益。当收益大于成本时,方案是可行的。

(3) 政治可行性

政治可行性主要是根据政策方案对决策者、立法者、政府管理人员、公民联合体等利益相关群体的影响来衡量政策方案的成效。其核心问题是方案是否会被利益相关团体接受。政治可行性可细分为可接受性、适当性、回应性、合法性和公正性等方面。政策方案在政治上的可行性通常会受到政治约束、分配约束和体制约束等因素的影响。[③]

[①] 张国庆.公共政策分析[M].上海:复旦大学出版社,2020:193-194.
[②] 卡尔·帕顿,大卫·沙维奇.公共政策分析和规划的初步方法[M].北京:华夏出版社,2002:205-206.
[③] 陈振明.政策科学——公共政策分析导论(第二版)[M].北京:中国人民大学出版社,2004:467.

（4）行政可行性

行政可行性也称"行政管理的可操作性"，衡量在特定政治、社会和行政环境中实施既定规划的可能性。行政可行性的具体标准包括权威、制度承诺、执行人员的能力和组织支持等。[1] 行政可行性的重要意义在于：假如一个政策方案在技术上、经济上和政治上都是可行的，但在行政管理上不能贯彻执行，那么这个方案的优点就会大打折扣。

2. 预测性评估

预测，是指预先测知未来事件或条件的可能性，以作为未来行动的依据。预测性评估就是根据现实的环境和条件，预先推测某一方案在实施过程中可能需要的条件和可能产生的效果。人的能力是有限的，未来又存在许多不确定性因素，使得人们很难完全预知未来，只能通过一些方法和技术探究未来的可能性。对政策方案的预测性评估来说，它也只能进行一些有关未来可能性的预测。

（1）预测性评估的步骤

第一，确定预测内容。在一般情况下，预测的内容主要包括：① 现有政策的结果，即不采取任何行动，政策问题的可能发展趋势；② 新政策的结果；③ 新政策可能带来的变化；④ 各利益相关者群体的可能反应；⑤ 政策参与者的行为；等等。

第二，搜集与整理数据，编制假想脚本。详细搜集和研究与政策方案相关的各种资料和数据，写出假想的方案实施详细过程，考虑各种可能的因素及其相互关系，确定一些可能的形势等。

第三，进一步分析。分析决策者所希望发生的情况是什么，估计一些干扰因素及其发生的概率，探究控制这些干扰因素的办法和可能性。

第四，试验式证实。纸上的分析往往与实际发展有误差，预测有时要运用小范围的试验或试点来对有关方案予以证实。

第五，分析实验的误差与原因，进一步改进方案。

（2）预测性评估的方法

能用于预测性评估的方法很多：有定性的方法，也有定量的方法；有直观的预测，也有非直观的预测；有演绎式预测，也有归纳式预测；等等。其中，较常用的是直观预测法中的德尔菲技术和归纳式预测中的时间序列分析。

① 德尔菲技术

该方法通常利用信函（含邮函和电子信函）调查方式，请有关专家就有关政策问题的各种政策方案独立地发表各自的看法，而后将这些专家的意见汇总整理后告知各位专家，请各位专家在了解其他专家的意见后补充修正以前的预测性看法，以求得到比较一致且相对可靠的预测性意见。该方法的理论假设在于：具有某种知识程度的人能够预测未来某种事物的状态，且有相当的准确性；专家在不与外界接触、不受外界影响的情况下所做的预测往往有比较高的准确性。该方法最大的优势是能让专家在不受他人影响的情况下自由地、独立地发表自己的真知灼见。当然，该方法也存在一些问题，如专家常常难以回答自己并不在行的问题、最终专家可能会屈从于专家集体的意见、匿名回信会降低一些专家对预测的责任感。这种方法目前经常被用于一些很难直接定量分析的政策规划研究，试图对不易直接定

---

[1] 卡尔·帕顿，大卫·沙维奇.公共政策分析和规划的初步方法[M].北京：华夏出版社，2002：214-215.

量分析的问题进行间接定量分析。

② 时间序列分析

这是一种归纳式外推或后推预测法,常常需要运用一定的定量分析技术。它根据事物从过去到现在随时间而变化的形态,为今后该种事物的演变趋势做预测。这种预测方法通常用于政策方案规划单位在外部信息缺乏时所进行的中短期预测。其分析步骤如下:第一,收集过去的资料,至少要收集过去 3 至 4 年的资料,最好是过去 10 年的资料。第二,分析资料,具体涉及事物在过去长时间内的变动趋势、年度或季节性变化特点、几年中的周期性变化状况以及一些不规则的变化状态,最关键的是要发掘事物的长期趋势。第三,根据时间与事物变化之间的相关性来建构数学模型。第四,利用所建立的模型推测事物的长期趋势并进行适当的修正。该方法适用于对事物相对稳定发展状况下的预测分析,而不太适合对那些变化无常的事物的预测。

除了上述两种最基本的政策方案评估方法外,还有对政策方案价值的评估、对政策方案效果的评估以及对政策方案风险的评估等。政策方案价值评估主要是对政策方案进行价值分析。对政策方案进行价值评估必须对政策目标产生的背景和现状进行分析,从而确定其价值。政策方案效果评估是对一个政策方案将会产生的效果进行预测和分析,以决定对政策方案的取舍。政策效果既包括正面效果,也包括负面效果;既包括经济效果,也包括社会效果;既包括物质方面的效果,也包括精神方面的效果。通过对各种效果进行综合评估来选择那些能够产生积极、正面效果的政策方案。政策方案风险评估是指不同的政策方案有不同的风险,必须对各个备选方案风险的大小、防范性措施的准备程度进行预测和评估,以选择那些在类似条件下风险较小的方案。

对各种政策方案进行全面而科学的评估后,政策规划者就比较容易进行比较和择优了,也就可以根据政策目标的要求判断最佳的政策方案。

(二) 政策方案择优的方法

在政策方案择优的过程中,可以采用的方法比较多,可将其概括为比较筛选法和归并法两大类型。①

1. 比较筛选法

比较筛选法是政策方案择优的主要方法之一,是指采用择优标准对各个备选方案进行衡量和比较分析,在比较分析的基础上进行政策方案的筛选,最终确定最优方案。

比较筛选法有两个主要步骤:

第一,对备选方案的比较分析。这包括三个方面的内容:一是采用择优标准对各备选方案进行比较,通过比较清楚地得到各个备选方案的优点和缺点;二是进行纵向比较,即从政策的演变过程和历史经验中,与过去相关领域的政策方案相比较,以明确各个备选方案的长处和短处;三是进行横向比较,即将政策方案与其他国家相关领域的政策进行比较,通过比较认识方案的特点和优劣。

第二,筛选。这是在比较分析的基础上,认清各个备选方案的优缺点,为筛选提供依据。

2. 归并法

归并法是指当备选方案中没有一个合格方案,而不合格方案又各有长处时:一方面可

---

① 王达梅,张文礼.公共政策分析的理论与方法[M].天津:南开大学出版社,2009:222.

将各个备选方案归并到一起,形成一个新的合格方案;另一方面可将数个备选方案的长处归入一个备选方案中,使这个备选方案成为一个新的合格方案。尽管这仅是一个合格的政策方案,但是在可搜寻到的政策方案中,它与其他方案相比具有明显的优点,因此,这个方案实际上就是最优方案。

选出最优方案后,政策方案规划过程完成,下一个环节就是将优选出的方案提交有关政府部门或立法机关,通过各种必要的行政程序和法律程序,使之取得合法地位、具有执行效力。

四、方案择优中共识的形成及常犯的错误

在政策制定的过程中,决策者只有对最终选择的政策方案达成共识,政策才能最终被制定出来。在达成共识的同时,决策者还必须避免一些常犯的错误。

(一) 方案择优中形成共识的途径

方案优选过程中决策者形成共识的途径通常有三种,即交换、说服和强制。[①] 这三种途径既有区别,又有联系,在实践中常常混合使用。

1. 交换

公共政策是政府为了协调公共利益矛盾而制定的行为准则。政府决策过程必须形成能够平衡公众利益的一定规则。要形成大家能够普遍接受的规则,需要一定的手段和形式,交换是其主要的手段和形式。以利益差别为基础的交换作为政策方案决策途径,表现为决策中两个或两个以上的决策者彼此调整立场和态度,以适应对方的某种利益需要,从而达成使各方都获益的协议的行为。决策中的交换必须具备以下基本前提:(1)决策的各方都拥有一定的能使对方的利益得到满足的资源;(2)决策的各方都愿意通过谈判来解决问题;(3)决策的各方都愿意遵守最终达成的协议。

2. 说服

说服是指某一决策主体以另一决策主体为对象,试图证明自己在选择某一决策方案上所采取的立场和态度的正确性和合理性,从而要求对方给予理解和支持的行为。说服不同于交换,主动说服的一方不需要改变自己的立场和价值,不需要进行一定的利益转让;而交换本质上是一种妥协,交换双方为了达成协议,需要做出某种利益让步。

3. 强制

强制是指某些决策者利用手中的权力、物质及其他优势,在优选政策方案时,迫使与自己利益不一致的决策者放弃所持有的价值、立场和态度的行为。命令和威胁是实施强制的两种具体方法。前者是指处于优势地位的决策者要求另一些决策者服从自己的选择,接受自己的立场和态度;后者是通过告知对方不服从的后果和代价从而迫使对方服从。强制在现代民主社会里逐渐丧失其生存的制度环境;但在面对危机时,在剧烈变化的各种环境或条件下,强制往往是政策方案决策过程中取得共识经常使用的途径。

(二) 方案择优中常犯的错误

在政策方案优选过程中,决策者有可能犯两类错误:利益偏差导致的决策错误和技术偏差导致的决策错误。[②]

---

① 查尔斯·林德布洛姆.政治与市场:世界的政治-经济制度[M].上海:上海人民出版社,1996:14-15.
② 胡宁生.现代公共政策研究[M].北京:中国社会科学出版社,2000:169.

利益偏差导致的决策错误的主要表现如下:(1)政策获利化。决策者只选择那些能使自己或自己所属的集团获得特殊利益的政策方案。(2)政策廉价化。决策者只选择那些使特定团体或个人能够以最小的代价最大限度地满足他们利益需求的方案。(3)政治优惠化。决策者在最终优选政策方案时,有意选择那些能给某些个人或团体一定优惠的政策方案。(4)政治分割化。决策者最终采用的是将利益在几个团体间按一定比例分割的方案。

技术偏差导致的决策错误的主要表现如下:(1)只着眼于眼前,认识上短视;(2)把未来仅看成过去的重复;(3)对问题采取过分简化的解决办法;(4)过分依赖某个人的经验;(5)决策者先入为主的看法;(6)不愿做谨慎的实验工作;(7)决策者逃避决断;等等。[1]

第五节　政策合法化

政策合法化是政策制定的一个必要环节。在对政策方案进行评估和择优后,并不能立即付诸实施,必须将该方案按照一定的程序予以审查,取得合法化地位,使之成为真正具有权威性的政策,在全社会具有约束力,才能使之得到有效的实施,这就是政策合法化问题。

一、公共政策合法化的含义

政策作为政治统治的具体表现形式,对其合法化的理解一般有广义和狭义之分。

(一) 广义的公共政策合法化

从广义上讲,公共政策合法化主要偏重从正当角度解释政策合法化这一概念。一般认为,能够被公众认可、接受、遵从和推行的政策就是具有合法性的政策,使政策能够被公众认可、接受、遵从和推行的过程就是公共政策合法化的过程。[2]

任何政治系统中都存在两种层次的政策合法化:第一层次为政治系统取得合法社会治理权的过程,第二层次为政策取得合法地位的过程。[3] 其中,政治系统合法性是公共政策合法性的基础,公共政策合法性是政治系统合法性的手段。[4]

(二) 狭义的公共政策合法化

从狭义上讲,公共政策合法化主要偏重从法律角度来解释政策合法化这一概念。张金马认为,政策的合法化是指政策方案上升为法律或获得合法地位的过程。它由国家有关的政权机关依照法定权限和程序所实施的一系列立法活动与审查活动构成。[5] 张国庆认为,公共政策合法化泛指制定和执行公共政策全过程的每一种政策行为至少在形式上符合法律、法规或者传统规范。[6] 陈振明认为,政策合法化是指法定主体为使政策方案获得合法地位而依照法定权限和程序实施的一系列审查、通过、批准、签署和颁布政策的行为过程。[7]

---

[1] 陈庆云.公共政策分析(第二版)[M].北京:北京大学出版社,2011:145.
[2] 陈庆云.公共政策分析(第二版)[M].北京:北京大学出版社,2011:146.
[3] Jones, C.. An Introduction to the Study of Public Policy[M]. North Situate, Duxbury Press, 1977:85.
[4] 林永波,张世贤.公共政策[M].台北:五南图书出版公司,1993:193.
[5] 张金马.政策科学导论[M].北京:中国人民大学出版社,1993:172.
[6] 张国庆.现代公共政策导论[M].北京:北京大学出版社,1997:145.
[7] 陈振明.政策科学[M].北京:中国人民大学出版社,1998:245.

上述关于政策合法化的观点中,有一点是一致的,即从公共政策的动态运行过程来看,政策方案规划任务完成后,必须通过合法化环节才能进入实际执行阶段。概括来说,政策合法化就是指经过评估和择优最终被采纳的政策方案在进入实施前,通过各种必要的行政程序和法律程序,使之取得合法地位,具有执行效力的过程,也是政策方案被公众认可的过程。公众对政策的认可程度是衡量政策合法化程度的标准。[1]

从法律角度来理解公共政策合法化这一概念的内容主要包括决策主体合法、决策程序合法、政策内容合法等。[2]

1. 决策主体合法

要保证公共政策合法化,前提是决策主体及其决策权力的合法化。决策主体依法组建、依法获得授权,是公共政策合法化的前提条件。决策主体的组建及其享有的各项权力是宪法和法律规定的,是由国家权力机关或上级国家行政机关授予的。一般而言,主要从管理职能、机构设置、人员组合、权责体系、组织经费和运行规则六个方面考察决策主体的合法性。

2. 决策程序合法

程序是规范决策主体行为的有效途径,是政策合法化过程的必要保障。如果没有法定的程序作保障,公共政策的制定就可能演变成随机性行为,使得个人或少数人的意愿凌驾于组织目标之上,个人行为代替组织行为。因此,必须对程序做出必要的规范,使之符合法律的要求,以更完善的形式合理抑制可能产生的实质不合理。现代社会的公共政策制定不仅需要实质合理,而且需要形式合理,两者相辅相成,才能增强公共政策的合法性。这是在公共政策实践过程中,人们逐渐形成的一种共识。如果只讲实质合理,不讲形式合理,就必然走向人治,势必损害公共政策的合法性。为了保证决策程序的合法性,当今世界许多国家专门制定了涉及决策程序的相关法律,如审查制度、听证制度等。在中国,推进科学立法,关键是完善立法体制,深入推进科学立法、民主立法,提高立法质量。要优化立法职权配置,发挥人大及其常委会在立法工作中的主导作用,健全立法起草、论证、协调、审议机制,完善法律草案表决程序,增强法律法规的及时性、系统性、针对性、有效性,提高法律法规的可执行性、可操作性。要明确立法权力边界,从体制机制和工作程序上有效防止部门利益和地方保护主义法律化。[3]

3. 政策内容合法

政策内容的合法性主要是指公共政策不能与国家宪法和现行法律相抵触。公共政策在内容上不仅要符合有关的法律原则,而且要符合法律的具体规定。为了确保政策内容的合法,不仅要在决策过程中把备选方案与相关的法律法规相对照,而且要充分发挥法律性政策机构的审查作用。必要的话,应考虑在政策制定的相关程序中建立专门的法律审查程序。德国、法国和意大利等国家都建立了专门的机构——宪法法院或宪法委员会,独立行使违宪审查权,它们在法律法规和公共政策生效前做出最终裁决,以确保公共政策的合法性,属于预防性的审查方式。[4] 在中国,宪法是国家的根本法,是治国安邦的总章程,具有最高的法律地位、法律权威、法律效力,具有根本性、全局性、稳定性和长期性。全国各族人民、一切国家机关和武装力量、各政党和各社会团体、各企事业组织都必须以宪法为根本的活动准则,并

---

[1] 王骚.公共政策学[M].天津:天津大学出版社,2012:171.
[2] 谢明.公共政策导论(第五版)[M].北京:中国人民大学出版社,2020:207.
[3] 习近平.习近平谈治国理政(第二卷)[M].北京:外文出版社,2018:120-121.
[4] 陈庆云.公共政策分析(第二版)[M].北京:北京大学出版社,2011:147.

且负有维护宪法尊严、保证宪法实施的职责。任何组织和个人都不得有超越宪法和法律的特权。一切违反宪法和法律的行为都必须予以追究。[1]

二、政策合法化的主体及意义

政策合法化的主体是依法有权使政策方案获得合法地位的国家机关。主体与权限是一个问题的两个方面。谁有权使政策方案合法化，谁就成为政策合法化的主体。

政策合法化的主体具有两个显著特征，即宏观上的广泛性和微观上的特定性。所谓宏观上的广泛性，是指从总体上看，政策合法化的主体是相当广泛的，有权使政策方案获得合法地位的国家机关都可以成为政策合法化的主体，它既包括国家立法机关，也包括其他国家机关，既可以是中央国家机关，也可以是地方各级国家机关。所谓微观上的特定性，是指每一项政策方案的合法化主体是特定的。尽管总体上政策合法化的主体是广泛的，但这并不意味着任何一项政策方案的合法化活动都可以由任意一个国家机关来进行。

政策合法化在政策运行过程中具有重要的地位和作用，在公共政策实践中也具有极其重要的意义，主要体现在以下几个方面：

第一，政策合法化既是公共政策制定过程的重要阶段，也是政策执行的前提和基础。政策方案只有经过合法化过程，才能为社会公众所接受而成为合法、有效的政策，才能通过公共政策的执行来顺利、有效地解决政策问题。公共政策的执行必须以政策方案具有合法性为前提，没有经过合法化过程的公共政策不具有合法性，也就不可能付诸执行。

第二，政策合法化是实现公共决策民主化、科学化和法制化的重要保障。政策合法化既是扩大社会公众民主参与公共决策、加强政治沟通与协调的过程，也是公共决策择优，对公共决策方案不断修改、完善，对不良方案过滤、淘汰的过程，更是坚持由法定的决策主体依照法定的权限和程序进行决策，对公共政策制定行为实施法治监督的过程。

第三，政策合法化是依法治国和依法行政的迫切需要。政策合法化的过程就是明确要求在公共事务管理活动中，人民群众依法参与公共政策制定活动，政府按照法律规定的权限、经过法定的程序、采用法定的手段开展公共管理活动。只有将政府的公共政策制定活动的全过程置于人民群众的参与和监督下，才能确保各级政府依法行政，从而真正贯彻依法治国的治国方略，实现对国家事务、社会事务和经济文化事务的法制化管理。[2]

三、公共政策合法化的程序

政策合法化的程序，是指政策方案获得合法地位的步骤、次序和方式。从理论上说，政策规划阶段结束后才进入合法化过程，但实际上，合法化过程往往包含政策规划的性质。不同的政策方案，不同的合法化主体，往往引致不同的合法化程序，这说明政策合法化的程序具有相对性的特点。[3]

（一）政策合法化程序的相对性

政策合法化的程序应该说是从政策规划的终点（方案选优或者说是政策方案最终决定

---

[1] 习近平.习近平谈治国理政(第一卷)[M].北京：外文出版社，2018：138.
[2] 吴元其，等.公共政策新论[M].合肥：安徽大学出版社，2009：124.
[3] 陈振明.政策科学——公共政策分析导论(第二版)[M].北京：中国人民大学出版社，2004：234.

后)开始的。但政策合法化过程并不简单地表现为通过与颁布政策。通过政策,意味着先要讨论、审查政策方案,这往往引致对政策方案的某些内容进行修改以取得较多赞同意见或决策者的满意。所以,政策合法化的过程类似又一次政策方案规划。

例如,当国家发展和改革委员会经过一系列复杂程序最终确定国民经济和社会发展的计划方案后,政策规划阶段结束了,这一方案开始进入合法化过程——报请国务院常务会议审定。国务院审定通过后,根据法律规定,还要报请全国人大审查和批准。因此,相对于国务院来讲,此前的工作都属于政策规划阶段,合法化过程从报请全国人大审查开始。然而进入人大后,一切似乎又从政策规划阶段开始。首先是国务院提出议案,然后人大经一系列法定程序将其列入议程,才能交付代表审议。经审议修改取得比较一致的意见后,政策方案最后确定,才能交付表决,因此,审议阶段似乎又属于政策规划阶段。一般情况下,人们认为只有表决、通过、批准、发布才属于政策合法化过程。可见,政策合法化与政策规划有时的确难以截然分开,政策合法化的程序是相对的。

(二) 行政机关的政策合法化过程

政策合法化过程与决策的领导体制有密切关系。领导体制的不同往往引致政策合法化过程的不同。

领导体制从不同的角度可以做不同的划分,如首长制与委员会制、集权制与分权制。其中,首长制与委员会制是一种最常见的划分方法。首长制也称首长负责制或一长制,其法定最高决策权由行政首长一人执掌,其他成员只有建议权,没有决定权。美国的总统制就是一种典型的首长制。委员会制的最高决策权由委员会各成员共同执掌,各成员权力平等,采取少数服从多数的原则决定政策。中国自1982年起从中央到地方的各级行政机关都实行首长负责制。在此体制下,中国行政机关的政策合法化通常经过下列程序:

1. 法制工作机构审查

目前,中国县级以上各级人民政府和相当一部分政府部门设置了专门的法制工作机构,审查政策方案是它们的一项主要职责。政策方案拟订后,一般先由法制工作机构审查,审查通过后再报领导审批或领导会议讨论决定。这种审查只是协助领导审查,是辅助性的、咨询性的,审查的意见仅供领导决策参考。

2. 领导决策会议决定

根据法律规定,县级以上各级人民政府工作中的重大问题须经政府常务会议或全体会议讨论决定,行政首长召集和主持这两种会议,对会议所讨论的结果和应做出的决定,行政首长拥有最后的决定权,即这两种会议都不采取委员会制的一人一票、少数服从多数的办法,而是大家畅所欲言、集思广益,充分发挥集体智慧的作用,对于应该做出决定的问题,则由行政首长拍板定案。

3. 行政首长签署并发布政策

行政首长负责制主要是指行政首长在各级政府机关中处于核心地位,拥有最高决策权和领导权。本级政府制定的政策由行政首长签署并发布。根据规定需要上报审批的政策应上报审批后发布。上报到上一级行政机关审批的政策,其程序与本级一样,由上级行政机关的法制工作机构审查,领导决策会议讨论决定后,由行政首长签署或直接由行政首长决定、签署,发布权有的在上级机关,有的退到原政策制定机关。

(三）立法机关的政策合法化过程

议会、国会和人大等的主要职权是立法，所以人们往往把它们看作立法机关的同义语。立法机关作为国家权力机关，其政策合法化程序包括提出议案、审议议案、表决和通过议案、公布政策。

1. 提出议案

议案是各种议事提案的总称，包括立法议案、预算案、质询案、罢免案等。提出议案的同时不一定要提出法律或政策等的具体草案，但政策合法化是将已经过政策规划而获得的政策方案提交审议批准，因此，提出议案的同时就提出了相应的政策方案。

2. 审议议案

审议议案是指立法机关运用审议权，决定议案是否列入议事日程，是否需要修改以及对其进行修改的专门活动。对列入议事日程的政策方案的审议主要围绕下列内容：（1）是否符合社会发展的需要；（2）是否符合法律和公共利益；（3）名称、体系、逻辑结构和语言表述等具体问题。

3. 表决和通过议案

经过表决，政策方案如果获得法定数目以上人员的同意，即通过。议案一般采取过半数通过原则，有关宪法的议案一般要2/3以上人员的绝对多数通过。

4. 公布政策

政策方案经表决通过后，有的经过其他机关或其他形式的批准、认可后，成为正式的政策。但此时的政策还不能执行，还得经过公布程序。公布权不一定都属于立法机关或权力机关，如在多数国家，法律由国家元首公布。在中国，国家主席根据全国人大及其常委会的决定签署主席令公布法律。有些地方国家权力机关如省会市、国务院批准的"较大的市"的国家权力机关制定的地方性法规，要经上级国家权力机关批准后方可公布。

（四）政策合法化的救济监督制度——违宪审查制度

违宪审查是指为保障宪法实施，由具有违宪审查权的特定国家机关，依照宪法规定的程序，对国家机关及其工作人员的行为（主要是立法活动）是否符合宪法进行审查，并对违反宪法的行为予以纠正或制裁的专门活动。

在中国现行宪法的起草过程中，对违宪审查制度予以相当的关注，最终确定采取由全国人大及其常委会监督宪法实施的体制。

思政园地

"十四五"规划彰显社会主义核心价值观和"人民至上"的价值理念

"十四五"规划的主要目标充分体现了中国共产党所倡导的富强、民主、文明、和谐的社会主义核心价值观。"十四五"规划的主要目标包括：经济发展取得新成效；社会主义民主法治更加健全，社会公平正义进一步彰显；社会文明程度得到新提高，人民思想道德素质、科学文化素质和身心健康素质明显提高；公共文化服务体系和文化产业体系更加健全，人民精神文化生活日益丰富，中华文化影响力进一步提升，中华民族凝聚力进一步增强；生态环境持续改善,生态安全屏障更加牢固,城乡人居环境明显改善;民生福祉达到新水平,实现更加充分更高质量就业,居民收入增长和经济增长基本同步,分配结构明显改善,基本公共服务均等化水平明显提高,全民受教育程度不断提升,多层次社会保障体系更加健全,卫生健康体系更加完善;等等。

"十四五"规划的编制过程充分体现党和政府的责任意识、服务意识、科学精神和科学态度,深刻彰显了中国共产党以人民为中心的根本立场和"人民至上"的价值理念。2020年8月6日,习近平对"十四五"规划编制工作做出重要指示,强调五年规划编制涉及经济和社会发展的方方面面,同人民群众生产生活息息相关,要开门问策、集思广益,把加强顶层设计和坚持问计于民统一起来,鼓励广大人民群众和社会各界以各种方式为"十四五"规划建言献策,切实把社会期盼、群众智慧、专家意见、基层经验充分吸收到"十四五"规划编制中,齐心协力把"十四五"规划编制好。根据习近平重要指示精神和规划建议编制工作安排,有关方面通过多种形式征求干部群众、专家学者等对"十四五"规划的意见和建议。

资料来源:https://baike.so.com/doc/26230783-27457302.html.

四、政策法律化

政策法律化就是政策向法律的转化,具体来说,是指享有立法权的国家机关依照立法权限和程序,将成熟、稳定而有立法必要的政策转化为法律。政策法律化实际上是一种立法活动,所以又称"政策立法"。

(一)政策法律化的主体

政策法律化的主体就是依法有权把政策转化为法律的国家机关,即享有立法权的国家机关。政策法律化的主体有两类:一是享有立法权的立法机关,二是享有委托立法权的行政机关。从中国现行的立法体制来看,享有立法权的国家机关包括全国人大及其常委会、国务院、特定的地方人大及其常委会。其中,"特定"主要包括省、自治区、直辖市、省会市和自治区首府所在地的市、国务院批准的"较大的市"、自治州和自治县等。此外,特别行政区的立法体制有特别规定。

(二)政策法律化的条件

并不是所有政策都有必要转化为法律,只有具备一定条件的政策才能转化为法律。政策法律化应具备以下条件:

1. 有立法必要的政策

政策对社会生活的调整范围大于法律。有些政策,如执政党调整党内各种关系的政策,对社会不具有普遍适用性,没有必要转化为法律。有些领域,如民族、宗教领域中的许多问题,宜用政策加以引导,不应由法律硬性约束。因此,只有对全局有重大影响的政策,才有必要转化为法律。

2. 成熟、稳定的政策

从政策与法律的比较来看,法律比较稳定,政策具有较大的灵活性。政策能根据客观条件的变化而不断修改,法律的修改则较复杂。法律的稳定性和政策的灵活性决定了只有经实践检验是成熟的、具有长期稳定性的政策才能转化为法律。当然,这只是一般情况,在社会转轨时期,很多社会关系需要靠法律及时调整,不能机械地等待政策在实践中反复检验、完全成熟后才上升为法律。

（三）政策法律化是政策合法化的一种重要而又特殊的形式

政策合法化具有更大的外延，它仅要求政策方案获得合法地位、具有执行效力，并不要求把所有政策都转化为法律，合法不等于立法。政策转化为法律，当然就获得了合法地位，具有执行权，且有国家强制力保证实施。从这一点上讲，政策法律化是政策合法化的一种重要形式。

从政策过程来讲，政策合法化属于政策制定的范畴，是经政策规划而得到的政策方案获得合法地位的过程。政策法律化则不同，它一般是将经过实践检验证明是成熟、稳定的政策转化为法律，即该政策已经处于执行阶段而不是制定阶段。从这一点上讲，政策法律化与政策合法化是不同的，只能说政策法律化是政策合法化的一种特殊形式。

案 例

十九届四中全会《决定》诞生记

2019年10月31日，中国共产党第十九届中央委员会第四次全体会议表决通过《中共中央关于坚持和完善中国特色社会主义制度 推进国家治理体系和治理能力现代化若干重大问题的决定》（以下简称《决定》）。

肩负伟大使命，顺应时代要求，把中国特色社会主义制度坚持好、完善好、发展好，使其更加成熟、更加定型，是关系党和国家事业发展的根本性、全局性、长期性问题。

"党的十九届四中全会是我们党站在'两个一百年'奋斗目标的历史交汇点上召开的一次重要会议。"习近平一语道出历史的经纬。

这是从政治上、全局上、战略上全面考量，立足当前、着眼长远做出的重大决策，充分体现了以习近平同志为核心的党中央高瞻远瞩的战略眼光和强烈的历史担当。

"我对党的十九届四中全会议题思考了很久，也听取了各方面意见。"习近平在全会文件起草组第一次全体会议上，深刻阐述了全会议题的重大战略意义。

党的十九大在决胜全面建成小康社会、开启全面建设社会主义现代化国家新征程的时代坐标中，做出了"两个十五年"战略安排：从2020年到2035年，基本实现社会主义现代化；从2035年到21世纪中叶，建成社会主义现代化强国。综观两阶段任务，都鲜明指向坚持和完善中国特色社会主义制度、推进国家治理体系和治理能力现代化的重大课题。

党的十八届三中全会首次提出："全面深化改革的总目标是完善和发展中国特色社会主义制度，推进国家治理体系和治理能力现代化。"

相比过去，新时代改革开放具有许多新的内涵和特点，其中很重要的一点就是制度建设分量更重。新时代谋划全面深化改革，必须深刻把握中国的发展要求和时代潮流，把国家制度建设和国家治理能力建设摆在更加突出的位置。

一个国家选择什么样的制度和治理体系，是由这个国家的历史传承、文化传统、经济社会发展水平决定的。置身社会主义现代化新征程，我们比以往任何时候、任何阶段都更加需要明确回答在中国国家制度和国家治理上应该坚持和巩固什么、完善和发展什么这个重大问题。这正是党的十九届四中全会的历史方位，也是全会《决定》诞生的时代背景。

牢牢把握航向,充分发扬民主。全会《决定》起草工作始终在以习近平同志为核心的党中央领导下进行,在系统学习、深刻思考、兼收并蓄、凝聚共识中推进。

"全力以赴做好文件起草工作,拿出经得起历史和实践检验的好文件。"习近平从一开始就提出明确要求。

全会文件起草组由习近平亲自担任组长。2019年4月3日,习近平主持召开全会文件起草组第一次全体会议。自此之后的两百多个日日夜夜,全会《决定》起草工作始终在习近平直接领导下进行:两次主持召开全会文件起草组全体会议,四次主持召开中央政治局常委会会议,两次主持召开中央政治局会议,无数次审阅批改文件稿;从提纲框架方案到送审稿,对上报的每一稿都认真审阅、提出要求……习近平在把方向、定原则、划重点等各方面对全会《决定》起草工作倾注了大量心血。

中共中央政治局常委会其他成员也围绕全会《决定》起草工作开展调查研究,进行深入思考,提出明确意见。起草一份好文件,必须努力提高思想理论素养,力求将中国共产党的理论创新、实践创新成果充分体现出来。

全会文件起草组的成员认真学习习近平重要论著、讲话,深入研读党的重要文献,围绕关键问题开展研讨。数十册文件选编,读了又读、划了又划,有的折着页角、有的插上便签,各种笔记、符号密密麻麻。学习思考,调研论证,研讨碰撞,起草修改……全会文件在反复比较、细化推敲中逐步成型。

起草一份好文件,必须充分发扬民主、集思广益,广泛吸纳全党全社会智慧。全会《决定》起草过程是发扬社会主义民主的生动实践。2019年4月7日,中共中央发出通知,在党内一定范围组织讨论,广泛征求对全会议题的意见和建议。二十几天里,109份意见和建议从四面八方汇集。全会文件起草组整理出54万字汇总本并形成汇总报告,带着对党情、国情、世情的调研和思考,凝结着全党的智慧。经过5个月的奋战,9月初,全会《决定》征求意见稿下发中央党政军群各部门和各地区,在党内广泛征求意见。

荣辱与共,肝胆相照。早在2019年4月,中共中央委托中央统战部召开党外人士座谈会,就全会主题征求意见。9月25日,习近平主持召开座谈会,听取各民主党派、全国工商联和无党派人士对全会《决定》征求意见稿的意见。与会党外人士提出了很多有价值、有见地的意见和建议。

海纳百川,有容乃大。对全会《决定》征求意见稿,各地区各部门各方面共提出修改意见1948条。全会文件起草组对文件增写、改写、精简文字共计283处,覆盖436条意见和建议。

2019年10月28日,动员全党力量、凝聚各方智慧的《中共中央关于坚持和完善中国特色社会主义制度 推进国家治理体系和治理能力现代化若干重大问题的决定(讨论稿)》[以下简称《决定(讨论稿)》]摆放在了全会与会人员面前。

在为期4天的全会上,与会人员认真学习领会习近平重要讲话和对全会《决定(讨论稿)》所做的说明,紧扣会议主题深入讨论,并认真研究全会《决定》稿。在第一轮讨论中,全会文件起草组收到反馈意见227条。根据这些意见,对全会《决定(讨论稿)》做出45处修改。会议期间,习近平主持召开中央政治局常委会会议,再次对全会《决定》稿进行审议并提出修改意见。

2019年10月31日上午,拟提交全会表决的全会《决定》稿再次交由各小组讨论。与会人员本着高度负责的精神,又提出一些修改意见。全会对《决定》稿再次做出4处重要修改。

在征求意见、审议讨论的过程中,从重大论断、重要举措,到关键提法、遣词造句,每次征求的意见都进行了系统整理、认真对待、充分吸纳。

高屋建瓴,字字千钧。全会《决定》的行文风格给人留下深刻印象。聚焦制度、治理,每个部分简洁明了;说清楚要干什么,把制度、政策、方针说到位;政治结论清晰,精炼阐述原则、立场……全会《决定》的起草、修改,充分贯彻执行了习近平"重大问题不能含糊,必须讲清楚"的要求。

2019年11月5日,《决定》全文公布。翻开全会《决定》,新时代中国共产党人坚持和巩固什么、完善和发展什么的行动纲领和政治宣示掷地有声,与时俱进、守正创新的理论品格、实践品格跃然纸上。

全会《决定》首次明确提出坚持和完善中国特色社会主义制度,推进国家治理体系和治理能力现代化的总体目标。

坚持中国共产党的领导是全会《决定》的根本遵循,是中国特色社会主义最本质的特征,是中国特色社会主义制度强大生命力和巨大优越性最集中的体现。在全会《决定》系统描绘的中国特色社会主义制度体系中,党的领导制度是国家的根本领导制度,统领和贯穿其他各方面的制度。

以人民为中心是全会《决定》的价值旨归,郑重宣示了中国共产党人不变的初心使命、如一的为民情怀。

制度的生命力在于执行。"破"与"立"并举,"制"与"治"融通。全会《决定》部署超过200项重大举措,进一步明确任务书。按照习近平对全会精神学习宣传和贯彻落实的提前谋划部署,有关部门提前制订有关宣讲宣传方案,抓紧整理重大举措清单,拿出贯彻落实的具体分工方案,确保全会精神和各项举措落地落实、发挥效力。

在以习近平同志为核心的党中央坚强领导下,中国人民一定能把坚持和发展中国特色社会主义、推进国家治理体系和治理能力现代化这篇大文章写出更加辉煌的时代新篇。

资料来源:http://www.cfgw.net.cn/2019-11/07/content_24892676.htm。

讨论题:

结合案例材料,探讨中国公共政策出台的过程及其特色。

复习思考题

1. 试述政策制定的含义和特性。
2. 政策制定应遵循哪些原则?
3. 结合实际,说明如何搜寻与发现备选方案。
4. 确定政策目标的基本原则有哪些?
5. 简述政策方案评估和择优的标准和步骤。
6. 简述政策方案评估和择优的常见方法和常犯错误。
7. 什么是公共政策合法化?简述公共政策合法化的程序。

第六章 政策执行

全章提要

- 第一节　政策执行概述
- 第二节　政策执行的过程与手段
- 第三节　政策执行模型
- 第四节　影响政策有效执行的因素
- 第五节　政策执行的偏差及其矫正

案例

复习思考题

经合法化过程后的公共政策,一经采纳便进入政策执行阶段。政策执行是政策过程的实践环节,是政策目标转化为政策现实的唯一途径。政策执行的有效性直接关系到公共政策的成败,是政策生命周期中最重要的环节之一。本章将探讨政策执行的含义、特征与功能,政策执行的过程与手段,政策执行模型,影响政策有效执行的因素,政策执行的偏差及其矫正等一系列问题。

第一节　政策执行概述

作为政策过程中的一个重要阶段,首先需要对政策执行的含义、特征和功能进行深入全面的分析。

一、政策执行的含义

对公共政策执行含义的界定,长期以来学界形成了行动理论学派和组织理论学派两大流派,它们分别从不同的角度对政策执行进行了描述。

行动理论学派强调政策执行是对某一公共政策所采取的广泛行动,更关注政策作为行动指南的指导性作用。该学派认为行动是政策执行的关键,政策行动只要坚强有力,行动方法切实可行,就可以比较顺利地实现政策目标,合理的政策执行活动甚至在一定程度上可以弥补政策决定的局限。行动理论学派的主要代表人物琼斯认为:"政策执行是将一项政策付诸实施的各项活动,在诸多活动中,尤以解释、组织和实施三者最为重要。解释活动就是将政策的内容转化为民众所能接受和理解的指令;组织活动就是指设立政策执行机构,用以拟定执行的办法和落实政策;实施活动就是指由政策执行机构提供例行性的服务与设备,支付各种费用,进而完成政策目标。"[①]

组织理论学派强调组织是政策执行的主体,任何政策都是通过一定的组织得以执行的。任何政策目标要转变为政策现实,都需要有一定的组织机构作依托,有一定的组织原则作保证。不论是政策方案本身还是执行环节导致的政策成败,都可以通过组织得到集中反映。组织理论学派的主要代表人物弗瑞斯特(Forester)认为:"传统的政策执行规范理论强调政策执行机构及其人员对政策目标和政策规定的顺应行为,强调依法行政,而基本上不考虑政策执行机关及其人员的审视检定、自省以及前瞻分析的能力和需求。但政策规划者、政策执行机构和人员的预期分析能力,即在危机事件或事态发生前预感并相应采取适当步骤和程序加以有效对付的能力,实际上是对政策执行成功与否最关键的作用因素。"[②]

实际上,不管是行动理论学派还是组织理论学派,都只不过是从不同的角度和侧面解释了政策执行,两个学派关于政策执行的理论观点各有其道理,对于准确把握政策执行的基本

---

① Jones, C.. An Introduction to the Study of Public Policy[M]. North Situate, Duxbury Press, 1977: 139.
② Forester, J.. Anticipating Implementation: Normative Practive in Planning and Policy Analysis[M]. Beverley Hills: Sage Publications, 1987: 49.

概念都具有重要的启发作用。

综上,本书将政策执行界定为政策执行者为了实现既定的政策目标,通过建立组织结构,运用各种政策资源,采取解释、组织、实施等各种行动,将政策观念形态的内容转化为实际效果的动态过程。

二、政策执行的特征

政策执行作为政策过程的一个重要阶段,主要具有下述几个方面的特征:

(一) 适用性

政策执行首先应该弄清楚该项政策的适用对象和范围,否则不仅不会实现政策目标,而且会影响政策的权威性和严肃性,从而削弱政策执行的力度。

(二) 灵活性

在政策实践中,多数政策属于不涉及操作层面具体细节的宏观政策,因此,在政策执行过程中,应结合地区、部门特点来制订可行的政策方案,不能生搬硬套。

(三) 有序性

政策执行程序中的每个环节都具有时间上的先后顺序,需要一个阶段接一个阶段层层推进,按照既定的次序开展。因此,政策执行应体现阶段性和连续性。

(四) 动态性

政策执行是思想和行为需要不断变化、不断调整的过程,并且这种调整和变动贯穿政策执行的全过程。政策执行应根据具体情况和变化了的条件以及反馈信息,不断调整原定的执行方案。

(五) 协调性

在政策执行的过程中需要对政策要素在空间上进行分配、重组和运作,政策执行的协调性就体现在对任何政策要素的发展变化以及各要素的分配方式、比例、组合结构等影响整个政策执行进程的变化进行协调。

(六) 时限性

政策执行的时限性体现政策执行中的每个阶段都有时间上的要求。政策执行的时限性为政策参与者提供了时间标准,避免了政策执行行为各环节的中断。

三、政策执行的功能

政策方案的实现有赖于有效的政策执行。公共政策的执行作为政府公共管理活动的基本环节、实现公共政策目标的最直接决定因素,在政策过程中具有至关重要的地位和功能。

(一) 实现政策目标的重要途径

政策的主要目的不是研究问题而是解决问题,只有通过政策执行才能直接地、实际地、具体地解决问题,才能实现政策目标,对社会政治、经济、文化等方面产生影响。因此,政策执行是将政策目标(理想)转化为政策现实的唯一途径,将政策转化成可操作的具体活动。以中国的扶贫政策为例,实现精准扶贫、精准脱贫,重在提高脱贫攻坚成效,在精准施策上出实招、在精准推进上下实功、在精准落地上见实效。习近平强调,"要解决好'扶持谁'的问题,确保把真正的贫困人口弄清楚,把贫困人口、贫困程度、贫困原因等搞清楚,以便做到因户施策、因人施策"。① 需要注意,政策目标更多的是对未来的预期,其并不一定完美和正确,所以,实现政策目标是一个极为复杂而困难的过程,是政策执行修正政策缺陷和弥补政策漏洞的过程。

(二)检验政策成效的唯一环节

公共政策制定属于认识范畴,经过程序化的逻辑推理和理论设想后的公共政策,无论其构建得多完美,都只是纸上谈兵,其成效必须经过政策执行才能得到实践检验。当然,政策的成效除了与政策制定有关外,还与政策执行过程有关。政策执行是过程和结果的统一,由于在政策执行的实践过程中可能会出现一些与政策制定中的设定不一样的情况,因此在政策执行的过程中必须根据实际情况来修正和完善方案,以提高政策的可操作性和成效。

(三)制定后续政策的基本依据

一项新政策的制定往往要依据先前政策实施后由各种渠道反馈上来的信息,因此,制定后续政策的基本依据功能也称为"政策执行的反馈功能"。公共政策往往要经历由制定到执行再到制定的循环过程,在这个过程中,政策执行不仅是政策制定的检验、完善过程,而且是政策再制定的追踪、提高过程。政策执行过程中反馈的实践经验和信息能够为后续政策的制定提供重要的参考依据。

第二节 政策执行的过程与手段

政策执行是一个多元参与主体互动的复杂过程,它包含一些基本的过程,要顺利推进和完成这些过程,需要依靠科学的政策执行手段。对政策执行的过程和手段的研究是政策执行研究的一项重要内容。

一、政策执行的过程

政策执行的过程一般包括三个阶段:一是政策执行的准备阶段,包括政策宣传、执行计划拟订、物质和组织准备等环节;二是政策执行的实施阶段,包括政策试点、政策推广、政策协调与监督等环节;三是政策执行的总结阶段,包括政策执行效果评估、政策执行追踪决策等环节。这三个阶段构成了完整的公共政策执行过程。

(一)政策执行的准备阶段

公共政策的执行是从准备阶段开始的。"良好的开端是成功的一半",要在政策方案付诸实施前做好各项准备工作。

1. 政策宣传

政策宣传主要是指通过向社会公众宣传公共政策的意图和内容,加强政策认知,促使政策执行者正确执行政策和引导政策目标群体向政策希望的方向发展。政策宣传的内容既包括通过法律、规定、命令、细则、办法等形式进行的政策公布,也包括通过各种有影响力的渠

---

① 习近平:脱贫攻坚战冲锋号已经吹响 全党全国咬定目标苦干实干.www.gov.cn/winwen/2015－11/28/content_5017921.htm.

道和方式向政策执行者、政策对象等相关群体所做的政策解释和说明。

政策宣传既是政策执行的起始环节,也是政策执行的一项重要功能活动,具有重要的作用。一方面,通过政策宣传能够提高政策执行者的政策认知水平。政策执行者只有在对政策的意图和政策实施的具体措施有明确认识和充分了解的情况下,才能够积极主动地、正确地执行政策。另一方面,通过政策宣传能够提高政策对象的政策认知水平。政策对象只有在知晓和理解政策的情况下,才能自觉地接受和服从政策。

2. 执行计划拟订

执行计划就是根据实际情况,在对政策进行充分认知的基础上,拟订旨在达到政策目标的行动方案。一般来说,一项政策的推出往往只是从宏观层面和战略层面指出实现政策目标的基本方向和基本原则,具有抽象性。要使政策执行顺利开展,政策执行机构需要对总体目标进行分解,拟订具体可行的政策执行计划。

拟订政策执行计划应遵循以下原则[①]:

(1) 客观性原则。编制计划要切实可行,积极可靠,排除主观臆断;计划的各项指标,不保守也不冒进;既不是唾手可得的,也不是经过努力仍然高不可攀的;有关人力、物力、财力等条件必须精确具体,切不可含糊笼统。

(2) 适应性原则。编制的计划要有适应环境变化的弹性机制,特别要有意外情况的防范机制。

(3) 全面性原则。编制计划要统筹方方面面、理顺各种关系,切忌顾此失彼。计划应前后衔接,轻重缓急有层次,不同管理层次的计划各有侧重。

(4) 一致性原则。要求政策执行机构内部各职能部门的工作目标和政策目标一致,上下级的政策目标一致,以增强组织上的统一性和方向上的一致性。

3. 物质和组织准备

物质和组织准备是确保政策执行顺利进行的重要基础和保障,也是政策执行准备工作中一项必不可少的内容。

物质准备主要是指必要的财力(经费)和物力(设备)准备。政策执行者应根据政策执行活动中的各项开支编制预算。预算在报经有关部门批准后,才算落实了活动经费。必要的设备是政策执行得以顺利进行的必要条件,包括交通工具、通信器材、机械设备、办公用品等。充分的物质准备为有效执行政策创造了有利条件和环境。

组织准备包括政策执行机构的确定、人员的配备、规章制度的制定等。政策执行机构的确定是组织准备中的首要任务。对常规性政策的执行,应由原执行机构继续承担,但有时也可用提高原机构地位或者改组机构的方式来保证政策顺利实施;如果是非常规性或者牵涉面较广的政策执行,则可组建临时机构来承担。人员的配备是组织准备中的另一项重要任务。要求政策执行者具有较强的政策理解能力、沟通协调能力、随机应变能力等。在组建了政策执行机构和配备了专门人员后,还要制定科学合理的规章制度。通过目标责任制度、检查监督制度和奖励惩罚制度等规章制度的制定,明确政策执行的具体准则,以维持政策执行的正常秩序。

(二) 政策执行的实施阶段

政策执行的实施阶段是实现政策目标的关键环节,主要包括政策试点、政策推广、政策

[①] 陈振明.政策科学——公共政策分析导论(第二版)[M].北京:中国人民大学出版社,2004:262.

协调与监督等内容。

1. 政策试点

政策试点是指一项新政策在正式推广前,根据政策对象和政策适用范围的实际情况,选择具有代表性的局部地区或者群体试行政策的方法。政策试点是政策得以全面推行的基础。

政策试点的作用主要体现在:(1)政策试点可以减少政策的执行风险。由于政策信息的非对称性、政策执行者能力限制等因素的影响,政策方案的全面推广面临一定的风险,而通过政策试点,能够降低政策执行失效的风险和政策执行带来的震荡,即使试点失败,造成的损失也远远低于全面推广造成的损失。(2)政策试点可以降低政策执行成本。通过政策试点能够对政策的可行性和有效性进行检验,可以根据试点中获得的经验教训及时修改和完善政策,从而有利于提高政策执行效率,降低政策执行成本。

政策试点必须按照科学的方法进行。政策试点大致包括选择试点对象、设计试点方案和总结试点结果三个阶段。在进行政策试点的过程中需要注意以下几个方面的问题:(1)试点的选择要具有代表性和典型性。随便选择试点的地区或者对象不能获得准确有效的试点结果。(2)试点方案的设计要周到、严密。在试点方案的设计中,既要考虑试点对象之间以及试点与非试点对象之间的比较,也要避免各种人为因素的干扰,如采用"盲试"。(3)要重视对试点结果的总结分析。这个阶段是政策试点最为关键的一步,对原有政策方案的补充、修改或者废止的决策都要根据试点的过程和结果做出。

2. 政策推广

政策推广是在政策试点经验的基础上,在更大的范围内实施政策。这是政策执行过程中涉及面最广、操作性最强的一个环节。

在政策执行的推广阶段,必须遵循原则性与灵活性相统一的原则。所谓政策实施的原则性,是指政策执行必须遵循政策的精神实质,保证政策的统一性、严肃性和权威性,严格按照政策的要求,全面地、不折不扣地实现政策目标。所谓灵活性,是指在不违背政策原则精神和保持政策方向的前提下,坚持从实际出发,采取灵活多样的方式方法,因时制宜、因地制宜、因人制宜、因事制宜,使政策目标得到真正实现。在政策实施中坚持原则性与灵活性相统一的原则,就是要把政策精神和实际情况相结合,既创造性地实施政策,又正确地把握政策界限。灵活是在原则所允许的范围内的灵活,而不是违反政策的随心所欲。灵活性的临界点是原则性。在执行政策的过程中,如果抛弃了政策的原则性,滥用灵活性,就会产生"上有政策,下有对策"的现象,使政策难以得到顺利、有效的执行。[①]

3. 政策协调与监督

政策的协调与监督贯穿政策执行的全过程。政策协调是指运用行政、法律、经济等各种手段,调动并利用人力、物力、财力等多种资源,使政策执行过程中所涉及的不同执行机构和人员共同参与和紧密配合。美国著名政策科学家萨巴蒂尔(Sabatier)和梅兹曼尼安(Mazmanian)强调说:"执行机关内部以及执行机关之间的整合是政策有效执行的必要前提条件之一。"[②]

政策监督是政策执行的保障环节。政策监督是指在政策执行过程中,为了避免政策执

[①] 陈振明.政策科学——公共政策分析导论(第二版)[M].北京:中国人民大学出版社,2004:269-271.

[②] Sabatier, P. A. and Mazmanian, D.. The Conditions of Effective Implementation: A Guide to Accomplishing Policy Objectives[J]. Policy Analysis, 1979, 5(4): 490-492.

行者主观认识上的差异或者政策制定者与政策执行者之间的利益差别等原因所带来的偏离政策目标的影响,对政策执行进行监督的过程。在政策执行过程中及时发现和纠正违背政策目标的行为,能够提高政策执行的效率,确保政策目标的实现。

(三) 政策执行的总结阶段

政策执行完毕后应及时进行总结,这是政策执行的最后一个阶段。通过总结,能够为新的政策制定做准备。这个阶段包括政策执行效果评估和政策执行追踪决策两个环节。

1. 政策执行效果评估

对政策执行成效的判断,需要在政策执行完毕后对政策执行效果进行科学、系统、全面的评估。政策执行效果评估能够检验政策执行是否达到预期目标,实现预期效果。这需要通过科学的指标和严格的程序来进行评估,而不能靠政策制定者或执行者的主观判断。同时,根据政策执行效果,可以判断该项政策是应该继续推行,还是应该进行调整、革新或者终止,这些都需要以政策执行效果评估的客观结果为依据。

2. 政策执行追踪决策

政策执行追踪决策是指政策执行主体在政策执行过程中,根据得到的信息反馈对现行政策方案所做的根本性修正和变革。因此,追踪决策是按照科学决策的程序和方法对原有政策问题进行的重新决策。它与正常情况下一般决策的区别主要体现在:(1)一般决策是在搜集信息、确定目标和拟订方案的基础上进行方案优选;而追踪决策是在原有方案已经实施却面临困境的情况下重新决策。因此,追踪决策是通过对原有政策制定过程及其环境的逆推来寻找政策失误的症结,以便采取对策。(2)一般决策是在若干个备选方案中选出一个最佳方案;而追踪决策除了在备选方案中选择最佳方案外,还要使各个备选方案都优于原来的方案。

二、政策执行的手段

公共政策执行的手段是指为了实现政策目标,政策执行者所采用的政策工具、中介途径和措施方法的总称。政策执行过程中的每个环节都离不开一定的执行手段,恰当的政策执行手段有助于政策目标的顺利实现。政策执行活动的复杂性决定了政策执行手段的多样性。概括起来,政策执行手段主要有以下几类:

(一) 行政手段

行政手段是指政策执行者依靠行政组织的权威,采用行政命令、指示和规章制度等方式推动公共政策执行的方法。行政手段是公共政策执行最基本的手段,其主要特点如下:

第一,权威性。政策执行机构是以国家权力为基础的,强调的是垂直领导关系和下级服从上级的关系,从而保证政策在全国范围内统一执行。

第二,强制性。行政手段以命令、指示、规章等形式出现,在规定的范围内,任何政策执行对象都必须执行,否则就要承担一定的责任或者受到一定的惩罚。

第三,无偿性。政策执行主体与政策执行对象之间的关系不是经济利益关系,而是无偿的行政统辖关系,并且上级部门可以使用行政手段无偿地对下级部门进行调动和使用。

第四,具体性。政策执行的行政手段一般在特定时间对特定对象起作用,其内容、对象、时间、范围、措施等都是具体的。

由于行政手段具有上述特点,因此在政策执行过程中使用行政手段容易做到协调统一、令行禁止。但行政手段也有不足之处：行政手段的权威性和强制性会使上级机关的失误产生连锁反应；另外，行政手段的无偿性和下级部门的被动性会影响下级部门积极性和创造性的发挥。因此，在政策执行的过程中，应该加强对行政手段的监督，确保其未被滥用。

(二) 法律手段

法律手段是指通过各种法律、法令、司法和仲裁等工作，特别是通过行政立法和司法方式对政策执行活动中的各种关系进行调整的方法。法律手段是政策执行活动得以进行的根本保障。

法律手段除了具有与行政手段一样的权威性和强制性外，还具有以下特点：

第一，稳定性。行政法律和法规一经国家立法和行政机关颁布，在生效期内不会经常变动。要对法律法规根据客观形势发展的要求进行修订，就必须由国家立法和行政机关遵循立法程序进行，绝不允许任何机关、团体和个人随意更改。

第二，程序性。行政法律和法规的制定要遵循特定的程序，其实施也要按照法定时间与法定空间的步骤和方式进行。

第三，规范性。行政法律和法规对其效力范围内的所有组织和个人具有同等的约束力。法律和法规作为评价不同的人的行为的共同标准，应该使用极其严格的语言，不能产生歧义。不同层次的法律法规不得相互冲突，法规要服从法律，一般法律要服从宪法。

法律手段能够保障政策执行活动有法可依、有章可循，消除阻碍政策目标实现的各种干扰，有利于政策的顺利实施。法律手段的使用范围比较广泛，尤其适用于解决那些共性问题。但是对特殊的、个别的问题的处理，法律手段需要与行政手段搭配使用。

(三) 经济手段

经济手段是指根据客观经济规律和物质利益原则，利用各种经济杠杆，调节政策执行过程中的各种不同经济利益之间的关系，以促进政策顺利实施的方法。经济手段主要运用价格、工资、利润、利息、税收、资金、罚款以及经济责任、经济合同等来组织、调节和影响政策执行者和政策对象的活动。

经济手段不同于行政手段和法律手段，其具有如下特征[1]：

第一，间接性。经济手段不像行政手段那样直接干预，而是利用经济杠杆作用对各个方面的经济利益进行调节，以此来实现间接调控。

第二，有偿性。与行政手段下的无偿服从不同，经济手段的核心在于贯穿物质利益原则，注重等价交换原则。有关各方在获取自己经济利益的权益上是平等的。

第三，关联性。一种经济手段的变化不仅会引起社会多方面经济关系的连锁反应，而且会引致其他各种经济手段的相应调整，不仅影响当前，而且波及今后。

正确运用经济手段能够充分调动人们执行政策的积极性和主动性，经济有效地实现政策目标。但是，在使用过程中要注意各种经济手段的功能是不同的，针对不同的情况应使用不同的经济手段，不能简单划一地规定，更不能不加分析地套用。一般来讲，把经济手段与行政手段、法律手段结合使用会取得更佳的效果。

(四) 其他手段

除了行政手段、法律手段和经济手段外，随着社会的发展，政策执行手段不断丰富，出现

---

[1] 陈振明.政策科学——公共政策分析导论(第二版)[M].北京：中国人民大学出版社，2004：268.

了说服引导手段、技术手段等。

说服引导手段也是政策执行的有效手段之一，它具有较少的强制性，更容易被政策对象接受。通过说服引导手段引导人们把政策内化为信念，主动贯彻公共政策。

技术手段是采用现代化的科学技术来改进政策执行的方式，如网络技术、信息技术等。通过技术手段能够提高政策执行的效率。

第三节 政策执行模型

20世纪70年代中期以后，公共政策学者纷纷建立起若干政策执行模型来研究影响政策执行的因素，以期帮助人们更有效地开展政策执行活动。这些政策执行模型主要有过程模型、互适模型、博弈模型、循环模型、系统模型和综合模式六种。

一、过程模型

美国学者史密斯在其《政策执行过程》一文中首次提出分析政策执行过程的模型。他认为，"具体地说，政策的形式、类型、渊源、范围及受支持度、社会对政策的印象；执行机关的结构和人员，主管领导的方式和技巧，执行的能力与信心；目标群体的组织或制度化程度、接受领导的情形以及先前的政策经验；文化、社会、经济与政策环境的不同，凡此等等均是政策执行过程中影响其成败所需要考虑和认定的因素"[1]。史密斯将政策执行过程的影响因素归结为以下四类：（1）理想化的政策，即政策目标是否可行，政策方案是否合法合理等；（2）执行机构，即负责政策执行的机构的特性如何；（3）目标群体，即受政策影响的政策对象的特性如何；（4）环境因素，即对政策执行者和被执行者产生影响的环境方面的因素如何等。

图6-1描述了四个主要影响因素及其相互关联对政策执行效果的影响过程。政策执行过程中产生的张力可能会带来激烈的冲突，因此需要采取相应的措施来实现政策目标，在对张力进行处理后，政策运行顺畅，就实现了某种制度化，在必要的时候才给予回馈。

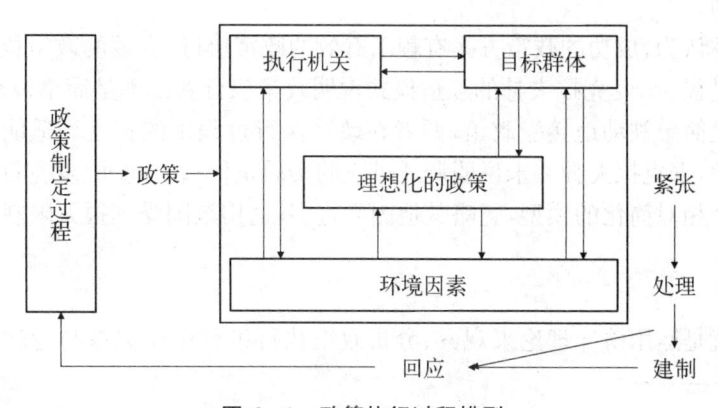

图6-1 政策执行过程模型

---

[1] Smith, T. B.. The Policy Implementation Process[J]. Policy Sciences, 1973, 2(4): 203.

史密斯的政策执行模型不仅强调了理想化政策的影响,而且强调了目标群体、执行机构与环境因素的影响以及他们之间的互动关系,这被认为是该模型的最大贡献之处。但是,史密斯模型并没有对执行人员的重要性给予恰当关注,这可以说是该模型的主要缺陷。

二、互适模型

美国斯坦福大学教育与公共政策教授麦克拉夫林(Mclanghin)在其代表作《互相调适的政策执行》(1976年)一书中提出相互调适模型[①],有些学者也称其为"互动理论模型"。麦克拉夫林对美国当时的教育结构改革问题进行了个案研究,在此基础上,采用由具体到抽象的方法,说明政策执行是执行者(组织或人员)与受影响者之间相互调适目标和手段的过程。他认为,这应是一个动态平衡的过程,而政策执行的成效就取决于两者互适的程度。图6-2展示了一定环境下两者的互适过程及与政策的关系。[②]

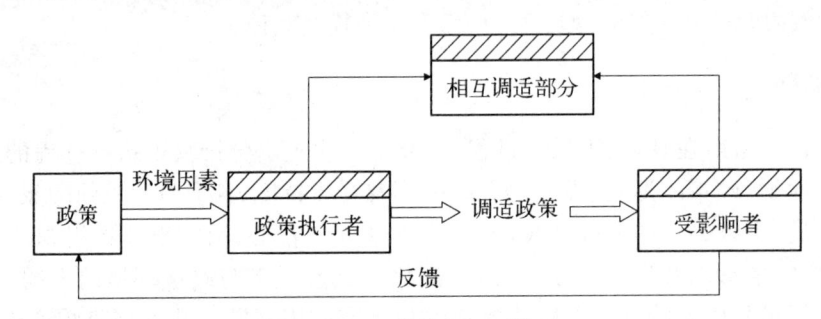

图6-2 政策执行互适模型

麦克拉夫林的互适模型中至少包含以下四个逻辑认定:(1)政策执行者与受影响者之间由于需求和观点不完全一致,因此,为了在政策上实现双方的共同利益,需要彼此通过说明、协商、妥协等方式来确定一个双方都能接受的政策执行方式;(2)政策执行者与受影响者在相互调适的过程中处于平等地位,双方进行的是双向交流,而不是传统单向的"上令下行";(3)政策执行者可以根据环境因素、受影响者的需求和观点的改变对政策执行的目标和手段进行调整;(4)受影响者的利益和价值取向将反馈到政策上,从而影响政策执行者的利益和价值取向。

麦克拉夫林认为,成功的政策方案有赖于有效的政策执行,有效的政策执行则有赖于成功的相互调适过程。[③] 麦克拉夫林的互适模式说明政策执行者并不是简单被动地执行政策,受影响者也不是简单被动地接受政策,两者在政策执行过程中的相互调适能赋予政策新的定义。尽管如此,麦克拉夫林并未说明调适过程的实质是什么。此外,麦克拉夫林所提出的互适模型是一个相对简化的模型,忽略其他因素过多,适用范围受到很大限制。

三、博弈模型

博弈模型就是运用博弈理论来观察、分析政策执行过程中相关参与者就政策目标或手

---

① McLaughlin, M. W.. Implementation as Mutual Adaptation: Change in Classroom Organizations[M]. New York: Academic Press, 1976: 167-180.
② 桑玉成,刘百鸣.公共政策学导论[M].上海:复旦大学出版社,1991: 44.
③ 金太军,钱再见,张方华,等.公共政策执行梗阻与消除[M].广州:广东人民出版社,2005: 63.

段的达成所做的说服、协商与妥协等互动情形。该模型以"完全理性人"为假设前提,认为在政策执行中,当面临冲突和竞争时,每一个参与者在做选择时都会遵循最大收益-最小损失原则。

美国的公共政策学者巴德克(Bardach)是用"博弈"概念来分析政策执行过程的主要代表之一。他将政策执行视为一种赛局,其中包括以下规定:(1) 竞赛者,即政策执行者和相关人员;(2) 利害关系,即竞赛产生的可能原因;(3) 竞赛资源,包括策略和技术等软资源及财经和权威等硬资源;(4) 竞赛规则,即竞赛获胜的标准或条件,其中公平竞赛是最基本的原则;(5) 其他规定,即竞赛者之间的信息沟通性质以及所得结果的不稳定程度等。

四、循环模型

美国公共政策学者雷恩(Rein)和拉宾诺维茨(Rabinovitz)在《执行:理论的观点》(1978年)一书中构建了一个以循环为特色的政策执行分析框架——政策执行循环模型。[1] 该模型如图6-3所示。[2]

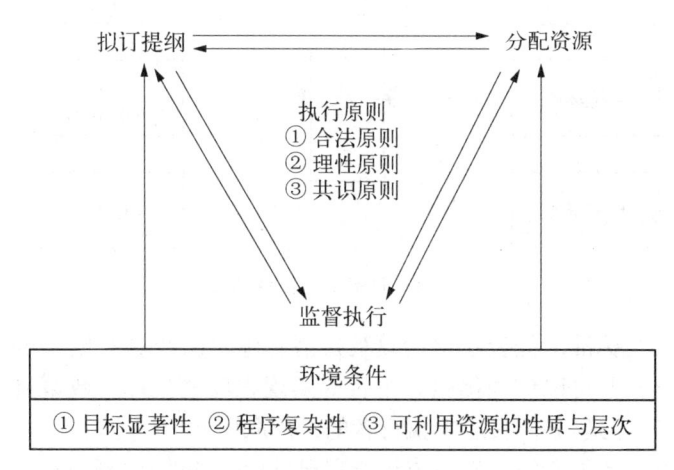

图6-3 政策执行循环模型

雷恩和拉宾诺维茨认为,政策执行是介于政策意向与行动之间的动态过程,在环境条件的影响下,这一过程由三个不同的阶段构成:(1) 拟订纲领阶段——将立法机关的意图转化为政策执行者执行政策的规范和纲领;(2) 分配资源阶段——将政策执行过程中所需要的各种资源对执行者进行公平、公正的分配;(3) 监督执行阶段——通过对政策执行过程与成果的评估来确认执行者所应承担的行政责任。上述三个阶段是相互作用的双向循环的复杂动态过程,呈现周期性,并且受到环境条件的冲击和影响。这些环境条件包括目标的显著性、程序的复杂性和可利用资源的性质与层次三类因素。

在每一个阶段,还必须遵守三个原则:(1) 合法原则。政策执行的合法原则受到议员权力与地位的高低、技术可行程度、立法辩论的争议范围和厘清程度、立法者与执行者支持法律的程度四个因素的影响。(2) 理性原则,包括一致性原则和可行性原则两个方面。(3) 共识原

---

[1] Martin, R. and Rabinovitz, R.. Implementation: A Theoretical Perspective[M]. Cambridge, Massachusetts: The MIT Press, 1978.

[2] 桑玉成,刘百鸣.公共政策学导论[M].上海:复旦大学出版社,1991:46.

则。在存在争议的问题上,只有有影响力的政策执行者达成共识才能保证政策顺利执行。

循环模型不仅比较深刻地剖析了政策执行系统的内在关系,而且说明了政策环境对政策执行所产生的重要基础性影响,强调了政策执行过程重复循环的价值,这些都是值得肯定的。不过,它抹杀了政策目标群体的存在,这是不恰当的。①

五、系统模型

美国学者范米特(Van Meter)与范霍恩(Van Horn)在《政策执行过程:一个概念性的架构》(1975年)一文中提出了政策执行的系统模型。范米特与范霍恩认为,在政策决定与政策效果的转变过程中,有许多影响两者的因素,既有系统本身的因素,也有系统环境的因素。具体来说,主要有如下六个因素共同影响政策执行绩效,它们之间的联系及对政策内容、政策效果的影响如图6-4所示。②

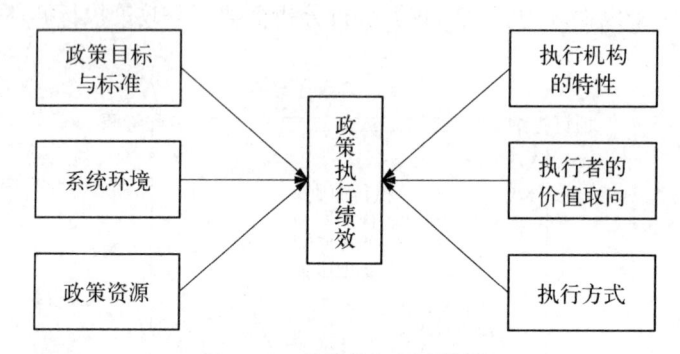

图6-4 政策执行系统模型

第一,政策目标与标准。经合法化的政策付诸实施时已经具有明确的目标。政策标准是政策目标的具体表现,可以作为衡量政策目标实现程度的指标。政策目标和政策标准都会直接影响政策执行方式,并间接影响执行者的价值取向。

第二,政策资源。政策资源是指系统本身实现目标的条件,包括可用于政策执行活动的人力、财力、物力、信息、权威等。政策资源的充足程度直接影响执行者的执行质量以及执行机构之间的沟通。

第三,执行方式。执行方式指的是执行者之间、执行者与目标群体之间采取的互动方式,主要包括沟通、协调和强制。

第四,执行机构的特性。政策执行机构的层次高低、规模大小、编制状况、组织结构、权责分配、人员特性以及与其他机构及人员之间的关系等直接影响执行者的价值取向以及采用的执行方式。

第五,执行者的价值取向。公共政策执行者对政策的认知程度和认同程度都会影响政策执行的成败。

第六,系统环境。政策执行所涉及的系统环境包括政治环境、经济环境、文化环境和社会环境等,对政策执行机构的特性、执行者的价值取向和最终的执行绩效都有直接影响。

---

① 周树志.公共政策学[M].西安:西北大学出版社,2000:257.
② Van Meter, D. S. and Van Horn, C. E.. The Policy Implementation Process: A Conceptual Framework[J]. Administration and Society, 1975, 6(4): 463.

系统模型吸收了许多政策执行模型的优点,将影响政策执行的主要因素都考虑了进来。其不足之处在于,未能明确说明上述六个因素之间的互动关系,也就是说,对某一因素是否影响其他因素,是直接影响还是间接影响没有做详细说明。

六、综合模型

萨巴蒂尔和梅兹曼尼安在1979年合著的《公共政策执行:一个分析框架》一文中,提出了政策执行的综合模型。萨巴蒂尔和梅兹曼尼安在系统模型的基础上,将政策问题也视为影响政策效果的一个重要变量。他们列举、分析了许多政策执行的主要影响因素中属于政策问题方面的因素,并把这些因素归为三类,如图6-5所示。[①]

```
                    政策问题的特性
                    ① 具有有效的理论和技术
                    ② 目标团体行为的多样性
                    ③ 目标团体的人数
                    ④ 目标团体行为改变的幅度

政策本身的可控性变量              政策以外的变量
① 政策本身含有充分的因果论      ① 社会经济环境与技术
② 明确的政策指令                 ② 监督机关的支持
③ 充分的财政资源                 ③ 公众的支持
④ 执行机构之间及其各自内部的层级整合  ④ 传媒的持续注意程度与态度
⑤ 执行机构的决定程序             ⑤ 支持群体的态度与资源
⑥ 执行机构的人员配置             ⑥ 执行人员的精神状态及领导策略
⑦ 公众参与的可能

                    执行过程的各阶段
  执行机构的  →  目标团体对政策  →  政策产出的  →  感知到的政策  →  政策的
  政策产出        产出的服从         实际影响         产出的影响        主要调整
```

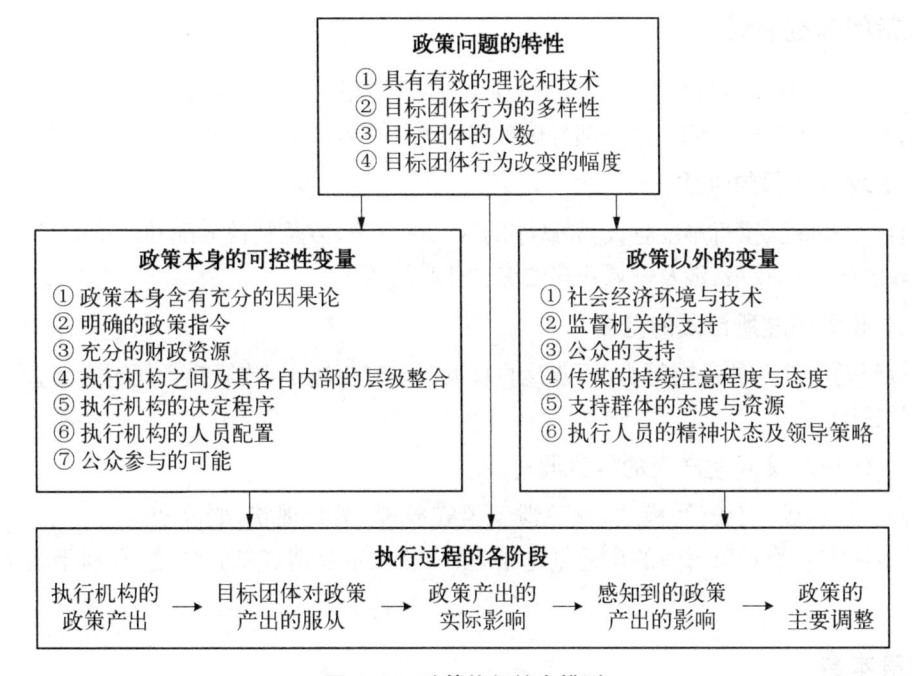

图6-5 政策执行综合模型

第一,政策问题的特性,包括对处理政策问题的理论和技术的掌握程度、目标团体行为的多样性、目标团体的人数、目标团体行为改变的幅度等。

第二,政策本身的可控性变量,包括政策本身含有充分的因果论、明确的政策指令、充分的财政资源、执行机构之间及其各自内部的层级整合、执行机构的决定程序、执行机构的人员配置、公众参与的可能性等。

第三,政策以外的变量,包括影响政策执行的社会经济环境和技术条件、监督机关是否支持、公众的支持程度、传媒的参与情况、支持群体的态度与资源、执行人员的精神状态及领导策略等。

综合模型的一个显著特点是将政策执行过程分为五个阶段:执行机构的政策产出、目

---

① Sabatier, P. and Mazmanian, D.. The Implementation of Policy: A Framework of Analysis[J]. Policy Studies Journal, 1980, 8(4): 542.

标团体对政策产出的服从、政策产出的实际影响、感知到的政策产出的影响、政策的主要调整，需要分阶段来考察变量对政策执行的影响。

第四节　影响政策有效执行的因素

在政策执行过程中会遇到各种各样因素的干扰，所以某些政策在付诸实施后并不能取得预期的政策效果。影响政策有效执行的主要因素有政策问题的特性、政策本身、政策执行主体、政策对象和政策环境等。

一、政策问题的特性

政策执行的有效性与待解决的政策问题特性密切相关。政策问题的性质、所涉及的范围、伴随问题产生的行为调适量等都直接影响政策的有效执行。

（一）政策问题的性质

越复杂的问题，执行难度越大，如敏感的政治性政策、涉及利益分配和调整的经济政策、创新性较强的改革政策、涉及领域众多的综合性政策等。

（二）政策问题所涉及的范围

政策问题所涉及的范围越小，所涉及的政策对象规模越小，政策执行就越容易；反之，政策执行就越困难。

（三）伴随政策问题产生的行为调适量

人们一旦养成一套行为模式，就习惯于墨守成规、维持现状，要改变其行为十分困难。因此，政策所需政策对象行为的调适量越小越好，这样不易造成抵触情绪，有利于政策的有效执行。

二、政策本身

政策本身存在的问题会影响公共政策的有效执行。一般认为，政策本身的因素主要包括：

（一）政策的合理性

公共政策作为调节、组织、控制和管理人类社会系统的工具，必须具有合理性才能使公共政策正确地引导社会的运行方向。政策的合理性体现在：首先，政策必须符合广大人民群众的根本利益，这样才能被执行者和政策对象认同，从而得到有效执行；其次，公共政策必须经过合法程序，符合国家的法律法规；最后，公共政策必须具有科学的理论基础、严密的逻辑关系、科学的规划程序和可执行性。

（二）政策的具体性

模棱两可、含糊不清的政策不仅无法执行，而且容易引起政策界限模糊和政策随意变通。从操作和技术层面上说，一项政策如能顺利执行、评估和控制，它就必须具体明确，包括政策目标和政策方案的具体明确，也包括政策执行方式和行动步骤的具体明确。同时，政策的具体明确还要求尽可能将政策目标细化为一组可检测、可衡量的指标。

(三) 政策的稳定性

政策的稳定性是指政策一经制定并付诸实施，就不能轻易变动。政策频繁变化，不仅会使政策对象无所适从，降低政策的权威性，而且会增加执行难度。当然，这并不是说政策是不能变化的，当政治、社会、经济等环境发生变化时，必然要求政策相应变化，只不过这种变化应尽可能保持政策的稳定性。

三、政策执行主体

政策执行组织的配置以及政策执行者的素质都关系到政策的有效执行，影响政策目标的实现。

(一) 政策执行组织的配置

政策执行需要依托一个坚强有力的执行组织才能进行，因此，它是一种组织行为。政策执行组织的结构和组织权责都会直接影响政策执行的有效性。

1. 组织结构的合理性

政策执行组织的结构合理是实现政策目标的组织保证。政策执行组织的合理结构包括组织的纵向结构层级化和横向结构专业化。纵向结构层级化是指各级政策执行机构就工作范围、行政权力和工作程序做等级划分。合理的纵向层级划分不仅有利于上下级之间的沟通、协调和监督控制，而且有利于对政策执行进行统一领导、统一指挥，得到政策支持。横向结构专业化是指将政策执行组织根据一定的标准划分为若干个横向的职能部门，如根据业务性质或管理对象的不同划分。合理的横向划分不仅有利于提高政策执行的效率和效果，而且有利于人尽其才、事权一致。除此之外，组织结构的合理性还体现在组织的年龄结构、知识结构、能力结构等方面的合理配置。

2. 组织权责的明确性

政策执行组织权责的明确性即理顺上下级执行机构以及横向各职能部门之间的权力和责任关系。政策执行组织权责的明确能够杜绝各种形式的相互推诿、越权以及失职和渎职行为。一方面，就上下级执行机构的权责关系而言，需要集权与分权结合，既保证上级机构的权威以及对政策的综合管理和宏观调控的权责，也给予下级必要的自主权，调动下级在政策执行中的积极性和创造性；另一方面，就横向各职能部门之间的关系而言，要明确各部门及个人的权力和责任，权责必须一致，尤其当发生失职、渎职等行为时，能够找到负责的部门和个人。

(二) 政策执行者的素质

政策执行者作为政策执行组织的主要组成元素，是影响公共政策有效执行的主要因素之一。执行者的思想政治素质、知识素质、能力素质和心理素质等因素都影响着公共政策的有效执行。

1. 思想政治素质

思想政治素质是社会的政治理想、政治信念、政治态度和政治立场在人的心中形成并通过言行表现出来的内在要素。政策执行者不仅代表国家利益，从社会整体利益的角度执行政策，而且代表地区利益、部门或团体利益，有时也会从自身利益的角度执行政策。因此，政策执行者必须具有较高的思想政治素质，当政策执行过程中发生国家利益与地区利益、部门利益、个人利益相冲突时,能够顾全大局,以国家利益为重。

2. 知识素质

在知识经济时代,政策执行者要具备合理的知识结构,既具有一般的文化知识,又掌握本工作的相关专业知识,还要有丰富的社会实践经验,这样的政策执行者才能对政策有正确的理解,才能有效分析和解决政策问题,保证政策的有效执行。

3. 能力素质

能力是对知识的具体应用,合理的知识结构只有与有效的能力结构相结合才能发挥实际作用。政策执行者应该具有开拓创新能力、组织协调能力、人际交往能力、语言表达能力、社会活动能力、危机管理能力和学习能力等,以保证公共政策的有效执行。

4. 心理素质

在公共政策执行的过程中,常常由于政策内容的不明确、缺乏可操作性、政策环境的复杂多变以及政策资源有限等,政策执行者需要依靠其自身因素来发挥作用,这要求政策执行者具有良好的心理素质,能够发挥主动性,积极创造条件,排除障碍,以实现公共政策目标。

四、政策对象

政策对象是政策执行主体在实施政策过程中产生的作用和影响的承受者。政策执行是否有效,不仅取决于政策执行机构和执行者,而且取决于政策对象的态度。政策对象对政策的接受程度是影响政策能否有效执行的关键因素之一,主要包括政策对象的利益取向、文化心理因素和文化教育程度。

(一) 利益取向

政策对象的价值取向会影响公共政策的执行。在政策的执行过程中,政策对象会对政策执行所能获得的利益有一个预期,会对全局利益与局部利益、近期利益与远期利益、显性利益与隐性利益进行权衡。因此,政策执行主体可以利用人们的利益取向,一方面通过给予政策对象实际利益的形式来推动政策的服从性,如支付价格补贴、保险费率递减、享受信贷优惠等,另一方面通过对违规者进行惩罚的方式来推动政策的服从性,如罚款、资格限制等。

(二) 文化心理因素

政策对象的文化心理因素就是对公共政策目标、作用、执行过程等方面的理解所形成的心理认知。政策对象已有的价值观念和行为习惯有很强的路径依赖,所以,政策执行主体应该通过多种形式,如发放宣传手册、举行座谈会、召开新闻发布会等来最大限度地使政策对象理解和赞同政策,确保政策的顺利有效执行。

(三) 文化教育程度

政策对象接受的文化教育既包括学校教育,也包括进入社会接受的再教育。政策对象接受的文化教育程度越高,其对公共政策的理解能力越强,就越理性。因此,政策执行主体应该通过教育的手段来提高政策对象的服从性。

五、政策环境

政策的有效执行离不开所处社会环境的影响和制约。适宜的环境有助于政策的有效执行,反之则会妨碍政策的有效执行。影响政策有效执行的政策环境因素主要有政治环境、经济环境和社会文化环境。

（一）政治环境

公共政策执行本身作为一种政治行为，离不开政治环境。政治环境对政策有效执行的影响主要体现在：(1) 政治、政党制度决定和影响政策执行机构的设置、执行程序、执行方式、执行评估与沟通；(2) 政治局势的稳定为政策执行的稳定有序提供支持；(3) 政治的民主化程度影响政策执行的沟通、协调和公开化程度；(4) 国际政治环境的变化影响公共政策的制定和实施。

（二）经济环境

经济环境是公共政策执行的物质基础，也是对公共政策影响最深的环境。它对政策有效执行的影响主要体现在：(1) 经济环境决定政策执行中需要的各种资源的供给；(2) 随着经济全球化的发展，公共政策执行不仅要从本国、本地区的战略高度考虑，而且要从对全世界的影响来统筹规划；(3) 经济体制的变化影响政策执行的效率和运行模式；(4) 经济基础中的利益结构特点影响公共政策的执行方向和程度。

（三）社会文化环境

社会文化环境是对公共政策执行具有重要影响的社会状况和文化状况，包括人口规模、社会价值观念、传统习俗等。社会文化环境对公共政策有效执行的影响体现在：(1) 一个教育、科技、文化比较发达的社会，能够为政策执行的各环节配备高素质的人员，提供现代化的技术手段，政策执行效率高；(2) 一个效益、民主、公平等价值观念备受推崇的社会，政策执行一般更多地反映民意，体现公平和效率。

第五节 政策执行的偏差及其矫正

公共政策执行在整个政策系统中具有至关重要的地位和作用。然而，由于各种主客观因素的影响，公共政策在执行过程中往往容易出现偏差，严重影响政策目标的有效实现。因此，需要采取措施对政策执行的偏差进行矫正。

一、政策执行偏差的概念

政策执行偏差是指执行者在实施政策的过程中，由于受主客观因素的影响，其行为效果偏离政策目标并产生不良后果的政策现象，也被称为"执行走样""执行梗阻"等。

政策执行的偏差与政策目标的偏离和不良后果的出现密不可分。政策是否偏离政策目标，是根据政策执行中出现的不良后果来判定的。换句话说，政策执行偏差的本质属性是政策目标的偏离，政策执行偏差的表象特征是不良后果。

公共政策执行偏差的表现形式大致可以概括为以下几种：

第一，象征式政策执行，主要是指在政策执行过程中，执行主体仅做表面文章，或只做政策宣传而不务实，使政策最终成了一纸空文，政策问题得不到根本解决。

第二，附加式政策执行，主要是指政策在执行过程中被人为附加了不恰当的内容，使政策执行超越政策原定的要求，背离政策目标。"土政策"往往是附加式政策执行的一种典型表现形式,是指打着贯彻上级政策要结合实际的旗号自行附加额外目标的政策。

第三,残缺式政策执行,主要是指政策在执行中只有部分被贯彻落实,其余则被弃置不顾,使政策内容残损不全,不能有效地、完全地实现既定的政策目标。其典型表现就是"断章取义,为我所用"。

第四,替代式政策执行,主要是指在政策执行过程中将现行政策内容、目标、性质等换上与其表面一致而与事实背离的内容,特点是执行者在政策实施过程中"挂羊头,卖狗肉"。

第五,观望式政策执行,主要是指在政策执行过程中,执行主体由于各种原因总是对政策执行持观望态度,能拖就拖,实在不能拖的就勉强执行。这种观望态度不仅降低了政策执行的效率,而且损害了政府形象。

第六,照搬式政策执行,主要是指在政策执行过程中,执行者缺乏灵活性,只是机械地照搬照抄,呆板地执行政策,不能真正地解决问题、实现政策目标。

二、政策执行偏差产生的原因

公共政策执行偏差的表现形式多样,其产生的原因复杂,具体分为主观原因和客观原因两大方面。

(一) 主观原因

1. 政策执行者因素

造成公共政策执行偏差的政策执行者因素主要包括:(1) 政策执行者的素质缺陷导致执行偏差。政策执行者由于文化素质偏低,对所执行政策的价值、功能或作用缺乏正确的认知。(2) 政策执行者由于利益驱使导致角色错位。作为"经济人",政策执行者在政策执行中会追求自身利益,不可能成为行政道德和行政规范的完美化身。(3) 政策执行者的执行方式欠妥导致执行偏差。在政策执行过程中,政策执行者不恰当的执行方式会影响政策对象对政策的接受程度,妨碍政策的有效执行。

2. 政策执行机构的因素

执行机构的管理缺陷会导致执行偏差,主要表现如下:(1) 组织结构不合理。组织结构是一个组织的组成部分及其相互之间所确立关系的形式,它决定组织的职权分配形式和功能机制。政策执行机构的组织结构不合理主要表现为机构设置重叠、职能交叉、功能不全、人员结构不合理、权责不清等。(2) 执行机构中沟通和协调困难。当政策执行机构中缺乏有效的沟通与协调时,就难以统一组织内部各成员的思想和行为,形成组织内聚力和政策执行力,就容易造成在政策执行中的思想分歧、行动异步,产生执行偏差。(3) 政策关系处理不当。政策执行作为一项复杂的系统工程,如果政策执行机构的某些关系处理不当,就可能产生政策执行偏差,如政策的原则性与灵活性的关系、政策执行中的进取性与可行性的关系、政策执行中的鼓励性与督导性的关系等。

(二) 客观原因

1. 政策质量低劣

政策质量低劣是指政策的制定不能有效解决政策问题,主要包括以下几种情况:(1) 政策目标错误或者模糊不清。政策目标错误,实施效率越高则偏差越大。政策目标模糊不清会使执行者在政策执行的过程中无所适从。(2) 政策内容混乱。如果政策内容相互矛盾,在政策执行过程中就会影响政策效果,产生执行偏差。(3)政策标准不合理。政策标准不切合实际,政策执行就可能发生偏差。

2. 政策环境的变化

政策环境具有复杂性、变异性、多样性等特点,这些特点给政策执行增加复杂性和困难。当政策的执行过程中出现新情况、新变化、新问题时,如果政策执行者对这种政策环境变化带来的挑战应对措施不当,政策执行偏差就有可能发生。

3. 利益团体的压力

利益团体也称"压力集团",是指那些由共同的利益驱使,试图对公共政策施加影响的个人组成的有组织的实体。当公共政策执行触及利益团体的利益,使它们的利益受损时,必然遭到利益团体的一致反对与抗争。这种抵抗的集体合力会对政策执行产生巨大压力,使政策执行发生偏差。

4. 监督机制不健全

监督体制和方法不当,监督机构权力配置不合理,监督制度不健全,不能对执行者的行为和结果进行有效的责任追究,都会导致或助长执行偏差的产生与扩大。

三、政策执行偏差的矫正

公共政策执行偏差的矫正是指政策执行者采取一定的纠正措施,使政策执行重新回到正确的方向,并且尽可能消除或减少其负面效应和不良后果的过程。矫正政策执行偏差的对策主要包括以下几个方面:

(一)提高政策执行者的素质

政策执行者对政策的理解程度、态度和行为与执行效果有直接的关系。因此,要防止政策执行偏差,应提高执行者的综合素质:其一,加强对执行者的思想道德教育,特别是职业道德教育,提醒执行者在政策执行的过程中以人民利益为重,切莫以权谋私、妄自尊大。其二,提高执行者的业务水平。政策执行主体只有具备一定的专业知识和能力,才能准确地理解政策目标和执行政策计划。其三,不断更新知识结构、能力结构。政策执行环境不断变化,执行者必须通过培训和自行积累等方式来满足时代提出的新要求。

(二)加强政策执行的监督体系建设

首先,要做到有法可依、有法必依,完善政策监督立法,确保监督工作的权威性。其次,要保证监督机构的独立性,实行监督垂直领导体制,从根本上改变监督主体与客体共存于一个组织单元的不正常状况。最后,实现机构监督与社会监督双管齐下,特别要发挥民间组织监督、社会舆论监督等社会监督的作用,使机构监督和社会监督有效结合,保证政策执行的顺利进行。

(三)提高公共政策质量

在制定公共政策时,要在科学分析后制定目标明确、合理的政策,使公共政策科学化、规范化;要在注重调查研究,充分尊重民意的基础上进行公共政策决策,使政策切实可行;要保持政策的稳定性和连续性,使政策资源和政策工具优化配置、合理使用。

(四)做好公共政策执行再决策

公共政策执行再决策,是指公共政策执行主体在公共政策执行过程中以及公共政策执行任务完成后,根据信息反馈对原政策方案所做的必要补充或修正。政策执行所处的政策环境复杂,政策在执行中出现偏差在所难免。为了纠正政策偏差和克服政策自身的局限性,可对执行中的政策根据实际情况做出再决策,其与原政策的政策目标是一致的,能够保证政策执行的科学性与针对性。

(五)加强公共政策执行的制度创新

加强政策执行的制度创新要求:一是从实际出发,全面规划,科学分析,彻底消除不合理的旧制度;二是营造良好的政策环境,构建与时俱进的政策文化,加强制度的修订、补充和完善。制定科学合理的制度,用制度来保证和激励政策执行的权威性、主动性和创造性,从而最大限度地消除和矫正政策执行偏差,促进政策的有效执行和政策目标的实现。①

思政园地

北京加大六大行业留抵退税政策力度
免征公共交通运输服务增值税等

2022年4月22日北京召开"新冠"疫情防控工作第310场新闻发布会,会上发布北京将施行新的组合式税费支持政策,推行更大力度的减税降费,继续做好"六稳""六保"工作,守护全国1.5亿市场主体、稳住经济基本盘。北京印发《关于继续加大中小微企业帮扶力度 加快困难企业恢复发展的若干措施》(以下简称《若干措施》),从减轻中小微企业负担、加强对受疫情影响突出企业的帮扶等角度,确定了多项由国家制定和由北京市依据国家授权自行制定的退税减税降费措施,主要内容包括:

第一,增值税期末留抵退税。《若干措施》明确指出,北京市将有效落实增值税期末留抵退税政策,切实加大对小微企业以及制造业、科学研究和技术服务业、电力热力燃气及水生产和供应业、软件和信息技术服务业、生态保护和环境治理业、交通运输仓储和邮政业的留抵退税政策力度,将先进制造业按月全额退还增量留抵税额政策范围扩大至符合条件的小微企业(含个体工商户)和制造业等上述六个行业企业,并一次性退还制造业等行业企业的存量留抵税额。该举措将有效缓解企业的资金压力,助力企业纾困发展。

第二,中小微企业普惠性税收减免政策。从2022年4月1日起,对增值税小规模纳税人适用3%征收率的应税销售收入免征增值税。小型微利企业年应纳税所得额在100万元至300万元的部分,在2021年减半征收企业所得税的基础上,再减半征收,实际税负仅为5%。另外,北京市还在法定授权范围内明确了2022年对增值税小规模纳税人、小型微利企业和个体工商户按照国家规定的最高50%减免幅度顶格减征"六税两费",以体现对北京市中小微企业的充分帮扶。

第三,鼓励企业创新政策。对中小微企业新购置的设备、器具,单位价值在500万元以上的,可实行一次性扣除等加速折旧政策;科技型中小企业研发费用加计扣除比例由75%提高至100%。

第四,支持特定行业政策。对受"新冠"肺炎疫情冲击较大的部分行业,延续生产、生活

---

① 宁骚.公共政策学[M].北京:高等教育出版社,2011:368.

性服务业增值税加计抵减政策,即允许生产、生活性服务业纳税人按照当期可抵扣进项税额加计10%(或15%)抵减应纳税额。免征公共交通运输服务增值税,暂停铁路、航空运输企业分支机构预缴增值税等。

为确保相关措施落地见效,北京市税务部门按照国家税务总局和市委市政府的部署要求,主动作为,认真开展政策宣传、纳税服务等一系列工作,全力以赴确保新的组合式税费支持政策落地。

资料来源:https://www.163.com/dy/article/H5IU99AT05346936.html。

案 例

中小学生减负为何那么难?

"中小学生负担太重,短视化、功利化问题没有根本解决。特别是校外培训机构无序发展,'校内减负、校外增负'现象突出。"——中央全面深化改革委员会第十九次会议强调,减轻义务教育阶段学生的校外培训负担。

"十四五"规划和2035年远景目标纲要明确提出要规范校外培训。当下,由校外培训引发的教育焦虑问题广受社会关注。为此,各地加强监督管理、创新课后服务,从校外开始、从校内求因,让学生实实在在减负。

回归教育初衷

2020年,受"新冠"肺炎疫情影响,包括在线教育机构在内的校外培训市场迅速成长。数据显示,2020年仅中国基础教育在线行业融资额就超过了500亿元,超过了此前10年的总和,多家在线教育机构融资金额屡创新高。

家长教育焦虑值"破表",让校外培训市场有了发展壮大的根基。作为学校教育的补充,校外培训能够在一定程度上满足学生的课外学习需求。然而,一段时间以来,不少校外培训机构走偏了路,远离了教育初衷。

业内人士指出,目前教育培训行业普遍存在获客难、续班率不高、回本慢等问题,因此低价获客成为其维持运营的重要手段。培训机构超标、超前培训,是学生学习负担减不下来的重要原因。

近年来,各级政府和教育主管部门就减轻学生过重负担提出诸多举措,但不少校外培训机构采取各类措施规避有关政策规定——有的将学科名称改头换面,实际内容却换汤不换药,依旧是超出课程标准的学科知识;有的将线下讲授的内容转为线上,规避部分监管;等等。

北京市教委通报指出,在对北京校外培训机构进行检查的过程中,发现部分机构存在违规问题,包括培训结束时间晚于晚八点半,开展低价营销、贩卖焦虑等不当广告宣传,教学内容超出国家相应课程标准等。

专家表示,校外培训屡禁不止,部分原因在于学校教育主阵地未能发挥好作用。

"'提分'的需求产生并不断扩大,催生了培训机构的增加和野蛮扩张。在这种大背景下,培训机构的定位、运营方式与手段决定着其在提高考分上比学校更高效。"中国教育科学研究院研究员储朝晖说。

北京师范大学中国教育政策研究院专职副研究员周秀平认为,目前,学校教育的时间安排与家庭教育存在错位。"下午三点半放学的政策设计,其初衷是让学生获得充分的体育活动、自主学习和游戏的时间。父母如果下午五点半下班,至少存在两个小时的时间空当。不少家庭不得不用校外培训来弥补。"周秀平说。

加强监管治理

如何全面规范管理校外培训机构?中央全面深化改革委员会第十九次会议强调,要坚持从严治理,对存在不符合资质、管理混乱、借机敛财、虚假宣传、与学校勾连牟利等问题的机构,要严肃查处。要明确培训机构的收费标准,加强预收费监管,严禁随意资本化运作,不能让良心的行业变成逐利的产业。要完善相关法律,依法管理校外培训机构。

专家表示,教育培训行业在师资、课程、收费、广告等方面均有一定要求,应当进一步规范行业准入门槛,对条件不具备、运营不合规的企业,督促和责令其退出教育培训行业,避免后续引发一系列违规经营、经营困难、卷款跑路等事件。

日前,北京市场监管局对4家校外培训机构的价格违法行为给予警告和50万元顶格罚款的行政处罚。北京市场监管局表示,这些机构打着低价优惠促销的幌子,以从未成交过的原价大幅降价的营销手段,诱骗消费者或其他经营者与其交易,违反价格法相关条款。

教育、市场监管等部门应当加强对各类教育机构的指导和调控,防止资本无序厮杀。要督促各机构聚焦教学、研发主业,尽快从资本竞争中回归教育本位,强化行业自律,为广大消费者提供优质服务。要引导教育培训机构向服务学生多样性学习的方向发展,不再进行义务教育课程内容的强化培训。

北京市教委等多部门近日联合印发《北京市学科类校外培训机构预收费管理办法(试行)》,对学科类校外培训机构收费提出了银行存管模式的要求。该办法要求,机构预收学员培训费的,须采用银行存管模式开展资金监管,教育机构收费时段与教学安排应协调一致,面向中小学生的培训不得使用"培训贷"方式缴纳培训费用。

资料来源:http://education.news.cn/2021-05/27/c_1211174244.htm。

讨论题:

1. 结合案例,运用公共政策执行的相关知识,总结"双减"政策未得到有效执行的主要原因。
2. 结合案例,谈谈在"双减"政策执行过程中产生了什么形式的执行偏差,产生的原因主要是什么,应该采用怎样的矫正措施。

复习思考题

1. 政策执行的过程分为哪几个阶段?各阶段分别有哪些功能活动?
2. 政策执行的手段主要有哪些?各有什么特点?
3. 政策执行模型有哪几种?
4. 结合实际分析影响政策有效执行的因素。
5. 简述政策执行偏差的表现形式、产生原因以及矫正对策。

第七章 政策评估与监控

全章提要

- 第一节　政策评估概述
- 第二节　政策评估的过程与内容
- 第三节　政策评估方法
- 第四节　政策监控概述
- 第五节　政策监控过程与机制

案例

复习思考题

政策评估是政策过程的一个重要组成部分，贯穿政策过程始终，制约着政策的制定、执行和调整等过程功能的发挥，是决定政策修正、调整、继续或终止的重要依据，是合理配置资源的有效手段，更是决策科学化、民主化的必由之路。政策监控则是一种特殊形式的政策评估，主要通过政策监控子系统及监控活动来确定政策方案是否合理、合法，找出政策目标与执行手段之间、预期政策目标与实现政策绩效之间的差距，发现问题，并从中寻找解决问题的办法。政策评估与监控贯穿政策过程的各个基本环节，在政策过程中起到信息反馈的作用，是政策过程不可或缺的部分。

第一节　政策评估概述

一、政策评估的概念

人类认识活动的局限性和政策活动本身的复杂性使得那种无跟踪、无反馈、一劳永逸的政策不再为公众所接受。任何一项政策在执行过程中都可能违背初衷，出现问题，或者由于政策的不完善，政策本身就成为问题。因此，如果不对政策执行信息进行及时反馈和有效评估，就可能无法使预想中具有可行性的政策达到预期效果。

通过政策评估，不仅能对某一政策本身的价值做出判定从而决定这项政策的持续、发展、调节或终结，而且能对政策过程的不同阶段进行考察和分析，总结经验，吸取教训，为今后的政策实践提供参考和借鉴。因此，政策评估作为政策过程的一个重要环节，对提高政策制定水平和政策执行质量都有积极影响。

所谓评估，是指对事物从量到质的估价和评判，是根据一定的标准对事物做出优劣判断。人们对任何事物达到本质的认识都要采取评估的方式。关于对"评价"和"评估"概念的理解，邓恩认为，"评价与估计、估价、评估等词是同义的，这些词都包含一种企图，即使用某种价值观念来分析政策运行结果"[①]。

评估活动由来已久，但现代意义上的政策评估史并不长，它从一开始就存在两个层面即价值判断层面和技术分析层面的分野。在相当长的一段时间里，政策评估在主流领域倾向于事实层面的技术分析，主张应用实证技术方法测定政策目标与政策效果之间的对应关系。在这一理念的指导下，政策评估侧重效率、效能、效益这类问题，更多地依赖量化分析的方法而忽视对政策本身价值的判断和伦理的考量。从20世纪70年代开始，一些学者提出，如果在政策评估中不首先明确合理性、公正性、正当性、社会性等关键问题，而只是从量化分析角度进行分析，无异于本末倒置。

关于如何定义政策评估，学术界大致有四种认识倾向：(1) 政策评估是针对政策方案进行的评估，评估的焦点集中在政策的预期结果，即通常所说的事前评估；(2) 政策评估是针对政策环节的评估，主要侧重政策内容的阶段性分析，即通常所说的阶段性评估；(3) 政策

---

① 威廉·N.邓恩.公共政策分析导论(第四版)[M].北京：中国人民大学出版社，2011：364.

评估是对政策全过程的评估,是贯穿整个政策过程的功能性活动,即通常所说的全过程评估;(4) 政策评估是针对政策实际效果进行的评估,是发生在政策执行中的活动,即通常所说的事后评估。在以上几种观点中,事后评估的概念更具有代表性。多数学者认为,政策评估需以政策效果为核心,包括对政策产出和政策影响的评估。本书认为,公共政策评估就是评估主体依据一定的标准和程序,对政策产出和政策影响进行检测和评价,以判断政策结果是否达到预期目标的活动,并以此作为决定政策变化、政策改进和制定新政策的依据。

二、政策评估的类型

随着政府活动的日益复杂化和影响的深入化,政策评估日益呈现多样化的特点。从不同的角度,根据不同的标准,多样化的政策评估可以分为不同的种类:从评估组织的活动形式看,可分为正式评估和非正式评估;从评估机构的地位看,可分为内部评估和外部评估;从政策评估在政策过程中所处的阶段看,可分为事前评估、事中评估和事后评估。

(一) 正式评估和非正式评估

正式评估是指事先制订完整的评估方案,严格按规定的程序和内容执行,并由确定的评估者实施的评估。正式评估有人员、经费和设施方面的保证,能够掌握较充分的评估材料,评估条件和程序要求较严格,是政策评估中最主要的形式,其结论是政府部门评价政策的主要依据。

非正式评估是指对评估者、评估形式、评估内容没有严格规定,对评估的结论也不做严格要求,团体和个人可以根据自己掌握的情况对政策做出评鉴的评估,具体表现形式有领导的公开视察和微服私访、民众的街谈巷议和公开呼吁、媒体的宣传报道和相关建议等。

(二) 内部评估和外部评估

内部评估是由公共部门特别是政府部门内部的评估者对政策进行评估,可分为由具体执行人员自己实施的评估和由专职评估人员实施的评估。

外部评估是由公共部门特别是政府部门以外的评估者对政策进行评估,可以是由行政机构委托营利性或非营利性的研究机构、学术团体、专业咨询公司、大专院校进行的,也可以是由投资或立法机构组织的或由报纸、电视、民间团体等其他各种外部评估者组织的。

内部评估和外部评估各有利弊,在实践中应把内、外评估结合起来,取长补短。

(三) 事前评估、事中评估和事后评估

1. 事前评估

事前评估是在政策执行前进行的一种带有预测性质的评估。事前评估的内容包含三个方面:(1) 对政策实施对象发展趋势的预测;(2) 对政策可行性的评估;(3) 对政策效果的预测性评估。事前评估如图 7-1 所示。

2. 事中评估

事中评估是对执行过程中的政策的实施情况的评估,就是具体分析政策在实际执行过程中的情况,以确认政策是否得到严格的贯彻执行。事中评估如图 7-2 所示。

3. 事后评估

事后评估是政策执行完成后对政策效果的评估,旨在鉴定人们执行的政策对所确认问题的解决程度和影响程度,辨别政策效果成因,以求通过优化政策运行机制的方式来强化和

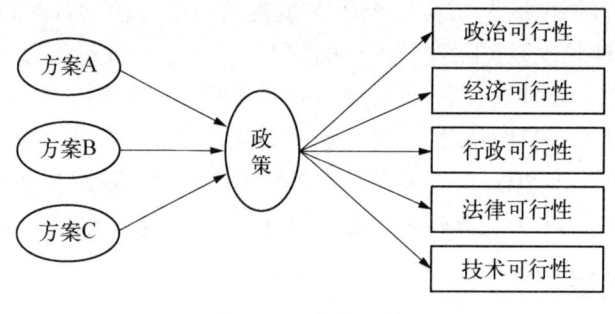

图 7-1 事前评估

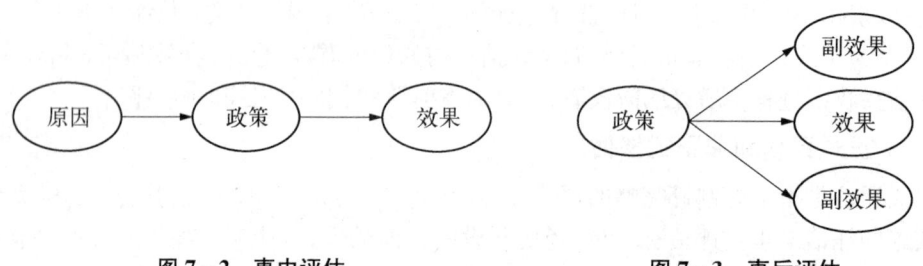

图 7-2 事中评估　　　　　　　图 7-3 事后评估

扩大政策效果的一种行为。它在政策执行完成后发生，是最主要的一种评估方式。事后评估如图 7-3 所示。

三、政策评估的标准

评估标准是衡量有关政策的利弊优劣的指标和准则。这些指标或准则必须建立在客观存在的、特定的并需要在现阶段采取有效措施予以解决的评估问题上。特定问题的确定依赖两个方面的条件：一是评估问题必须是合适的、切合实际的；二是评估问题必须是有解的，即在现实条件下能够采取有效措施予以解决的。如果是无解或现阶段无法求解的问题，评估就会成为徒劳之举。

评估标准的选定：一方面与评估主体所持的价值观有密切关系，另一方面须符合一定的技术条件，客观反映现实社会对政策的要求。政策评估既是事实判断和技术判断的过程，也是价值判断的过程，价值判断以事实判断和技术条件为基础。因此，政策评估是建立在事实标准、技术标准和价值标准基础上的一项活动（如图 7-4 所示）。

（一）事实标准

事实标准是用数量值、比率关系、统计结果等手段反映事物过去、现在和将来的状况。它常常回答这样一些问题：执行这项政策影响多少人？能使多少人在这项政策中获得利益或者失去利益？这项政策需要投入多少财力、物力和人力？这项政策会持续多长时间？事实标准要尽可能具有可测量的客观指标，在政策评估活动中，通过事实标准来体现公共政策在运行过程中到底在客观实际上对政府和社会施加了什么影响或产生了什么作用。

政策评估中的事实标准主要包括以下内容：

1. 政策效率

政策效率是政策的产出与投入的比率关系。效率标准的重点在于一项政策是否以最少

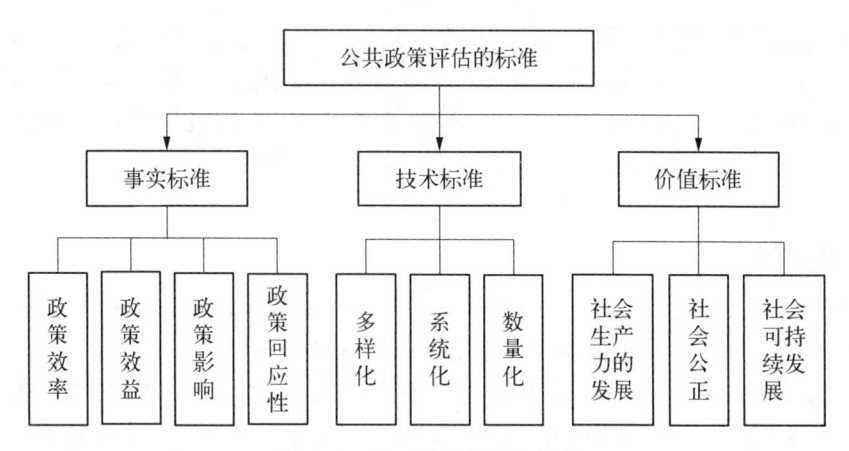

```
                公共政策评估的标准
                        │
        ┌───────────────┼───────────────┐
     事实标准         技术标准         价值标准
    ┌──┬──┬──┐     ┌──┬──┬──┐     ┌────┬────┬────┐
   政策 政策 政策 政策  多 系 数      社会 社会 社会
   效率 效益 影响 回应性 样 统 量      生产力 公正 可持续
                       化 化 化      的发展      发展
```

图 7-4 公共政策评估的标准

的投入获得最有效的产出，较好、较快、较节约地执行政策，而不在于以较好的途径来完成政策目标。政策效率的高低可以细化为三对关系：一是投入与成本的关系。如果投入（如购买办公设备）高于市场价或过量投入，就显得不经济。二是行政开支与业务开支的关系。对政策运行过程来说，直接用于服务对象的开支为业务开支，管理机构和人员自身的开支是行政开支。一般而言，行政开支过大，业务开支过小，是效率低下的一种表现形式。三是人均开支与单位成本的关系。某项政策实施时占所在辖区居民人均开支过大，表示纳税人所承担的费用过多，单位成本过高，效率就低。

2. 政策效益

政策效益是政策目标实现的程度。政策效益通过比较政策运行的实际结果与预期结果，对预期目标的实现程度进行分析。政策效益评估的重点在于是否达到了政策预期目标。在进行政策效益评估时，应充分考虑各种主客观因素，突出政策预期目标的合理性与可行性，考察政策预期目标满足人们有效需求的程度，包括预期被满足的人数与实际被满足的人数，预期解决政策问题与实际解决问题的深度和广度。政策达到目标的程度与人们的主观感受及认识有密切的关系，因此，效益标准在运用过程中应考虑主观因素对效益标准的影响，坚持实事求是的原则，尽量保证评估的客观性。

3. 政策影响

政策影响是政策产出所引起的人们在行为和态度方面的实际变化。在分析政策影响时，应注意人们的行为和态度的变化，有些是直接的，有些是间接的，有些是近期的，有些是中长期的……各有不同。通过政策影响评估，分析政策运行后社会发展总体状况的变动，结合实际情况，衡量政府给社会带来的影响或造成的后果。在进行政策影响评估时，要兼顾某一项单一性政策与整体性政策之间的关系及其正负影响。在经济建设活动中，应避免过度重视经济影响而忽视社会影响和政治影响的行为，充分考虑不同政策的影响。

4. 政策回应性

政策回应性是政策对公众需求的满足程度。政策回应性的重点不在于政策的制定和执行的形式方面，而在于政策的具体内容的实际效果。当然，政策回应程度不能简单地等同于公众对政府系统输入自身需求与政府系统输出政策或政策行动之间的对应程度。由于不同的公众在同一时期的需求是不同的，公众的需求也是随时间和条件而变化的，因此，需要政府进行比较,选择最紧迫的问题作为回应对象。对某一类公民而言,在某一项政策上政府可能没有良好的回应性,但从其他政策或总的政策方面看,政府已经考虑到了它的回应性,那就表明政策的回应程度是高的。因此,回应性既要考虑单一性政策的回应性,也要考虑复合性政策的回应性,而且应将复合性政策的回应性作为衡量政策回应充分性的一个重要标准来强调。

(二) 技术标准

技术标准是以技术手段、技术规范和技术工具为手段来服务整个政策评估活动,使评估活动建立在科学、客观、可信的基础上。它常常回答这样一些问题：数量值和比率关系是用什么方法收集和得出的？是用访问座谈,还是用概率统计方法、科学预测方法、线性规划技术、系统方法等来获取和处理信息的？得到这些信息后,是用什么方法来分析的？相关变量之间是什么关系？在实际生活中,同样的事实标准会在不同的技术标准衡量下产生不同的政策评估结果。因此,需要通过技术标准的适用性比较,根据政策评估问题的实际情况,选择合适的技术标准,以便真实全面地反映评估对象的实际状况。技术标准的主要内容包括：

1. 多样化

随着现代科学技术的发展,公共政策评估活动中不仅大量采用社会科学技术,如民意测验等,而且经常使用现代自然科学技术,如自动化技术、信息技术等。因此,政策评估主体应使评估标准技术多样化,有较多的选择。

2. 系统化

对一项政策或多项政策进行评估时,有时采用一种技术方法,有时采用多种技术方法,这就容易出现多种技术方法之间的关联配套问题。政策评估主体应把技术方法视作一个有机的、动态的整体,使之系统化。

3. 数量化

现代数学的发展,尤其是电子计算机的应用,使政策评估技术方法从单纯的定性方法和定量方法的使用逐渐向以定量方法为主、定性定量相结合的方法转变。由此,政策评估活动的指标与判断也常常用数值表示。

(三) 价值标准

价值标准反映评估主体在评估活动中的倾向性准则和原则,建立在一个国家特定的历史和现实、伦理和文化、社会和经济价值取向基础上。它常常回答这样一些问题：为什么采用这项政策而不采用那项政策？这项政策优先考虑什么而不考虑什么？为什么这项政策顾及某一群体的利益而不顾及其他群体的利益？采用这项政策产生经济上的风险、道德上的风险或政治上的风险后如何取舍？在政策评估活动中,价值标准既不关注客观事实,也不重视技术手段,主要强调的是评估主体的信念、思想和追求,反映社会公共利益和人们利益的实现程度、社会生产力的发展水平与社会发展总方向的符合状况。价值标准主要包括以下几个方面：

1. 社会生产力的发展

按照社会发展规律,只有那些代表先进生产关系、能够促进社会生产力发展的阶级和社会力量才能推动社会的发展。不论是对政府还是对社会来说,能够代表先进生产关系、满足人们的利益要求、促进社会生产力发展的公共政策,就是进步的政策,能够得到人们的拥护和支持；相反，滞后的或错误的政策则肯定会遭到人们的反对，最终归于失败。在人们的利益要求中，最重要的是经济利益要求，而经济利益以及其他许多社会利益的满足要依靠经济的发展，归根结底是依靠社会生产力的发展。以生产力发展为标准对政策进行评估最能体现人民的根本利益和要求。

2. 社会公正

社会公正是指政策结果所表现出来的与该政策有关的成本和收益在社会不同群体或阶层中分配的均衡程度。社会公正标准反映政策成本和收益在不同集团或阶层中分配的公平程度，衡量政策的实施给社会和社会成员带来的影响、造成的后果和作用程度等。政策成本和收益在不同群体或阶层中分配的公正程度，实际上是指特定群体或阶层所承担的政策成本与其从政策实施中得到的补偿之间的比例是否适当，与其他集团或阶层相比是否相当。众所周知，一项公共政策的实施很难当时就真正做到公正，总有一部分人因需求得到满足而支持，而另一部分人因需求得不到满足而反对。因此，政府应采取有效措施，通过政策制定的民主化程序，让人们更多地了解政策的实际情况，主动参与政策制定活动。这样即使有些政策不能直接满足人们自身的利益，也可以得到他们的谅解和支持；同时，应通过政策调整和政策配套，使利益受到损失或约束的人们能够在其他方面得到一定的补偿。

3. 社会可持续发展

政策在制定和执行的过程中，须处理好当前利益与长远利益、局部利益与整体利益、经济利益与社会政治利益的关系，协调好环境（包括社会环境和自然环境）、资源与发展之间的关系，使政策活动符合社会可持续发展的基本价值准则。

在政策运行过程中，无论是事实标准、技术标准，还是价值标准，在具体应用中都很少仅仅使用单一标准，而是使用复合标准，这一组复合标准通常是彼此具有内在逻辑联系的一个体系。另外，在为某项政策设立评估标准时，很少单独使用事实标准、技术标准或价值标准，而是将三者有机地配置或综合起来加以使用，但使用时要注意各类标准各有侧重。

四、政策评估的作用

从现实来看，政策评估已经在世界各国普遍开展。政策评估的意义和重要性也基本上达到了社会共识。政策评估在一些重要的政策领域已经取得显著效果，成为检验、调整、提高政策效率以及透视社会政治、经济、文化、生活的一种必要手段。目前，中国已经出现政策评估的广泛要求，各级政府和政策研究机构已经将政策评估纳入工作范围。随着社会的发展，政策评估将会逐渐走向系统化、专业化和法制化，成为政策科学理论与实践的一个重要组成部分。概括地讲，政策评估的作用主要表现在以下几个方面：

（一）政策评估是检验政策的效果、效益和效率的基本途径

一项构思精良的政策投入运行后究竟有什么效果，政策的实际效益和效率如何，往往不是一目了然的，有必要利用可行的技术和手段收集相关信息，并在此基础上加以分析和科学阐释，以确认一项政策的特点、优点、缺陷，监测一项政策的实际效益和效率。

（二）政策评估是决定政策修正、调整、继续或终止的重要依据

社会情况的复杂性使得完全理性的政策几乎不存在，再加上前面提及的政策执行的种种问题，情况就更为复杂。为了让公共政策收到预期的效果，政策执行一段时间后，政策决

策者必须根据政策执行的实际情况来决定一项政策的延续、改进或终止,政策评估正是做出这种决定的主要依据。

(三) 政策评估是合理配置资源的有效手段

政策资源是有限的,如何把有限的资源进行合理的配置以获取最大的效益,是政策决策者和执行者都必须认真考虑的问题。政策评估是合理配置资源的基础,只有通过评估,才能确认每项政策的价值,并决定投入各项政策的资源的优先顺序和比例,以寻求最佳的整体效果,有效推动政策各个方面的活动。

(四) 政策评估是决策科学化、民主化的必由之路

政策评估是实现传统经验型决策向现代科学化决策转变的重要环节。通过政策评估,不仅可以判明每项政策的价值、效益、效率,决定投入各项政策的资源的优先顺序和比例,而且可以了解政策问题,提出改进建议。有效的评估是提高政策科学性、扩大政策效果不可或缺的。

第二节　政策评估的过程与内容

政策评估是一种有计划、按步骤进行的活动,是一个有规律可循的系统过程。虽然评估活动的步骤会因为评估类型的不同而不尽相同,但只要是正规的、科学的政策评估,一般都要经过准备、实施和总结三个阶段。

一、准备阶段

作为一项复杂的、系统的工作,政策评估在实施前必须进行周密的组织准备工作,这是评估工作的基础和起点,也是评估政策能够顺利进行和卓有成效的前提条件。组织准备阶段的主要任务包括:

(一) 明确评估目的

评估目的是政策评估计划阶段的逻辑起点,也是贯穿整个准备、实施和总结三阶段的总指向,包括明确政策评估的初衷及目标等。

(二) 挑选和培训评估人员

评估的过程实际上是一种理论研究过程,它对评估人员有很高的素质要求。换句话说,评估人员自身的素质和理论水平将直接影响评估的质量。因此,评估人员不仅要精心挑选,而且要对他们进行必要的培训,以提高他们的理论分析水平和实际操作能力,构建具有较高水准的评估队伍。

(三) 选定评估对象

评估对象的正确定位是政策评估的方向性工作。由于政府层级的不同,因此涉及诸多政策评估对象,这就需要根据评估主体的意愿和客观现实具备的条件来选定评估对象,以利于达到评估所要达到的目的。

(四) 制订评估计划

制订评估计划具体包括:(1) 明确评估所需的时间,初步规定评估工作的开始时间和结

束时间。(2)圈定评估范围,即在何种范围内进行政策评估活动。(3)确定评估标准与方法,明确政治标准、经济标准、社会标准和伦理标准在评估活动中的地位。采用多种评估方法,包括定量方法和定性方法等。(4)确定评估目标,明确评估的短期目标和长期目标。

简言之,评估方案应将评估的五个基本要素,即评估者(主体)、评估对象(客体)、评估目的(出发点)、评估标准(准则)和评估方法(手段)包括在内,使它们共同构成一个完整的政策评估系统。

二、实施阶段

实施评估是整个政策评估活动中最为重要的阶段。实施评估工作的好坏与评估活动的成败紧密相关。实施评估阶段关键是一些具体调查方法和评估方法的运用。该阶段的主要任务包括:

(一) 政策信息的收集

信息收集是政策评估的基础,政策评估的实质就是政策信息的收集与处理。政策信息主要包括政策系统、政策过程、政策影响和政策效果等方面的信息。这些信息可以分为两类,即主观性信息和客观性信息。例如政策效率和民众对政策效率的认知,前者是客观性信息,后者是主观性信息。政策信息的来源有一手资料(如社会调查收集的信息资料)和二手资料(如各种政策文献资料)。不同信息来源和信息种类需要采取不同的信息收集方法。例如,一手资料的收集要采用观察法、调查法、个案法、准实验法等方法,二手资料的收集则要采用文献研究法、统计分析法等。

(二) 综合分析与沟通论证

在信息资料汇总后,下一步就是进行分析论证,也就是根据资料对政策的各方面进行检验与衡量。在评估结果的论证中,缺乏的信息资料要进一步搜集和补充,各种不同角度的观点需多次沟通论证,实现一种整合与共识。从最主要的方面来说,分析论证将围绕以下几个方面进行:

1. 政策目标的公正性与适当性分析

政策目标的公正性与适当性分析包括:(1)初始设计的政策目标是否正确;(2)政策目标是否符合社会发展和社会管理的要求;(3)政策目标是否兼顾社会多方面的利益,尤其是贫困阶层的利益;(4)政策目标实现的具体要求是适当、过度还是不足;(5)初始设计的政策目标是否引起了社会价值冲突;(6)政策目标是否与国家基本政策和其他政策构成了协调的政策体系;等等。

在政策目标的公正性与适当性分析中,最大的难点就是经济效率与分配公平的问题。现实情况充分表明,如果一项公共政策促进了社会经济效率的提高,就往往会引起社会分配的不公平而拉大贫富差距;而如果一项政策注重了社会分配的公平,就往往会降低经济效率。因此,一些学者认为,"在效率与公平之间存在一种替代关系,为了得到更多公平,必须牺牲一部分效率"[1];反之,若想得到更高的经济效率,就必然导致一定的分配差距。这种情况为政策目标公正与适当的衡量增加了难度。一种观点认为,在公平与效率必须牺牲一方

---

[1] 约瑟夫·斯蒂格里茨.政府经济学[M].北京:春秋出版社,1988:58.

的情况下,应该有一个准确的限度,即最多牺牲多少。这一限度应该成为评价政策的标准。帕累托认为,当资源配置达到必须牺牲一些人的利益才能提高另一些人的利益时,为资源配置最优状态。只要未达到这种"帕累托最优"状况,政策推行就可以使一部分人处境变好,同时使另一部分人处境至少不变坏。① 根据帕累托的最优理论,一项政策的推行在使一部分人得到最大利益的同时使另一部分人处境不变坏,是可以接受的,因为增大的利益代表国民收入总体的增加,政府可以通过其他政策再次调节分配,使分配公平。

2. 政策的效能与效率分析

效能是指在一定成本投入的情况下政策目标的实现程度。效率是指成本投入是否发挥最大的作用。效能与效率评估是评估理论中初期倡导的评估内容,也是政策评估不可缺少的内容。这一评估主要包括:政策资源的配置是否达到相对最佳,政策绩效及达到目标的程度,是否存在不必要的投入和浪费,政策的间接成本如何,政策的推行是否引起一些机会损失等。

政策的效能与效率都要联系成本投入进行分析。有的政策效能可用货币形式衡量,有的不能用货币形式衡量。一般来说,非经济性公共政策的效能无法转化为货币形式,间接的机会成本也无法转化为货币形式。在成本与效能无法转化为共同货币形式的情况下,一种评估观点认为,只能并行列出政策的效能及其所花的成本,提供一种有相对价值的参考而不能得出具体准确的结果。② 也有观点认为,从经济学的角度来看,政策本身是一种公共物品,是政府提供的一种社会公共服务,是相对于市场提供私人产品和服务的概念。在社会资源有限的情况下,公共物品的生产要以牺牲一些私人物品为条件。政策的效能若体现为一种不可用货币衡量的公共物品,那么可以通过计算实现政策效能究竟减少多少私人物品的方法来衡量。若私人物品的减少不低于社会认可的最低线,则说明社会愿意纳税并能够担负政策所需的成本,政策的成本效能处在一个令人满意的水平。③ 如果公众不愿意通过纳税来担负政策所需的成本,则有可能说明政策成本投入导致私人物品的减少低于最低线,加重了公众的负担。这种政策即使达到了高水平的效能,充分实现了政策目标,由于社会负担的增加,因此也不能达到令人满意的效果。

(三)执行过程评估

政策的效果与政策执行过程有紧密的联系,政策执行过程成为政策评估的一项重要内容。通过对执行过程的评估,可以判别执行过程导致政策成功或失误的原因以及改进的途径。执行过程评估主要涉及以下内容:

第一,从执行组织来说,评估内容主要包括执行机构组织设置及人员配备是否合理,权力运用是否适当,工作态度是否积极等内容。

第二,从运行过程来说,评估内容主要包括执行是否按预期计划进行,执行指令是否明确,对调试对象的分析掌握是否充分,政策宣传是否达到最大覆盖率,控制机制的运用是否适当,组织协调与社会沟通是否充分,信息反馈与对意外情况的应变是否迅速,哪些环节对政策的成功或失误产生了重要影响等。

---

① 约瑟夫·斯蒂格里茨.政府经济学[M].北京:春秋出版社,1988:60.
② 林永波,张世贤.公共政策[M].台北:五南图书出版公司,1993:57.
③ 约瑟夫·斯蒂格里茨.政府经济学[M].北京:春秋出版社,1988:第五章.

第三,从执行时间来说,评估内容主要包括政策执行的时间起点是否妥当等。政策效果和目标的实现往往与政策推行的起始时间有紧密联系。如果目标正确、规划科学,但政策推行的时间不适宜,就不能取得良好的效果。适当的时间点往往由政治、经济、文化、国际环境等复杂因素决定。在对执行过程的评估中,对执行的起始时间进行分析,以衡量和评判目标适当的政策是否在适当的时间推出,政策的成功或失误与执行时间有怎样的联系。

(四)综合影响评估

综合影响是指政策执行时,在调试目标范围内外所产生的预期与非预期影响的综合。一项政策推行时在调适目标范围内产生影响,并引起有关的社会个人、团体和环境的变化是必然的。例如,"三孩"政策的调适目标是积极应对人口老龄化,调适对象范围是全国育龄妇女。但在这种调试目标范围外,文化知识教育、托幼养老和社会保障、住房保障、就业问题等众多方面都受到"三孩"政策的影响。这种调适目标范围外的影响也是一种政策效果。因此,政策评估不仅要衡量调试目标范围内的影响,而且要衡量调适目标范围外的影响,以此对政策进行综合评判。

在政策目标、效能效率、执行过程及综合影响评估的分析论证中,不可避免地涉及各种相互冲突的认识和观点。对此,应该采取多次沟通、反复论证的方法来达到相对共识。对不同角度的认识和观点应该加以系统化的整合,以达到完整的评估效果。

三、总结阶段

总结阶段是处理评估结果、撰写评估报告的过程。任何评估都是价值识别、确认和选择的过程,政策制定和执行者与政策评估者肯定存在不同的价值判断。这就要求政策评估的结论有一个与政策主体、政策客体互动的过程,以发挥政策评估的诊断、监督、反馈、完善和开发的作用,使评估结果更具有可信性、有效性和可接受性。互动过程要求评估者说明评估的对象、目的目标、评估标准和方法、评估过程和最终结论,其形式可以是座谈会、讨论会、发布会、听证会、网评和社会讨论等。政策评估的最后一个阶段是写出评估报告,除了对政策效果进行客观陈述、对政策进行价值判断、提出政策建议外,还应对评估过程的优缺点做必要的总结。其中,政策建议要对政策是否继续、修改、变更或终止做出说明,并陈述相关理由。

第三节 政策评估方法

20世纪90年代以来,伴随政策科学的发展,在1992年英国"政府业绩信息公示制度"、1993年美国"政府工作效果法"等国家和地区的经验示范下,全球范围内各种新的政策评估方法不断涌现,大大丰富了政策评估的实践活动。中国自1986年《决策民主化科学化是政治体制改革的一个重要课题》报告中明确指出要开展"政策研究"以来,政策评估经过近四十年的发展,取得了很多积极的成果。《中共中央关于制定国民经济和社会发展第十四个五年规划和二〇三五年远景目标的建议》进一步提出,"健全重大政策事前评估和事后评价制度,畅通参与政策制定的渠道"。如今,中国的公共政策数量不断增长,寻找更适合中国国情的政策评估方法,并对公共政策进行高质量评估的呼声越来越高。本节着重介绍前后对比法和成本收益分析法。

一、前后对比法

前后对比法是政策评估常用的基本方法,是评估活动的基本思维框架。前后对比法是将政策执行前后的有关情况进行对比,从中测度政策效果及价值的一种定量分析法。它通过大量的参数对比,使人们对政策执行前后情况的变化一目了然,不仅可以帮助人们了解政策的准确效果,而且可以帮助人们认识政策的本质和误差。前后对比法具体可以分为以下几种方式[①]：

(一) 简单"前-后"对比分析

简单"前-后"对比分析法是指政策实施前后的对比,即将政策或计划实施前的状况同政策或计划实施后产生的影响进行比较。或者说,是在参与项目前对目标人群实施的一系列测量,在项目经过一段时间的充分发展后,对同样的目标人群再次实施测量。将两次测量的结果进行比较所做出的评价就是政策效果。

该方法认为,政策或计划实施前后数据之间的任何差别都是政策作用的结果,但在政策执行过程中,政策本身及外部环境中所有的因素变化都会引起结果差异,因而,测量前后所得出的不同结果并不能完全归因于政策因素的作用。例如,对医疗保健项目的效果进行评估,方法是将人们加入项目几年后的健康状况与先前的情况进行比较。由于诸多原因,一些比较结果会在很大程度上产生误导。首先,随着年龄的增长,人们的健康状况自然会每况愈下；其次,退休会引致人们生存环境的改变,也会对健康产生影响；最后,收入变化、配偶过世等,都会对健康产生影响。

简言之,该方法是将政策执行前和政策执行后的两种情况进行对比,图7-5中的(A_2-A_1)便是政策效果。这种方式简单明了,但无法明确该项政策效果是政策本身引起的,还是其他因素造成的。

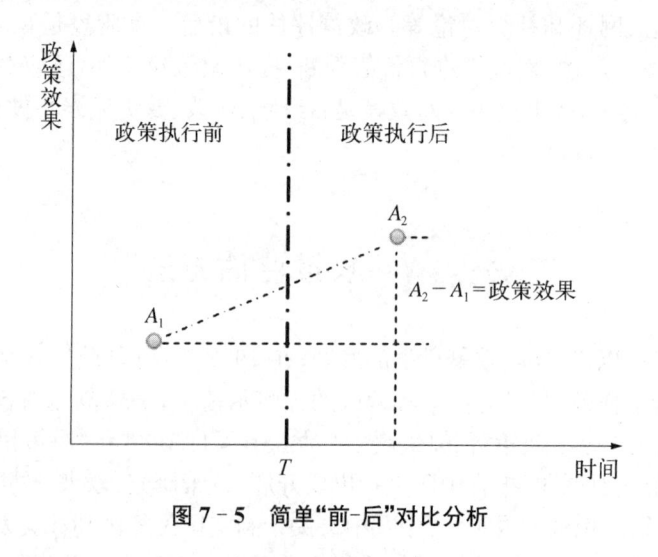

图7-5 简单"前-后"对比分析

[①] 张金马.政策科学导论(第二版)[M].北京：中国人民大学出版社,1996：264-266.

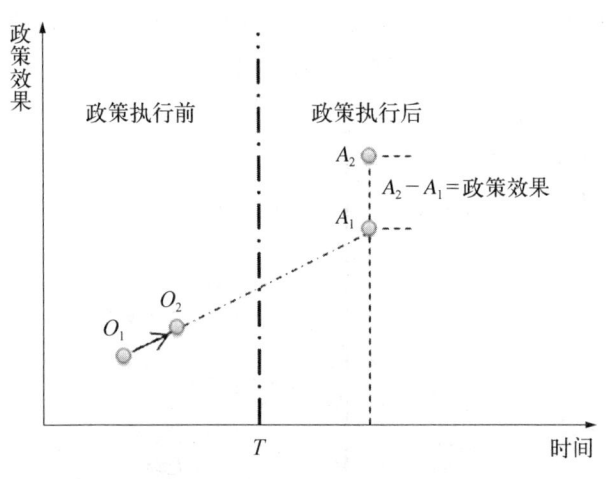

（二）"投射-实施后"对比分析

"投射-实施后"对比分析法是将政策执行前的趋向线 O_1O_2 进行线性外推，投射到政策执行后的某一时点 A_1 上，并将 A_1 与政策执行后的实际效果 A_2 进行比较，以确定政策影响的实际效果变化 (A_2-A_1)，如图 7-6 所示。这种比较模式的逻辑明确，比简单"前-后"对比分析更加准确，困难在于如何收集政策执行前研究对象的相关数据资料，以建立较精确的外推趋势线。

图 7-6 "投射-实施后"对比分析

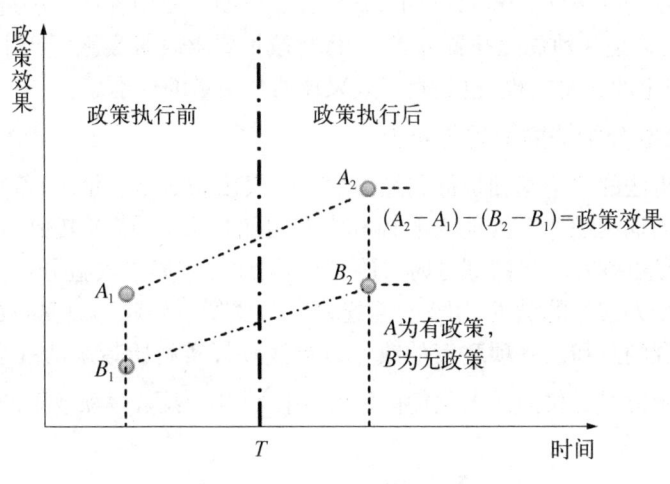

（三）"有-无"政策对比分析

"有-无"政策对比分析法是在政策执行前和执行后的两个时点上，分别研究有政策实施和无政策实施情况下研究对象属性特征的变化规律。如图 7-7 所示，若以 (A_2-A_1) 表示有政策实施时研究对象属性的变化，以 (B_2-B_1) 表示无政策实施时研究对象属性的变化，则 $(A_2-A_1)-(B_2-B_1)$ 即可表示政策效果的实际变化。这种比较逻辑的优势在于，政策评估可以排除其他稳定因素的影响，更加准确地判断政策的真实影响效果，但对研究对象属性资料的要求更高。

图 7-7 "有-无"政策对比分析

(四)"控制对象-实验对象"对比分析

"控制对象-实验对象"对比分析法是社会实验法在政策评估中的具体应用。政策分析者对目标群体随机地抽取两组可比的研究对象:一组为实验对象,对其施加政策影响;另一组为控制对象,不对其施加政策影响,但其他条件与实验组一样。观察比较两组研究对象在政策执行后的变化情况以检验政策效果的显著性。如图 7-8 所示,A_1 和 B_1 为政策执行前实验组和控制组的情况,两者基本一样,A_2 和 B_2 为政策执行后两组的情况,(A_2-B_2) 为政策效果。这种分析逻辑能较好地排除非政策因素的影响,实现更加准确的政策效果测量,但要求政策执行部门的大力支持和实验对象的密切配合。

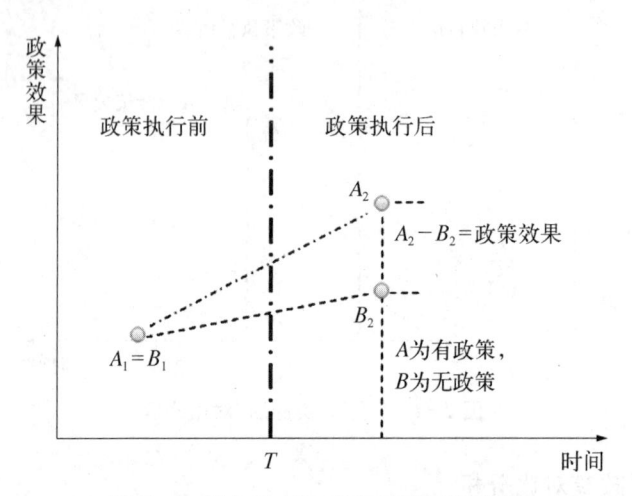

图 7-8 "控制对象-实验对象"对比分析

二、成本收益分析法

成本收益分析法(cost-benefit analysis,CBA)的本质是采用"货币基准",对政策实施的"投入成本"与政策目标达成后的"产出利益"做比较分析,从而决定是否采取以及采取何种政策的一种量化方法。其优势是将原本抽象、复杂且不可共量(incommensurability)的利害关系转化为可比较的共量(commensurability)关系,以便于使用统计方法进行政策效果计算与检验。[①] 公共政策是一种资源配置方式,最优化政策要求政策实施所产生的成本小于其收益,这既是政策制定的必要前提,也是政策效果评估与衡量的标准。

(一)成本收益分析法的原理与步骤

成本收益分析法的理论基础是福利经济学。帕累托准则和卡尔多-希克斯准则认为,当至少存在一个人的福利增加且其他人的福利没有因此减少时,或者其他人的福利虽然减少但所增加的福利足以弥补减少的部分时,社会福利增加。在成本收益分析中,个人福利是以货币形式度量的个人偏好的满足,用支付意愿(B_i)或受偿意愿(C_i)度量,社会福利则是所有社会成员个人福利的总和。一项政策的收益是指该政策实施所带来的社会福利的增加,即为了获得该福利所意愿支付的最大化货币价值,用 $\sum B_i$ 表示;一项政策的成本是指该政策

[①] 蒋红珍.政府规制政策评价中的成本收益分析[J].浙江学刊,2011(6).

实施所造成的社会福利的减少,即为了放弃该福利所意愿接受的最小化货币补偿,用 $\sum C_i$ 表示。基于此,上述成本收益数据的货币化测量通常采用意愿调查法获得。

成本收益分析的评估标准是,当一项政策的社会净收益大于零时,才是正当的,如式(7-1)所示。其中,i 为受所评估政策影响的第 i 个利益相关者。

$$\sum B_i - \sum C_i > 0 \qquad (7-1)$$

考虑到政策影响的长期性,成本收益分析将涉及政策影响的未来成本和收益的折现问题。如果记 t 为政策评估的期间,r_t 为 t 时期的社会贴现率,则式(7-1)可表达为式(7-2)。

$$\sum_{i,t} \frac{B_{i,t} - C_{i,t}}{(1+r_t)^t} > 0 \qquad (7-2)$$

考虑到不同社会群体边际收入效用的差别,对于同样的社会价值,不同收入群体的个人偏好不同,收入越低的群体,其边际收入效用越高。因此,低收入群体的收益或成本测算应当乘以一个较高的修正系数 W_i。随着社会经济的发展,如果收益以 $e \cdot y$ 的比率随时间 t 增加,增长率 y 反映了每个人收入的增加,$e > 0$ 是个人偏好的收入弹性,那么,考虑了社会贴现率的变化、公平与收益价值增长等约束后,完整的成本收益分析模型如式(7-3)所示。

$$\sum_{i,t} \frac{W_i B_{i,t} (1 + e \cdot y)^t - W_i C_{i,t}}{(1+r_t)^t} > 0 \qquad (7-3)$$

成本收益分析法的步骤如下:第一,确定某一政策的影响和结果,并针对不同利益群体将这些影响和结果分解为成本或收益。第二,赋予不同成本与收益货币上的价值,考虑不同群体的边际偏好和收益价值增长系数,对收益和成本进行修正。第三,考虑政策的长期影响,应用社会贴现率平衡当前具有的影响未来的价值。第四,进行成本收益比较分析,对相关政策进行评估。

该方法具有扎实的数理基础和有效作用,但实际应用时存在一些障碍:(1)获取或估计一项政策的成本与收益的精确数据往往困难重重。例如,怎样衡量降低空气中 PM2.5 的环境政策对人们身体健康的成本或收益?如何衡量高速公路免费政策的成本和收益?这些政策带来的社会福利的增加如何以货币估算?政策影响效果的测量问题是公共政策评估的难点之一。(2)确定合适的社会贴现率也不是一件容易的事。确定贴现率的依据是利率、通货膨胀率、资本成本等,而这些因素的变化难以测量。(3)成本收益分析基于"效率如果不是唯一的,也是政策主要追求的价值"的效率性假设,对公共政策所追求的公平正义、人性尊严、机会平等和个人自由等具有较大的片面性。(4)成本收益分析还强调政策对社会利益的整体性影响,而公共政策影响的外部性可能产生如"公地悲剧"那样的情景,使人们片面地追求收益而忽视成本的存在。尽管如此,作为一种政策分析工具,半个多世纪的实践表明,成本收益分析法仍是政策评估的实用工具。

(二)成本收益分析法案例应用

本案例摘编自《农用地使用权征用中农民的成本收益分析》[①]。这里仅展示基本思路和测算结果。

---

① 张雄,张安录,宋敏,等.农用地使用权征用中农民的成本收益分析[J].中国人口资源与环境,2011(9).

1. 农用地征用政策描述及其利益相关者

农用地征用政策是《中华人民共和国宪法》(2004年修正案)中规定的一项基本国策,"国家为了公共利益的需要,可以依照法律规定对土地实行征收或者征用并给予补偿"。其中,土地征用的内涵界定为国家基于公共利益的需要,对农民的土地使用权实行一定期限的征用并给予补偿,征用期过后,土地使用权仍归还原农民,此过程中不涉及土地所有权变化问题。此政策涉及的利益相关者群体有政府相关部门和农民。

随着中国社会经济的快速发展,国家基于国民经济建设、应对突发事件、国家安全等目的的农用地使用权征用现象越来越普遍。但长期以来,农用地使用权征用补偿偏低及补偿不到位,使农用地使用权主体——农民的权益得不到有效保障。

2. 农用地征用政策成本收益分析思路

本案例在成本收益分析的基础上,运用分解求和法逐项测算农用地使用权征用过程中农民的成本和收益。首先利用结构分解将农用地使用权征用过程中农民负担的成本或收益细分为若干单项;然后综合运用成本收益分析法、分解求和法和条件价值评估法等评估技术对各单项进行货币化计量;最后将计量结果之和作为总的成本或收益。

通过详细界定农用地使用权征用中农民所承受的经济损失和非经济损失来衡量农民在农用地使用权征用中所负担的成本。总成本 $C=\sum C_i$,C_i 为农用地使用权征用中农民负担的第 i 种成本,$i=1,2,\cdots,9$。根据实地调查数据将农民获得的农用地使用权征用收益界定为用地补偿与青苗补偿之和,总收益由公式 $R=\sum R_j$ 计算,R_j 为农用地使用权征用中农民获得的第 j 种收益,$j=1,2$。

3. 农用地征用政策成本收益项目分解

农用地使用权征用对农民造成的经济损失主要包括农业经营收益损失、农机农具折旧损失、农业备用品损失、农副业损失、农民待业损失和土壤肥力损失等。非经济损失则主要是环境影响损失、相邻地影响损失和景观娱乐文化损失等。

农用地使用权征用过程中农民获得的"收益"仅仅是农用地使用权征用期间部分农用地使用权征用补偿和青苗补偿。

4. 农用地征用政策成本收益项目的货币化计量

农用地的农业经营收益损失运用农用地经营的经济收益扣除相应的物质成本投入(包括种子、化肥、农药、地膜、机械、水电费等)和劳力投入(种植业产品单位用工标准求取),再加上国家各种补贴计算得到。农机农具折旧损失、农业备用品损失、农副业损失根据实地问卷调查数据取均值后折算成单位面积农用地分摊损失。农用地使用权征用到期后,归还农民的农用地已经遭到不同程度的破坏,农民如果想继续进行农业生产,则需要投入资金恢复农用地的种植功能,如平整农用地、剔除杂物和土壤肥力恢复等。这项资金投入虽然发生在农用地使用权征用到期归还后,但是在农用地使用权征用补偿时应考虑在内。土壤肥力损失以当地农用地使用权征用的复垦保证金计算。农民待业损失是按照每户的劳动力人数,将农村居民最低生活保障金折算成单位面积农用地分摊金额计算。

非经济损失采用学术界认可的条件价值评估法(contingent value method,CVM),通过构建假想市场获知人们对非市场物品的支付意愿(WTP)或受偿意愿(WTA)计算。

对各项收益而言,农民用地补偿各地区实行的标准不一,青苗补偿各地区也存在一定的差异。因此,农民在农用地使用权征用过程中获得的收益选取代表性的样本地区测算。

上述数据采用意愿调查法,通过问卷调查方式获得。

5. 农用地征用政策成本收益分析结论

该文献研究结果表明,调查区农民农用地使用权征用两年,每公顷农用地的成本收益差额分别为武汉市江夏区 16 652.20 元/公顷、新洲区 29 753.82 元/公顷、麻城市 35 602.06 元/公顷,平均值是 26 255.77 元/公顷。测算结果说明,在农用地使用权征用中,农民负担的成本与获得的收益存在显著差距。

第四节 政策监控概述

政策监控贯穿整个政策过程,是政策系统不可缺少的一个组成部分。对政策过程的各个活动环节进行监控,既有助于实现政策的合法化,也有助于保证政策的贯彻落实,是实现既定政策目标的有力保障。

一、政策监控的含义

政策监控是政策监督与政策控制的合称,是为了实现政策的合法化、确定政策的贯彻实施而对政策的制定、执行、评估和终结等活动进行监督和控制的过程。其目的在于保障政策系统的顺利进行,提高政策制定与执行的质量,促进既定政策目标的实现和提高政策效率。

根据上述定义,政策监控的内涵有如下几点:

(一) 政策监控具有特定的主体

政策监控的主体即从事监控活动的个人、团体和组织,它是一般政策主体的有机组成部分,由立法机关、行政机关、司法机关、政党系统、利益团体、大众传媒以及公民等组成。不同层次的政策由不同层次的机关及其组成人员负责制定、执行、评估及调整,政策监控的主体也随之不同,表现出明显的层次性。此外,政策监控在政策过程的不同环节中由不同的机关及其组成人员负责实施,因而政策监控的主体表现出多样性的特点。

(二) 政策监控具有特定的客体

政策监控的客体即政策系统及其运行。政策过程的各个环节包括政策的制定、执行、评估、终结以及承担这些功能活动的个人、团体和组织都属于监控的对象。政策监控的主体和客体的划分具有相对性,它们之间并不是简单的监控与被监控的一一对应关系,而是互相交叉、重合,呈现复杂的网络状的结构。例如,立法机关主要负责制定政策,同时对下级立法机关(及人员)及相应的执行机关(及人员)进行监督与控制。但是,由于立法机关的权力并不是至高无上的,立法权来自公民对政权的支持与认同,因此,即使是最高国家权力机关,也受一定的机构和社会力量的监督与影响。由此可见,在政策过程中,政策监控的主体往往也是客体,两者处于复杂的相互作用中。

(三) 政策监控表现为一个活动过程

政策监控表现为一个活动过程而不是一个孤立的活动环节,它是由监督、控制和调整等功能活动组成的动态过程。

(四) 政策监控具有目标指向性

政策监控具有目标指向性是指保证政策系统的顺利运行,提高公共政策的制定和执行质量,促进政策目标的实现,提高政策效率。

二、政策监控的分类

政策监控是一种多样化的活动,可以从不同的角度对政策监控进行分类。

(一) 根据政策过程的不同阶段分类

按照政策监控在政策过程中所处的不同阶段,政策监控可以分为政策制定监控、政策执行监控、政策评估监控和政策终结监控。

1. 政策制定监控

政策制定监控是指对政策制定过程中的信息收集、问题界定以及方案的规划、选择和合法化等活动的监督与控制。通过对政策制定的监控,保障政策本身的科学性和合理性,从而尽可能减少政策失误。

2. 政策执行监控

科学合理的政策出台并不一定能保证既定目标的实现。在政策执行过程中,执行者本身的问题、目标团体不配合等均可能造成政策变形、扭曲、走样。因此,为了保障政策的全面落实,就要对政策执行过程进行监督和控制。

3. 政策评估监控

由于现实的评估工作中存在的障碍可能阻碍政策评估的顺利进行,因此必须对评估工作进行监控,才能保证获得客观准确的政策效果信息,从而为政策的继续执行提供证据。

4. 政策终结监控

通过对政策终结过程的监控,促使失败或过时的政策及时废止,以减少损失,提高政策绩效。

(二) 根据政策监控的不同时态分类

按照政策监控的不同时态,政策监控可以分为事前监控、事中监控和事后监控。

1. 事前监控

事前监控是指在政策实施前,为保证既定政策目标的实现,尽量减少失误,监控主体事先预测未来政策活动中可能发生的与预定政策目标不一致的各种问题,并采取预防措施加以监督和控制。

2. 事中监控

事中监控是指在政策运行过程中实施同步监控,一旦发现与原定政策目标不一致的情况,就立即采取纠错措施,提出调整意见,保障政策落实。

3. 事后监控

事后监控是指一项政策活动过程结束后,把政策活动产生的实际效果与既定目标、要求和原则等做比较,找出并纠正偏差和失误,避免再犯同样的错误。

(三) 根据政策监控的层次分类

按照政策监控的层次,政策监控可以分为自我监控、逐级监控和越级监控。

1. 自我监控

自我监控是指政策制定和执行主体根据政策的目标要求,在政策过程中进行自我检查、自我分析,及时发现、纠正偏差,从而实现政策监控。

2. 逐级监控

逐级监控是指上下级政策主体之间按照授权关系,自上而下逐级进行监控。

3. 越级监控

越级监控是指越过中间层级,上层政策主体对下层政策主体直接进行监控,或者下层政策主体对上层政策主体进行监控。

(四) 根据政策监控的内容分类

按照政策监控的内容,政策监控可以分为目标监控和关键点监控。

1. 目标监控

目标监控是指以政策目标的实现与否作为监控的核心,通过把握政策运行过程中目标的状态,最终实现目标与结果一致。

2. 关键点监控

关键点监控是指以政策的重点作为监控的核心,如以政策的重点目标为关键点,以政策的重点内容为关键点,或以政策的重点主体为关键点等。

(五) 根据政策监控的主体分类

按照政策监控的主体,政策监控可以分为立法机关的政策监控、行政机关的政策监控、司法机关的政策监控、政党系统的政策监控、利益团体的政策监控、公众和大众传媒的政策监控等。

三、政策监控的作用

政策监控既是政策过程的一个不可或缺的组成部分,也是一个特殊的环节,贯穿其他各个基本环节,在政策过程中起着信息反馈的作用。对政策系统来说,主要是通过政策监控子系统及监控活动来确定政策方案是否合理、合法,找出政策目标与执行手段之间、预期政策目标与实际政策绩效之间的差距,发现问题并寻找解决问题的办法,如调整政策目标、加大执行力度、重新配置资源等。政策监控的作用主要表现在以下几个方面:

(一) 保证政策的合法化

保证政策的合法化是指对政策制定活动进行监控以使政策的制定严格遵守法定的程序和原则,并审查所制定的政策是否符合宪法及相关法规。它由相关的国家机关根据法定的程序和权限对立法活动所做的审查构成,是政策合法化的重要环节。一般而言,政策合法化的实现是由各国的立法机关完成的。然而,出于历史与现实的种种原因,各国的情况有很大的差别,主要体现在宪法的解释权归属不同。欧洲国家一般设有宪法法院,宪法的解释权由宪法法院掌握,政策合法化是由司法机关最终完成的。在中国,宪法的解释权属于全国人大及其常委会,人大和人大常委会从法律上来说对政策的合法化负最终责任。此外,由于中国的所有政策既不能违背宪法和有关法律法规,也不能与党的章程和纲领背道而驰,因此,政策的合法化必须将上述重要因素考虑在内。

由此可见,通过政策监控实现政策合法化包括两个方面的内容,即形式合法化与内容合法化。实现形式合法化就是使政策的目标、方案等不违背宪法和有关法规以及执政党的纲领和章程。必须指出的是,一项政策即使从形式到内容都合法化了,也未必获得了合法性,因为该项政策仍然可能危害公众的利益、不能满足公众的愿望和要求。

(二) 保证政策的贯彻实施

政策只能在被采纳并付诸实施后,才有可能产生实际的作用并达到预期的目标。但由于种种原因,如执行者的认识水平、价值取向、个人及其所代表的利益、偏好等,政策在执行过程中经常出现被误解、曲解、滥用、消极抵制甚至反抗等现象。政策监控的作用就是根据一定的标准对政策的执行活动进行检查、监督,以保证政策达到预期目标,或者发现预期目标与现实效果之间的差距并找出原因。如果因预期目标太高而根本不可能实现,就必须调整目标以适应现实的条件;如果目标是正确、可行的,却没有实现,那么问题就必然出在执行过程中;如果是执行不力,则需要加大执行力度;如果具体办法或步骤有误,则需要做相应的调整等。

(三) 实现政策的调整与完善

客观世界总是处于不断的发展变化中,人的认识也随之逐渐深化,但总是落后于外部世界的发展变化。政策作为人类认识发展的产物,一旦制定出来并付诸实施,就需要保持相对的稳定性,即政策的滞后性。滞后性不仅是指政策的变动滞后于人类认识的深化,而且是指政策的变动滞后于外部世界的发展变化。如果政策的滞后超过了一定的限度,就是有害的。因此,政策必须随外部世界的变化和人类认识的深化而做出调整,只有这样才能使政策目标、实施步骤、执行手段等符合现实,从而产生良好的绩效。政策监控的作用就在于敏锐地捕捉外部世界的发展、认识的深化和政策之间的差距,及时做出调整,使之臻于完善。中国的改革开放政策正是经历了这样一个逐步调整、发展与完善的过程。

(四) 促使政策终结

政策具有时效性,即原来使用的政策由于客观条件或政策环境的变化而不再符合现实需要。其中的许多情况不是仅仅做出政策调整就能解决的,而需要进行政策终结。例如,2006年楼市调控开始趋紧,建设部等九部委联合制定了《关于调整住房供应结构稳定住房价格的意见》,其中规定"自2006年6月1日起,凡新审批、新开工的商品住房建设,套型建筑面积90平方米以下住房(含经济适用住房)面积所占比重必须达到开发建设总面积的70%以上"。由于改善型需求占比越来越大,加上"二孩"政策的放开,大户型肯定是未来市场的主导方向。这就不仅仅是政策调整问题,而应是政策终结问题,即坚决而又审慎地废除那些错误的、无效的或者多余的政策。2016年2月29日广东省政府印发《广东省供给侧结构性改革总体方案(2016—2018年)》及五个行动计划的通知,其中提到各地结合实际取消过时限制性措施,对商品住房项目停止实施"90平方米以下套型住房占全部套型70%以上"的要求。至此,这个出台十年的"90/70"政策正式被叫停。需要注意的是,政策监控的作用不在于具体实施政策的终结,而在于通过监控,发现那些错误的、多余的或无效的政策,及时向有关方面提出合理建议,促使政策终结。这是提高政策绩效、更新政策的一个关键环节。

第五节 政策监控过程与机制

一、政策监控过程

政策监控是政策过程的一个基本环节,它制约或影响着其他各个政策环节。它本身是一个由政策监督、政策控制等功能活动所组成的动态过程,在政策过程中起着信息反馈的作用。

(一) 政策监督

政策监督是指政策监控的主体从一定的制度、法规的依据出发,对政策系统的运行进行监视和督促的行为。

政策监督应具备四个基本条件:一是建立必要的制度、法规,明确职责,这是实施政策监督的基本依据。有了一定的制度、法规,明确了政策主体的职责,政策监督便有据可依。二是政策监督者与政策监督对象之间应保持沟通,通过各种监督机构或机制及时了解政策系统的运行,掌握政策问题和政策目标,使监督有明确的标准。三是在机构设置上保持监督机构的独立性,只有不受掣肘,才能有效监督,敢于提出异议。四是对监督对象有影响权,包括对违反制度、法规和政策的人予以处罚并责令其纠正政策过程中的各项错误和偏差的权利。

政策监督活动贯穿整个政策过程,其内容包括对政策制定、执行、评估及终结的监督等。

1. 对政策制定活动的监督

由于决策者的有限理性、决策者个人及其所代表的集团或党派的利益和偏好不同,或决策者掌握的信息有限,以有限甚至错误的知识体系或价值体系为指导制定的政策可能是不完善的。

以中国电信业改革为例。中国的电信业过去一直由政府垄断,垄断政策导致的高资费严重损害了公众利益,降低了经济效率。为了打破垄断,增进公众利益,中国分别于1994年、1998年、2002年进行了三次大规模机构重组,组建了信息产业部,建立了中国移动通信集团公司、中国联合网络通信集团有限公司,并将中国电信集团公司进行南北分拆。经过两次重组后,虽然原有的垄断格局有所改善,但由于缺乏对政策制定活动的监督,决策者更多出于个人及集团利益制定政策,致使各项专业业务领域依然维持垄断,反映在行业政策上,电信企业利用独占网络的特权制定高资费,不允许其他竞争者低价租用网络。垄断行业的高资费政策损害了公共利益,从价值取向来说,偏离了"公共"原则。[①] 随着对政策制定活动监督的加强,政策制定者知识体系及价值体系的逐步完善,以及对政策制定回归"公共"要求的提高,中国电信业于2008年进行了第三次大规模机构重组,将中国移动(合并了铁通)、中国电信(合并了原联通的C网及部分人员)和中国联通(将G网及部分人员与中国网通合并)的业务垄断、区域垄断格局彻底打破,真正实现了把三大运营商放在一个竞争平台上。

决策者对国内外形势认识的不完全等因素也影响着决策的科学性。此外,由于决策者在制定政策时,可能没有严格遵守宪法和法律所规定的规则与程序,因此制定出的政策不合法。例如一些地方政策以保护主义为价值取向,制定一些损害"公共利益"的公共政策,对本地区资源和市场实施行政性保护以及为了维护本行业、本部门和本地区利益,人为设置市场障碍,防止外地同行业竞争者进入等。陕西某县出台过一项政策,规定非本县生产的香烟,一律按"走私烟"处理。无独有偶,重庆一个县公开禁止外地化肥进入本县;另一个县在工程

---

① 中国社会科学院公共政策研究中心,香港城市大学公共管理及社会政策比较研究中心.中国公共政策分析(2001年卷)[M].北京:中国社会科学出版社,2001:13.

招标中为保护本地建设单位,公开宣布县外另一家单位符合法定程序的中标作废。当法院做出正确判决后,县里有的领导还公然否定判决。① 对这类政策的制定过程及其活动必须进行有效监督,以保证政策制定的质量。

2. 对政策执行活动的监督

由于政策行为所带来的后果无法完全预知,因此政策实施的结果与初始目标无法保证一致。所以,在政策行为开始后进行跟踪监督至关重要。②

可将公共政策的实施比作苗圃中栽植的幼苗。幼苗被栽入土中,需要水、养分和培植,如果任其自然生长,其可能成长为一棵小树,也可能长成一棵大树。政策的实施也是如此。在美国,一项政策被制定出来,国会把相关职责交到官僚机构手中便算了事。因此,格斯顿(Gesron)认为,国会监督的缺乏常常妨碍政策的实施。③

在现实生活中,政策得不到贯彻实施甚至成为一纸空文的情况时有发生。一旦政策无法贯彻实施,它所要解决的社会问题以及经济、社会发展目标就无法实现。影响政策有效执行的因素主要有政策问题的特性、政策本身的因素以及政策以外的因素(如执行人员的素质与工作态度、执行机关的特征、机关组织之间的沟通与协调)。对政策行为进行监督主要是为了保证政策执行活动遵循政策原定的方案,监督检查政策是否得到贯彻执行、各项措施是否存在违背全局利益或整体利益的情况,及时发现和纠正一切违背政策目标的行为,提高政策实施的效率,确保政策目标的顺利实现。韦斯特指出,无论是主动的还是反应式的立法监督,都可以起到保护政策执行的完整性,防范立法机关以外的破坏性影响的作用。④

3. 对政策评估活动的监督

政策评估是迈向科学决策的一个重要环节。它的目的在于取得有关政策的效果、效益和功能等方面的信息并进行判断,以作为决定政策变化、政策改进和制定新政策的依据。政策监督则是监督主体对政策评估过程加以监督,以使评估活动更好地发现政策偏差并决定对其进行修改、调整、完善或是暂停执行、终止。政策评估是制定政策的有力工具,具有对政策制定者曾经认为已经解决的问题进行再设计的可能性。在民主国家,政策评估对政策制定和随后的实施产生的利弊提供了检查方法。如果没有政策评估工作,就无法对政策的可靠性、实施人员的责任以及政策制定机构的职责做出判断。⑤ 从这个意义上说,政策评估本身就是一种监督活动。

但是,政策评估工作在实际实施过程中面临许多问题和困难。政策评估的真正目的若被歪曲,其评估行动和评估结果的有效性就会令人生疑。评估的目的如仅在于证明其效果,或使效果不佳、绩效不良的政策合理化,或是借评估来攻击与自己偏好不一致的政策,就会使政策评估偏离其初始目标。因此,虽然评估者承担着"客观的"任务,但带有价值观、标准

---

① 中国社会科学院公共政策研究中心,香港城市大学公共管理及社会政策比较研究中心.中国公共政策分析(2001年卷)[M].北京:中国社会科学出版社,2001:14.
② 威廉·N.邓恩.公共政策分析导论(第四版)[M].北京:中国人民大学出版社,2011:362-363.
③ 拉雷·N.格斯顿.公共政策的制定——程序和原理[M].重庆:重庆出版社,2001:126-128.
④ 威廉·F.韦斯特.控制官僚——制度制约的理论与实践[M].重庆:重庆出版社,2001:179.
⑤ 拉雷·N.格斯顿.公共政策的制定——程序和原理[M].重庆:重庆出版社,2001:130-132.

和目的,在确定一项政策的影响时,有可能缺乏公平的标准。[①] 所以,有必要对政策评估自身进行监督,使其在预定轨道上运行,以达到完善公共政策的预期效果。

4. 对政策终结的监督

政策终结是政策运作过程的最后一个环节,也是政策更新、政策发展的逻辑起点。及时终止一项多余、无效或已完成使命的政策,有助于提高政策的绩效。如果没有政策终结,就将失去政策的严肃性。从这个意义上说,对政策终结的监督实际上是对政策严肃性的保证。

总之,政策监督的对象是整个政策系统的运行,政策监督活动是政策主体对各政策环节运行情况的信息反馈,它的作用贯穿政策过程,各项监督活动互相联系、不可分割,共同为提高政策制定和执行的质量、提高政策绩效提供有力保障。

(二) 政策控制

1. 政策控制的概念

政策控制的概念及方法来自控制论和管理学。控制论的创始人维纳(Wiener)在《人与人的用处》一书中说:"控制论包含着沟通与控制。"控制论最关心的是复杂的信息流。虽然它主要被用于机械工程问题,但它的反馈、控制和调节的模型对生物及社会系统也有重要意义。"控制职能是对业绩的衡量与校正,以便确保企业目标和为达到目标所制订的计划得以实现。"[②]舵手的例子说明了控制职能的最重要、最有用的含义——维持朝向目标的航向。[③]

政策控制是指政策监控主体在政策过程尤其是政策执行中,为保证政策的权威性、合法性及政策的有效执行,为达成特定的政策目标,发现并纠正政策过程中尤其是执行过程中出现的偏差的活动。

在政策过程中,实施控制的目的是保证制定的政策能够顺利地得到贯彻和落实。计划做得再完备、再周密,在执行过程中总会出现一些难以预料的情况。实际工作中出现的偏差:要么需要服从计划,纠正工作偏差;要么需要根据实际情况,调整计划。控制是改进工作的有效手段,控制的实质是对实际活动的反馈所做出的反应。如果没有控制,人们就不了解实际情况,工作无法改进,就难以保证正确的工作方向,无法实现政策目标。

2. 政策控制的分类

(1) 反馈控制与前馈控制

按性质的不同,政策控制可以分为反馈控制与前馈控制。反馈控制是政策监控者通过掌握政策的实际绩效的反馈信息,发现偏差,分析偏差产生的原因,并纠正偏差的活动。这是一种最主要的控制形式。但这种控制形式有一个十分明显的局限,即时滞问题——从发现偏差到纠正偏差有一个时间差,往往使纠正偏差错过时机,或者客观情况发生变化而影响纠偏的效果。前馈控制正好克服反馈控制的这一缺陷,它是不断利用最新的有用信息进行预测,把所期望的结果与预测的结果相比较,从而事先制定纠偏措施,使实际绩效与期望的结果一致。

---

① 拉雷·N.格斯顿.公共政策的制定——程序和原理[M].重庆:重庆出版社,2001:132.
② 哈罗德·孔茨,海因茨·韦里克.管理学(第9版)[M].北京:经济科学出版社,1993:552.
③ 弗莱蒙特·E.卡斯特,詹姆斯·E.罗森茨韦克.组织与管理——系统方法与权变方法(第4版)[M].北京:中国社会科学出版社,2000:626.

(2) 间接控制与直接控制

按照控制人员与控制对象的关系,政策控制可以分为间接控制与直接控制。间接控制是相对于决策分权化而言的,如政策监控主体把监控权下放给各政策执行主体,这实际上实施的就是间接监控。间接监控有一个前提条件,即被授权执行监控的一方与授权方有一致的价值系统;[①]否则,监控主体将进行直接控制,即保留集中控制,保留决策权,对政策各环节进行实时监控,以全面掌握政策系统运行情况并及时控制政策发展方向。

3. 政策控制的程序

政策控制的程序或过程由如下三个基本环节构成的,即确立标准、衡量绩效和纠正偏差。这个过程的功能活动可以用图7-9表示。

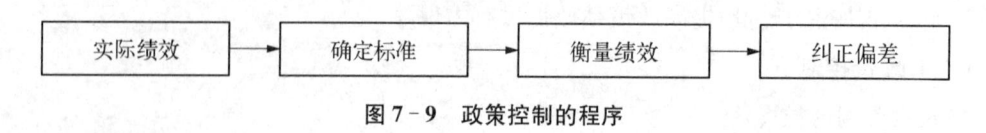

实际绩效 → 确定标准 → 衡量绩效 → 纠正偏差

图7-9 政策控制的程序

(1) 确立标准

标准是衡量政策的实际效果即绩效的尺度,政策控制的目的是保证政策的顺利实施,以达到预期的目标。因此,政策目标是政策控制最根本的标准,也就是说,可以将一般的政策目标变成一系列具体指标。常用的控制标准有实物标准、成本标准、资本标准、收益标准等。

(2) 衡量绩效

理想的政策控制是采用前馈控制,即在偏差出现前预见并预先采取纠偏措施。但在实际的政策过程中,由于各种主、客观条件的限制,很难做到这一点。因此,必须在政策的实施过程中,随时监控政策运行的情况,衡量政策的绩效,将实际结果与预定目标或期望结果相比较,及时发现偏差。衡量政策绩效,既取决于标准是否合理,也取决于是否找到合适的衡量、评估方法。必须注意,不应把实际的政策效果理解为最后的政策结果,有时它可能仅是一种阶段性的成果,或由中间状况推测出的结果。政策控制不仅仅是对最终的政策结果的纠正,而且是对中间过程中出现的问题的纠正。

(3) 纠正偏差

这一环节包括确定偏差的类型、程序,找出偏差产生的原因,并采取纠正偏差的措施。政策在实施中产生偏差的原因是多种多样的,也许是政策的环境发生了改变,也许是目标不恰当,也许是执行组织或人员执行不力或协调不够,也许是财力、人力不足等。在找出偏差产生的原因后,必须采取行之有效的方法予以纠正,对政策加以调整。

4. 政策控制的循环

政策控制的主要功能在于通过政策控制的主体对政策计划、目标、标准的掌握,及时发现预期政策绩效与实际政策绩效的差距,并分析差距产生的原因,最后决定选择重新调配资源以加大执行力度,或是对政策进行调整、终结等。由此可见,政策控制并不是一个单向的

---

① 间接控制的概念对决策分权化(职权和职责授予下面的组织等级)之类的管理哲学具有重大意义。如果管理群体对有关的组织事项大体上有一个一致的价值系统,高层管理部门的成员就可以把决策权下放,并且有理由相信其结果将会符合他们的期望。弗莱蒙特·E.卡斯特,詹姆斯·E.罗森茨韦克.组织与管理——系统方法与权变方法(第4版)[M].北京:中国社会科学出版社,2000:637.

不可逆的过程,而是一个永无止境的循环。这种循环关系可以通过图7-10以简化的方式表现。

其中,制订规划是将政策内容化为可操作的实施细则的过程,也是进行政策控制的标准,包括明确执行者及其职责、制订实施步骤和程序、预算实施成本(如人力、财力、物力、技术资源)等。将政策规划付诸实施后,控制者便根据政策规划,通过信息反馈系统对执行过程进行监控,及时掌握该规划所产生的实际效果,然后进

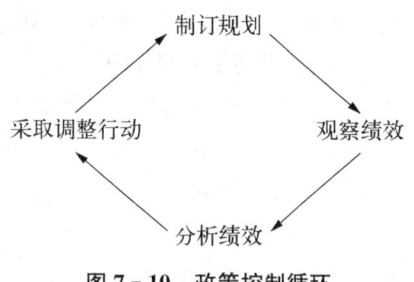

图7-10 政策控制循环

入分析阶段。如果实际绩效超过原先制定的标准,则说明以前的标准过低,须调整政策规划,提高标准。如果实际绩效比预期绩效差,就必须分析造成差异的具体原因:如果原因在于执行不力,就可以重新调配资源以提高绩效;如果原因在于政策规划本身将标准定得过高,则需降低标准。还有一种情况是,通过实施,发现制定的政策根本就不可行或是错误的,那就必须及时终止该项政策,以避免更大的损失,这主要取决于政策环境所提供的条件。这样就完成了一轮循环并进入下一轮新的循环。

二、政策监控机制

政策监控机制,简单说就是政策监控子系统的运行机制,其中最重要的是监控主体的构成及其发生作用的内容与方式。根据作用内容和方式的不同,政策监控主体可分为立法机关、司法机关、行政机关、政党系统、利益团体、公民和大众传媒的政策监控等。

(一)立法机关对政策的监控

立法机关不仅是最重要的政策制定主体,而且是最重要的政策监控主体之一。在西方各国,根据议会对政府政策进行监控的权威大小和地位高低,可将议会的政策监控分为一级(如英国的议会至上型)、二级(如美国的三权分立制衡型)和三级(如法国准议会制有条件的议会监控型)。立法机关政策监控的活动内容及其方式主要表现如下:

第一,依靠法律监控公共政策。无论是公共政策的制定还是实施,均不得违背法律,也不能凌驾于法律之上,否则,均被视为非法。也就是说,立法机关所制定和废止的法律为公共政策提供了框架,从而成为对公共政策强有力的制约。

第二,以听取和审议预算、决策、立项等,对公共政策的内容、规模、方向等予以监控。立法机关有权审查政府的有关报告和计划,主要包括由国家行政机关提出的国民经济和社会发展计划及计划执行情况的报告、关于国家预算及预算执行情况的报告、计划的主要指标(草案)、国家预算收支表(草案)和国家预算的执行情况(草案)。立法机关通过对上述报告的审查并做出相应的决议,对公共政策产生重要影响,并实现监控目的。

第三,通过对政府的人事任免权、不信任投票来对公共政策的制定者产生影响。各国政府的主要组成人员大多需经议会批准才能被正式任命。议会运用这一权力,不仅旨在防止被任命者与公职的要求和利益相冲突,而且借此积极影响行政官员的政策主张,从而达到监控公共政策的目的。例如,总统制国家的立法机关对总统提名的高级官员具有监督审查权;内阁制国家的立法机关对政府首脑具有直接选举权,对其他重要官员的免职具有监督同意权。内阁制国家的议会还拥有对出现政策失误的政府进行不信任投票的权力,这也是迫使政府改变政策的一个重要方法。在中国,各级人大及其常委会对国家机关领导人员及其组

成人员拥有选举、任命、罢免、撤职等权力。

第四,以质询和诘问等方式对公共政策予以监控。质询即由议员或代表在立法机关中就与公共政策的实施有关的事件向政府有关机关及主要负责人发问并要求予以答复的方法。由于质询和诘问都是法律赋予议员(代表)的权力,公共政策的有关执行者对此无权避而不答,因此,质询和诘问是立法机关影响公共政策的强有力形式之一。

第五,通过视察、检查和组成针对特定问题的调查委员会对政府各部门的政策及其执行情况进行监督。各国宪法一般规定,立法机关及其代表有权视察和检查政府部门的工作以便在日常性的监督工作中发现问题并提出意见或建议,以此来督促政府各部门改进工作。

(二) 司法机关对政策的监控

司法机关的职责与使命在于通过严格执法以维护法律的尊严。西方的司法机关主要是指法院;中国的司法机关不仅包括法院,而且包括检察院。法院和检察院通过审查、提起公诉、审判等行为,对严重违反国家政策的人员实施法律制裁,对政策的执行起着强制性的制约作用,从而达到政策监控的目的。司法机关的政策监控在各国的表现形式各不相同,所起的作用也不同。

司法机关对公共政策的监控主要表现在以下几个方面:一是裁定公共政策的制定程序与原则是否合法,二是依法裁定公共政策的内容是否合法,三是依法监督公共政策的执行是否合法。政策灵活性和行政裁量权的存在使得政策执行领域的情况颇为复杂。司法机关在这一领域的工作在于依照法律裁决政策执行的过程、方法、手段等是否违法,若有违法行为,则坚决督促其改进甚至停止执行,同时对违法行为进行裁决。

由于司法机关的权力具有被动性,即只有利害关系人请求后才行使,主要体现的是"不告不理"的诉讼原则,因此司法机关的政策监控具有一定的局限性——如果利害关系人没有向司法机关提出请求,那么即使政府机关及其人员在政策过程中有违法行为,司法机关也无能为力。

(三) 行政机关对政策的监控

由行政机关实施的政策监控是一种纵向监控,主要是上级主管机关对下级执行机关工作的指示、检查、布置、督促等,主要采取以下两种形式:

1. 行政管理机关的监控

行政管理机关的监控又称"一般行政监控",是从行政法规定的行政管理权中产生的,是上级政府部门对下级政府部门及其所属机关的一种监督和控制,因而成为整个行政管理链条的一个环节。这种监督又可以进一步细分为以下几种情况:(1) 中央政府对所属部门、地方政府及其人员的监督和控制;(2) 综合部门的政策监控;(3) 主管部门对下级业务部门所属单位的执行情况进行的监控。

2. 专门行政监督机关的监控

专门行政监督机关的监控即行政监察。与前述一般的业务性监督、检查不同,这种监控是由专门的监督机关对行政机关内部的工作人员实施监控,其内容侧重于对违法违纪现象的查处,其对象是自然人而非法人,即其只能对具体的违法违纪人员进行查处而不能针对某个机关或部门。

(四) 政党系统对政策的监控

政党系统可以简明地划分为执政党(也可以包括参政党、多党联合执政等形式)和在野党两部分,其中起主要作用的是执政党,在野党对公共政策也有一定的影响。

一般来说,执政党的政策监控大多采用以下几种方式:(1)将自己的成员选入立法机关,以影响立法来影响并监控公共政策的制定。通过这种途径,该党及其所代表的利益、纲领、路线、方针等都可以在公共政策中得到反映。该方式对公共政策的影响很大。(2)将自己的成员列入各级政府机关及政府各部门中以影响政策的实施。这是执政党实施政策监控的另一种强有力的形式。例如在西方国家,执政党一般不直接参与政府决策和政策执行,而是以政府首脑的名义发挥间接作用。(3)执政党通过其掌握的各种权力机构,可以动用从党纪到国法的各种形式对政策的制定者和执行者进行检查、监督、奖惩、任免或绳之以法等。(4)执政党还常以其所影响的社会团体、社会组织及其掌握的大众传媒等制造各种舆论,从而对公共政策的各个环节进行有力的控制与监督。

在野党在公共政策的监控中也发挥着重要作用。其监控的主要方式有两种:(1)由于在野党可以在立法机关、行政机关占有一定的席位,因此能够根据法律赋予的权力对政策过程施加一定的影响,并加以制约。例如,美国的在野党虽无权参与政府政策的制定,但有权在议会内外批评执政党的内政外交,发挥监督、牵制政府施政的作用,并组成后备政府,随时准备取而代之。中国是社会主义国家,与西方国家相比,参政党即民主党派参政议政的权力较大,政策监控的力度也较大。(2)在野党也可以动用其所影响的社会力量如社团组织、新闻媒体等对国家各级机关及其工作人员进行各种形式的监督。

(五)利益团体对政策的监控

利益团体是以特定的利益为背景从事经常性活动的组织,如工会、各种行业协会等。其在政策过程中的主要作用在于:一是以各种方式将社会的变化及该集团的要求表述出来,以期影响公共政策的制定、采纳与实施;二是将国家的意志和信息传达给社会并对其加以管理,构成一个中介体。

在西方,利益团体对政策的监控越来越成为一种趋势。游说活动是各种有组织的利益团体影响公共政策的主要方式。在美国,游说活动受到宪法第一修正案的保护。该修正案规定:"国会不能制定有关下列事项的法律:剥夺言论自由或出版自由,或剥夺人民和平集会及向政府要求申冤的权利。"游说的方式主要包括如下四种:

1. 接近

为了影响决策,有组织的利益团体必须首先接近决策者,让他们倾听本集团的问题,知道他们的个性,了解他们的助手和他们本人怎样展开工作,以及他们想收到的信息的类别。

2. 提供信息

一个游说者应掌握以下三种信息:法律程序的知识、有关问题的专门知识及本问题中涉及集团的信息。游说者必须花相当多的时间和精力去了解他们所关心的议案的进展情况。此外,游说者所提供的信息(包括技术报告和分析材料)必须准确、适时。

3. 基层动员

基层动员是有组织的利益团体动员选民为维护其自身利益而对议员施加压力以影响国会的一种方式,其做法是给议员写信、寄明信片、打电话等。此外,向某些报纸提供新闻分析或社论,然后将有关剪报寄给有关议员,也是一种动员策略。

4. 提供竞选支持

游说成功的关键越来越依赖竞选赞助,由于竞选费用的增加,议员们也必须更加依赖来自利益团体的赞助。以赞助竞选为条件换取特定的投票承诺被认为是一种"粗鄙"策略。相反,有组织的利益团体长期赞助在任的国会议员,至于如何回报则让议员们自己去理解。如果一个议员不断投票反对某个有组织的利益团体,那么该利益团体就可能在以后的选举中赞助他的竞争对手。

利益团体通过它们的种种活动对公共政策产生非常重要的影响:一方面,它们试图阻挠、拖延不利于自身利益的法规、政策的通过与实施;另一方面,它们极力争取通过、实施有利于自身利益的法规、政策。

(六)公民和大众传媒的政策监控

公民在对影响自身利益的政策表达特有的要求时,对公共政策进行一定的监控,以减少、纠正或避免公共政策对自身合法权益的损害。公民对公共政策的监控方式主要表现为面访、写信、发送电子邮件、投诉和提起诉讼等。

大众传媒在社会生活中发挥着传播信息、揭示真相、增长知识和惩恶扬善的作用。通过大众传媒所形成的社会舆论,可以及时纠正错误、处理问题,对公共政策合法性、有效性和合理性进行有效监控,揭露事实真相,督促政府改进不足,实现维护公共利益和公民合法权益的目的。公众对政策的监控主要是通过社会舆论的形式实现的。社会舆论是公共意志的集中反映,它体现和表达了公众的利益、愿望与要求。社会舆论对公共政策的影响因各国国情的不同而不同。在民主化程度较高的国家,社会舆论的力量可能会大一些;反之,则会小一些。

社会舆论要对政策监控真正发挥监督作用,除了保证它的相对独立性外,还要有其他监控主体如行政机关、司法机关等的密切配合。例如日本著名的行贿受贿案件,就是在新闻记者获得蛛丝马迹后,经过深入采访和调查揭露出来的,但最终还需经过司法机关的审判才能将罪犯绳之以法。行政和法律手段的监控与社会舆论的监控紧密配合,刚柔并济,才称得上是完整意义上的政策监控机制。

三、中国的政策监控机制

中国的政策监控机制由以下几个方面组成:权力机关(全国人大及地方各级人大)的政策监控、行政机关(国务院和各级人民政府)的政策监控、司法机关的政策监控、中国共产党作为执政党的政策监控、各民主党派及人民团体的政策监控以及来自人民群众的政策监控。强化党内监督是为了保证立党为公、执政为民,强化国家监察是为了保证国家机器依法履职、秉公用权,强化群众监督是为了保证权力来自人民、服务人民。要把党内监督同国家监察、群众监督结合起来,同法律监督、民主监督、审计监督、司法监督、舆论监督等协调起来,形成监督合力,推进国家治理体系和治理能力现代化。① 由上述各方所构成的政策监控子系统能够确保政策的采纳、实施和运行,也可以保证政策绩效的提高和政策目标的实现。

(一)人大的政策监控

中国宪法明文规定,全国人大是国家最高权力机关,地方各级人大是地方各级权力机关。人大的政策监控是其立法权派生的、具有最高法律效力的监督形式,是法律监督、财政监督、人事监督和工作监督的总和,是人大影响、制约或控制其他国家机关的一种国家行为。

---

① 习近平.习近平谈治国理政(第二卷)[M].北京:外文出版社,2018:169.

1. 人大在政策监控中的地位与作用

现行宪法规定,各级人大有权监督宪法、法律以及规范法律文件的实施;有权监督国家或各级行政区域内主要领导人的任免,依法审议罢免案,罢免有关公职人员;有权审查和批准国家或各级行政区域内国民经济和社会发展计划、财政预算及执行情况的报告;有权撤销或改变本级人大常委会、人民政府所做的不适当的决议、决定或任命;县级以上地方人大还有权改变或者撤销下一级人大所做的不适当的决议、决定和任命,县级以上地方人大有权监督和保障执法机关依法行使职权。也就是说,各级人大在同级行政区域内是法律行为、人事任免行为和财政行为的监督者。

各级人大常委会的立法监督起着核心作用。这也是由宪法和法律确认与保护的。各级人大常委会不仅享有广泛的监督权,而且拥有对最高国家活动的日常监督权。

2. 人大政策监控的基本内容

人大的政策监控在总体上可以分为法律监督和工作监督两个方面。法律监督是人大及其常委会对规范性文件的制定程序,以及对是否违宪、违法做出的裁决。根据法律规定,全国人大及其常委会具体对下列行为进行法律监督:裁决由国务院制定的授权立法、行政法规、决定和命令;裁决由地方国家权力机关制定的地方性法规、条例、单行案例和决议;裁决由最高人民法院、最高人民检察院做出的司法解释、批复以及对有关案件做出的判决;裁定国家主席、国务院、中央常委、最高人民法院、最高人民检察院在行使权力时产生的权限纠纷或违法违宪等行为。

地方人大及其常委会的法律监督主要包括以下内容:各级人大有权改变或撤销同级人大常委会和同级政府做出的不适当的决议、决定和命令;地方人大常委会有权撤销同级政府和下一级人大及其常委会做出的不适当的决议、决定和命令;地方人大常委会有权监督由下一级人大及其常委会组织领导的选举活动。

工作监督是指人大对行政机关和司法机关的具体活动和官员的具体行为实施的监督。工作监督又可分为行政、司法和人事三个方面的监督。行政监督是人大监督的重点,是对行政行为(如行政决策、行政计划、政府财政行为、外交和战争权等)的合法性、合理性等的监督。司法监督是人大对司法行为的最高监督,具体包括听取和审议人民法院、人民检察院的工作报告和专题报告,审查涉及全局的司法政策,监督审查争议较大、涉及面广的重大案件,监督审理人民检察院检查委员会无法形成统一意见、由检察长提请人大常委会决定的案件,监督检查由人大转交司法机关的人民群众的申诉和控告。人事监督是人大监督的一个实质性的组成部分,主要包括根据宪法和法律的有关规定,对政府官员进行任命、考核、罢免等。

3. 人大政策监督的制度与程序

一定的制度与程序是人大监督权顺利实现的保证。若有权力而无实施细则,或者没有相应的制度建设与程序保证,人大监督权就形同虚设。中国人大监督的制度与程序大致有以下主要内容:

第一,听取和审议"一府两院"的工作报告。目前许多地方性法规已明文规定,有关机关的工作报告和相关的参考资料必须在人大召开前送交有关委员会进行初审,且必须在人大开会前一个月或半个月送交代表。

第二,审查国家计划和预算。审查国家计划和预算是人大进行财政监督的主要形式,全国人大议事规则对此有较具体的规定:(1)国家计划、预算的执行情况必须在全国人大召开前一个月向人大财经委员会和有关专门委员会汇报,由财经委员会进行初审。(2)在全国人大会议期间,国务院不仅应就计划和预算执行情况向大会做出报告,而且应提供计划主要指标(草案)、国家预算收支表(草案)和国家预算执行情况表(草案)。(3)人大财经委员会应向大会主席团提交国家计划和预算的审查报告。(4)人大对国家计划(草案)和国家预算(草案)进行审议和表决。

第三,质询。质询是较为严厉的一种监督形式,具体程序如下:(1)有一定数量的代表联名提出。在全国人大会议期间,一个代表团或30名以上代表联名,可以提出对国务院和国务院各部委的质询案;在全国人大常委会期间,有10名以上委员提名,也可以提出质询案。相应地,地方各级人大及其常委会在提出质询案时也有一定的人数要求。(2)质询对象。根据有关法律规定,全国人大及其常委会有权对国家行政机关提出质询案,地方人大及其常委会有权对同级行政机关、司法机关提出质询案。(3)质询案提出的方式。口头或书面形式均可,但必须明确提出质询对象、内容和问题。(4)质询案的审议。按照大会主席团的决定或常委会主任的决定,由受质询的机关负责人在主席团会议、有关专门委员会会议或有关代表团会议上做口头答复或书面答复。(5)质询结果。提出质询案的代表、委员会、代表团若对答复不满意,可提出要求,经主席团或主任会议决定,由受质询机关再做答复。(6)质询报告。质询案的有关情况报告可以印发会议,书面答复应有受质询机关负责人的签名。

第四,调查委员会。调查委员会是人大对特定事宜进行监督和控制的一种形式,具体程序在全国人大议事规程中有较详细的规定:(1)成立。须有全国人大主席团、3个人大代表团或1/10以上代表联名提出,并由大会全体会议决定,才能成立。(2)组成人员。由大会主席团在代表中提名,提请大会全体会议通过。调查委员会因工作需要还可以聘请有关专家参加调查。(3)调查工作。一切有关国家机关、社会团体和公民都有义务如实向调查委员会提供必要的材料,调查委员会有义务保密。(4)结果。调查委员会应向全国人大提交调查报告,全国人大可以根据该报告提出相应建议。

第五,罢免。罢免是较严厉的一种监控方式,具体实施须遵守以下程序:(1)由一定数量的代表、代表团或大会主席团提出。例如,在全国人大会议期间,由主席团、3个以上代表团或1/10以上代表联合,可以提出对中央国家机关领导人的罢免案。(2)罢免案应写明罢免理由,并附有关材料。(3)罢免案可由主席团提请代表团审议,由全体会议决议,或者由主席团提议,经大会全体会议讨论,然后组成调查委员会,在下次会议中根据该委员会提供的报告审议并决定。(4)罢免案交付表决前,被控罢免的人员有权在主席团会议或全体会议上提出申辩,并由主席团印发会议,人大有关机构人员的罢免由主席团或常委会执行并提出公告。(5)撤销不适当的决议、决定和命令,以及受理人民群众的申诉、控告。

(二) 政府机关的政策监控

政府机关的政策监控是指政府系统内部进行的对政府行为的监督和控制,以实现政策目标,提高政策绩效的行为过程。政府机关政策监控的主要内容包括:

1. 行政监察

行政监察是中国行政机关自我监督体系中最强有力的手段,它由专门的国家机关来实施,其机构设置和权利都由国家立法保障。因此,其监控有国家的强制力作为后盾,并能产生直接的法律效果。

2. 上级行政机关对所属部门及下级机关的业务监督和人事任免

上级行政机关对所属部门及下级机关的业务监督和人事任免是一种最普遍的监控方式,以法律、法规、纪律等为依据,具有强制性,主要做法是改变或撤销由所属部门或下级机关发布的不适当的命令、决定和指示等。另外,人事的任免、考核、奖惩也是其经常性措施。

3. 所属部门和下级机关根据民主集中制的原则对上级机关的监督与控制

这种监督不具有强制力,也不会产生直接的法律效果,可以视之为信息反馈的一个环节。上级机关对所属部门和下级机关提出的建议、意见、批评等虽不一定全部采纳,但应予以重视,做具体分析,采纳其中的合理化建议,接受其中的正确批评,对不恰当的意见、建议、批评等应做出解释。这样,既有利于上下级交流,也有利于实现政策目标,提高政策绩效。这个过程也是机关作风民主化的一种表现。

4. 因业务性质而产生的综合性的政策监控

这类业务包括劳动人事、福利、保险、文教、卫生、税务等,涉及的范围相当广泛,不限于某个部门或某个地区,而是跨行业、跨地区、跨部门的,是综合性的,需要许多部门、地区、行业之间的密切配合才能确保政策的正常运转。政策的调整、分解乃至终结等牵涉面非常广,同样需要多方协调,统筹兼顾。

5. 专业性的政策监控(主要指审计监督)

专业性的政策监控是根据有关法律而设的专业性的审计机关依法对国务院及其所属部门和地方各级政府的财政收支、对财政金融机构和企事业单位的财务收支状况进行财政监督的一种主要方式。

需要指出的是,随着中国改革开放向纵深方向发展,尤其是随着市场经济体制的逐步建立和不断完善,政府职能正在发生重要的变化,由行政机关实施的政策监控也正在增加新内容。例如,通过税种的划分,将中央与地方的责、权、利关系法律化、制度化。此外,中央政府通过财政拨款和税收返还等方式,也可以有效地控制或影响所属部门和下级政府的行为方向,这为实施政策监控提供了新的手段和新的思路,有待于在实践中进一步完善和发展。

(三) 司法机关的政策监控

司法监督是国家政策监控系统的重要组成部分,包括人民法院和人民检察院的监控。司法机关的政策监控主要是通过法律手段来实现。人民法院和人民检察院通过审查、提起公诉、审判等方式,对国家工作人员或公民的行为产生强有力的制约,从而对政策的有效执行起到较好的作用,间接起着政策监控的作用。在一些行政诉讼案件中,对各级政府的一些涉及具体行政行为的规定、办法或命令等,法院可不予适用,并且在审判过程中可附带审查这些规定、办法或命令是否违反国家宪法和法律。它有国家强制力作保证,具有较强的权威性。

由于中国实行"议行合一"体制,司法权力从属于立法机关,司法监督活动必须受立法机构即权力机关的监督,因此,在中国,宪法监督权并不由最高人民法院行使,而是由人大及其常委会行使。

(四) 中国共产党的政策监控

中国宪法明文规定,中国是工人阶级领导的(通过中国共产党的领导实现),以工农联盟为基础的人民民主专政的社会主义国家。这种国家的性质决定了公共政策的基本内容与基本方向,决定了中国共产党在政策监控系统中的特殊地位和作用。中国共产党的政策监控主要采取以下方式：

1. 党对国家的领导决定了政策的内容、方向和政策的实施

中国共产党对国家及社会生产、生活的领导表现为政治领导、组织领导和思想领导。其中，政治领导是指根据特定时期革命和建设的实际，制定发展战略及路线、方针、政策。组织领导包括两个方面的内容：其一是挑选德才兼备的干部到各个国家机关中工作，其二是充分发挥共产党员在各个方面的模范带头作用。思想领导就是用马列主义、毛泽东思想、邓小平理论、"三个代表"重要思想、科学发展观、习近平新时代中国特色社会主义思想作为行动指南，教育、武装全党、全军、全国各族人民，使他们能自觉贯彻执行党的路线、方针和政策。

2. 党纪监督

党纪监督是中国共产党监督广大党员及干部的重要形式。它虽不具备法律效力，但由于党的纪律监督必然影响监督对象的政治前途，因此具有极强的现实约束力。党纪监督主要是通过党的中央和地方各级纪律检查委员会具体负责实施。例如中国的巡视制度，要求"以党的纪律为尺子，重点检查政治纪律执行情况，着力发现腐败、纪律、作风和选人用人方面的突出问题"[①]，发挥震慑、遏制、治本作用，不断强化巡视监督，实现巡视全覆盖。

3. 通过党的基层组织实施政策监控

党的基层组织遍及国家和社会生活的各个角落，是党与党员及群众联系的桥梁和纽带，是领导群众进行社会主义建设的具体执行者，是党的路线、方针、政策等的具体贯彻者。

4. 通过各种大众传媒进行政策监控

中国共产党可以通过所掌握的大众传媒为采纳、实施、调整、改变甚至废除某些政策等制造舆论，为此后的实际操作减少摩擦，从而降低实施成本；也有能力搜集大量信息并组织力量进行分析处理以决定对策；还可以采用几乎无所不在的信息网对基层组织、党政机关及其工作人员进行全方位的监督；等等。这些都可以视为舆论监督在中国的特殊表现。

思政园地

用好"一线监督"，确保惠农政策"一线落实"

"这三百余亩蔬菜大棚，我们利用冬闲栽种辣椒苗、黄瓜等作物，县、镇的农技专家多次来现场指导。"江西省安福县洲湖镇蔬菜种植大户陈建章对前来走访的县纪委监委干部说。

"江山就是人民，人民就是江山"，民心向背关乎党的生死存亡，我们要始终把人民放在心中重要的位置，要确保惠民政策真正落实到基层最后一公里。监督是纪检监察机关的基本职责、第一职责。要动态掌握惠民政策是否落到基层一线，就要强化监督，有针对性地下沉到基层一线，善于通过明察暗访的方式，及时发现惠民政策落实中存在的问题，确保惠农政策真正在"一线落实"，不断提升人民群众的获得感、幸福感。

一线监督要求真，避免干部走马观花。"脚下沾有多少泥土，心中就沉淀多少真情"。要让监督的"探头"更好地护航民生发展，就需要纪检监察干部主动深入基层一线。只有到群众的身边去察民情、听民声、聚民意，才能真正了解惠民政策是否落实。纪检监察干部要强化责任意识，带着解决群众问题的真心走向基层，避免在监督过程中走马观花，只有身到、心

---

① 习近平.习近平谈治国理政(第二卷)[M].北京：外文出版社，2018：170.

到，才能在一线真正地了解惠民政策是否落到实处。

一线监督要细，避免干部抓大放小。让监督的触角延伸到基层最后一公里，这是推动基层治理的积极行动，也是托举民生幸福的生动实践。"细节决定成败"，要推动干部队伍的建设，就要在监督上更细致，避免干部抓大放小；要始终牢记"一枝一叶总关情"，群众的事情没有大小的区分，只要是关乎群众切身利益的事情，就都是大事，都要放在心上。只有这样，才能让监督的作用得到更好的发挥，让每一个群众的问题都及时得到反映。

一线监督要深，避免干部蜻蜓点水。"全党必须牢记，为什么人的问题，是检验一个政党、一个政权性质的试金石。"纪检监察干部要践行全心全意为人民服务的宗旨，就要在监督工作上做得更深入。既要注重苗头问题，也要善于抓住线索，避免监督工作只是蜻蜓点水而不深入。只有坚定不移地维护人民利益，坚持一切为了群众，一切依靠群众，多听群众的牢骚话、不满意，在监督上更深入，才能找出惠民政策中落实不到位的地方。

强化监督执纪，说到底就是要了解惠民政策是否真正惠民，人民是否真正地得到好处。要让好政策带来看得见的好效果，用心回答"我是谁、为了谁、依靠谁"，以实实在在的工作成绩赢得民心。

资料来源：https://www.sohu.com/a/531031580_100053372。

（五）民主党派对政策的监控

在中国，民主党派是参政党而不是在野党，它们在中国的政策监控中发挥着重要作用。各民主党派对政策的监控主要是通过人民政协这一爱国统一战线组织实现的。人民政协的章程规定：人民政协全国委员会和地方委员会密切联系各方面人士，反映他们及其所联系的群众的意见和要求，对国家机关和国家工作人员的工作提出建议和批评，协助国家机关进行机构改革和体制改革，改进工作，提高工作效率，克服官僚主义。人民政协主要以下述方式履行其监控权力：人民政协全国委员会全体会议、常委会会议或主席会议向中共中央、全国人大常委会、国务院和地方各党政领导机关提出建议案，各专门委员会提出的建议或有关报告，委员视察、委员提案、委员举报或以其他形式提出的批评建议，参加中共中央、国务院有关部门以及地方各级政府部门组织的调查和检查活动。

由于人民政协的委员来自各行各业，且一般具有较高的思想文化素养，因此由他们提出的建议往往比较合理，批评也往往比较中肯。然而，由于人民政协的权力仅在于参政和议政，而无权形成有约束力的决议，因此，由人民政协实施的政策监控是不具备强制力的。当然，其中的合理化建议与批评可能被采纳或接受。也就是说，民主党派对整个政策系统仅能施加一定的影响，起有限的作用。

（六）人民群众及人民团体的政策监控

中国是社会主义国家，是劳动人民当家做主的国家。因此，无论是在理论上还是在实践上，人民群众都是国家的主人。人民以及由人民组成的人民团体是一切权力的来源，也是一切政策（包括宪法）合法性的终极资源。所以，人民群众及人民团体有权对一切国家机关及其工作人员以及一切政府行为进行监督，也有权反对对合法权利任何形式的侵犯与损害。

在中国，人民群众及人民团体的政策监控主要采取以下方式：一是通过选举自己的代表，行使对政策的监控权；二是通过大众传媒表达自己对公共政策的态度、意见、建议或批评;三是通过上访或向有关方面写人民来信等形式进行政策监督;四是各种群众组织通过合法途径有组织地向有关国家机关表达自己的利益、愿望、要求、意见、批评等;五是人民群众通过消极的抵制或主动的行动来表达对现行政策的不满或取向。

案例

不到半年敲定的《中华人民共和国疫苗管理法》

自2018年12月23日以来,历经最高立法机关三次审议,2019年6月29日,由中国首创的全球首部疫苗管理法案——《中华人民共和国疫苗管理法》(以下简称《疫苗管理法》)正式出台。

疫苗管理的专项立法是因长春长生疫苗事件后迅速提上日程的。2018年7月21日,一篇名为《疫苗之王》的文章引爆舆论,长春长生问题疫苗一时成为关注焦点。在随后的近一年中,问题疫苗事件层出不穷,"疫苗之殇"引发的信任危机至今仍未消解。

"长春长生疫苗事件发生后,党中央、国务院高度重视疫苗安全问题,提出进一步完善疫苗的管理制度,全国人大作为立法机关立即行动起来。"全国人大常委会法制工作委员会行政法室主任袁杰在面向记者解释立法初衷时提及。这部开创性法案被认为是疫苗行业最严立法,其从研制到接种的全生命周期监管体系明显严于一般药品监管。

一、立法的必要性

(一)结束分散监管局面

在《疫苗管理法》出台前,中国疫苗的研制、生产、流通、预防接种、监督管理等相关规定散落在《中华人民共和国药品管理法》《中华人民共和国传染病防治法》《疫苗流通和预防接种管理条例》等多部法律法规中,并未形成相对完善的监管体系。将分散在多部法律法规中的监管规定进行全链条统筹整合,将疫苗监管提升到法律层级,有利于发挥顶层设计的权威性。疫苗分散监管局面的结束有利于疫苗活动的各参与方严格执行疫苗法律,更好地打击国内疫苗市场造假行为。

(二)缘于疫苗的极端重要性

疫苗是中国卫生工作方针中以预防为主的一个重要环节,涉及公共安全和国家安全。由于疫苗活动和疫苗工作的极端重要性,因此它的法治建设显得更为必要。此外,作为国家战略性和公益性产品,疫苗的主要使用对象是儿童,其与普通药品有着重要区别,因此对疫苗管理制度进一步总结经验、完善制度是十分必要的。

(三)疫苗产品的特殊性

疫苗产品是一种生物制品,其在生产过程中的复杂性意味着疫苗生产必须做到安全、有效、可控。

基于以上前提,《疫苗管理法》是在药品管理法一般原则的基础上,针对疫苗特点制定的一部特别的法律,明确提出对疫苗应该实行最严格的监管,对疫苗的研制、生产、流通、预防接种全过程提出了特别的制度和规定。

二、法案推进时间表

2005年,国务院出台《疫苗流通和预防接种管理条例》,并于2016年进行修订。长春长生疫苗事件后,党中央和国务院高度重视疫苗安全管理。从事件曝光到《疫苗管理法》表决

通过,时间不足一年,现将关键时间节点整理如下:

2018年11月11日:国家市场监管总局公布《中华人民共和国疫苗管理法(征求意见稿)》和起草说明,面向社会公开征求意见。

2018年12月23日:疫苗管理法草案首次提请审议。

2019年4月20日:十三届全国人大常委会第十次会议对疫苗管理法草案进行二审。

2019年6月29日:十三届全国人大常委会第十一次会议对疫苗管理法草案进行三审,并最终表决通过。

为了推动疫苗管理专项立法,人大常委会及其相关机构开展了专门立法的研究论证工作,充分论证必要性和可能性。

在征求意见稿阶段,依托中国行政管理学会课题组,在深入研究的基础上,整合公共管理、行政法、卫生法、疫苗技术等领域专家,高效率地拿出专家建议稿。以此为基础,经过各级药品监管和卫生疾控部门代表反复和深入的讨论后,在主要问题上迅速形成一致意见,并充分征求民营、国有、外资疫苗企业,科学家和公众代表的意见,再经数次推敲,形成最终征求意见稿。

"半年中,经过全国人大常委会三次审议。总结起来,应该说是最广泛、最大范围地征求意见。"袁杰主任表示,为了使法案更具可操作性和接地气,在征求各省意见的基础上,法工委曾赴6个省市调研,召开了13次会议,充分听取各方面意见。

从推进速度来看,《疫苗管理法》从起草到表决通过不足一年时间,从一审到表决通过甚至不足半年,或创下中国立法速度最快之纪录。

三、不断加码的三次审议

(一)一审关键词:风险管理、全程控制、严格监管

就最早的征求意见稿来说,其更多的是将过去分散的东西糅合在一起,但还没有理顺,许多细节还有待完善。

2018年12月23日,疫苗管理法草案首次提交审议。此时,草案突出了疫苗管理特点,强化了疫苗的风险管理、全程控制、严格监管和社会共治,提出了疫苗全程信息化追溯制度、拟对儿童实行预防接种证制度等,并提出建立严格的法律责任制度。

(二)二审关键词:提高罚款金额、反应补偿制度、免予批签发、支持新型疫苗等

相较一审,二审提高了罚款金额。草案规定,生产、销售的疫苗属于假药的,在没收违法所得的基础上,处违法生产、销售疫苗货值金额15倍以上30倍以下罚款;货值金额不足50万元的,并处200万元以上1500万元以下罚款;货值金额50万元以上不足100万元的,并处500万元以上3000万元以下罚款。

针对备受关注的疫苗预防接种异常反应补偿问题,二审稿首次提出国家实行预防接种异常反应补偿制度,替代了一审稿中"实行无过错原则"的提法。

此外,二审稿还新增急需疫苗可免予批签发的规定,支持多联多价等新型疫苗的研制,对疾病预防控制急需的疫苗和创新疫苗,国务院药品监督管理部门应当予以优先审评审批,上市许可持有人应当依法组织生产,保障疫苗供应等内容。

(三)三审关键词:惩罚加码、完善反应补偿制度、应急保障、上市许可持有人等

与二审稿相比,三审稿对惩罚进一步加码。对生产、销售的疫苗属于假药的,三审稿将原先"15倍以上30倍以下"罚款提高到了"15倍以上50倍以下"罚款;生产、销售的疫苗属

于劣药的,三审稿将原先"10倍以上20倍以下"罚款提高到"10倍以上30倍以下"罚款,情节严重的,吊销药品注册证书直至吊销药品相关许可证;此外,三审稿还强调从重追究犯罪者刑责,处罚责任到人。"对构成犯罪的,依法从重追究刑事责任,这以前没有在法律责任第一条出现过,疫苗管理法在第一条就规定了,非常鲜明地体现了最严的原则。"袁杰主任表示。

针对二审稿中的预防接种异常反应补偿制度,三审稿进一步明确了异常反应补偿范围和补偿标准,实行目录管理等。

"应急保障更快"是三审的又一大看点;此外,对疫苗上市许可持有人委托生产的保守态度的转变也是三审明显的变化之处。

四、《疫苗管理法》的核心看点

《疫苗管理法》共十一章,包含总则、附则及对疫苗研制和注册、疫苗生产和签批发、疫苗流通、预防接种、异常反应监测和处理、疫苗上市后管理、保障措施、监督管理和法律责任的详细规定。

《疫苗管理法》是基于多部法律法规的一部集大成的法律,但要明确的是,该法律不是对原有分散内容的简单复制,而是一套全过程、全环节、全方位的严格监管体系。不仅如此,《疫苗管理法》还兼顾了安全、发展和创新。总体来看,这次立法突出疫苗管理的特殊性,以"四个最严"为特别要求,提出了一系列重要举措。

五、展望

作为世界上为数不多的能够依据自身能力解决全部的计划免疫疫苗的国家之一,中国疫苗行业发展至今,已有疫苗生产企业45家,可生产疫苗种类超60种,能够预防34种疾病,年产能已经超过10亿剂次。

疫苗安全无小事。希望《疫苗管理法》的出台以及严厉执行能够一扫"疫苗之殇",终结问题疫苗。

资料来源:https://www.cn-healthcare.com/articlewm/20190702/content-1065017.html?from=singlemessage.

讨论题

1. 什么是政策监控?政策监控的主体是谁?
2. 中国疫苗监管机制存在哪些漏洞?谈谈如何完善中国的政策监控体制。

复习思考题

1. 阐释政策评估的概念与类型。
2. 简述政策评估的过程。
3. 简述公共政策评估标准。
4. 简单介绍政策评估方法。
5. 什么是政策监控?如何分类?
6. 简述政策监控的过程与机制。

第八章 政策调整与终结

全章提要

- 第一节 政策调整
- 第二节 政策终结
- 第三节 政策周期

案例

复习思考题

任何政策都有其预定的目标和期望达到的效果,但其实施所促成的客观环境的变化有时并不符合决策者最初的设想。不过,通过科学的评估机制,执行过程中的偏差可以得到系统诊断,从而为有关部门进行政策调整做好准备。决策者在进行政策评估并获得政策结果的信息后,必须对政策的去向做出判断和选择:是继续、调整这项政策,还是终止这项政策?如果决定终止,就意味着这项政策生命的结束。及时终止一项多余的、无效的或已完成使命的政策,有助于提高政策绩效。

第一节 政策调整

政策在被采纳后付诸实施,政策监控就进入对执行过程的监督和控制,对政策实施所产生的实际结果与预期目标进行比较,发现两者的偏差,并分析偏差产生的具体原因,这样就为进行政策调整做好了准备。政策调整是对政策方案与目标之间的关系等进行的修正、补充和发展,以便达成预期政策效果的一种政策行为。[1] 从某种意义上说,政策调整也是政策方案的重新制定和执行过程。

一、政策调整的含义和原因

政策调整是政策过程的一个重要环节,由于人们主观认识的局限性及社会变化的绝对性,为了促进政策问题得到有效解决,绝大多数公共政策需要不断调整,因此,政策调整几乎贯穿整个公共政策过程。

(一) 政策调整的含义

政策调整就是政府部门根据获得的反馈信息及客观条件的变化,对政策的形式、内容进行修订、补充和更新的工作,既体现改进性特点,又体现延续性特点。

从改进性的一面来看,政策调整是在原政策方案的结果不尽如人意时的一种补救工作,是对政策的不合理处及不符合已经变化了的实际的部分的改进。因此,政策调整表明既有政策存在缺陷和不足,需要以修订方式对它进行完善。当然,决策者和执行部门所做的这种改进工作可能有成效,也可能没有成效,这将进一步决定现有政策的命运。

从延续性的一面来看,政策调整是对原政策方案所做的局部变动,是以其设计的目标和方案大体符合实际作为基础的,需要注意新、旧方案的延续性。尽管有时政策调整的幅度较大,看上去像是再制定、再执行政策,但不是真的另起炉灶。如果是对公共政策指导思想、基本原则及政策目标的全面创新,则通常应另行制定新的公共政策。

(二) 政策调整的原因

政策调整既有客观原因,也有主观原因。

客观原因是指社会的政治、经济和文化的发展变化,即政策环境及政策问题本身的发展

---

[1] 陈振明.政策科学——公共政策分析导论(第二版)[M].北京:中国人民大学出版社,2004:357.

变化。在政策实施过程中,由于政策本身发生作用或客观的政策环境发生变化,因此改变了原来的政策问题:或者解决了,或者出现了新情况、新矛盾。这就需要依据新的政策环境和变化了的政策问题进行政策调整。

主观原因是指人们对政策问题、政策环境以及政策方案等认识的深化。这就决定了人们总是要不断地重新认识、界定政策问题、政策目标和政策方案,以使政策真正达到解决社会问题的目的。任何一项政策都是在政策制定和执行主体一定认识水平的基础上形成和运行的,而人的认识总是从低级向高级、从片面向全面、从不完善向完善发展演化的。当政策主体对政策问题、目标、功能、环境等的认识提高和深化后,就需要对原来的政策进行纠正、补充、更新,使之更加完善。

二、政策调整的内容和程序

(一) 政策调整的内容

政策调整的内容多种多样,主要包括问题的重新界定、目标的重新确定和方案的重新订定等。

1. 对政策问题的再认识和重新界定

随着政策过程由制定到监控等环节的推进,人们可能发现对问题原有的认识不全面,问题的某些重要方面或边界条件被忽视,环境的变化可能改变了问题的性质。在这一阶段,有必要根据已掌握的信息,对政策问题进行再认识和重新界定。

2. 对政策目标的校正、修订或再确立

这包括将原来模糊的、不准确的目标明确化,根据变化了的环境校正或修订原有的目标等。在实践过程中,当政策目标超出或低于实际条件的要求,有时甚至严重脱离政策实际时,就必须采取措施对政策目标进行必要的调整,或降低目标要求,或减少目标个数,或改变目标时限,使经过调整的新目标符合客观实际。

3. 对政策方案的修正、补充和完善,甚至重新制定

对基本可行的方案进行修正,使之更加合理和适应变化了的现实;拓宽原有方案的适应范围或加强应付紧急事态的能力;对行不通的方案进行重新制定;等等。例如,国有股减持方案出台后,经过一段时间的实施,股市未涨反跌,大部分股民"用脚投票",对该政策方案表示反对,有关部门不得不停止执行该方案,进行调整。

4. 对政策效力的调整

对政策效力即政策发挥作用的范围和程度进行扩展或限制。例如原本作为实验的政策方案由于试验成功,具备可行性,因此将其推广实施。

5. 对政策主体、客体的调整

政策的实施是一个动态的过程,其主体总是处于不断变化中,有些客体也处于变化中。为保证政策运行的连续性,须及时调整政策主体;为保证政策的针对性,须及时调整政策客体。[①]

(二) 政策调整的程序

第一,获取反馈信息。掌握由监控机构在政策监督和控制中所获得的关于政策系统运

---

① 刘春.公共政策概论[M].北京:当代世界出版社,2000:168,171.

行,尤其是政策执行结果方面的信息。

第二,确定调整方案。依据反馈信息,对政策问题、目标和方案等进行认真分析研究,以确定需要补充、修正或完善的部分。

第三,实施调整。进行实际的修正、调整、补充和完善,并将新的方案付诸实践,开始新一轮监控。

政策调整的顺利进行,关键是要有一种合理完善的调节机制,没有这样一种机制,政策调整就难以进行,即使勉强进行,也难以取得理想结果。中国以前出现的政策多变或政策僵化情况的一个根本原因,就是没有形成一种合理、完善的监控及调整机制。

三、政策调整的作用

政策调整是一种经常性的政治活动,其理论依据可以从渐进决策模式中找到——政策制定不是"一锤子买卖",而是修修补补的渐进调适过程。在实践中,政策调整的原因往往是政策目标、客观政策环境或政策资源发生了改变,或者是政策某方面呈现弊端。政策调整的积极作用主要表现在如下四个方面:

(一)使原有政策更完善,并适应新环境

由于人的理性并非万能,而知识又是有限的,因此政策方案的制订无法与社会现实需要完全一致,加之客观环境本身的变动,政策偏差不可避免。当这种偏差影响政策的执行时,政府部门就会对原来的政策方案进行调整,以适应变化了的实际或符合人们对现实的新的认识,并避免或纠正政策失误。

(二)有利于政策的相对稳定,预防社会震荡

作为规范人们行为的准则,公共政策要真正发挥其稳定社会秩序、解决公共问题的效用,就必须具有相对稳定性。如果政府在短期内过于频繁地废除旧政策、另立新政策,这种朝令夕改的做法就必然导致人们无所适从,进而影响社会的安定团结。当然,强调政策的相对稳定性并不意味着政策是绝对不变的,调整其实就是以变促稳。

(三)提高政策资源的利用率,避免浪费

在很多情况下,公共政策需要调整意味着原政策方案对资源的利用率不高,也就是说,执行部门没能利用好现有资源。虽然从政策体系的相互协调及综合发挥政策资源整体效能的角度来看,决策者在这方面的责任更大,但执行时因人员配备不合理、管理技术陈旧等原因造成资源浪费和滥用的弊端应通过有效的政策调整予以整治。

(四)塑造良好形象,表明政府正在改进自身工作

政策调整体现了中国政府顺势应时、相机抉择的宏观调控原则。在西方国家,除了因公共政策不完善而被动地做出调整外,政治家们还常常主动倡议进行政策调整,以换取政治利益。通过调整的行动,政府向民众表示其想做得更好,于是调整政策被等同于改进,而这反过来又帮助塑造良好的政府形象。当政治家们面对选举压力或党内考核时,促成政策的调整常常是其提高民意支持度和提升政绩的有效举措。

公共政策调整既能对政策产生积极作用,也会产生某些消极作用。政策调整会不同程度地浪费一部分已经投入的政策资源,也会挫伤一部分公众的积极性并对公共机构的形象产生影响。如果政策发生调整,原先获得利益的公众就可能不再得到这些利益从而对公共机构不满。政策调整中产生某些消极影响是不可避免的,对政策调整中出现的消极影响应采取积极的措施,如进行宣传、把握时机、控制力度等,将消极影响控制在最低限度,并让调整后的政策迅速发挥作用,以化解消极影响。

四、政策调整中应注意的问题

政策调整涉及方方面面的利益,且常常得依靠政府多个部门的协作,需要统筹兼顾。政策调整不仅关系到政府行为的失误或偏差能否得到纠正,而且决定着政策能否更好地适应客观实际的变化。因此,应慎重对待政策调整。

在政策调整过程中,决策者和执行者应注意如下几点:

(一)建立强大的信息反馈系统和评估机制,为政策调整提供依据

根据控制论的基本观点,反馈是指将系统的输出返回到输入端,并以某种方式改变输入,进而影响系统功能的过程。反馈可以分为正反馈和负反馈两种形式:前者是指后输出的信息与原输出的信息起到相同的作用,使总输出增大的反馈调节反映政策方案在执行中效果明显;后者是指后输出的信息对原输出的信息起到相反的作用,使总输出减小的反馈调节反映政策方案在执行中存在或暴露的问题和失误。显然,政策扩充主要是正反馈作用的结果,政策删减则体现负反馈的影响。信息反馈是实现政策调整的前提,要弥补政策方案的不足、避免政策执行中出差错,就必须不断获取有效信息。反馈的信息必须灵敏、及时、准确,否则根据错误的信息调整的政策会造成更大的损失。

(二)反对以"政策调整"为名修改政策精神,杜绝"上有政策,下有对策"

政策调整意味着政策改变,但只看到这一点就会忽略政策调整更为重要的特点,即其延续性。经过调整的政策与原政策之间虽然在内容细节和执行方式等方面有差别,但指导思想、基本理念是一致的。正是由于其指导思想和基本理念具有科学性,政策才不是被终结而是被调整。在实践中,一些地方政府的领导人为了本地区的特殊利益,以"政策调整"为名修改政策精神,于是上级的政策被选择性地执行,各种土政策纷纷出台,这种做法是错误和有害的。政府相关部门必须吃透政策精神,认真学习、准确理解政策规定,把握调整方向,搞清调整目的。与此同时,"下级机关不能直接调整上级机关制定的政策,只能向上级机关提出政策调整的建议",而且"对比较重大的政策调整,必须经过上级领导机关批准"①。

(三)尽可能以局部和小幅度的调整为主,避免和减轻对社会的震荡

政策调整需要贯彻渐进调适的原则,"延续为主,局部调整"是常规。中国改革开放以来的计划生育政策可以很好地说明这一点。从最初的单纯控制人口,到稳定低生育水平,再到统筹解决人口问题,其间对"一对夫妇只生育一个孩子"的提倡始终未变,但在各地又根据实际情况有不同的微调。尽管政策调整本身是与人们的主观认识和客观环境变化相伴的,但无论何时都要认识到保持稳定局面的重要性。要避免和减轻对社会的震荡,决策者对政策的调整应尽可能以边际的、小幅度的调整为主,否则宁可采用终结的方式。如果调整过度,就会产生各种消极后果:执行部门面对很大压力,民众生活遭遇各种不便,特定群体受到损害等。同时,为防止政策调整过程中出现的真空和漏洞,执行部门在决策者做出正式调整决

---

① 刘斌,王春福.政策科学理论[M].北京:人民出版社,2000:341.

定前仍应执行原政策。

（四）预先设计详尽的调整方案，按步骤、分层次有序稳妥地进行

与政策采纳一样，政策调整是从若干个可供选择的方案中进行比较分析，选出最佳方案。不过，被选出的方案并非全新，而是对原政策的修改，其中涉及的主要内容包括应该调整原政策的哪些部分、将采取的调整方式是什么、调整行动的步骤和阶段怎样划分……政策调整方案的好坏直接关系到政策调整的成败，及时而有效的政策调整可以在后续执行中获得更好的政策效益；反之则会扩大原政策方案的缺陷，造成政策问题的恶化。"对公共政策方案加以修正、补充和完善，甚至重新制定，这有多种情况：对基本可行的方案加以修正，使之更合理和适应变化了的现实；扩大原有方案的适应范围；对证明是基本行不通的方案做大规模的调整。"[1]但不管如何，对政策进行调整都必须有计划，讲究策略和方法，否则会造成混乱。

第二节　政 策 终 结

政策终结（policy termination）是政策过程的最后一环，也是承上启下的一环。政策终结不仅代表旧政策的结束，而且象征新政策的开始。对被证明为错误或不合理的政策，如果不及时终结，不仅会带来巨大的资源浪费，而且会给经济社会发展造成很大的阻碍。

一、政策终结的内涵

"政策终结"是一个专门的政策科学术语。从政策过程的阶段看，政策终结发生在政策评估后，是人们采取的一种政治行为，是提高政策绩效的一种政策行为。政策终结不仅意味着旧政策的了结，而且标志着新政策的开始。

政策终结是政策决策者通过对政策的慎重评估，采取一定的措施，将过时的、多余的、不必要的或无效的政策、计划、功能或组织终止。这一定义主要有以下几个方面的内涵：(1) 政策终结的主体是政府中政策的决策者或制定者，其他组织或个人无权终结政策；(2) 政策终结的客体（政策终结的对象）除过时的、无效的或多余的政策外，还包括过时的、无效的或多余的计划、功能和组织；(3) 政策终结的依据是政策评估。因为判断政策是否有效、过时或多余的标准就是政策评估的结果，所以从某种意义上来说，没有科学有效的政策评估，就没有科学有效的政策终结。

政策终结发生在政策评估后，是人们主动进行的，是提高政策绩效的一种政策行为。如下三种情况可以看作政策终结：(1) 政策使命结束。一项政策目标已经实现，问题已经解决，政策使命已经完成。(2) 失误政策废止。一项政策在其实施过程中失败，无法解决所面临的问题，此时政策终结意味着另一项政策的出现或改革的开始。(3) 稳定的长效政策转化为法律。一项政策在实施过程中效果突出，需要长时间维系，于是将该项政策法律化，以增强效力。

政策终结有三个特征：(1) 强制性。一项政策的终结总会因损害一些相关的个人、团体

---

[1] 舒泽虎.公共政策学[M].上海：上海人民出版社,2005：277.

或机构的利益而遭到强烈反抗,因此,需要靠强制力来实施。(2)更替性。政策终结意味着新旧政策的更替,是政策连续性的特殊表现。(3)灵活性。政策终结是一项既复杂又困难的工作,必须采取审慎而又灵活的态度,处理好各种动因和关系。

二、政策终结的原因、类型和方式

(一) 政策终结的原因

政策终结的原因如下:(1)财政困难。因财政赤字、税收减少等导致政策或项目的终结。(2)政府的低效率。政府机构的效率太低、成本太高而导致政策或项目的终结。(3)政治意识形态的变化。意识形态以及价值观念的改变或冲突导致政策或项目的终结。(4)行为理论的变化。关于人性、行政管理和社会服务应如何提供等理论的变化导致政策或项目的终结。(5)学习。采用试错法,在政策实践中学习,随时终结那些错误的政策或项目。

除了节省政策资源、提高政策绩效等原因外,政策终结的原因还在于政策系统本身自我更新的特性:(1)政策系统是一个不断新陈代谢的系统,必须随着社会经济的发展以及国际形势的变化制定新的政策。有时只有推陈才能出新,政策终结包含这种推陈出新的过程。(2)政策系统运行是一个不断与周围环境互动、修正自身的过程。无论是可利用的资源、要解决的问题,还是政策的环境,都处于不确定性变动中。即使在决策中不存在责任和科学态度的缺失,经过科学论证的政策也仍有可能在执行后,由于变化了的主客观环境而失效或产生负效应。政策分析过程只能减少政策失效或者负效应发生的概率而并不能保证政策的成功。因此,政策终结非常有必要。它在某种程度上是政策可持续发展的关键和对政策错误的一种补救。由于现代社会的变化和不确定性,政策制定者无法准确预见现在的政策在将来的适应性,因此,终结不起作用的政策是政策制定者从他们的错误中吸取教训的途径之一。

(二) 政策终结的类型

政策终结意味着一项政策的内容逐渐转向和在多个层次上递进的复杂系统。狄龙(P. DeLeon)认为,政策终结包括对功能、机构、政策本身和项目或计划的终结,终结的难度是递减的。功能最难消失,即使在机构被撤销后,政策的功能也有可能由别的机构来执行。机构又比政策本身难以终结,这是因为机构会通过牺牲某一项政策来寻求自保,而政策在被牺牲的时候很难找到更多支持者去维持(如图8-1所示)。

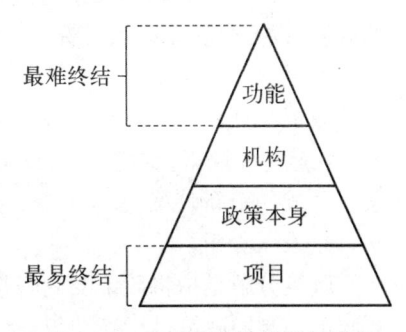

图 8-1 政策终结的类型与层次

1. 功能的终结

功能的终结即终止由政策执行带来的某种或某些服务。在政策终结的所有内容中,功能的终结最难:一方面,功能的履行或承担是政府满足公民需要的结果,若取消,势必引起各方面的反对;另一方面,某项功能往往不是由某项政策单独承担的,而是由许多不同的政策和机构共同承担,予以终止往往需要做大量的组织和协调工作。

2. 机构的终结

伴随政策终结进行的机构缩减或撤销就是机构终结。有些机构是专门为某项政策而设立的,随着政策的终止,机构也随之撤销;有些机构同时承担多项政策和功能,某项政策的终止不足以导致机构的撤销。通常的做法是通过缩小规模、减少经费等办法对机构进行缩减。机构终结的难度比较大,因为它关系到有关人员的切身利益,在实施时难免遭到有关人员的强烈抵制,使得机构终结无法顺利进行。这就是在现实生活中,许多本该随着某项政策历史使命的结束而裁撤的机构仍然存在的原因。

3. 政策本身的终结

与前两种终结相比,政策本身的终结遇到的阻力较小。这是因为,就某项具体政策而言,其目的比较单纯,如某项教育政策、社会福利政策等,容易进行评估并决定取舍。此外,政策更改的成本远比功能转变、组织调整低得多,因而容易得到实际部门的认可。再加上政策的可选择性较大,使得政策本身的终结在操作上比较容易实现,不像机构终结那样受到多方面的牵制和约束,不容易操作,实行起来步履维艰。

4. 项目的终结

这是指政策的具体项目以及执行措施的终结。在所有终结内容中,项目的终结是最容易达成的,因为具体项目和执行措施与实际问题连接,结果好坏或影响怎样有目共睹,容易达成共识。

(三) 政策终结的方式

1. 政策废止

政策废止是指直截了当地宣布一项政策废止。政府根据政治、经济和社会形势的发展变化,不定期地清理、废止大量不合时宜的政策。例如,中国加入WTO后,全国人大常委会和国务院很快宣布废止超过830项与WTO规则不符合的法律、法规和政策。

2. 政策替代

政策替代是指用不改变渊源的新政策代替旧政策,即在所要解决的问题和政策环境基本不变的情况下对原政策做出必要的补充和修改,目的在于更好地解决旧政策没有解决好的问题,以充分实现政策目标。

3. 政策合并

政策合并是指在终止旧政策的同时将其功能合并到其他政策中去。合并政策有两种情况:一是将原政策内容合并到现有政策中去,作为现有政策内容的一部分;二是将多个旧政策合并成一个新政策。

4. 政策分解

政策分解是指将政策的内容按照一定的原则分解成几个部分,每个部分各自形成一项新政策。当原政策过于庞杂、目标众多以致影响有效执行时,常采用分解的方法将原政策按其目标分为几个较小的政策。这样做有利于政策执行者明确政策目标,提高执行效率。

5. 政策缩减

政策缩减是指采用渐进方式对政策进行终结,以缓冲由于政策终结带来的巨大冲击,达到逐步协调好各方关系、减小损失的目的。其主要表现形式有减少对政策资源的投入、缩小实施的范围、放松对政策执行的控制等。政策缩减的另一种方式是废除政策中过时的部分,保留原政策中合理的部分。

6. 法律定格

法律定格是指一项经过长期实践证明确实有效的政策,为了提高其权威性和强制力,经过立法机关或授权立法的行政机关审核通过,上升定格为法律或行政法规。这种形式在中国比较常见。

三、政策终结的障碍

由于公共政策终结会涉及诸如人员、机构、制度等一系列因素,因此实施起来常常具有相当大的难度。公共政策终结无论是由反对者、改革者还是评估者倡导,均可形成一股强大的抵制力量,延缓终结的进程,阻碍终结的完成。因而在当代世界各国,人们不难发现,大量低效、无效甚至完全没有必要的公共政策充斥各级政府的公共政策活动,许多应该终止的公共政策得不到及时终止。如何消除公共政策终结的种种障碍,促进公共政策终结的有效实施,已成为当前各国政府在公共政策实践过程中面临的重要问题。具体来说,公共政策终结的障碍主要体现为以下几个方面:

(一) 心理障碍

对公共政策终结的抵触心理主要来自三个方面:

1. 公共政策受益者

公共政策的存在会给他们带来许多现实利益,而当一项公共政策终结时,必然使他们失去已有的既得利益,因此,他们对某项公共政策的终结往往会产生逆反心理,站在公共政策终结的对立面。

2. 公共政策制定者

如果他们对公共政策问题缺乏高度的自觉性、责任感和科学的态度,则一般不愿意承认公共政策的缺陷或失败。究其原因有二:一方面,他们认为既有的公共政策是通过周密考虑精心制定出来的。他们为原有公共政策的制定花费了心血,感情上不容易接受它的失败;另一方面,他们感到承认公共政策的失败无异于承认他们工作的失误,甚至有可能影响他们的名利地位,因而对某项公共政策的终结产生逆反心理。

3. 公共政策执行者

他们在公共政策的执行中倾注了智慧和精力,对工作成果倍感珍惜,对公共政策的终结会产生本能的心理抗拒,尤其当原有公共政策带给他们一定的权力、尊严和利益时,心理的抵触就表现得更为强烈。

(二) 认知障碍

对新事物的接纳是以人们接收一定的信息并经主观思考和判断为前提的。如果人们对公共政策终结的目的、手段及潜在后果不了解,就必然使相关人员不知所措,甚至引起恐慌,这时,公共政策终结遇到的阻力是可想而知的。但如果仅仅了解,"知其然而不知其所以然",又可能由于执行人员凭主观臆断而使公共政策终结的初衷走向反面。

(三) 组织障碍

组织本身具有一种保守性,这种属性会给公共政策终结造成很大障碍。组织的保守性主要表现在:

1. 组织的惯性

组织往往不会因出现新问题或情境变迁而轻易崩溃。当不同的组织最终相互配合并开始执行某项公共政策时,一种惯性就油然而生,这时,要修正它们的方向或让它们停下来,必须从外部施加很大的力量。组织的惯性使公共政策的执行一旦开始就很难停止。

2. 组织的生命力

组织如同人,生存的能力很强。当公共政策终结危及组织的生存时,组织会千方百计地减轻所面临的压力,或改变策略,或调整结构,想方设法延缓公共政策终结的进程,给公共政策的及时终结带来消极影响。

3. 组织的动态适应性

组织作为一个开放系统,其本身具有一种动态适应性,可以随环境和需要的变化而变动,甚至能针对公共政策终结的各种措施调整自己的策略,使终结计划夭折。

(四) 公共舆论障碍

公共舆论的压力是影响和阻碍公共政策终结的一个因素。通过报纸、刊物、广播、电视等新闻媒介形成的社会公共舆论会对公共政策终结产生巨大影响。在当代,随着新闻传播技术的日新月异,公共舆论借助新闻传播媒介可以渗透到社会的方方面面,形成广泛的社会影响力和巨大的社会冲击力。因此,西方国家称公共舆论为与立法、行政、司法并立的"第四种权力"。如果某一项需要终结的公共政策受到舆论的普遍反对,终结该项公共政策就无疑会遭遇极强的阻力。由此可见,无论是在资本主义国家还是在社会主义国家,公共舆论在政治生活中都有极其重要的影响作用。

(五) 法律障碍

任何公共政策的制定、实施以及组织机构的建立,都必须通过一定的法律程序进行,同样,公共政策终结也必须按照法定程序实施。这一过程不仅耗时费力,而且操作复杂,甚至会延误公共政策终结的时机。特别是一些已经上升为法律的公共政策,要使其终结往往需要大费周折。由此可见,法律程序上的障碍也是影响、制约公共政策终结的一个重要因素。无效公共政策的终结对立法机关来说,在某种程度上意味着它的立法活动本身缺乏相应的科学性和有效性。因此,基于自身利益,立法机关在考虑终止某项公共政策时往往摇摆不定、顾虑重重,这无疑会增加公共政策终结的难度。

(六) 利益障碍

利益方面的障碍主要体现为来自现有公共政策受益者方面的阻碍。公共政策终结往往会打破原有的利益分配格局。一方面,它会损害现有公共政策受益者的直接经济利益。当公共政策的受益者是社会团体时,阻力会变得更强。公共政策终结一旦危及团体经济利益,团体就会产生空前的凝聚力,借助组织的力量从各方面向政府施压,甚至采取一些非法途径(如行贿)以阻止公共政策终结。另一方面,公共政策终结会损害现有公共政策受益者的间接经济利益。组织机构的撤销、合并或降级使组织机构的权力拥有者全部或部分失去原有的权力和地位,如得不到相应补偿,他们就会坚决抵制公共政策终结。

(七) 成本障碍

公共政策终结的高昂成本是影响公共政策终结的一个关键因素。公共政策终结的成本包括两个方面:一是现有公共政策的沉没成本,二是终结行为本身需要付出的代价。公共政策开始运作,就需要投入大量成本,正是这些成本使得公共政策终结者处于进退维谷的两难境地:"进"即追加投资,会造成更大损失,因为公共政策已被证明是无效或失效的;"退"即不追加投资,已投入的巨额资金会由于公共政策终结而成为沉没成本,无法收回。一般来说,公共政策投入的成本越高,终结者下决心终结的难度就越大。不仅如此,公共政策终结行为本身也要付出代价,不仅需要筹集公共政策终结行为所需的各项费用,以制定和执行新的公共政策或组建新的机构,而且为了减少公共政策终结的阻力,需要对因公共政策终结而利益受损者进行适当的补偿。在高昂的沉没成本及终结行为本身需要付出的代价面前,公共政策终结者面临重重压力,在权衡得失后可能放弃公共政策终结。

综上所述,公共政策终结的障碍可以归结为两类:一类是不可避免的障碍(逻辑上的障碍),包括人们害怕变革的心理、沉没成本的存在、公共政策受益者的心理抵抗、机构的持久性、公共政策终结自身的成本和法律程序上的障碍;另一类是政治上的障碍(非逻辑上的障碍),包括政府决策者责任的缺失、利益团体的寻租、舆论被操纵等,这种障碍可以通过提高行政者的素质和责任感、加强立法和监督来降低其作用力。

四、政策终结的策略

政策终结的策略是指在政策终止过程中,智慧和艺术的运用,实际上也是一种政治过程。公共政策终结是一种困难重重、高度复杂的政治行为,但适时地终结那些绩效不佳或无效的公共政策又是公共政策制定者必须担负起的责任,所以,公共政策制定者应当运用高度的智慧和技巧,妥善地处理好与公共政策终结相关的问题。为此,公共政策制定者可以采取以下措施来最大限度地消除公共政策终结所面临的种种障碍,以促进公共政策终结的顺利实施。

(一) 加强宣传教育,消除抵触情绪

为确保公共政策终结的顺利进行,公共政策制定者应做好宣传教育工作,消除人们的抵触情绪,提高人们的思想认识。通过有效的宣传教育工作,让人们明白,公共政策终结并不意味着某些机构或个人前途的丧失,而是改变劣境、寻求发展、迈向成功的新机会。及时终止那些有害、无效或不必要的公共政策,既可以避免出现新的公共政策问题,也可以充分运用有限的公共政策资源,以获得更多更好的公共政策绩效,从根本上说,是于国于民都有利的事。只要人们认识到公共政策终结的积极意义,就能减少心理和认知方面的阻力,促进公共政策终结的顺利进行。例如,中国大部制改革过程中,党中央和国务院的领导针对改革中遇到的许多困难,做了大量深入细致的思想工作,使得新中国成立后动作最大的国务院机构调整没有遇到太大的阻力。当然,宣传教育一定要适度,注意方式方法,不要太过分,给受引导者充分的选择自由权,否则就容易产生逆反心理,使宣传教育工作适得其反。

(二) 合理使用媒体舆论工具,充分发挥其推动力

公共舆论因素与公共政策过程紧密相连。它既是影响公共政策形成的要素,也是阻碍或促使公共政策终结的要素。公共舆论主要是由媒体制造出来的,一方面直接影响公共政策过程的权威主体,另一方面影响作为公共政策对象的民众的观念。正如巴纳德(Barnard)所说:"当华盛顿的政治家们必须回答记者的问题,必须对新闻报道做出反应,必须对编辑意见做出回应时,媒体就在直接施加影响于政府的决策。通过呼唤民众关注各种各样的社会'问题'和'危机',媒体就在间接地影响着公共政策制定者。"[1]公共政策制定者通过媒体的作

---

[1] 切斯特·巴纳德.经理人员的职能[M].北京:中国社会科学出版社,1997:146.

用可以传播对公共政策问题的看法,从而影响社会公众的观点和立场,增强社会公众对公共政策终结的支持力度,营造公共政策终结的良好社会氛围。因此,对媒体舆论工具的合理使用,充分发挥舆论的推动力,将为公共政策的顺利终结创造有利条件。

(三) 公开评估结果,争取更多支持

公共政策终结的支持者的态度以及人数的规模状况是决定公共政策终结成败的关键因素。公共政策终结的倡导者应当想方设法争取各种支持力量,以推动公共政策终结的顺利实现。适时地公开公共政策评估结果正是实现这一目标的有效途径和最好方法。公开评估结果:一方面,有利于公众及时认识到继续执行某项公共政策可能对社会造成的影响,从而改变对公共政策终结的态度,从反对公共政策终结转向理解和支持;另一方面,有利于提升政府的公信力,塑造政府在民众心目中的良好形象。具体说,公开公共政策评估结果可以争取到潜在的支持者,包括非公共政策直接目标的个人或团体、社会舆论等。公开公共政策评估结果还可以争取到因公共政策终结利益受损不大的个人和团体。通过公开公共政策评估结果,揭露某项公共政策失效或无效可能带来的诸多弊端,可以让民众明晰公共政策终结的合理性。如果公共政策得不到及时终结,将会对社会造成重大危害和损失,并让民众认识到及时终结那些无效或失效的公共政策,虽然短期内自己的利益可能受到损失,但从长期来看,不仅有利于社会、有利于人民,而且自己也将从中受益。现实中,公共政策过程越透明,评估结果越公开,政府就越能得到民众的支持和拥护。当然,由于公共政策评估工作的固有局限性和影响评估公正结论的诸多因素的存在,民众对公共政策评估的结论往往会产生这样或那样的看法,这是正常现象。因此,公共政策终结者在采用这种方法促成公共政策终结时,必须使评估结论经得起实践的检验。

(四) 正确处理公共政策的终结、稳定、发展三者之间的关系

公共政策稳定关系到一个国家和地区的政治稳定、经济稳定和社会稳定,但强调稳定绝不意味着公共政策的停滞和僵化。稳定是在公共政策不断适应迅速变化发展的社会环境中实现的。在现代国家,公共政策的变更往往是在公共政策内部和不同公共政策之间协调与综合的结果。新公共政策所要解决的问题往往是从现行公共政策中衍生出来的。公共政策本身就是未来公共政策产生的基础,公共政策终结可以说是公共政策发展的必然。因此,在公共政策终结时,一定要从全局出发,正确处理好以下三种关系:一是公共政策稳定与公共政策发展的关系。公共政策具有稳定性特点,朝令夕改会令民众反感。任何一项公共政策都与政治、经济、社会的稳定息息相关。同时,公共政策是一个动态过程,因为公共政策问题和公共政策环境时刻都在变化,公共政策应当适应形势的需要。所以政府的公共政策要因地、因时制宜。二是被终结的旧公共政策与其他相关公共政策的调整。一项公共政策一般与多项公共政策密切相关,新公共政策的出台应做好各种辅助公共政策的制定。三是注意保留旧公共政策中富有成效、合理的部分,以尽可能地保持公共政策稳定。事实上,大多数公共政策是在旧公共政策及其后果的基础上产生的。因为与以往公共政策越是大相径庭的方案,就越难预测其执行后果,也就越难获得一般人对该项公共政策的支持,其政治可行性也就越弱。

(五) 废旧立新并举,缓解公共政策终结压力

由于存在诸多利害关系的牵扯,因此民众一般不愿意看到现有的某项公共政策终结,甚

至会对现有公共政策的终结产生强烈的恐惧心理,因为一项公共政策终结可能使一部分组织或个人的既得利益遭受损失。但在一般情况下,他们不会马上反对新公共政策的出台。所以,为了缓解公共政策终结的压力,可以采取新公共政策出台与旧公共政策终结并举的方法,适时地用新公共政策替代旧公共政策,使民众在丧失对旧公共政策的期望的同时,得到一些对新的公共政策的期望。这种做法往往能够大大减少公共政策终结在民众中的争议和阻力,从而削弱反对者的力量。也就是说,在旧公共政策终结前,及时出台新公共政策,以免出现政策脱节,引起形势失控。例如,1997年中国废止了实行几十年的单位福利分房公共政策,为了尽量减少震荡,国务院又相继出台了商品房贷款公共政策及住房公积金贷款等公共政策。但是,采取这种做法对具体操作部门的要求较高,这是由于旧公共政策的终结和新公共政策的出台同时进行,工作量很大,如果安排不当就会顾此失彼,既可能浪费大量的人力、物力、财力,又可能影响新公共政策的执行和旧公共政策的终结进程。例如,在中国农村"费改税"的试点改革中,有些乡镇政府把向农民征收的乡镇筹款和村提留款统一纳入税收,开征农村公益事业建设税,作为乡镇财政的固定性收入,由乡镇财政统一管理、统一支配,取得了较好的效果。但这种办法在当时要求较高,难度也较大,需要实际操作者拥有较完善的计划和良好的协调沟通能力。

(六)重视利益因素,重置合理的利益结构

利益结构是各种利益要素的有机排列。在社会常态运行的情况下,既定的公共政策对社会各个阶层的利益结构做了安排,并维护着这种既定的利益结构。但在社会转型时期,往往会出现新的利益关系和利益结构,随着主张利益重构力量的增大,会推动更多利益群体参与其中,这就要求打破维护原有利益结构的制度架构和公共政策集合,实现公共政策终结。例如改革开放打破了原有的利益格局,在倡导适度利益差别的情况下,积极鼓励人们的利益追求,这样就打破了原有利益单一化的坚冰,实现了利益的分化和重新聚合。但随着改革的深入,利益的分化和聚合也在不断改变着社会的既定秩序,冲击着民众的价值观念。许多社会问题,如企业破产、职工下岗等,都与这种利益分化有关。当社会的利益差别和利益分化过度时,必定影响正常的社会秩序,影响社会的可持续发展,这就要求公共政策终结,并尽量避免因为某一项公共政策的出台而给一定数量的社会成员造成利益损失。

(七)做出必要妥协,减少公共政策终结代价

由于利益倾向和诉求的客观存在,要使每个行为主体在公共政策终结问题上趋向完全一致的态度并实施同一行为是极其困难的,尤其是当公共政策终结遭遇的阻力强大而持久时,折中妥协不失为政府可以采取的有效策略。这意味着,以放弃某一目标为代价坚持和强调另一目标,总比完全放弃好。当然,政府也可能利用其拥有的公共权力,采取强制措施终结某项公共政策。但这种做法往往需要付出很大的人力、财力、物力甚至形象等方面的代价,给政府带来许多负面影响。因此,在公共政策终结过程中,政府不得不正视现实中存在的压力,进而放弃较高的目标期望值,以有条件妥协的方式换取有限目标的达成,即缩小公共政策终结的范围,因为公共政策终结的范围越小,反对公共政策终结的力量就越弱。但需要强调的是,政府在公共政策终结过程中选择妥协策略时,应当有度,即必须坚持一定的原则,绝不能随意妥协而丧失原则。

总而言之,"公共政策终结很少出于经济评估的考虑,终结行为是高度政治化而又难以实施的;成功的终结需要争取终结的反对者的合作;终结大多来源于理念的革新;终结和公共政策的再生如影相随;终结是否成功难以预料;终结处于一个'有多少人支持,就有多少人反对'的尴尬境地"[①]。

第三节 政策周期

作为一个连续的行为过程,公共政策本身是一个运动、发展的过程,旧的政策渐趋终结,新的政策不断产生,从而形成政策循环往复的周期现象。对政策周期的研究有助于防止政策僵化,促进新的、充满活力的新政策产生。

一、政策周期的内涵

政策周期广泛存在于政策内部和政策外部,是指政策经过制定、执行、评估、监控、调整、终结这几个阶段后形成的一个周期。政策周期意味着,新的政策往往不是凭空产生的,其往往是旧政策的延续,是为适应新情况而对旧政策进行的修改和调整,从而形成政策的一个新周期,实现新旧政策的交替循环。公共政策周期一般可以分为政策的生命周期和政策的变动周期。政策的生命周期就是一个完整的政策过程,它是指公共政策经历了从问题的认定到政策的出台,再经过执行、评估、监控、调整等环节,最终归于终结。这样的历程理论上可以独立存在,但在实际政策活动中,各过程往往不是独立的,而是前后衔接、不断发展的。政策的变动周期是指公共政策在一定的时间范围内,获得相似的政策现象,并有规律地反复出现,一般与政策主体的周期更迭、政策客体的周期性变化、经济等外部环境的周期性波动以及人们的认识规律变化等有关。

政策周期这一概念是 20 世纪 60 年代末由美国政策科学学者提出的,用来分析政策的运行过程。最早尝试对政策过程进行阶段划分的是美国学者拉斯维尔(Lasswell),他在《决策过程》一书中把政策过程划分为七个阶段:(1) 情报,即引起决策者注意的与政策事务相关的信息是怎样被收集并处理的;(2) 建议,即处理某一问题的那些建议(或可供选择的方案)是怎样形成和被提出的;(3) 规定,即普遍的规则是由谁颁布的;(4) 行使,即由谁决定特定的行为,并要求遵守规则和法律;(5) 运用,即规则和法律是怎样被运用和实施的;(6) 评价,即政策是如何被实施的以及怎样评价政策的成功或失败;(7) 终止,最初的规则和法律是怎样终止的,或经修改,以改变了的形式继续存在。[②] 在拉斯维尔看来,这七个阶段不仅描述了公共政策是如何制定的,而且描述了应该怎样制定公共政策。学术界普遍认为,拉斯维尔对政策过程的分析主要是关注政府内部的决策过程,而没有考虑外部环境对政府行为的影响;同时,拉斯维尔把政策评估放在政策运用后与现实不符,因为不仅要在政策执行后对政策进行评估,而且要在政策执行前对政策进行评估。应当看到,这个模型对政策科学的发展影响很大,它通过把政策阶段独立出来从而减少了公共政策研究的复杂性,为以后的政策

---

① 查尔斯·林德布洛姆.政策制定过程[M].北京:华夏出版社,1988:5.
② Lasswell, H. D.. A Pre-view of Policy Sciences[M]. New York: American Elsevier Publishing Company, 1971: 9-13.

研究开辟了道路。

被学界广为接受的是美国政策学家琼斯对政策周期的定义[①]，这也是本书采用的定义。根据系统分析的概念，政策周期过程分成五个阶段：(1) 问题的确认，即从问题到政府的阶段；(2) 政策发展，包括方案规划和合法化等功能活动，即政府为解决公共问题而采取行动的阶段；(3) 政策执行，即政府解决问题的阶段；(4) 政策估计，即由政府回到政府的阶段；(5) 政策终结，即问题解决或变更阶段。

从政策实践经验出发，一个完整的政策周期应包括制定、执行、评估、监控、终结这几个阶段。政策制定是核心；政策执行是关键；政策评估是对政策方案合理性的最权威的检验；政策监控是政策运行中不可缺少的一个环节，贯穿政策过程始终，通过政策监控，能够及时发现并纠正政策偏差，从而提高政策绩效，实现政策目标；政策终结则意味着一个旧周期的结束。

不同政策周期的时间长度不同。这种决定时间长度的因素很复杂，但主要与政策目标的大小和远近、环境变化以及实施的难易相关。一般来说，政策目标越大越长远，环境情况越复杂，实施难度越大，政策周期越长；反之，则政策周期越短。政策周期的长短还与具体政策相关，一项错误的政策，人们自然希望它的周期短一些，尽快结束；一项经实践检验是正确的政策，人们可能也希望它的周期短一些，尽快用法律的形式固定下来，以便具有较强的稳定性，如中国的改革开放政策。

政策终结的研究既是一个旧政策周期研究的终点，又是一个新政策周期的起点。由于政策周期意味着新旧周期的循环，因此，政策周期理论的研究还包括对新旧政策之间关系的研究。新的政策往往不是凭空产生的，它常常是旧政策的延续，是为了适应新情况对旧政策的修改或调整，使政策上升到一个更高的层次，从而形成政策的一个新周期，实现新旧政策的交替循环。因此，从政策之间的相互关系角度看，政策周期是政策的辩证运动，其核心在于政策自身的扬弃，这种扬弃会使政策不断汲取养分，弃其糟粕，从而获得发展的内在力量。

此外，从人类历史发展的角度看，政策周期是指政策这一社会政治现象所经历的产生、发展和消亡的运动周期。政策是政党、国家在一定历史时期为实现一定目标而规定的行为依据和准则，其本身有一个产生和发展的过程。在原始社会，生产力低下，没有剩余产品，没有剥削，为了协调人们的共同劳动，为了使社会生活正常进行，在原始氏族内部，已经出现了某种为氏族成员所共同遵守的行为准则，这就是原始的风俗习惯，它有类似政策的功能，是政策的原始形态，被称为"准政策"。随着氏族社会的解体，阶级的出现，原来用以规范原始人群社会生活的基本准则的风俗习惯——"准政策"无法适应新的社会共同体的需要。这时，伴随国家而来的是一整套官吏体系。它的一项重要职责就是将统治阶级在特定时期所要达到的目标转化为社会全体成员必须遵守的行为准则，这种规范化了的行为规范和行为准则就是现代意义上的"政策"。从时间上看，政策随社会的发展而变化，经历了原始形态—奴隶社会的政策—封建社会的政策—资本主义社会的政策—社会主义社会的政策这样一个发展过程；从政策自身来讲，政策的作用方向、决策形式等都有一定程度的发展。如同阶级和国家，政策也是一个历史范畴，随历史的推进而灭亡。这是政策这一现象在人类历史上的

---

① Jones, C. O.. An Introduction to the Study of Public Policy[M]. California: Brooks/Cole Publishing Company, 1984: 27-29.

生命周期。

二、政治-经济周期

政策过程与经济过程不可分离,它们相互作用、相互影响。尤其在市场经济条件下,公共政策作为一国政府干预社会经济生活的主要手段,用以纠正市场缺陷时,其与经济发展之间的关系就更为密切。当政策干预符合经济发展的要求时,经济就蓬勃发展;当政策干预与经济发展相悖时,经济就呈现波动、萎缩乃至停滞状态。政策本身是一个运动的周期过程,周期性的政策变化必然对经济发展产生影响,使经济发展随着周期性的政策变化呈现不同的发展周期。

在政策周期与经济发展周期的关系问题上,西方学者提出了著名的"政治-商业周期"或"政治-经济周期"理论。他们认为,在西方市场经济与民主政治体制条件下,国家日益干预经济和社会生活,政治(政策)与经济发展之间的关系往往以"政治-商业周期"的形式出现。在西方国家,民选政府在循环反复的大选周期中运作,它们采取的政策类型随选举周期的时间而变化:在选举前采取受选民欢迎的政策,在选举后采取不受选民欢迎的政策。

中国的政策周期变化与经济发展也呈现周期之间的相互关系。新中国成立以来的经济发展历程表明,经济波动的根源主要是政策周期变动形成的外部冲击,表现为:一是中央政府的政治动员冲击所引起的经济扩张期,二是中央政府的政治命令冲击所引起的经济收缩期。周期性的政策变化使经济发展处于经济扩张期和经济紧缩期的交替变换中,并呈现如下特点:经济扩张期与历次党代会或重要人代会具有一一对应关系,每次经济收缩与历次政府经济收缩政策相关。经济扩张政策与经济紧缩政策交替变动,构成了中国特有的政策周期。

思政园地

加强善治下的"公共政策终结"

公共政策终结是公共政策过程中的一个关键环节。与公共政策过程中的其他环节相比,公共政策终结的应用更困难。终结意味着公共政策的偏差或失败,所以更多的公共政策制定者会抵制政策终结,或者即便进行政策终结也尽量避免公众参与这一环节。长此以往就会造成公共政策冲突、公共政策公信力匮乏、公共政策失去公众的信任与支持,这些都不符合公共政策系统运行与发展的科学规律。公共政策作为党和国家在一定历史时期为实现一定目标而规定的行为准则和行动指南,是国家治理的基本手段。国家治理的理想状态是善治。善治是使公共利益最大化的治理过程和治理活动,新时代公共政策被赋予了更多善治内涵。公共政策终结作为公共政策运行过程的一个关键衔接点,是旧政策的结束,也是新政策的开启,具有承上启下的重要作用,其善治主要体现在以下几个方面:

一是引导和吸收民众参与

现代国家治理的本质是民主治理,公共政策要从根本上体现人民的意志,保障人民当家做主。公共政策终结作为公共政策过程中的一个重要环节,是一种制度变化的机制或程序,也必须体现人民的主体地位,保障主权在民。从本质上看,公共政策终结是一个再决策过程,是一种政策资源及其利益重新分配的机制,是相关利益在不同群体和组织之间的重新划分,在这一过程中更要充分保障人民的利益,实现人民利益的最大化。这就要求公共政策终结的决策者必须对民众的要求做出及时的、负责任的回应,并在公共政策终结中充分体现,不得无视、无故拖延或没有下文。回应性越大,公共政策终结的善治程度就越高。因此,公共政策终结的决策者应定期地、主动地向民众征求意见、解释政策终结和回答问题,主动引导和吸收民众参与公共政策终结。善治实际上是国家权力向社会的回归,是公共政策终结的决策者和参与者的通力合作。公共政策终结有赖民众的自愿合作,合作的基础是信任,信任的基础则是参与。

二是合法性来源于人民的认可

宪法和法律是公共政策管理的最高准则,是公共治理的最高权威。法律是善治的前提,任何公共政策的制定和执行都必须通过一定的法律程序进行,公共政策也需要通过法定程序来获得合法性。公共政策终结作为公共政策过程的重要环节,它的开启、执行反馈与修正、结束也都必须遵循严格的法定程序。合法的公共政策终结要求决策者依法获得公共政策权力,必须具有法律上的明确规定,即无明确的法律授权不得进行公共政策终结。公共政策终结的合法性主要来源于人民的认可,只有被人民认可、接受并推行的公共政策终结才是具有合法性的,而这一过程就是公共政策终结的合法化过程。在这一过程中需要不断吸收人民的参与,并通过有效的沟通与协调,实现公共政策终结的决策者和参与者的良性互动,这是一个不断完善决策的过程,更是一个依法决策的过程。

三是制度保证有章可循

公共政策终结逐渐成为公共政策过程中的一个常态化环节。必须针对公共政策终结的整个过程做出相应的制度安排,明确责权关系,使公共政策终结的开启、执行反馈等各个阶段都做到有章可循,避免因政策终结而引起社会的混乱无序,维护社会稳定,这也是衡量善治的一个重要指标。此外,为了保证公民参与公共政策终结的有效性和有序性,避免公共参与危机,在增加和扩大参与公共政策终结的渠道同时,要用相关的法规制度规范公民的政治参与,使公民参与公共政策终结制度化。

四是实施民主监督和公开监督

公共政策终结的透明化要求在相关法律法规允许的范围内,公共政策终结的决策者及相关部门将相关信息及全过程向社会公开,并接受公众和舆论的监督。公民作为公共政策终结的重要参与者,因为缺乏对公共政策终结的相关信息而很难提出与实际相匹配的意见,或者因为提出的意见缺乏科学性而未被公共政策终结的决策者采纳,长此以往将严重影响公民的参与热情。此外,公共政策终结是政策资源和利益的重新分配,增加公共政策终结透明度,便于实施民主监督和公开监督,防止权力寻租等不正之风。透明度也是衡量善治的一个重要指标,公共政策终结的透明度越高,公共政策终结的善治程度就越高。

国家治理的理想状态就是善治,是政府与公民对公共生活的合作管理。公共政策终结的善治化,就是在公共政策终结过程中,在政府的指导下,通过信息的公开、制度的保障,充分发挥公民的参与作用,推动公共政策终结合法化,实现公共利益的最大化。

资料来源:http://www.cssn.cn/shfz/201909/t20190912_4971375.shtml。

案例

中国独生子女政策的发展与终结

新中国成立后,社会秩序逐渐稳定,经济生产初步恢复,人民群众的生活条件得到改善,这些都为中国人生育提供了良好的社会环境。此外,为了维护妇女健康,1950年4月20日中央人民政府卫生部和中央军委卫生部联合发布了《机关部队妇女干部打胎限制的办法》,规定禁止打胎,否则违法。1952年,在此基础上,卫生部制定了面向全民的《限制节育及人工流产暂行办法》,限制实施节育手术的条件。这些政策在一定程度上刺激了人口的增长。

1953年第一次人口普查,6.02亿人的庞大人口数远远超出预计。在1956年召开的中国共产党第八次全国代表大会上,周恩来提出"卫生部门应该协助有关方面对节育问题适当宣传,并且采取有效措施"。同年发布的《1956—1967年全国农业发展纲要》把计划生育政策扩展到广大农村。但是,由于当时"左"的错误思想弥漫,人工流产政策的放宽招来医学界专家和一些代表委员的讨伐,这一时期的节制生育政策处于不断讨论中。1962年12月13日,中共中央、国务院发出了正式文件——《关于认真提倡计划生育的指示》,这是中国政府开展计划生育工作的一个动员令,也是中央首次以正式文件方式对计划生育问题的表态,计划生育工作开始在城市、农村稳健开展。

1980年9月25日,中共中央发布了《控制我国人口增长问题致全体共产党员、共青团员的公开信》,指出"为了争取在本世纪末把我国人口控制在十二亿以内,国务院已经向全国人民发出号召,提倡一对夫妇只生育一个孩子"。1981年3月6日,国家计划生育委员会设立,作为国务院常设机构,专门负责人口控制和统计。1982年2月9日,中共中央、国务院发出《关于进一步做好计划生育工作的指示》,将计划生育政策定为中国的基本国策,提出了到21世纪末人口数控制在12亿人以内的硬目标。同年,计划生育政策正式写入宪法。1991年至1995年《中华人民共和国国民经济和社会发展十年规划和第八个五年计划纲要》提出,"争取今后十年平均年人口自然增长率控制在12.5‰以内",在这一目标下,1991年5月,中共中央、国务院发布《关于加强计划生育工作严格控制人口增长的决定》,坚决贯彻落实相关生育政策。

进入21世纪后,为更好地实现人口与经济、社会、环境的协调发展,计划生育法开始制定。2001年12月29日,第九届全国人大常委会第二十五次会议通过了《中华人民共和国人口与计划生育法》。虽然现实中独生子女政策在一些发达地区有所松动,但是从全国范围来看还是提倡一对夫妻生育一个子女。2006年12月17日,中共中央、国务院发布《关于全面加强人口和计划生育工作统筹解决人口问题的决定》,加深了对中国人口和计划生育工作重要性和紧迫性的认识,这是指导新时期人口和计划生育工作的纲领性文件,标志着中国人口和计划生育工作进入稳定低生育水平。该决定指出:到"十一五"期末,全国人口总量(不含香港、澳门特别行政区和台湾地区)要控制在13.6亿人以内;到2020年,人口总量要控制在14.5亿人左右,总和生育率稳定在更替水平以下。

2011年4月28日,国家统计局发布了以2010年11月1日零时为标准时点的第六次全国人口普查的主要数据,数据显示:60岁及以上人口占13.26%,比2000年人口普查上升2.93个百分点,其中65岁及以上人口占8.87%,比2000年人口普查上升1.91个百分点;与此同时出现的问题是少子化,2011年人口出生率为11.93‰,0~14岁人口仅占16.60%,比2000年人口普查下降6.29个百分点,为严重少子化。这意味着中国在未来最可能面临的问题就是人口老龄化加剧,劳动力短缺,生活压力加大,人口结构畸形。政策环境的持续变化导致独生子女政策的负面影响扩大,政策已经无法解决现有社会环境下的新问题,面临终结的结果。

在"以人为本"理念的指导下,2013年11月,十八届三中全会决定启动实施"单独二孩"政策。当年12月国务院向全国人大常委会提交了"调整完善生育政策的议案",月末全国人大常委会通过中共中央、国务院印发《关于调整完善生育政策的意见》,落实各地"单独二孩"政策。

"单独二孩"政策的出台就是为了缓解人口压力,减缓人口老龄化。但国家统计局发布的2014年国民经济和社会发展统计公报显示:截至2014年末,中国60周岁及以上人口数达21 242万人,占总人口的比重为15.5%;65周岁及以上人口数为13 755万人,占比10.1%,首次突破10%,中国人口老龄化已达到较为严重的程度。面对政策环境的持续变化,党和国家为了促进人口结构的优化,卫生计生委及相关部门进行了许多专题研究,组织研究团队对超过20个身份进行了实地研究调查,开展了近百场研讨会,会同发改委等部门进行反复论证。2015年10月29日,中国共产党第十八届中央委员会第五次全体会议通过了《中国共产党第十八届中央委员会第五次全体会议公报》,指出:"促进人口均衡发展,坚持计划生育的基本国策,完善人口发展战略,全面实施一对夫妇可生育两个孩子政策,积极开展应对人口老龄化行动。"12月27日,第十二届全国人大常委会第十八次会议修改了《中华人民共和国人口与计划生育法》,提倡一对夫妻生育两个子女。自此,全面"二孩政策"作为替代政策在全国实施。

资料来源:岳婷婷.过程视角下当前我国公共政策终结研究[D].山西大学,2018-06-01.

讨论题

1. 结合案例,总结中国计划生育政策的发展历程及终结的必然性。
2. 结合案例,运用所学公共政策终结的相关知识,谈谈中国计划生育政策终结的方式。
3. 结合案例,谈谈在政策终结过程中会遇到哪些阻碍?应该采取哪些措施?

复习思考题

1. 解释政策周期、政策调整和政策终结的概念。
2. 简述政策调整的内容、程序与作用。政策调整应注意什么问题?
3. 试述政策终结在政策过程中的地位和作用。
4. 简述政策终结的种类和方式。
5. 政策终结的主要障碍有哪些?如何克服?
6. 试用政策-经济周期理论来分析新中国成立以来的经济发展历程。

下篇
公共政策方法

第九章　公共政策分析方法(一)*

第十章　公共政策分析方法(二)*

第九章
公共政策分析方法(一)*

💡 **全章提要**

- 第一节　政策信息收集方法
- 第二节　数据描述分析方法

复习思考题

公共政策分析是一门科学,也是一门艺术。其科学性在于其集数学、统计学、运筹学、系统科学和计量经济学等学科知识和方法之大成,综合各学科的分析方法交叉运用于政策研究。其艺术性在于其以政治学、社会学、经济学、管理学和心理学等学科知识为指导,充分运用价值分析、行为分析等定性方法实现服务于社会经济的发展目标。本书综合考虑政策过程研究对分析方法的需求层次、应用频率和难易程度,从政策信息收集、数据描述统计、预测决策分析和政策规划决策等方面选择一些常用方法,重点介绍各类分析方法应用的基本知识,并以中国综合调查数据库和山东省统计年鉴中的实际数据,通过实际案例的应用讲解,介绍政策分析各类方法的内涵、特征及应用。本章主要学习政策信息收集方法和数据描述分析方法。

第一节　政策信息收集方法

个税起征点的提高减轻人们的税收负担了吗?百姓对当地政府的服务满意吗?去年全国有多少人没有参加养老保险?增加了多少辆私家车?回收了多少吨垃圾……为了回答这些问题,需要从税收政策调整到养老保险现状,从个人生活行为到城市垃圾回收实践,从政府服务提供到百姓感知服务以及服务满意度等层面逐一梳理,进而收集和处理政策相关数据和信息。信息收集通常包括原始数据信息收集和二手数据信息收集。二手数据信息通常来自政府、行业和商业机构发布的统计年鉴、咨询报告、报纸书刊和电子数据库等,对其的收集和处理需要把握数据口径的一致性、数据时效性和相关方法。问题导向的政策分析需要更多原始数据信息,原始数据信息的收集往往需要研究者亲自调查获取。

本节首先介绍信息收集的方法,包括访谈法、问卷法和实验法;接着介绍样本选取的随机抽样方法,以及适用于统计软件处理的规范数据表样式;最后介绍数据频率分布的含义、描述统计方法以及数据特征的可视化展示。

一、信息收集的三种典型方法

(一) 访谈法

访谈法(interview survey)是访谈员基于特定的政策分析目的,以口头提问、现场记录的形式,收集受访者对相关政策的感知、评判态度和价值观念等客观事实材料,是公共政策分析常用的数据收集方法之一。

访谈过程是访谈员与受访者的双向沟通过程。通过面对面的直接交流,有经验的访谈员不仅能够收集到受访者的回答信息,而且能够观察到受访者的表情、动作等非言语行为,根据受访者的反应,及时调整所调查问题的内容和提问方式。事先确定的访谈现场和友好的环境气氛有利于控制和避免其他因素的干扰,提高受访者的回答率和回答的准确性。因此,访谈法具有灵活、准确和深入等优点。

图9-1展示了访谈法的基本步骤和相关技巧。实施访谈法的首要环节是访谈任务和目的的确定。访谈目的是访谈工作的航标灯,访谈必要性和可行性分析是访谈是否值得进

行下去的决策环节。在进入正式访谈前,需要做好准备工作,包括确定访谈方式、选取受访者、编制测量工具、设计访谈提纲和访谈问题、联系受访者确定访谈地点和时间等。

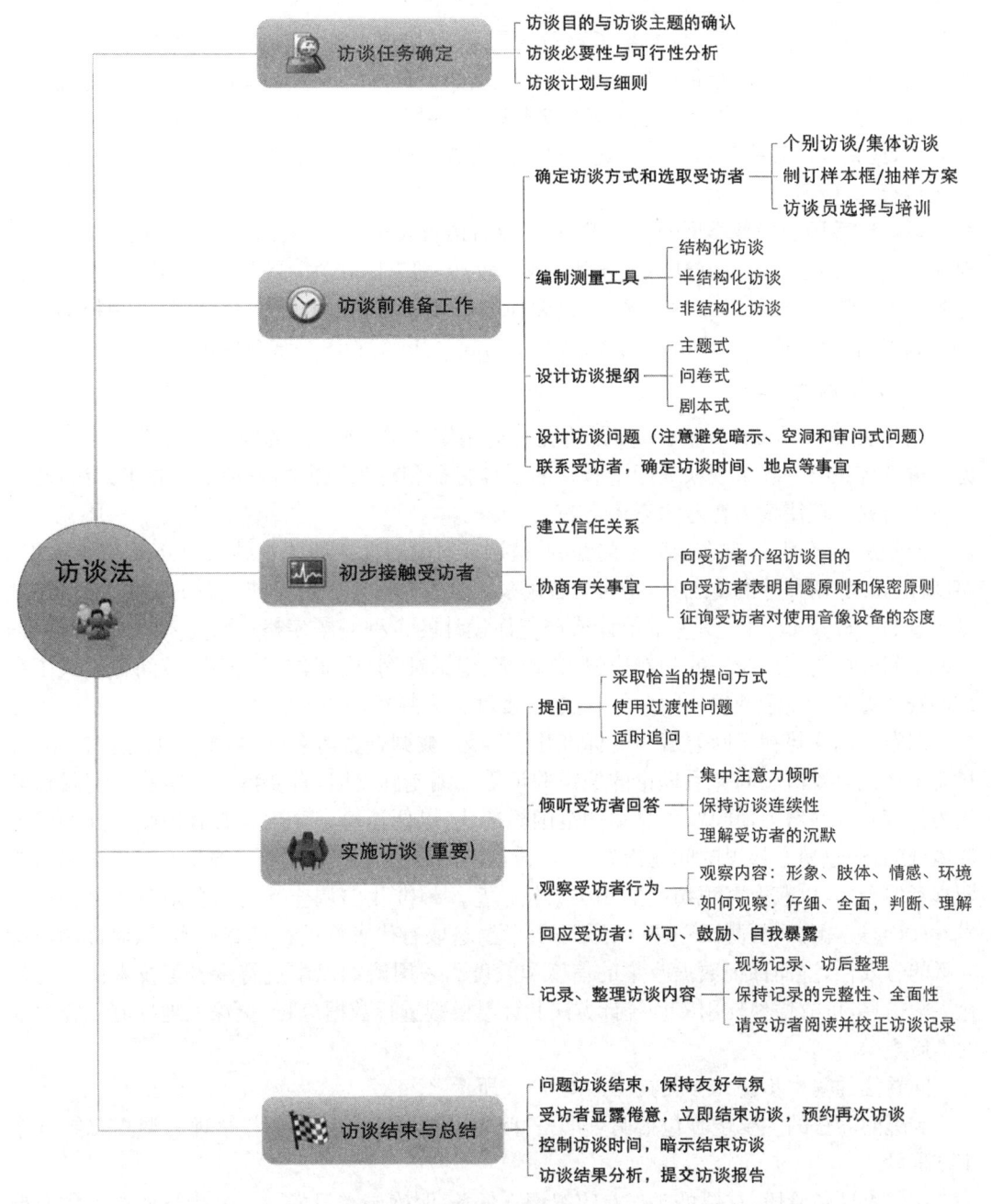

访谈法
- 访谈任务确定
  - 访谈目的与访谈主题的确认
  - 访谈必要性与可行性分析
  - 访谈计划与细则
- 访谈前准备工作
  - 确定访谈方式和选取受访者
    - 个别访谈/集体访谈
    - 制订样本框/抽样方案
    - 访谈员选择与培训
  - 编制测量工具
    - 结构化访谈
    - 半结构化访谈
    - 非结构化访谈
  - 设计访谈提纲
    - 主题式
    - 问卷式
    - 剧本式
  - 设计访谈问题(注意避免暗示、空洞和审问式问题)
  - 联系受访者,确定访谈时间、地点等事宜
- 初步接触受访者
  - 建立信任关系
  - 协商有关事宜
    - 向受访者介绍访谈目的
    - 向受访者表明自愿原则和保密原则
    - 征询受访者对使用音像设备的态度
- 实施访谈(重要)
  - 提问
    - 采取恰当的提问方式
    - 使用过渡性问题
    - 适时追问
  - 倾听受访者回答
    - 集中注意力倾听
    - 保持访谈连续性
    - 理解受访者的沉默
  - 观察受访者行为
    - 观察内容:形象、肢体、情感、环境
    - 如何观察:仔细、全面,判断、理解
  - 回应受访者:认可、鼓励、自我暴露
  - 记录、整理访谈内容
    - 现场记录、访后整理
    - 保持记录的完整性、全面性
    - 请受访者阅读并校正访谈记录
- 访谈结束与总结
  - 问题访谈结束,保持友好气氛
  - 受访者显露倦意,立即结束访谈,预约再次访谈
  - 控制访谈时间,暗示结束访谈
  - 访谈结果分析,提交访谈报告

图9-1 访谈法的程序与技巧

访谈开始后,应采取循序渐进的策略,先与受访者友好沟通,阐明访谈的自愿原则和保密原则,征询音像设备的使用许可,并建立信任关系,然后进入正式访谈环节。访谈者应采用恰当的提问方式,认真倾听受访者的回答,通过追问和观察,时刻注意受访者的言语情感、肢体语言等信息,并适时认可和鼓励受访者,同时要理解受访者的沉默,避免暗示、空洞

和审问式提问,把握好访谈进度,并做好访谈内容的记录和整理工作。随着提问的结束,访谈者要以友好的方式协商访谈结束后的相关事宜,并及时将访谈记录的内容请受访者校正与确认。

值得注意的是,访谈的目的是了解而不是表达,访谈员不能有诱导受访者的行为,也不能在访谈时对受访者进行价值判断,这是访谈法的基本原则。例如,访谈员在访谈交流中先陈述自己的观点再询问受访者的看法,或先陈述一些进行判断的"大前提"再让受访者说出"结论",或先说出某些著名人物的观点再让受访者说出其看法等,都是容易诱导受访者的不良访谈行为,应避免。

访谈法适用于多种类型的受访者,只要没有语言表达障碍,无论何人都可能作为被访谈对象。当然,访谈法也有其缺点。比如:成本较高,缺乏隐秘性,受访谈员的影响较大,访谈记录困难,访谈结果处理难度较高等;需要投入较多人力、物力、财力和时间,大规模的访谈会受到限制,比较适用于小范围的调查,且常与问卷法、实验法等结合使用。

(二) 问卷法

问卷法(questionnaire survey)是研究者运用统一、严格设计的问卷向被选取的调查对象了解其有关某一政策现象或问题感知的心理特征和行为数据的一种信息收集方法,是公共政策研究中使用最为普遍的方法之一。

问卷法的运用,关键在于问卷的编制、被调查对象的选择和调查结果的分析。问卷如同温度计、卷尺、磅秤等测量工具,是研究者用来测量人们对某一现象或问题的看法、态度等数据信息的一种技术工具,是为了统计或调查而设计的一种问题表格。研究者将所要研究的问题编制成结构规范统一的问题表格,以邮寄、电话征询、当面作答或追踪访问等方式了解被调查者对某一政策现象或问题的看法、态度和行为判断特征等信息。

问卷法的优势在于问卷编制的标准化程度高、被调查者匿名作答、变项可完全控制、资料易于量化以及概念间关系理论的假设验证等。编制问卷时,首要的工作是将研究目标转化为特定问题并努力使问题和答案的范围标准化,以便让每一个被调查者面临同样的问题环境;然后通过精心构思的问题措辞、统一设计的问题流程和整齐划一的卷面形象来赢得被调查者的合作,以获取客观精确的相关数据信息。标准化的调查问卷结合随机化的抽样技术,可以通过"测试-再测试"或等效形式的问题,选取有代表性的被调查样本,以验证调研参与者的有效性,进而保证数据收集的信度和效度。采用诸如以李克特量表等技术设计的量化答案信息,可方便地使用多种统计方法和计量模型进行数据分析,更深入地探究研究对象的本质规律。

问卷法的基本步骤和相关技巧如图9-2所示。

实施问卷法的主要步骤包括调查准备、问卷设计、调查实施、资料整理和调查总结五个主要阶段。

在调查准备阶段,首要的工作是审视调查任务,明确调查目的。它是指导调查工作的准则和目标,后续一切工作都是围绕调查目的展开的。根据调查任务和调查目的的现实状况,确定调查问卷的类型和结构、调查样本的抽样方法和调查方式,拟定介绍信等。

问卷设计是问卷法运用的关键,包括理论模型构建、问题分解、题项编写、预试修订和问卷成稿等环节。研究发现,实践中人们最容易忽视的是有关理论模型的构建与研究。这些知识将在公共管理研究技术与方法等相关课程中学习与应用。

第九章 公共政策分析方法(一)

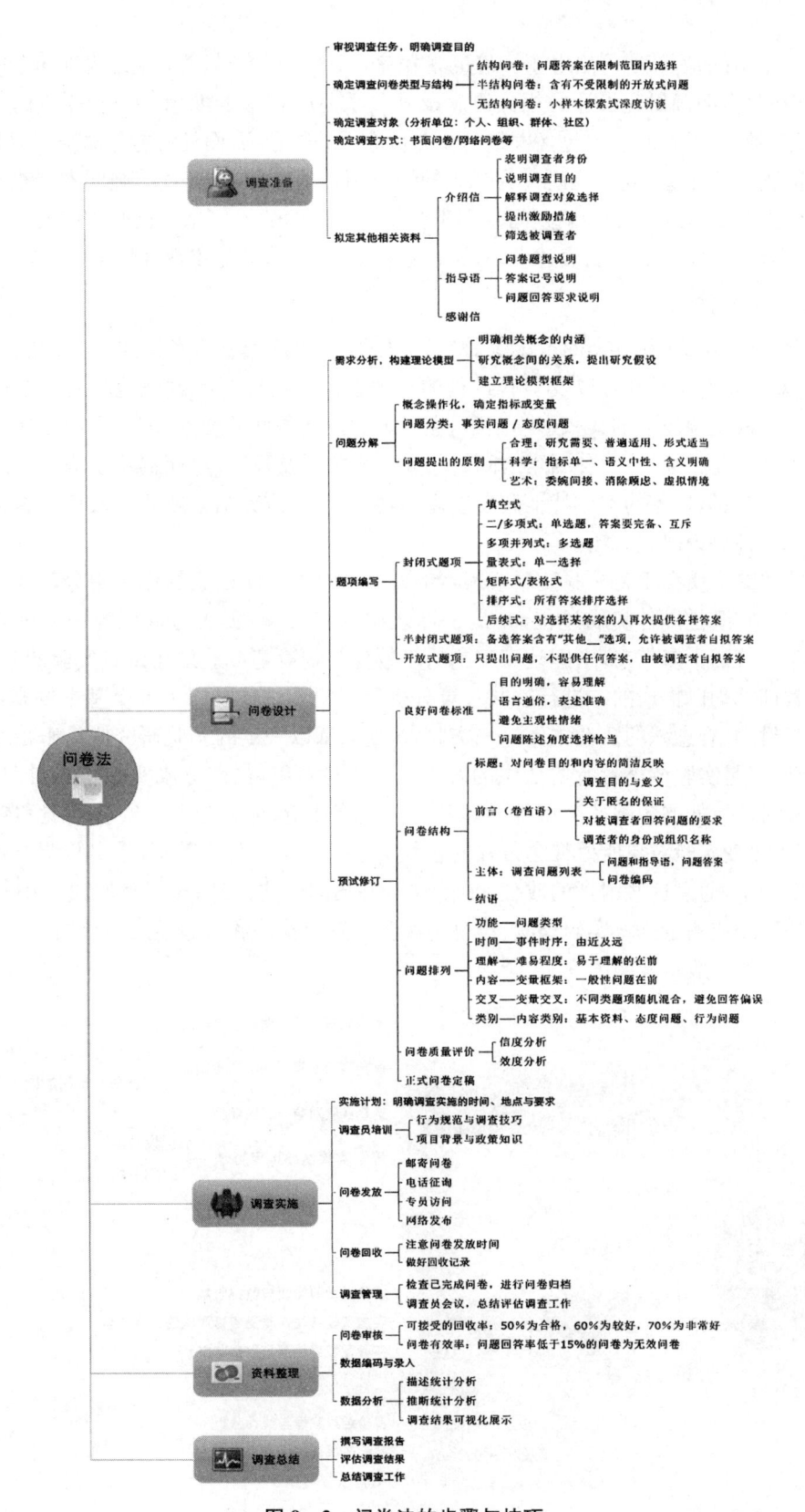

```
问卷法
├─ 调查准备
│   ├─ 审视调查任务,明确调查目的
│   ├─ 确定调查问卷类型与结构
│   │   ├─ 结构问卷:问题答案在限制范围内选择
│   │   ├─ 半结构问卷:含有不受限制的开放式问题
│   │   └─ 无结构问卷:小样本探索式深度访谈
│   ├─ 确定调查对象(分析单位:个人、组织、群体、社区)
│   ├─ 确定调查方式:书面问卷/网络问卷等
│   └─ 拟定其他相关资料
│       ├─ 介绍信
│       │   ├─ 表明调查者身份
│       │   ├─ 说明调查目的
│       │   ├─ 解释调查对象选择
│       │   ├─ 提出激励措施
│       │   └─ 筛选被调查者
│       ├─ 指导语
│       │   ├─ 问卷题型说明
│       │   ├─ 答案记号说明
│       │   └─ 问题回答要求说明
│       └─ 感谢信
├─ 问卷设计
│   ├─ 需求分析,构建理论模型
│   │   ├─ 明确相关概念的内涵
│   │   ├─ 研究概念间的关系,提出研究假设
│   │   └─ 建立理论模型框架
│   ├─ 问题分解
│   │   ├─ 概念操作化,确定指标或变量
│   │   ├─ 问题分类:事实问题/态度问题
│   │   └─ 问题提出的原则
│   │       ├─ 合理:研究需要、普遍适用、形式适当
│   │       ├─ 科学:指标单一、语义中性、含义明确
│   │       └─ 艺术:委婉间接、消除顾忌、虚拟情境
│   ├─ 题项编写
│   │   ├─ 封闭式题项
│   │   │   ├─ 填空式
│   │   │   ├─ 二/多项式:单选题,答案要完备、互斥
│   │   │   ├─ 多项并列式:多选题
│   │   │   ├─ 量表式:单一选择
│   │   │   ├─ 矩阵式/表格式
│   │   │   ├─ 排序式:所有答案排序选择
│   │   │   └─ 后续式:对选择某答案的人再次提供备择答案
│   │   ├─ 半封闭式题项:备选答案含有"其他__"选项,允许被调查者自拟答案
│   │   └─ 开放式题项:只提出问题,不提供任何答案,由被调查者自拟答案
│   └─ 良好问卷标准
│       ├─ 目的明确,容易理解
│       ├─ 语言通俗,表述准确
│       ├─ 避免主观性情绪
│       └─ 问题陈述角度选择恰当
├─ 预试修订
│   ├─ 问卷结构
│   │   ├─ 标题:对问卷目的和内容的简洁反映
│   │   ├─ 前言(卷首语)
│   │   │   ├─ 调查目的与意义
│   │   │   ├─ 关于匿名的保证
│   │   │   ├─ 对被调查者回答问题的要求
│   │   │   └─ 调查者的身份或组织名称
│   │   ├─ 主体:调查问题列表
│   │   │   ├─ 问题和指导语,问题答案
│   │   │   └─ 问卷编码
│   │   └─ 结语
│   ├─ 问题排列
│   │   ├─ 功能——问题类型
│   │   ├─ 时间——事件时序:由近及远
│   │   ├─ 理解——难易程度:易于理解的在前
│   │   ├─ 内容——变量框架:一般性问题在前
│   │   ├─ 交叉——变量交叉:不同类题项随机混合,避免回答偏误
│   │   └─ 类别——内容类别:基本资料、态度问题、行为问题
│   ├─ 问卷质量评价
│   │   ├─ 信度分析
│   │   └─ 效度分析
│   └─ 正式问卷定稿
├─ 调查实施
│   ├─ 实施计划:明确调查实施的时间、地点与要求
│   ├─ 调查员培训
│   │   ├─ 行为规范与调查技巧
│   │   └─ 项目背景与政策知识
│   ├─ 问卷发放
│   │   ├─ 邮寄问卷
│   │   ├─ 电话征询
│   │   ├─ 专员访问
│   │   └─ 网络发布
│   ├─ 问卷回收
│   │   ├─ 注意问卷发放时间
│   │   └─ 做好回收记录
│   └─ 调查管理
│       ├─ 检查已完成问卷,进行问卷归档
│       └─ 调查员会议,总结评估调查工作
├─ 资料整理
│   ├─ 问卷审核
│   │   ├─ 可接受的回收率:50%为合格,60%为较好,70%为非常好
│   │   └─ 问卷有效率:问题回答率低于15%的问卷为无效问卷
│   ├─ 数据编码与录入
│   └─ 数据分析
│       ├─ 描述统计分析
│       ├─ 推断统计分析
│       └─ 调查结果可视化展示
└─ 调查总结
    ├─ 撰写调查报告
    ├─ 评估调查结果
    └─ 总结调查工作
```

图9-2 问卷法的步骤与技巧

值得指出的是,随着网络电子环境的日益完善,人们很容易获取各类调查问卷的模板和式样,在还没有明确研究设计的相关概念及其关系前就轻率地堆积了一份厚重的问卷。这样做的结果不仅导致问卷中包含大量与研究目的无关的题项,而且可能忽略与研究目的相关的重要问题。没有以理论模型研究为基础的问卷调查是失败的,毕竟实施问卷调查是一项费时费力的工作,一份质量低的调查问卷很难获得高质量的数据信息。良好的问卷应该坚持目的明确、容易理解,语言通俗、表述准确,问题陈述角度恰当,避免主观性情绪的影响等原则。

(三) 实验法

实验法(experimental method)又称"试验法",是指政策分析者按照一定的实验研究假设,通过对实验对象和环境以及实验过程的有效控制,有目的、有意识地改变一个或几个政策刺激变量或实验环境的某些影响因素,在一定的控制条件下观察、测量和收集实验对象的行为表现和变化特征,分辨各因素之间的相互影响关系及程度,进而揭示研究变量之间的因果关系,认识政策现象的本质特征和发展规律,辅助确定研究结果或相关政策是否值得大规模推广的一种决策研究方法。

实验法的本质在于将实验变量或因素的效果从众多影响因素的作用中分离出来并予以检验鉴定。它既是一种实践过程,又是一种认识过程,并将实践与认识统一为调查研究过程。改革开放四十多年来,中国政府实施的多数公共政策基本上是在试点实验的基础上,总结经验教训并加以推广的。进行公共政策分析的实验调查涉及以下五个基本要素:一是实验调查有目的、有意识的活动主体——实验者,他们都以一定的实验研究假设来指导自己的实验活动;二是实验调查者所要认识的客体——实验对象,往往分成实验组和对照组两类;三是实验对象所处的各种社会条件的总和——实验环境,可分为人工实验环境和自然实验环境;四是改变实验对象所处社会条件的各种实验活动——实验激发,是实验调查者关心的政策激发因素,通过这些因素的改变,辅助政策方案的优化设计;五是实验过程中对实验对象所做的检查或测定——实验检测,可分为实验激发前检测和实验激发后检测。

实验法的一般步骤如图 9-3 所示。

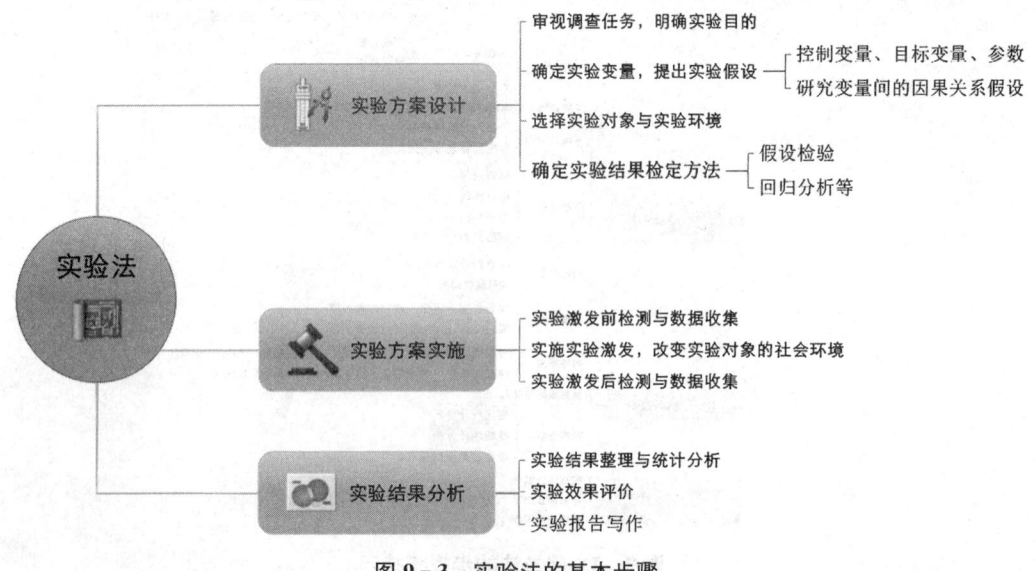

图 9-3 实验法的基本步骤

第一步是实验方案设计。根据调查项目的实验目的与要求,确定实验变量,提出需要实验验证的研究假设;选择实验对象和实验环境,确定实验检定方法,设计实验方案。

第二步是实验方案实施。严格按实验方案进行实验并对实验结果进行认真的观测和记录,先对实验对象进行前检测,再通过实验激发改变实验对象所处的社会环境,对实验对象进行后检测。

第三步是实验结果分析。对观测结果进行整理与统计分析,对实验效果做出评价,进而得出实验结论。

实验法的优点是具有较强的主动性和可控性,实验结论有说服力,探索不明确变量之间的因果关系效果好。其缺点是费时、费力,有一定的局限性。需要指出的是,实验与试验在内涵上有差异。实验旨在认识事物的本质和规律,试验则是对某一认识的探索性应用,旨在总结应用的实际效果;实验在控制、设计与实施上要求严格,试验的要求则相对较低;实验讲究设计,试验在研究方法的选择上有一定灵活性,两者的科学性不同。实验与试验的相同之处在于,它们都具有尝试的性质,有成功或失败的可能。从某种程度上看,公共政策实验更倾向于被称作"公共政策试验"。公共政策试点实验时会受到更多不可控因素的影响,选择有充分代表性的实验对象和实验环境更加困难,实验过程控制困难、实验保密程度差等,致使实验结论往往带有一定的特殊性,实验结果的推广受到影响。但实验/试验法对检验宏观管理的方针政策与微观管理的措施办法的正确性来说仍是一种有效的研究方法。

二、代表性样本选取与样本容量确定

不管人们采用怎样的方法收集数据,目的都是从收集到的个体数据特征中推断出总体特征的规律性。以烹调为例,当人们舀出一勺自己做的酸辣汤品尝时,所关心的不是这勺汤怎样,而是整锅汤的味道如何。如果将整锅汤视为总体,则一勺汤就是一个样本。这个样本的代表性如何,取决于锅里的汤是否被搅拌均匀了。从某种意义上讲,选择一个来自"搅拌均匀"的总体的样本,不管它是以整个国家为总体,还是以一个城镇为总体,都可以告诉人们同样多的内容,也就是说,这个样本具有代表性,所选择的样本特征能很好地反映总体特征。[1]

这里需要澄清几个概念。所谓个体,是指研究者所关心的分析单位。包含所有需研究的个体的集合被称为"总体",样本则是总体中被选中的部分个体的集合,是总体集合的一个子集。例如,要了解2021年1月1日国家税收政策的调整会怎样影响济南市居民家庭生活水平,济南市某个居民家庭就是一个个体,是政策研究的分析单位,2021年1月1日济南市所有居民家庭就是研究的总体。如果有能力收集到济南市所有家庭的生活水平数据,这种情况就是对总体进行了普查。但这个总体太大了,限于资金、时间和人力等资源,人们只能像上述品尝酸辣汤那样,将数据收集限制在总体的一个样本上,这就是抽样调查。

此时,政策分析者面临的一个关键问题是如何选择一个有代表性的样本。从"搅拌均匀"的总体中选取的有代表性的样本,统计学上称之为"随机样本"。随机样本的本质在于总

---

[1] 埃维森,等.统计学:基本概念与方法[M].北京:高等教育出版社,2000.

体中的每一个个体都有一个已知的概率被选中(包含在该样本中)。

(一) 随机抽样的常用方法

实现随机抽样的常用方法有简单随机抽样、系统抽样、分层抽样、整群抽样等。

1. 简单随机抽样

简单随机抽样是指从含有 N 个个体的总体中,一次抽取 n 个个体构成样本,使得全部可能的 C_N^n 种不同的结果中,每种个体被选中的机会等于 $1/C_N^n$。该方法具有实施简单、直观,便于计算抽样误差等优点;但要求总体单位材料完整,当总体数量庞大、变异程度较大、单位分散、财力有限时,该方法有一定的局限性。实践中常用的简单随机抽样实施方法有抽签法和抓阄法。

2. 系统抽样

系统抽样又称"等距抽样",先将总体各单位按一定顺序排列,再计算抽样距离(N/n),在第一个间距中利用简单随机抽样方法随机抽取一个样本,之后按抽样距离递进来抽取 n 个个体,即构成本次抽样样本。该方法的优点在于它能使样本均匀地分布在总体中,当总体变异程度较大时会取得较好的效果;但也要求总体单位材料齐备,当总体排序后呈周期性变化时,易影响抽样精度,抽样误差计算较复杂。

3. 分层抽样

当总体具有某种明显的层次分类特征,且层内同质、层间异质性较强时,采用分层抽样方法较有效。先将总体按某种特性分成 r 层,每层占比按公式 $W_i = N_i/N$ 计算,并要求保持层内同质、层间异质;再在各层内进行简单随机抽样,抽取样本数为 $n_i = W_i \times n$,其中 $i=1, 2, \cdots, r$ 为第 i 层,n 为要抽取的样本数。该抽样方法在对总体进行推断的同时,可以获得对每个层次的推断,是较常用的随机抽样方法之一。

4. 整群抽样

当总体具有某种明显的群体分类特征,且群体间同质、群内异质性较强时,采用整群抽样方法较有效。先将总体分成 R 个群,再以群为初级抽样单元,从中随机抽取 r 个群,将抽中的群内的所有个体单元作为样本进行调查。实际组织中,由于样本分散、总体太大,使采用简单随机抽样遇到困难,如调查费用太高等,因此通常可集中调查几个群体。该方法组织工作简单,但代表性低。整群抽样适用于以地理或行政区划为特征构成的总体,而且要求群间样本的性质相同而群内差异较大。

(二) 样本容量大小的确定

样本容量大小的确定涉及财务、统计和管理等方面的原则问题。如果样本容量大小记为 n,总体差异程度即总体标准差记为 σ,则统计的基本原则是,抽样均值标准误差为 $\sigma/\sqrt{n}$,在总体差异程度一定的情况下,随着样本大小 n 的增大,抽样误差按 $\sqrt{n}$ 的比例递减。也就是说,样本越大,抽样误差越小。但财务原则认为,抽样调查成本随样本容量 n 的增加呈线性递增趋势,即如果样本容量大小增加 3 倍,调查成本就至少增加 3 倍。

但政策研究项目可支配的资源是有限的。如何在抽样误差与成本控制之间进行权衡,可以从管理原则所允许的抽样误差精度方面考虑。如果将可接受的抽样误差范围设为 E,根据抽样调查所要估计的是总体均值还是总体比例的不同,统计学原理提出了式(9-1)和式(9-2)来计算概率抽样的样本容量大小。式中的 z 为一个固定的置信水平常数,根据给定的调查可靠度水平 $1-\alpha$ 在正态分布假设下取值。例如,当 $\alpha=5\%$ 时,$z=1.96$。

$$n=\frac{z^2\sigma^2}{E^2} \qquad (9-1)$$

$$n=\frac{z^2 p(1-p)}{E^2} \qquad (9-2)$$

在运用式(9-1)和式(9-2)时,有两个参数 σ 和 p 需要事先设定。当抽样调查所要估计的是总体均值时,参数 σ 代表的是抽样总体的标准差,实际计算时通常是未知的,需要估计,一般可根据过去的经验或进行试点调查估计。根据式(9-2)估计的样本容量如表 9-1 所示,其中可接受样本容量要求的是调查的有效样本的个数。

表 9-1 基于抽样允许误差和特征比例预期的 95% 可靠性水平下可接受样本量

可接受的抽样误差(%)	具有某特征的总体比例预期(%)					
	5	10	20	30	40	50
1	1 900	3 500	6 200	8 100	9 300	9 700
2	500	900	1 600	2 100	2 400	2 500
3	300	400	700	900	1 100	1 100
4	120	220	390	510	580	610
5	80	140	250	330	370	390
6	60	100	180	230	260	270
7	40	80	130	170	190	200
8	30	60	100	130	150	160
9	30	50	80	100	120	120
10	20	40	70	90	100	100

上述计算样本容量大小的公式中没有涉及总体容量。事实上,总体容量与在一定允许误差和可靠度范围内估计总体参数所需的样本容量之间没有直接的关系。经验表明,当样本大小相对总体容量而言过大,如样本大小占总体容量的比例超过 5% 时,考虑到财务、统计和管理原则之间的权衡,需要根据总体容量 N 对样本大小 n 进行调整,调整公式为式(9-3),其中的 n' 为调整后的样本容量。

$$n'=\frac{nN}{N+n-1} \qquad (9-3)$$

经验表明,经过精心设计的随机样本,尽管容量不需要很大,但也能十分准确地反映总体特征。许多著名的全国性调查和民意测验的样本容量大小不超过 2 000 个,盖洛普民意测验、哈里斯民意测验就是很好的例证。

三、规范数据表样式

为了适应信息技术的发展,数据被收集和处理后,通常会以典型的表格形式被输入计算机数据表文件中。这意味着,数据表中的每一列代表一个指标变量如性别,每一行代表一个个体样本,即抽样调查的分析单元,这是一份调查问卷完整的回答记录。表9-2是由中国综合社会调查(CGSS)项目组执行的全国城市居民社会调查收集到的抽样数据[①]简化生成的数据阵,通常称之为"数据表文件"。

为方便使用计算机软件进行数据分析,常常需要对数据文件中的描述性文字进行数据编码,将其转化为数字。例如,性别变量(qa01)编码"男为1,女为2";受访者目前的最高受教育程度变量(qa05a)编码"没有受过任何教育为1,扫盲班为2,小学为3,初中为4,职业高中为5,普通高中为6,中专为7,技校为8,大学专科(成人高等教育)为9,大学专科(正规高等教育)为10,大学本科(成人高等教育)为11,大学本科(正规高等教育)为12,研究生及以上为13,其他(请注明:_____)为14";满意度变量采用李克特五点量表工具进行测量,"非常满意为1,比较满意为2,不太满意为3,非常不满意为4,不适合为5"等。[②]

考察表9-2或表9-3,有关数据表的几个概念需要澄清。表中第一行的每一项对应调查问卷的某个题项,通常称之为"字段"或"变量"。表中其他各行对应某一份调查问卷,称之为一条"记录"。例如,第一行中的"性别""出生年"等都是指标变量,对应的变量编码分别为"qa01""qa02_1"等;第二行代表对编号为11001的样本的调查问卷回答的记录,其中的"男"为"性别"变量的值,"1956"为"出生年"变量的值,它们都被称为"数据"。

本章的多数例子使用该数据库。由SPSS软件输出的规范数据文件样式如表9-3所示。通过上述编码将表9-2中的文字性数据表示成数字性数据,方便了计算机软件的数据管理,在利用计算机软件进行数据计算处理与分析建模时,理解并记住数据文件中的编码体系是至关重要的,更重要的是把握正确的数据类型,不同数据类型的数学计算功能是不同的,只有理解了不同数据类型的数学特性,才能选择适当的统计工具和方法进行数据分析与建模,从而得出正确的分析结果。

[①] 本章所使用的数据摘编自中国人民大学社会学系与香港科技大学社会科学部于2006年实施的中国综合社会调查数据库CGSS2006。该全国性调查采用多阶分层不等概率抽样方法,依次为区(县)、街道(镇)、居委会、住户和居民。其中,区(县)、街道(镇)、居委会三级依据第五次全国人口普查资料(2000年人口普查)在全国27个省、自治区、直辖市随机抽取。这27个省、自治区、直辖市分别为北京市、天津市、上海市、黑龙江省、吉林省、辽宁省、甘肃省、河北省、河南省、山西省、陕西省、山东省、江苏省、浙江省、安徽省、湖北省、湖南省、江西省、四川省、贵州省、云南省、福建省、广东省、海南省、内蒙古自治区、新疆维吾尔自治区和广西壮族自治区。对住户和居民的抽样,由抽样调查员根据居委会住户登记册采用等距抽样法抽取居民户样本,入户后由调查员采用随机抽样表抽选被访者并进行问卷访谈,调查最终获得有效问卷10 151份。按照CGSS的章程,CGSS2006数据于2008年4月1日向全社会正式发布,注册后使用。CGSS2006问卷主要有个人基本情况、工作经历、当前工作情况、企业改制与经济改革、社会经济活动、态度意识认同与评价和家庭六个模块。与CGSS2003、CGSS2005数据一样,CGSS2006由城市问卷、农村问卷和家庭问卷三个部分构成,除了传统的城市问卷、农村问卷外,CGSS2006与日本的JGSS、韩国的KGSS、中国台湾地区社会变迁调查(TSCS)首次联合执行了东亚社会调查(EASS),2006年EASS的共同模块是家庭。为方便教学使用,对该项目的城市问卷和相应数据库内容进行了大幅度简化。简化问卷和数据库内容的应用目的在于帮助学生学习和理解本章讲述的数据收集和相关统计分析方法。这里感谢上述机构及其人员提供数据,书稿内容由作者负责。

[②] 本章附录为简化后的调查问卷和数据库附件,其中包含了相关题项的变量名称和编码体系。

第九章 公共政策分析方法(一)

表9-2 2006年全国城市居民社会调查的简化数据文件

问卷编号	性别	出生年	最高受教育程度	从小学起受教育年限(年)	政治面貌	婚姻状况	个人全年总收入(元)	干部和群众间冲突严重性(3)	家庭经济状况变化	资金投入排序第一位	住房满意度指标(5)
11001	男	1956	普通高中	12	群众	已婚有配偶	23 000	比较严重	与现在差不多	环境保护	非常不满意
11002	男	1944	初中	9	共产党员	已婚有配偶	26 000	比较严重	与现在差不多	环境保护	比较满意
11003	男	1986	职业高中	13	共青团员	从未结过婚	50 000	比较严重	越来越好	环境保护	比较满意
11004	女	1965	职业高中	11	群众	已婚有配偶	30 000	比较严重	越来越好	环境保护	不太满意
11005	女	1958	普通高中	12	共产党员	已婚有配偶	22 200	不太严重	与现在差不多	环境保护	比较满意
11006	女	1949	大学专科(成人高等教育)	15	共产党员	已婚有配偶	20 000	比较严重	与现在差不多	环境保护	不太满意
11008	男	1940	初中	8	群众	已婚有配偶	15 000	比较严重	与现在差不多	养老金	非常不满意
11010	女	1952	初中	9	共产党员	已婚有配偶	20 000	比较严重	越来越好	环境保护	非常不满意
11023	男	1949	大学专科(正规高等教育)	14	共产党员	已婚有配偶	12 000	没有冲突	与现在差不多	环境保护	比较满意
11024	女	1948	大学专科(成人高等教育)	15	共产党员	已婚有配偶	12 000	没有冲突	与现在差不多	环境保护	非常不满意
11025	男	1960	大学专科(成人高等教育)	14	共产党员	已婚有配偶	100 000	不太严重	越来越好	义务教育	非常不满意
11026	女	1939	初中	9	群众	已婚有配偶	15 000	没有冲突	越来越好	环境保护	不太满意
11028	女	1956	普通高中	12	群众	已婚有配偶	12 000	比较严重	越来越好	义务教育	非常不满意
11029	女	1977	大学本科(正规高等教育)	15	共青团员	从未结过婚	72 000	不太严重	越来越好	环境保护	不太满意

续 表

问卷编号	性别	出生年	最高受教育程度	从小学起受教育年限(年)	政治面貌	婚姻状况	个人全年总收入(元)	干部和群众间冲突严重性(3)	家庭经济状况变化	资金投入排序第一位	住房满意度指标(5)
11030	男	1985	普通高中	12	群众	从未结过婚	0	不太严重	越来越好	文化艺术事业	非常不满意
11031	男	1958	大学专科(成人高等教育)	14	群众	已婚有配偶	20 000	比较严重	越来越差	义务教育	比较满意
11032	男	1965	普通高中	12	群众	已婚有配偶	30 000	比较严重	越来越好	医疗卫生	非常不满意
11033	男	1939	大学专科(正规高等教育)	17	共产党员	已婚有配偶	30 000	比较严重	与现在差不多	环境保护	不太满意
11034	女	1967	大学专科(正规高等教育)	15	群众	已婚有配偶	20 000	比较严重	与现在差不多	医疗卫生	不太满意
11035	女	1983	大学本科(正规高等教育)	17	共产党员	从未结过婚	0	比较严重	与现在差不多	环境保护	非常不满意
11036	女	1976	大学本科(正规高等教育)	16	群众	已婚有配偶	100 000	不太严重	与现在差不多	义务教育	比较满意

表9-3 2006年全国城市居民社会调查的SPSS输出的规范数据文件

serial	qa01	qa02_1	qa05a	qa05d	qa08_1	qd01	qd35a	qe06_3	qe12	qe17_1	qe48_5
11001	1	1956	6	12	4	3	23 000	2	2	1	4
11002	1	1944	4	9	1	3	26 000	2	2	1	2
11003	1	1986	5	13	3	1	50 000	2	1	1	2
11004	2	1965	5	11	4	3	30 000	2	1	1	3

第九章 公共政策分析方法(一)

续 表

serial	qa01	qa02_1	qa05a	qa05d	qa08_1	qd01	qd35a	qe06_3	qe12	qe17_1	qe48_5
11005	2	1958	6	12	1	3	22 200	3	2	1	2
11006	2	1949	9	15	1	3	20 000	2	2	1	3
11008	1	1940	4	8	4	3	15 000	2	2	6	4
11010	2	1952	4	9	4	3	20 000	2	2	1	4
11023	1	1949	10	14	1	3	12 000	2	1	1	2
11024	2	1948	9	15	4	3	12 000	4	2	1	4
11025	1	1960	10	14	1	3	100 000	3	1	4	4
11026	2	1939	4	9	1	3	15 000	4	2	1	3
11028	2	1956	6	12	4	3	12 000	2	1	4	4
11029	2	1977	12	15	3	1	72 000	3	1	1	3
11030	1	1985	6	12	4	1	0	3	1	8	4
11031	1	1958	9	14	4	3	20 000	2	3	4	2
11032	1	1965	6	12	4	3	30 000	2	1	2	4
11033	1	1939	10	17	1	3	30 000	2	2	1	3
11034	2	1967	10	15	4	3	20 000	2	2	2	3
11035	2	1983	12	17	1	1	0	2	2	1	4
11036	2	1976	12	16	4	3	100 000	3	2	4	2

— 227 —

第二节　数据描述分析方法

数据被收集后,可以从数据表文件中直接看到它们。但数据那么多,很难理解它们所包含的全部信息,因此需要学习一些理解数据的方法。本节首先介绍数据的分类,理解和把握不同数据类型的数学特性,对选择统计分析方法具有指导意义;然后介绍数据的分类或分组整理方法,通过观察数据的频数或频率分布,对研究对象有大概的认识;接着介绍数据的描述统计和相关分析方法,理解和把握描述数据集中趋势和离散态势的几个统计指标及其计算公式,初步理解变量之间相关关系的含义;最后介绍数据的可视化图表展示方法,以加深对数据的理解。通过对本节内容的学习,不仅要理解数据分析的基本概念和方法,而且要掌握 Excel 数据分析的基本技术。

一、数据类型与频数分布

(一) 数据类型

在数据处理与分析应用时,不同的分类依据有不同的数据类型概念。依据对观测对象属性特征的测量尺度来分,有定类数据、定序数据、定距数据和定比数据等数据类型。在公共政策分析领域,这一分类方法具有切合实际的意义。对大量问卷调查数据而言,不理解各种测量尺度之间的区别将容易导致错误的数据分析结果。

实践中,人们为了认识世界、理解和把握事物的变化规律,需要对研究内容或调查指标进行有效的观测与度量,即测量,是根据一定的规则将数字或符号分派给研究对象的属性特征(研究变量),以实现对研究对象观测的数量化或类型化。为此,人们发明了测量研究对象的四种计量尺度,分别是定类尺度、定序尺度、定距尺度和定比尺度。

1. 定类尺度

定类尺度(categorical/nominal scale)又称"类别尺度",是按研究对象的某种属性特征对其进行平行的分类或分组,标示各种名称,并确定其类别的一种测量分类体系。例如表 9-2 中,按照性别属性将调查对象分为男、女两类,按照政治面貌特征将调查对象分为共产党员、民主党派、共青团员和群众四类。定类数据(categorical/nominal data)是由定类尺度计量形成的,表现为类别特征的数据。定类数据之间没有数量关系,只有"属于"或"不属于"的比较判断,不能进行加减乘除运算。

2. 定序尺度

定序尺度(ordinal scale)又称"等级尺度"或"顺序尺度",是按照某种逻辑关系将研究对象的属性特征之间的等级大小、先后次序进行排列,以确定其等级或次序的一种分类排序方法,其本质是对事物之间等级差别和顺序差别的一种测度。它不仅可以测度事物的类别差异,而且可以测度事物的次序差异。例如表 9-2 中,根据年龄可以将研究对象分为幼年、少年、青年、中年、壮年、老年等类;住房满意程度可分为非常满意、比较满意、没有不满意、比较不满意、非常不满意等几类。定序数据(ordinal data)是由定序尺度计量形成的数据,具有定序数据特征,不仅可以进行类别"属于"的判断,而且可以进行类别"次序"的比较,但不能进行加减乘除运算。

定类数据和定序数据一般是用字符表示的,没有测量单位,又称"定性数据"或"品质数据"。为了利用计算机软件技术进行数据处理,往往对定性数据进行数字化编码,如数字"1"代表男性、"2"代表女性等。这些数字只是类别符号,不能进行运算。定性数据的分析一般通过计数方式计算统计类别的比例或频率分布规律。

3. 定距尺度

定距尺度(interval scale)又称"等距尺度"或"间隔尺度",是一种不仅能根据研究对象的属性特征进行类别和等级的区分,而且能针对研究对象属性特征之间的数量差别和间隔距离进行测度的一种测量体系。该测量体系具有自然或物理的测量单位,没有绝对零点,而是人为规定比较基点。例如对温度的测量,在摄氏温度测量体系中,规定一个标准大气压下水的沸点为100℃,冰点为0℃,中间一百等分后的每一份为1℃。30℃和−30℃都是相对于0℃而言的,分别具有零上30℃和零下30℃的含义;而在华氏温度测量体系中,规定在一个标准大气压下一定浓度的盐水凝固时的温度为0 ℉,水沸腾时的温度为212 ℉,中间一百八十等分后的每一份代表1 ℉。两种测量体系之间的关系为华氏度=32+摄氏度×1.8。

定距数据(interval data)是由定距尺度计量形成的数据,具有定类数据和定序数据的特征,不仅可以进行类别"属于"的判断和类别"次序"的比较,而且可以进行加减运算,但不能进行乘除运算。例如,30℃和20℃之间相差10℃,−30℃和−20℃之间也相差10℃,是有物理意义的,但不能说30℃比20℃高1.5倍,这会引起物理意义的矛盾,因为同一温度环境的华氏测度分别为86 ℉和68 ℉,86/68与30/20是不等的。再如表9−2中的受教育年限的测度,样本11001的"从小学起最高受教育年限"为12年,比样本11002的9年多3年是有意义的,但两者的乘除是没有意义的。

4. 定比尺度

定比尺度(ratio scale)又称"比率尺度",是测量中的最高层次,是一种除了具有上述三种计量尺度的全部性质外,还具有测度研究对象属性特征之间的比例或比率关系的一种测量方法体系。该测量体系具有自然或物理的测量单位,且具有实在意义的绝对零点,"0"表示没有,是自然规定的比较基点,是对"一无所有"的测量。定比数据(ratio data)是由定比尺度计量形成的数据。定比数据可以进行加减乘除等所有数学运算,运算结果具有实在的意义。例如表9−2中的调查对象的"个人全年总收入"指标,收入为0表示该人全年没有任何收入;样本11004的个人全年总收入30 000元比样本11008的个人全年总收入15 000元多了15 000元,前者是后者的2倍是有经济意义的。

定距数据和定比数据通常用数字表示,具有自然或物理的测量单位,又称"定量数据"或"数值数据"。各种统计分析方法一般适用于定量数据。从数学性质上看,高层次计量尺度都具有低层次计量尺度的一切特征,反之,采用低层次计量尺度收集的资料一般不能使用高层次计量尺度的数学运算来处理。

在收集数据时,应特别关注数据测量尺度的选择:一是社会现象大多只能以定类或定序尺度测量,有时也可将某些现象近似地视为定距或定比变量。例如在"满意度"研究中广泛使用的"非常满意=5、比较满意=4、没有不满意=3、比较不满意=2、非常不满意=1"的五点量表的测量,其中的数字通常被视为定距数据;严格意义上讲,这是不对的,这种类别间的距离,如"满意与不满意",不是数学意义上的距离,但如果研究者能清楚地把握要收集的数据类别和测量尺度,那么将其视为定序数据、定距数据就都是可接受的,只是要注意这种近似计算的合理性和可能出现的偏差。二是高层次测量尺度可能获得更多、更精确的信息,但调查和分析的工作量更大,费用更高。测量尺度的选择要结合研究需求和研究的资源条件。三是现实中的很多研究是尽量收集更多、更精确的数据信息,在分析时却只做一些简单的运算,这种策略虽然会造成些许浪费,但给后续深入研究带来了方便。四是研究对象的属性特征可能适合采用各种尺度来测量,选择何种尺度取决于研究所要求的精确度。

另外,依据观测对象的时间维度和个体维度分类,则有时间序列数据、横截面数据和面板数据等数据类型,它们在研究社会经济现象及现象之间的关系等方面具有强大的描述能力。

总之,在数据收集后进行数据分析前,判断数据类型,依据不同的数据类型选择恰当的统计分析方法是值得深入学习的基础知识。

(二) 频数分布

数据分析的第一步就是将收集到的无规则的原始数据进行分类或分组整理。研究数据的频数分布或频率分布[①]是数据整理与分析的基本技术。这种分析技术主要针对横截面数据而言,适用于上述四种尺度测量的各类数据,对定性数据一般称之为"分类",对定量数据一般要进行分组。将大量原始数据整理成频数分布,首先要根据数据的不同特征和研究分析的目的将数据进行分类或分组,将观测值分成几个不重叠的类别或组别后,统计每一类别或组别内的观测值个数,以表格或分布图的形式展示研究对象的数据分布特征。

例 9-1 基于中国综合社会调查项目数据库 CGSS2006,利用 Excel 2010 的数据透视表技术实现调查样本中的性别、政治面貌和婚姻状况等特征变量[②]的频数分布或频率分布。

【解答】 图 9-4 中的(a)、(c)、(e)分别表示调查样本中有关性别、政治面貌和婚姻状况变

性别	汇总
男	1981
女	2137
总计	4118

(a)

性别	汇总
男	48.11%
女	51.89%
总计	100.00%

(b)

政治面貌	汇总
共产党员	498
民主党派	6
共青团员	199
群众	3415
总计	4118

(c)

政治面貌	汇总
共产党员	12.09%
民主党派	0.15%
共青团员	4.83%
群众	82.93%
总计	100.00%

(d)

婚姻状况	汇总
从未结过婚	393
同居	23
已婚有配偶	3436
分居	15
离婚	104
丧偶	147
总计	4118

(e)

婚姻状况	汇总
从未结过婚	9.54%
同居	0.56%
已婚有配偶	83.44%
分居	0.36%
离婚	2.53%
丧偶	3.57%
总计	100.00%

(f)

图 9-4 调查样本中有关性别、政治面貌和婚姻状况变量的频数分布和频率分布

---

① 频率分布是频数分布按行和、列和或总和进行比较后用百分比表示的方式。

② 例中变量的编码如下:性别(男为1、女为2),政治面貌(共产党员为1、民主党派为2、共青团员为3、群众为4),婚姻状况(从未结过婚为1、同居为2、已婚有配偶为3、分居为4、离婚为5、丧偶为6)。

量的频数分布,(b)、(d)、(f)则表示相关变量的频率分布。以(a)、(b)为例,它们表示在4 118个调查样本中,有1 981个男性,2 137个女性,他们所占比例分别为48.11%和51.89%。

例9-2 基于中国综合社会调查项目数据库CGSS2006,利用Excel 2010的数据透视表技术制作调查样本中的婚姻状况与个人健康满意度①的双向频数分布表或频率分布表。

【解答】 图9-5和图9-6分别显示的是两分类变量的双向频数分布和频率分布。从中不难发现,有60.68%的调查样本对自己的健康状况比较满意。两变量双向频数分布表也称为"列联表",统计上可以通过χ^2检验来检定两变量间是否具有相关关系。

个人健康满意度指标 (4)	婚姻状况 从未结过婚	同居	已婚有配偶	分居	离婚	丧偶	总计
非常满意	95	6	579	6	7	15	708
比较满意	240	11	2092	5	70	81	2499
不太满意	54	6	669	4	20	43	796
非常不满意	4		96		7	8	115
总计	393	23	3436	15	104	147	4118

图9-5 两变量双向频数分布

个人健康满意度指标 (4)	婚姻状况 从未结过婚	同居	已婚有配偶	分居	离婚	丧偶	总计
非常满意	24.17%	26.09%	16.85%	40.00%	6.73%	10.20%	17.19%
比较满意	61.07%	47.83%	60.88%	33.33%	67.31%	55.10%	60.68%
不太满意	13.74%	26.09%	19.47%	26.67%	19.23%	29.25%	19.33%
非常不满意	1.02%	0.00%	2.79%	0.00%	6.73%	5.44%	2.79%
总计	100.00%	100.00%	100.00%	100.00%	100.00%	100.00%	100.00%

图9-6 两变量双向频率分布

例9-3 基于中国综合社会调查项目数据库CGSS2006,利用Excel的直方图功能很容易实现调查样本中的"个人全年总收入"变量的分组频数分布或频率分布分析。

【解答】 图9-7显示的是CGSS2006数据库中,调查样本中的"个人全年总收入"变量的分组频数分布或频率分布分析,分别针对数据区间[0,52 000]和[52 000,676 000]的数据进行标准分组,利用Excel直方图工具制作得到频数分布结果。这一结果较好地反映了调查样本个人全年总收入的分布状态。

二、数据分布特征的测度:描述分析

(一)单变量描述统计分析

频数分布将原始数据按某一特征要求予以分类或分组,使人们可以从整体上把握调查样本的分布特征。但在公共政策分析时,往往还需要对数据分布特征进行统计指标测度,主要包括分布的集中趋势、离散程度和分布态势三个方面。本节介绍各测度指标的基本含义和应用场合。

1. 集中趋势测度

数据分布的集中趋势测度反映了一组数据向其中心值(或代表水平)聚集的程度。集中趋

---

① 个人健康满意度变量的编码如下:非常满意为1,比较满意为2,不太满意为3,非常不满意为4。

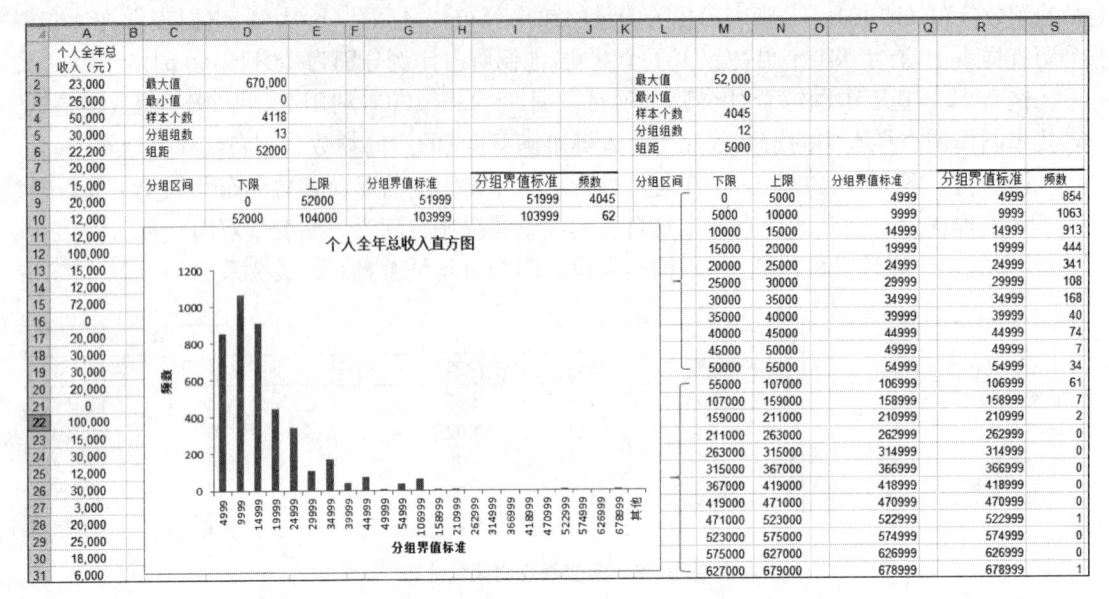

图 9-7　CGSS2006 数据库中个人全年总收入变量的频数分布

势分析的目的是计算或寻找数据一般水平的代表值或中心值，主要统计指标包括众数（mode）、中位数（median）、均值（mean）等。

（1）众数

众数，对未分组的数值数据而言，是指数据中出现次数最多的变量值；对已分组的数值数据而言，依据分组数据的频数分布先确定众数所在组，再依据众数公式（9-4）计算即可。

$$M_o \approx L + \frac{f - f_{-1}}{(f - f_{-1}) + (f - f_{+1})} \times i \tag{9-4}$$

其中，M_o 为众数，L 为众数所在组的下限值，f 为众数组的频数，f_{-1} 为众数前一组的频数，f_{+1} 为众数后一组的频数，i 为众数组的组距。

（2）中位数

中位数，对定序数据是指一组数据从小到大排序后，处于数据排列中间位置的变量值；对未分组的数值数据，先对数据进行排序后确定中位数的位置，再确定中位数的具体数值，用中位数计算公式（9-5）计算；对已分组的数值数据，先由 $N/2$ 确定中位数的位置并确定中位数所在组，再按公式（9-6）计算中位数。

$$M_e = \begin{cases} X_{\frac{N+1}{2}} & N \text{ 为奇数时} \\ \dfrac{X_{\frac{N}{2}} + X_{\frac{N+1}{2}}}{2} & N \text{ 为偶数时} \end{cases} \tag{9-5}$$

$$M_e = L + \frac{\frac{N}{2} - S_{m-1}}{f_m} \times i \tag{9-6}$$

其中，L 为中位数所在组的下限值，N 为数据个数，S_{m-1} 为中位数所在组以前各组的累计频数，f_m 为中位数所在组的频数，i 为中位数所在组的组距。

(3) 分位数

分位数主要包括四分位数、十分位数和百分位数。四分位数(quartile)是通过三个分位点将排序后的全部数据等分成四个部分，每个部分包含25%的数据，处在分位点上的数值就是四分位数。

(4) 均值

均值也称"平均数"，对未分组的数值数据 $X_1, X_2, \cdots, X_N$，利用简单均值公式(9-7)计算；对已分组的数值数据，若假设原始数据被分成 K 个组，各组的中值为 $X_1, X_2, \cdots, X_K$，各组的频数为 $f_1, f_2, \cdots, f_K$，则利用加权均值公式(9-8)计算；对比例数据 $p_1, p_2, \cdots, p_N$，则利用几何均值公式(9-9)计算。

$$\bar{X} = \frac{\sum_{i=1}^{N} X_i}{N} \tag{9-7}$$

$$\bar{X} = \frac{\sum_{i=1}^{K} f_i X_i}{\sum_{i=1}^{K} f_i} \tag{9-8}$$

$$\bar{p} = \sqrt[N]{\prod_{i=1}^{N} p_i} \tag{9-9}$$

考察上述有关集中趋势测度的统计指标不难发现，众数是一组数据分布的峰值，中位数是一组数据中间位置上的代表值。众数和中位数均是一种由位势而定的代表值，不受数据极端值的影响。众数的缺点是不唯一性。均值是全部数据的算术平均值或加权平均值，利用了全部数据信息，适宜进行较为严格的数理推导和统计推断，缺点是容易受数据极端值的影响，对偏态数据的代表性差。三者之间的关系如图9-8所示：对称分布数据的众数、中位数和均值相等，左偏分布说明存在极端小的数据，右偏分布说明存在极端大的数据。经验上，众数、中位数和均值较适用的场合如表9-4所示，数据分析时依据数据类型选择适当的指标会取得更好的效果。

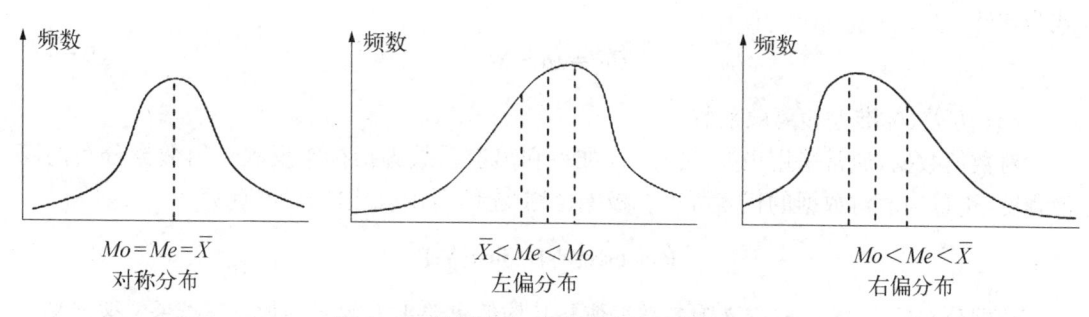

$Mo = Me = \bar{X}$
对称分布

$\bar{X} < Me < Mo$
左偏分布

$Mo < Me < \bar{X}$
右偏分布

图9-8 数据众数、中位数和均值间的关系

2. 离散程度测度

数据分布离散程度分析的目的是测度各数据之间的差异状况，以反映各数据点远离其中心值(或代表水平)的分散程度，也称"离中趋势"或"离散水平"。数据集中趋势测度是对数据一般水平的概括性度量，其代表性取决于该组数据的离散水平，离散程度越小代表性越

表 9-4 集中趋势指标的适用场合选择

数据类型	定类数据	定序数据	定距数据	定比数据
使用的测度	众数*	中位数*	均值*	均值*
		四分位数	众数	调和平均数
		众数	中位数	几何平均数
			四分位数	中位数
				四分位数
				众数

注：带有 * 号的指标为该数据类型最适合用的测度。

强。依据数据类型的不同，数据离散水平测度的主要统计指标有异众比率(variation ratio)、四分位差(inter-quartile range)、方差、标准差和离散系数等。

(1) 异众比率

对定类数据，通常采用异众比率指标来反映一组数据分布的离散程度，衡量众数对数据的代表程度。异众比率是指非众数组的频数占总频数的比率，其计算公式为式(9-10)。

$$V_r = \frac{\sum f_i - f_m}{\sum f_i} \qquad (9-10)$$

其中，f_m 为众数组频数，$\sum f_i$ 为总频数。

(2) 四分位差

对定序数据，通常采用四分位差指标来反映一组数据分布的离散程度，衡量中位数对数据的代表程度。四分位差是指数据排序后，上四分位数 Q_U 与下四分位数 Q_L 之差，其计算公式为式(9-11)。

$$Q_D = Q_U - Q_L \qquad (9-11)$$

(3) 方差、标准差和离散系数

对数值数据，通常采用极差、方差、标准差和离散系数等指标来反映一组数据分布的离散程度，衡量均值对数据的代表程度。极差也称"全距"，由公式(9-12)计算。

$$R = \max(X_i) - \min(X_i) \qquad (9-12)$$

数据分布的方差 s^2 被定义为各数据值与其均值离差平方的平均数。标准差 s 被定义为方差的平方根。标准差具有量纲，实际意义清楚。未分组数据 $X_1, \cdots, X_n$ 的方差的计算公式为式(9-13)，已分组数据的方差的计算公式为式(9-14)。

$$s^2 = \frac{\sum_{i=1}^{N}(X_i - \bar{X})^2}{N} \qquad (9-13)$$

$$s^2 = \frac{\sum_{i=1}^{N}(X_i-\bar{X})^2 f_i}{\sum_{i=1}^{N} f_i} \tag{9-14}$$

数据分布的方差或标准差反映的是数据离散程度的绝对值,受数值大小和计量单位的影响。当均值和计量单位相同时,方差或标准差能准确地刻画数据的离散程度。当均值和计量单位不同时,为消除这种影响,通常需要计算离散系数指标。离散系数可用来比较均值不等的总体(样本)数据的离散程度,其计算公式为式(9-15)。

$$V_s = \frac{s}{\bar{X}} \tag{9-15}$$

不同的数据类型具有不同的离散程度测度指标计算公式,其适用的场合选择如表9-5所示。

表9-5 离散程度测度指标的适用场合选择

数据类型	定类数据	定序数据	定距/定比数据
使用的测度	异众比率*	四分位差*	方差/标准差*
		异众比率	离散系数*
			极差
			四分位差
			异众比率

注:带有*号的指标为该数据类型最适合用的测度。

3. 分布态势测度:偏度和峰度

偏度和峰度指标反映数据分布图的形状特征。偏度系数(skewness)是对数据分布偏斜方向和程度的测度。偏度系数=0,则为对称分布;偏度系数>0,则为正偏分布或右偏分布;偏度系数<0,则为负偏分布或左偏分布。峰度系数(kurtosis)是对数据分布集中趋势峰高的形状进行测度的指标。峰度系数>3,则为尖峰分布;峰度系数<3,则为平峰分布。它们的计算公式分别为式(9-16)和式(9-17)。

$$\alpha_3 = \frac{\sum_{i=1}^{N}(X_i-\bar{X})^3 f_i}{Ns^3} \tag{9-16}$$

$$\alpha_4 = \frac{\sum_{i=1}^{n}(X_i-\bar{X})^4 f_i}{Ns^4} \tag{9-17}$$

4. 数据描述分析的Excel实现

上述数据分布特征描述统计指标的计算公式不需要死记,利用Excel数据分析工具中的命令即可方便地计算出给定数据的相关指标。

例9-4 基于中国综合社会调查项目数据库CGSS2006,利用Excel的数据分析功能计算调查样本中的"个人全年总收入"变量的描述统计指标。

【解答】 针对数据库CGSS2006中"个人全年总收入"变量的所有数据,利用Excel"数据分析"命令中的"描述统计"功能即可得到如图9-9所示的描述统计分析结果。

	A	B	C	D
1	个人全年总收入(元)			
2	23,000		个人全年总收入(元)	
3	26,000			
4	50,000		平均	13441.73
5	30,000		标准误差	293.60
6	22,200		中位数	10000
7	20,000		众数	10000
8	15,000		标准差	18840.55
9	20,000		方差	354966340.50
10	12,000		峰度	473.65
11	12,000		偏度	16.09
12	100,000		极差	670000
13	15,000		最小值	0
14	12,000		最大值	670000
15	72,000		求和	55353030
16	0		观测数	4118
17	20,000		最大(1)	670000
18	30,000		最小(1)	0
19	30,000		置信度(95.0%)	575.61

图9-9 描述统计分析结果

从图9-9容易看出,2006年中国综合社会调查样本中,有关个人全年总收入变量的基本现状,平均年收入为13 441.73元,众数和中位数为10 000,最大值为670 000元,标准差为18 840.55元,表现了调查样本中个人全年总收入指标较大的离散程度,即有较大的收入差距。从偏度系数为16.09可以看出,收入分布呈右偏分布特征。这与多数国家经验所验证的状况一致,即在居民生活水平处于中低收入状态时,收入分布呈对数正态分布。[①]

图9-9中尚有一个指标需要介绍,那就是"标准误差"。它的完整名称是"均值的标准误差",计算公式如式(9-18)所示。例9-4中个人全年总收入估计均值的标准误差为293.60。

$$SE(\bar{X}) = \frac{s}{\sqrt{n}} \tag{9-18}$$

(二) 变量间相关分析

任何事物的存在都不是孤立的,而是相互联系、相互制约的。在政策分析领域,政策刺激因素、环境因素与政策效果之间就存在一定的联系和制约关系。人们往往会通过认识和利用这种相互关系来制定公共政策,以指导、控制社会经济活动的发展。然而,客观事物之间相互关系的密切程度不同。现实中一种极端的情况是,一个变量完全随着另一个变量的变化而变化,如圆的面积完全由圆的半径决定,即 $S(r)=\pi r^2$。变量之间的这种关系称为

[①] 埃维森,等.统计学:基本概念与方法[M].北京:高等教育出版社,2000.

"完全相关关系",也称为"函数关系"。但现实中更多的现象之间的关系并没有达到由一个完全确定另一个的程度。例如,一个家庭的消费支出与其可支配收入之间有密切的关系,可支配收入越高,其消费支出就可能越大,但可支配收入的多少并不能完全确定其消费支出,消费支出还与一个人的年龄、消费习惯、商品价格等因素有关。消费支出与可支配收入之间是一种不确定性统计关系。公共政策分析会涉及大量抽样调查数据,数据的测量误差和其他种种因素的影响会导致一些变量的取值带有一定的随机性。这些随机变量之间存在着密切的关联关系,但不能用确切的函数关系将它们精确地表达出来,这种随机变量之间的不确定性关系被称为"变量间的相关关系"。

测度变量间相关关系密切程度的统计指标为相关系数。设 (x_i, y_i), $i=1, 2, \cdots, n$ 是变量 (X, Y) 的 n 组样本观测值,称公式(9-19)为变量 X 与 Y 的简单线性相关系数,又称"皮尔逊(Pearson)相关系数"。它对数据的要求是服从正态分布且相互独立的连续数据。

$$r = \frac{\sum_{i=1}^{n}(x_i - \bar{x})(y_i - \bar{y})}{\sqrt{\sum_{i=1}^{n}(x_i - \bar{x})^2}\sqrt{\sum_{i=1}^{n}(y_i - \bar{y})^2}} \tag{9-19}$$

相关系数 r 的取值范围为 $|r| \leqslant 1$。$r=1$ 表示变量 X 与 Y 完全正相关,$r=-1$ 表示变量 X 与 Y 完全负相关,$r=0$ 表示变量 X 与 Y 不存在线性相关关系,$0<r<1$ 表示变量 X 与 Y 存在正的线性相关关系,$-1<r<0$ 表示变量 X 与 Y 存在负的线性相关关系,$|r|$ 越大表示变量之间的相关程度越高。

例 9-5 基于中国综合社会调查项目数据库 CGSS2006,利用 Excel 的数据分析功能计算调查样本中的"受教育年限""个人全年总收入"和"总体满意度"变量之间的相关系数。

【解答】 针对 CGSS2006 数据库中的"受教育年限""个人全年总收入"和"总体满意度"等变量的数据,利用 Excel"数据分析"命令中的"相关系数"功能得到如图 9-10 所示的变量

	A 从小学起受教育年限	B 个人全年总收入(元)	C 总体满意度指标(8)	D	E	F 受教育年限	G 个人全年总收入	H 总体满意度
2	12	23,000	2		受教育年限	1		
3	9	26,000	2					
4	13	50,000	2		个人全年总收入	0.25741	1	
5	11	30,000	3		总体满意度	-0.01652	0.00441	1
6	12	22,200	3					
7	15	20,000	2					
8	8	15,000	4					
9	9	20,000	4					
10	14	12,000	2					
11	15	12,000	2					
12	14	100,000	2					
13	9	15,000	3					
14	12	12,000	3					
15	15	72,000	2					

图 9-10 相关系数计算结果

之间的简单线性相关系数。相关系数显示,个人全年的总收入与受教育年限呈正的线性相关关系,相关系数为 0.257 41,对生活的总体满意度与受教育年限和个人全年总收入几乎没有线性相关关系,或称"微弱的负相关"。

三、数据特征的可视化：图表

(一) 图表类型及其用途

把数据画出来,用图表的方式可视化展示数据,是数据分析的一种方法。图表的本质是展示数据的一种可视化工具,其目的在于帮助研究者从数据中提取信息,并把信息直观地传递给其他读者。随着计算机软件技术的发展,数据作图具有快捷、漂亮、直观和方便等优势。大众媒介充满了用图表展示的信息,看懂图表是 21 世纪的人们必须具有的一种能力。本节以实例方式介绍几种常用的图表。这里需要强调的是,任何图表的制作都必须首先明确数据分析的目的以及图表将要展示的主题,尽可能地做到在图表中展示研究的主要概念及概念之间的关系。

1. 定性数据：饼图、环形图、条形图和柱形图

在中国综合社会调查项目数据库 CGSS2006 中,调查样本的"性别""政治面貌"和"婚姻状况"等变量均属于定性数据。图 9-11 显示的是调查样本中"政治面貌"变量的饼图、条形图、柱形图,以及调查样本对其家庭经济状况、家庭关系、个人健康状况、住房条件等的满意度数据分布比较的环形图,不同婚姻状况的总体生活满意度的复式柱形图。

(1) 饼图

饼图(pie chart)是用圆形及圆内扇形的面积来表示数据大小的图形,主要用于表示数据整体中各组成部分所占的比例,易于显示每一组数据的相对大小,对研究事物的整体结构问题有较好的效果。图 9-11 中的(a)表明,大约 83% 的调查样本的政治面貌为群众。

(2) 环形图

环形图(doughnut chart)是饼图的一种扩展,是对多个总体特征(变量)各部分所占的相对比例的刻画,将每一个总体各部分的结构比例绘制在一个环形上,不同环形表示总体多个特征的结构比例关系。环形图可用于比较分析多个总体的结构分布问题。图 9-11 中的(b)就是一个环形图,反映了调查样本对生活不同方面满意度的感知状况。

(3) 条形图

条形图或柱形图(bar chart)是以宽度相同的条形(或柱形)的长短(或高度)来表示类别数据的频数(频率)变动的图形。在 Excel 中,条形横置时称为"条形图",纵置时称为"柱形图"。条形图易于显示变量在每一类别取值的观测数,对于比较数据之间的差异十分有用。图 9-11 中的(c)和(d)是单式条形图,反映调查样本政治面貌各类别的比例关系。

实践中,使用复式柱形图或堆积条形图能反映更多信息,图 9-11 中的(e)就为复式柱形图示例,表明不同的婚姻状况对人们生活满意度感知具有不同的影响程度。

2. 数值数据：直方图、散点图、折线图和雷达图

在中国综合社会调查项目数据库 CGSS2006 中,调查样本的"受教育年限""个人全年总收入"和"生活满意度"等变量属于数值数据。图 9-12 表示的是"个人全年总收入"变量分组数据的直方图、根据山东省 1990 年至 2011 年城镇居民的可支配收入和消费支出数据绘制的散点图、折线图,以及山东省 2011 年城乡居民消费结构雷达图。

第九章 公共政策分析方法(一)

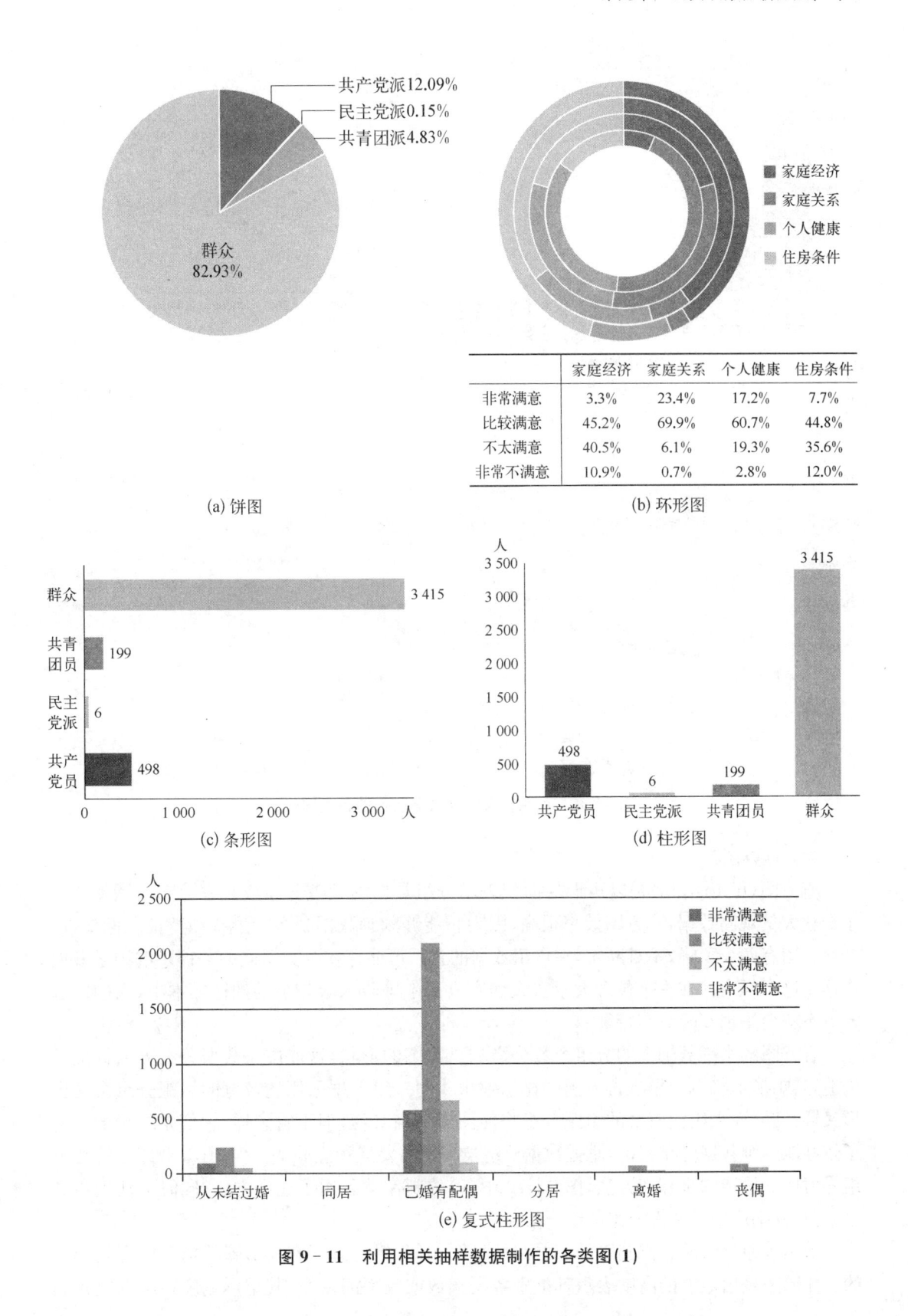

(a) 饼图

	家庭经济	家庭关系	个人健康	住房条件
非常满意	3.3%	23.4%	17.2%	7.7%
比较满意	45.2%	69.9%	60.7%	44.8%
不太满意	40.5%	6.1%	19.3%	35.6%
非常不满意	10.9%	0.7%	2.8%	12.0%

(b) 环形图

(c) 条形图

(d) 柱形图

(e) 复式柱形图

图 9-11 利用相关抽样数据制作的各类图(1)

- 239 -

(a) 直方图　　　　　　　　　　　　　　　(b) 散点图

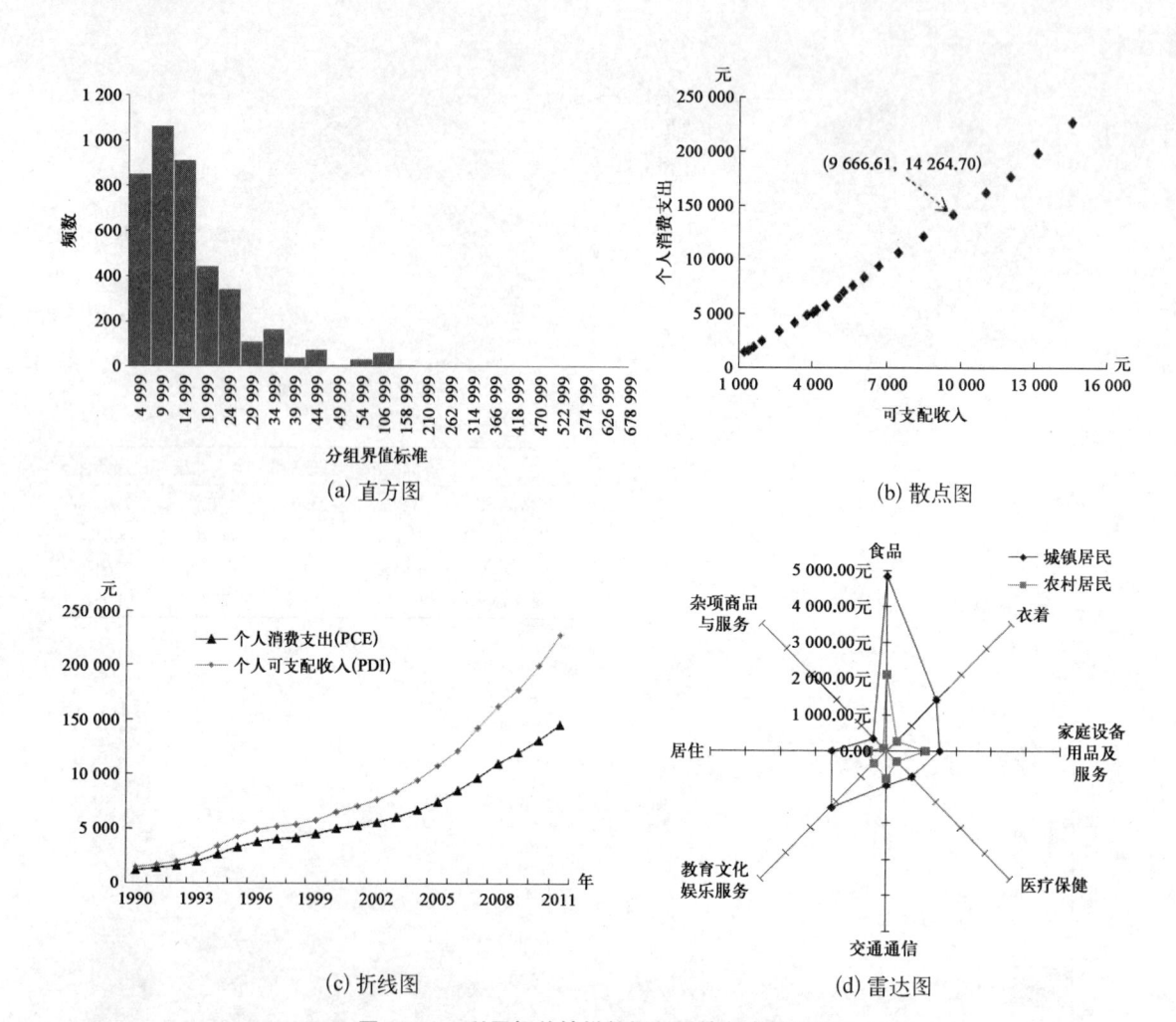

(c) 折线图　　　　　　　　　　　　　　　(d) 雷达图

图9-12　利用相关抽样数据制作的各类图(2)

（1）直方图

直方图(histogram)是以矩形的面积表示分组数据的频数分布或频率分布的图形。对于简化大量观测数据，直方图效率很高，因为它能够刻画数据分布的形状和特征。例如，一个直方图有两个顶峰，不难断定，在该组数据的背后可能存在两类不同的关键影响因素共同作用于这个样本。在一个包含大量穷人和富人而中等收入者较少的抽样样本中，人们的收入分布就会呈现双峰分布特征。

直方图的水平数轴上的分组个数将影响直方图的形状，这取决于数据分组界值标准的构造，其矩形形状也会影响直方图的显示效果。同一组数据采用比较宽的组距分组会使图形又矮又胖，而采用比较窄的组距分组将使图形又高又瘦，但不管怎样，它们是等价的。为了较好地刻画数据分布特征，掌握数据分组技巧是需要累积经验的。例9-3介绍了等距分组界值标准构造的步骤和方法，图9-12中(a)的制作就采用了这个方法，同时灵活地将数据分段，分别应用了两次分组的组合结果。

采用等距分组的直方图表面上看与柱形图相似，但直方图和柱形图的构造原理是不同的。柱形图是用矩形的高度表示各类别数据频数或频率的大小，其矩形宽度表示的类别是固定的；而直方图是用矩形的面积表示各分组数据的频数或频率的大小，其矩形宽度表示分组的组距大小，是可变的。为较好地反映数据分布特征，连续数据直方图中的各矩形通常连续排列，而分类数据柱形图的各矩形是分开排列的。

(2) 散点图

散点图(scatter chart)是使用最广泛的一类图。将变量 X 和 Y 的观测数据构成坐标点形式 (x_i, y_i)，$i = 1, 2, \cdots, n$ 绘制在坐标平面上，总结这 n 个坐标点的分布模式，即可判断两个变量之间存在何种关联关系及其强度。

在数学中，平面中的一个点可以用一个坐标 (x, y) 表示；反之，如果知道某个点的坐标为 (x, y)，就可以在坐标平面中把这个点描画出来。点与坐标是一一对应的，点的坐标 (x, y) 数据不同，在坐标平面中描出的点的位置就不同。根据上述原理，令横轴代表一个变量如居民可支配收入 X，纵轴代表另一个变量如居民消费支出 Y，两个变量的一对观测值 (x_1, y_1) 在图中用一个点表示，n 对观测值 (x_n, y_n) 在同一张图中用 n 个点表示，就得到一个散点图。图 9-12 中的(b)就是一个散点图，它包含有关山东省 1990 年至 2011 年居民可支配收入变量和消费支出变量的若干对观测值。从散点图中不难发现，居民的消费支出与可支配收入呈线性相关关系。

(3) 折线图

折线图(line chart)是一种特殊的散点图，它将时间作为一个特定的变量以横轴标出，数据变量则以纵轴表示，用直线将各数据点连接起来，以折线方式显示数据的动态变化趋势。折线图非常适用于随时间变化而变化的连续数据，也可用来分析多组数据随时间变化的相互关系。如图 9-12 中的(c)就较好地反映了山东省 1990 年至 2011 年城镇居民可支配收入与消费支出的变化增长趋势，也反映了可支配收入增长的速率比消费支出增长的速率快一些的基本特征。当然，折线图的水平轴也可以代表定序数据变量，以反映随着变量次序的变化，定序变量各类别上的频数或频率的变化规律。

当研究的指标变量只有两个时，使用平面直角坐标系绘制散点图或折线图是方便的。当研究的指标变量有三个时，可以在三维空间坐标系中绘图，但看起来就不那么方便了。于是，人们发明了多指标图示法，如雷达图、脸图谱、星座图、链接向量图等。

(4) 雷达图

雷达图(radar chart)又称"戴布拉图""蜘蛛网图""蜘蛛图"，是多指标变量数据分析常用的图示方法之一。假设对某研究对象的 m 个属性特征进行观测，得到 m 个变量的观测值 $x_1, x_2, \cdots, x_m$，要制作这 m 个变量的雷达图，具体做法：先绘制一个圆，将圆周 m 等分，得到 m 个点，将这 m 个点与圆心连线，得到 m 根辐射状半径线，以这 m 根辐射线为坐标轴，对应观测对象的 m 个变量，每个变量值的大小由半径上的点到圆心的距离表示，再将同一样本对象的 m 个坐标点连线，即得到一个有关该研究对象的 m 个属性特征的多边形。对 n 个研究对象而言，就有 n 个多边形，这就构成一个雷达图。图 9-12 中的(d)就是一个关于山东省 2011 年城镇居民和农村居民消费结构数据的雷达图，从中不难看出城乡居民消费结构分布状况的相似性和差异性。

雷达图在研究比较多个样本对象之间的多属性特征的相似程度方面有较好的功效，但制作雷达图需要保证各变量的取值具有相同的正负号。如果 m 个变量的计量单位不同或数值差别很大，所绘制的图形就很难阅读，此时可以对数据做适当变换，如取对数、改变数的计量尺度等,仍能较好地利用雷达图来展示数据。

(二) Excel 图表工具

绘制上述图表的计算机软件众多,本节以 Excel 2010 为主要工具。图 9-13 显示的是 Excel 所拥有的基本图表类型,包括柱形图、折线图、饼图、条形图、面积图、散点图、股价图、曲面图、圆环图(环形图)、气泡图和雷达图等。更复杂的图形制作可以使用其他相关软件。

图 9-13　Excel 2010 的图表功能

利用 Excel 绘制图表,首先要根据特定图表的功能和要求,准备好变量和数据并在 Excel 工作表中做恰当布局,将光标置于数据区中;然后点击"插入"页签,选择适当的图表类型,确定后即可得到要绘制的图表模板;最后对得到的图表进行修饰(如图 9-14 所示)。

图 9-14　利用 Excel 2010 绘制的雷达图初稿

Excel 软件是面向对象的操作环境。Excel 图表中的所有元素,包括图表区、绘图区、坐标轴、网格线、数据系列线、数据系列点、图例项、分类标签等都是可独立设置属性的"对象",想对某一个对象进行操作,通用的技巧是用鼠标右键点击该对象,即出现相应的操作菜单命令,点击相应命令即出现相应的对话框,根据对话框要求进行设置即可。

在用鼠标点击图表时,更多的操作命令会出现在窗口上方的"图表工具"中,如图 9-15 所示,其中包含"设计""布局"和"格式"三个页标签,相应的命令工具包含其中,根据需要选择使用即可。

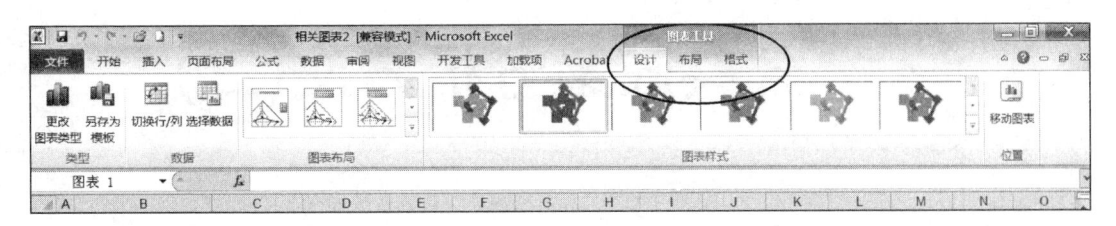

图 9-15　Excel 2010 的图表工具

复习思考题

1. 简述政策信息收集的三种方法。
2. 简述数据类型及其数学特征。
3. 简述数据描述统计方法包含的内容。
4. 简述直方图的构成与 Excel 实现步骤。

第十章
公共政策分析方法(二)*

💡 **全章提要**

- 第一节　政策分析预测方法
- 第二节　政策规划决策方法

上机实验

本章主要学习政策信息预测决策分析方法和政策规划决策方法,介绍这些方法的思想原理而不做数学推导,重点学习各类分析方法应用的基本知识,并以中国综合调查数据库和山东省统计年鉴中的实际数据,通过实际案例的应用讲解,介绍政策分析各类方法的内涵、特征及其应用,要求能够理解并解释 Excel 软件的输出结果。

第一节　政策分析预测方法

公共政策分析实践中,诸如环境保护、财政税收、城市建设、食品安全和社会保障等公共政策的设计和选择都要依赖之前对政策结果的预测。越能准确地预测特定政策设计实施后的效果,就越可能设计出或从一系列可选方案中选出合适的政策。准确预测公共政策结果一直是公共政策研究的热点领域。由于公共政策的实施大多具有难以逆转性,政策结果的不确定性较大,可测度性较低,不适政策的实行常会带来较高的负面成本等特点,因此,掌握政策结果的预测方法很重要。

从预测对象的可量化程度分,预测方法有定性预测方法和定量预测方法。定性预测是以人的逻辑判断为主,并根据由各种途径得到的意见、信息和有关资料,综合分析当前的政治、经济、科技等形势以及预测对象的内在联系,以判断事件发展的前景,并尽量把这种判断转化为可计量的预测。定性预测方法一般适用于缺乏历史背景信息和统计数据的系统对象。定量预测通常是根据已掌握的较完备的历史统计数据,运用一定的统计数学方法建立预测模型,以揭示事物发展变化的规律性联系,并据此对事物未来的发展变化情况进行预计和推测。定量预测方法适用于所有大量统计数据资料以便于构建数学模型的系统对象,一般分为时间序列预测法和因果关系分析法。本节介绍其中较常用的德尔菲调查法、回归分析模型法和时间序列预测法。

一、德尔菲调查法

德尔菲法(Delphi Method)即德尔菲调查预测法,又称"专家函询调查法",是于 20 世纪 40 年代由赫尔姆(O. Helmer)和达尔克(N. Dalkey)首创,后经戈尔登(T. J. Gordon)和美国兰德公司进一步发展而成的一种定性预测方法。

(一) 德尔菲法的特点

德尔菲法通过一套完整的系统程序,以匿名方式经多轮函询征求专家意见,依靠诸多专家的经验判断和综合分析,对复杂事物的未来发展做出主观判断和综合预测,具有较为鲜明的特点。

1. 预测对象的战略性

作为一种定性预测方法,德尔菲法适用于缺少足够背景信息和历史数据,或原始数据量太大而难以加工、处理代价过高等情形下的预测对象。这种对象常常涉及战略性规划与政策制定。例如,一个国家或地区的科技发展规划的制定,是对较大范围、较大规模科学技术发展事业和工作在较长时间的总方向、总目标、总步骤和重大措施等蓝图的设想。科技发展规划的科学性、可行性和重大效益的发挥不仅取决于国家科技发展方针政策的指导,而且取决于可能产生最大经济社会效益的战略研究领域、通用新技术和优先发展项目的选择与预测。"对尚处于'萌芽'状态的新技术趋势分析和寻求'技术突破'等预测,只能依据专家的远见卓识和经验判断"①,这正是德尔菲法预测对象的战略性体现。

2. 实施程序的系统性

德尔菲法的实施步骤和程序如图 10-1 所示。该程序中,无论是预测问题的提出、专家组专家的选择、调查征询问卷的设计与发放、调查结果的汇总与整理、征询表的反复修正与匿名函询的多轮反馈,还是各专家意见的渐趋一致等环节,都体现了该方法程序的系统性和反馈性特征,也保证了预测结果的收敛性。

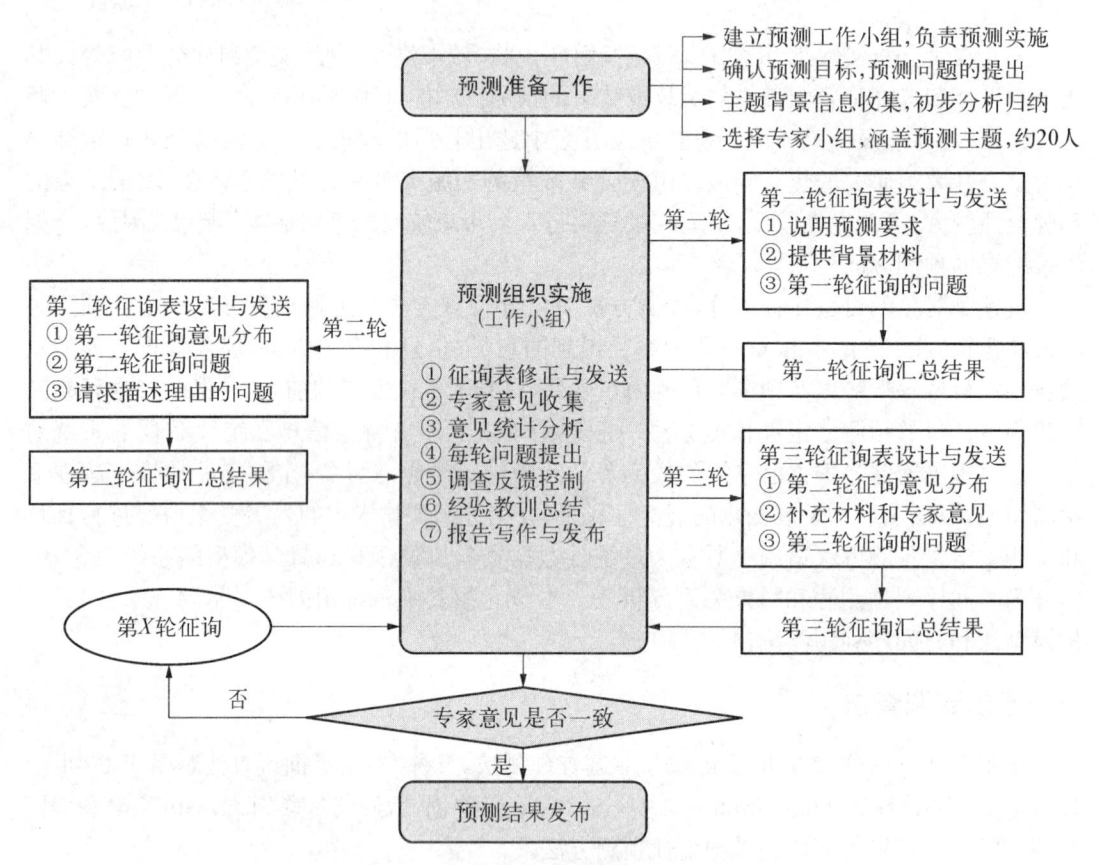

图 10-1 德尔菲调查预测法的基本程序

3. 专家意见的匿名性

德尔菲法采用匿名函询方式征询专家意见,征询和回答都是以书信问卷方式"背靠背"独立进行,应邀参加预测的专家信息严格保密,他们可以参考前一轮预测汇总后的反馈结果,了解专家整体意见趋向和持不同意见者的证据、理由,修正自己的意见而无须做出公开声明,也可以坚持己见,都无损专家威望。这种操作程序上的匿名性充分克服了专家间诸如权威、学识差异等各种因素的影响,使预测结果尽可能无偏差。

---

① 刘书雷,沈雪石,刘长利. Delphi 调查方法在国防科技预见中的应用研究[J].科技管理研究,2010,30(9):208-211.

4. 定性预测结果的可量化统计性

德尔菲法实施过程中,调查征询表的设计应尽可能采用定量化提问,对专家意见的归纳也要尽可能经过表格化、符号化、数字化的科学处理,以便于使用描述统计法、中位数/均值法、权重统计法等方法对相对偏差、修正度、中心差方、精确度等指标进行量化统计分析。各项指标经过专家的多次反馈和预测组织者的数据处理,使预测结果具有较强的可统计性和科学性。

(二)德尔菲法的操作程序

在如图 10-1 所示的德尔菲调查预测法操作基本流程中,第一步是预测准备工作,主要包括建立预测工作小组、预测目标的确认和预测问题的提出、选择预测专家组成员。第二步是专家意见多轮征询过程,主要包括各轮征询表的设计与修正,专家意见的收集、汇总、整理与统计归纳分析,调查程序的反馈控制等。经过多轮征询至专家意见基本稳定并趋于一致后,即可进入专家意见的综合处理、工作经验总结、预测报告的写作与发布环节。

(三)应用德尔菲法的注意事项

兰德公司技术预测案例的成功激励使德尔菲法自发明几十年来备受人们的青睐而得到广泛的应用。当然,实践中要应用好德尔菲法,还需要把握以下几个原则:

1. 提供预测所需的相关知识

在邀请专家参与预测时,要对德尔菲法做出充分说明。在送出专家征询表的同时,要向各位专家说明使用德尔菲法进行预测的目的和任务、专家回答的作用、预测问题的背景信息,以及德尔菲法的技术原理和依据。

2. 注意调查问题的针对性

调查问题要集中、有针对性,避免提出包含组合事件的问题。例如,"某种技术的实现是建立在某种方法基础上"这个问题即属于含有组合事件的问题。这个问题既要求专家就某种技术和某种方法分别进行判断,也要求专家就两者的关系进行判断。这将很容易导致专家判断失误,影响预测结果。

3. 注意问题陈述的技巧

调查问题的陈述用词要确切、不模糊。例如,"私人家庭到哪一年将普遍使用大屏幕彩电"的预测问题中,"普遍""大"等词就比较模糊。如果改为"私人家庭到哪一年将有 80% 的家庭使用 64 cm 以上彩电"的问题陈述就较为确切。

4. 专家征询表规模适当

专家征询调查表要简洁,问题数量要适当,一般以少于 25 个问题为宜。预测工作小组的意见不应强加在调查表中。条件允许的话,适当支付专家报酬以激励专家的积极性。

5. 选择合适的统计分析方法

依据专家意见的数据类型,选择预测结果分析处理的量化统计方法。例如,根据专家提供的定序数据,选择使用中位数代表专家预测的协调一致结果,上、下四分位点和极差代表专家意见的分散程度,并用按四分位区间排列的截角楔形图可视化表示,即可得到更好的分析效果。

二、回归分析模型法

2020 年 2 月国家发展改革委与生态环境部联合发布《进一步加强塑料污染治理的意见》

（发改环资〔2020〕80号）。这一"限塑令"能达到目的吗？也就是说，是否会由于政策的实施而减少塑料的使用量？2021年国庆节小长假期间高速公路的拥挤是政府《重大节假日免收小型客车通行费实施方案》（国发〔2012〕37号）的实施造成的吗？在不同的地区，低收入人口的百分比与低受教育水平人口的百分比有何关系？等等。公共政策分析实践中，人们经常会遇到类似的问题，即某种现象（或变量）与另一种现象（或变量）有何关系。回归分析（regression analysis）是回答这类定义明确的数值变量之间关系问题的有效方法。

（一）回归分析模型预测法的含义

统计学意义的回归名称源自早期有关父母的身高与他们孩子的身高之间的关系研究。19世纪末英国统计学家高尔登（Francis Galton）的研究发现，身材较高的父母，他们的孩子的身材也较高，但是平均来看，这些孩子并不像他们的父母那样高；身材较矮的父母，他们的孩子的身材也较矮，但是平均来看，这些孩子并不像他们的父母那样矮。高尔登把孩子的身高向平均值靠近的趋势称为一种回归效应，将他提出的研究两个数值变量之间关系的方法称为"回归分析"。

根据自变量个数的多少划分，回归分析有一元回归分析和多元回归分析。一元回归分析主要研究一个变量与另一个变量之间的相关关系或因果关系，多元回归分析主要研究一个变量与两个或两个以上变量之间的相关关系或因果关系。根据回归模型的函数形式划分，回归分析有线性回归分析和非线性回归分析。线性回归分析的回归模型是变量的线性函数形式，非线性回归分析的回归模型是变量的非线性函数形式。

随着计算机软件技术的广泛使用，原来建模时所要考虑的模型估计的算法效率或计算技巧等问题，现在已不成问题了，现在的重点是考虑变量之间的理论关系的正确性以及财力负担等问题。本节通过对线性回归分析原理的介绍，回答政策分析变量之间是否有关系、关系的强度如何以及关系的形式怎样等问题。

（二）回归分析模型法的步骤

回归分析模型法的步骤可用图10-2描述。第一步是理论模型的设定，通过理论分析，构造一个关于所要考察的政策行为的理论模型，即政策变量之间合适的数学关系式，表现为变量之间的一个（组）方程式或不等式；第二步是模型的参数估计，利用经验数据，选择适当的统计数学算法和软件计算技术，得到参数的估计值；第三步是模型参数的检验与评价，主要从实际行为意义与统计方法意义两个方面展开检验；第四步是模型的利用与预测，根据所估计的回归模型，考察分析行为变量之间的结构关系和相互的影响作用，提出相应的对策与建议。当然，回归模型的成功构造需要恰当组合上述各步骤的工作，进行循环往复的调整和修正才行。回归模型必须经过理论和实践的双重检验，才可以用来做政策结果的预测与分析。

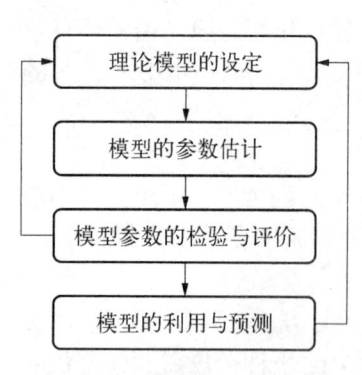

图10-2 回归分析法的程序

1. 理论模型的设定

对所考察的政策行为进行抽象研究，用一个较清晰的数学表达式来表明各行为变量之间的函数关系，称之为"理论模型"。

(1) 做理论上质的分析

通过理论分析和研究需求，设定预测目标，即因变量 Y，寻求影响预测目标的主要因素，即自变量 X，以及 Y 与 X 之间的变化规律与函数形式，即 $Y=f(X)$ 中的 f 是什么，是线性形式还是非线性形式？值得注意的是，自变量 X 的选择需要考虑以下两个问题：一是所选择的 X 确实是影响 Y 的关键因素，二是要考虑 X 历史数据的可获得性以及 X 预测期间数据的可确定性。

(2) 收集样本数据

根据分析需要，收集相关变量的样本数据 (X_i, Y_i)，$i=1, 2, \cdots, n$，其中 n 为样本容量，整理并处理成为适合计算机软件使用的规范数据表。

(3) 绘制散点图以选择函数关系

根据样本数据绘制变量 X 和 Y 的散点图，以观察函数的变化规律，判断 f 的性状，确定函数关系是否为线性关系。如果是，即可建立理论模型 $E(Y \mid X) = \beta_0 + \beta_1 X$。

对理论模型的设定应把握以下原则：

第一，通常不苛求完全精确地设定所有影响变量之间的行为关系，抓住问题的主要矛盾即可。

第二，理论模型的选择问题。不同的理论假设可能构建不同的理论模型，究竟选择哪一个模型应用于政策分析，需要依据以下两个方面的检验：一方面要经过实际行为意义检验和统计方法意义检验，看函数形式是否被实际政策行为和统计数据所排斥；另一方面要预测检验，检验模型是否具有预测能力。在多个模型均可选择时，简约原则应是模型选择的参考准则。

第三，非线性模型问题。政策分析中，理论模型的设定并非特别偏好于选择线性模型或非线性模型，主要是根据研究对象的理论特征和变量之间散点图性状进行判断。如果散点图呈现某种曲线形式，则理论模型设定为非线性模型为好，但"非线性"会给模型参数估计带来很大的麻烦。有效的手段是通过变量变换方式尽力将非线性模型做线性化处理。

2. 模型的参数估计

模型参数是指方程中表示解释变量与被解释变量之间数量关系的常系数，即 β_i 或 b_i。它把各种变量连接在模型方程中，说明解释变量的变化对被解释变量的变化的影响程度。模型设定后，下一步工作就是根据所拥有的统计数据资料，参照有关理论、经验和其他研究结果以及研究对象的特征，对模型参数的符号和大小进行估计。

参数估计的方法很多，方法的选择与模型设定的性质有关，如单一的线性模型通常采用普通最小二乘法(OLS)估计参数，联立线性模型则采用二阶段最小二乘法估计参数。目前，大量的统计学、计量经济学软件包均可实现更复杂的回归模型参数估计，学会一种软件包的使用是必要的，理解软件包输出的各类统计指标的含义与检验判断准则更重要。

3. 模型参数的检验与评价

回归模型参数估计出来后，一个重要的问题是判断检验所估计的模型是否合理。这需要进行模型参数的实际意义检验和统计意义检验。

(1) 实际意义检验

实际意义检验的依据是构建理论模型时对参数所做的理论假设，要求检验所估计模型参数的符号、大小是否与依据人们的经验和理论分析拟定的期望相符。例如，在需求函数模

型 $\hat{Y}=b_0+b_1X+u$ 中，需求法则理论上要求 $b_1<0$，如果估计出的 $b_1>0$，就出现了与理论分析不符的情况，就要去寻找问题产生的原因：是模型设定错误，还是数据口径有问题？样本数据本身反映的是需求行为，还是商品的供给行为？等等。

(2) 统计意义检验

模型的统计意义检验主要是指从统计学角度进行的检验，包括标准差检验、拟合优度检验、显著性检验（方程的显著性检验为 F 检验，变量的显著性检验为 t 检验）、异方差检验和序列相关检验等。以多元线性回归模型 $Y_i=b_0+b_1X_{1i}+b_2X_{2i}+\cdots+b_kX_{ki}+u_i$ 为例，这里介绍各类检验的计算公式、判断标准和检验用途。$\hat{Y}_i$ 为目标变量 Y 的第 i 个拟合值，$\bar{Y}$ 为 Y 的观测值的均值。

① 目标变量 Y 的标准误差：$s=\sqrt{\dfrac{\sum_{i=1}^{n}(Y_i-\bar{y})^2}{n-k-1}}$，用来检验回归预测模型的精度，满足标准 $\dfrac{s}{\bar{Y}}<10\%\sim15\%$ 的模型即可接受，s 越小表明模型的预测精度越好。

② 拟合优度检验：$R^2=1-\dfrac{\sum_{i=1}^{n}(Y_i-\hat{Y}_i)^2}{\sum_{i=1}^{n}(Y_i-\bar{Y})^2}$，反映样本回归线对样本观测值的拟合程度，一个很高的 R^2 值通常表示模型的线性函数形式假设是合适的。关于拟合优度的判断标准：R^2 越接近1，拟合优度越好。R^2 值的大小表示因变量 Y 的变化可由全部自变量说明或解释的百分比。例如 $R^2=0.77$，表明自变量可以解释77%的因变量的变化；这意味着还有一些影响因素尚未被纳入模型中，剩余的23%的 Y 的变化无法由已有的自变量说明。

当 $|R|=1$ 时，说明 Y 与 X 有完全的线性关系；

当 $0<R<1$ 时，说明 Y 与 X 有一定的线性正相关关系；

当 $-1<R<0$ 时，说明 Y 与 X 有一定的线性负相关关系；

当 $R=0$ 时，说明 Y 与 X 不存在线性关系。

③ t 统计量检验：$t_{b_i}=\dfrac{b_i}{\sigma_{b_i}}\sim t(n-k-1)$，其中 σ_{b_i} 为参数 b_i 的标准差，用来检验变量 X_i 对因变量 Y 的影响的显著性。其零假设为 $H_0:b_i=0$，如果样本数据无法拒绝零假设，则意味着变量 X_i 对 Y 的影响是不显著的。t 检验的准则是，给定显著性水平 $\alpha=5\%$，查 t 分布表得 t 统计量的临界值 $t_{\frac{\alpha}{2}}(n-k-1)$，如果有 $|t|>t_{\frac{\alpha}{2}}(n-k-1)$，则拒绝 H_0，认为变量 X_i 对 Y 有显著的影响。软件操作时，可以通过 t 统计量的 P 值来判断。给定显著性水平 $\alpha=5\%$，如果 P 值 $<5\%$，则拒绝 H_0，认为变量 X_i 对 Y 有显著的影响；反之，如果 P 值 $>5\%$，则不能拒绝 H_0，认为变量 X_i 对 Y 的影响是不显著的。

④ F 统计量检验：$F=\dfrac{R^2}{(1-R^2)/(n-k-1)}\sim F_\alpha(k,n-k-1)$，用来从总体上检验因变量至少与所有解释变量中的一个存在显著的线性关系，或者说模型的线性是有效的。F 检验的零假设为 $H_0:b_1=b_2=\cdots=b_k=0$，如果样本数据无法拒绝零假设，则意味着因变量与任何一个解释变量都不存在线性关系。F 检验的准则是，给定显著性水平 $\alpha=5\%$，查 F 分布表得 F 统计量的临界值 $F_\alpha(k,n-k-1)$，如果有 $F>F_\alpha(k,n-k-1)$，则拒绝 H_0，

认为所有变量之间的线性相关关系是显著成立的。软件操作时,可以通过 F 统计量的 P 值来判断。给定显著性水平 α=5%,如果 P 值<5%,则拒绝 H₀,认为该线性模型是显著有效的;反之,如果 P 值>5%,则不能拒绝 H₀,认为该线性模型无效。

⑤ 序列相关检验和异方差检验是回归分析中两类重要的检验,主要用来检验回归模型是否设定错误。如果变量 X_r 是因变量 Y 的关键影响因素,但模型中没有包含它,那么其大部分影响将被模型误差项捕获,这必定导致误差项有 $E(u_i, u_j) \neq 0, (i \neq j)$ 或 $\mathrm{Var}(u_i) = \sigma^2_{X_r}$,即模型存在序列相关或异方差问题,问题的存在将导致 OLS 法失效。序列相关检验与异方差检验均有很多方法,原理也较复杂。一个经验是,时间序列数据模型容易出现序列相关问题,而横截面数据模型容易出现异方差问题。

4. 模型的利用与预测

回归分析模型揭示了变量之间的相互关系,根据模型利用弹性分析、乘数分析等方法进行结构分析,通过改变某几个参数的变化范围进行政策评价。如果已知解释变量预测区间的规划值,根据模型就可以对政策结果进行预测。

给定 X_0,由回归模型 $\hat{Y} = b_0 + b_1 X$ 计算可得目标变量 Y 的点预测值 $\hat{Y}_0 = b_0 + b_1 X_0$。给定显著性水平 α=5%,可以得到目标变量 Y 的预测区间如公式(10-1)所示。

$$[\hat{Y}_0 - 1.96s, \hat{Y}_0 + 1.96s] \tag{10-1}$$

(三) 案例应用:山东省城镇居民消费函数模型的构建

1. 理论模型设定

消费函数理论是宏观经济分析中的基本理论之一,主要是研究居民消费支出与其决定因素之间的相互依存关系。第二次世界大战以来,西方经济学家对消费函数进行了较深入的研究,提出了多个消费理论假说及相应的消费函数模型。较典型的有凯恩斯的绝对收入假说、杜森贝里(Dusesenberry)的相对收入假说、弗里德曼(Friedman)的持久收入消费理论、库兹涅茨(Kuznets)的长期消费函数、莫迪利安尼(Modigliani)的生命周期消费理论、霍尔(Hall)的适应预期消费理论和戴维森(Davidson)的误差修正机制等。中国学者从 20 世纪 80 年代开始涉足消费函数的理论和实证研究,现已将消费函数纳入中国宏观经济模型中。

凯恩斯认为,影响消费变动的客观因素包括工资单位的改变、所得与净所得的差别、资产货币价值的变动、时间贴现率、财政政策的改变和个人对未来收入的预期等。但在这些客观因素中,除工资单位因素外,其他因素在短期内不会有太大的变动。影响消费变动的主观因素有享受、短见、慷慨、失算、炫耀与奢侈等。但这些主观因素的变动取决于制度、传统、资本、技术设备等的影响,而这些影响因素在短期内一般不易发生变化。因此,在短期内,影响消费变动的关键因素就是工资单位的变化,即居民所得的变化。同时,凯恩斯指出:"当社会之真实所得增减时,其消费量亦随之增减,但后者之增减常小于前者。"[1]

基于上述凯恩斯理论分析,设居民现期消费支出为 C_t,影响消费支出的关键因素即居民现期的可支配收入为 Y_t,则凯恩斯消费函数模型可设定为式(10-2)。其中,α 为居民自发消费,0<β<1 为边际消费倾向。

---

[1] 凯恩斯.就业、利息和货币通论[M].北京:华夏出版社,2005:98.

$$C_t = \alpha + \beta Y_t \tag{10-2}$$

凯恩斯消费函数仅仅是以当期绝对收入作为解释变量,因此被称为"绝对收入假说"。但这一假说过于简单,用于预测时误差较大。

杜森贝里在研究了消费者行为后发现,一个家庭或个人的现期消费,不仅受其自身实际收入的影响,而且特别受其过去"高收入水平"的影响,即使其目前的收入水平下降,也不会立即轻易地改变过去已形成的消费习惯,而宁可动用储蓄来维持其先前的消费水平。结果是,即使经济不景气、收入减少,受历史上消费习惯的影响,其消费支出也可能不变或只有轻微的下降。另外,一个家庭或个人的消费还受周围人的消费行为、收入与消费相互关系的影响,当收入水平提高时,其会立即全面提高消费水平。这就是消费既具有"不可逆性",又具有"示范性"或攀附性"的基本内涵。根据这一理论假设,杜森贝里消费函数模型可近似地设定为式(10-3)。

$$C_t = \alpha + \beta Y_t + \gamma C_{t-1} \tag{10-3}$$

式(10-3)中,C_{t-1}为前一期消费支出,它既可以解释为消费的习惯性影响,也可以解释为持久收入的影响。因为消费习惯因素是一个定性因素,所以要纳入模型只能选用一些替代指标。过去的消费支出中必定蕴含消费习惯的影响,以C_{t-1}替代消费习惯因素是模型构建的一个简化技巧。应用递推关系,消费函数式(10-3)也可改写为式(10-4)的形式。它表示消费是过去历年收入的函数,被称为"持久收入假说"。

$$C_t = \frac{\alpha}{1-\gamma} + \beta Y_t + \gamma \beta Y_{t-1} + \gamma^2 \beta Y_{t-2} + \cdots \tag{10-4}$$

消费函数式(10-2)和式(10-3)包含消费支出C_t和可支配收入Y_t两个变量。从2012年《山东省统计年鉴》收集数据,录入Excel工作表中,做散点图,如图10-3所示。从中不难看出,居民消费支出与其可支配收入之间具有明显的线性函数关系。

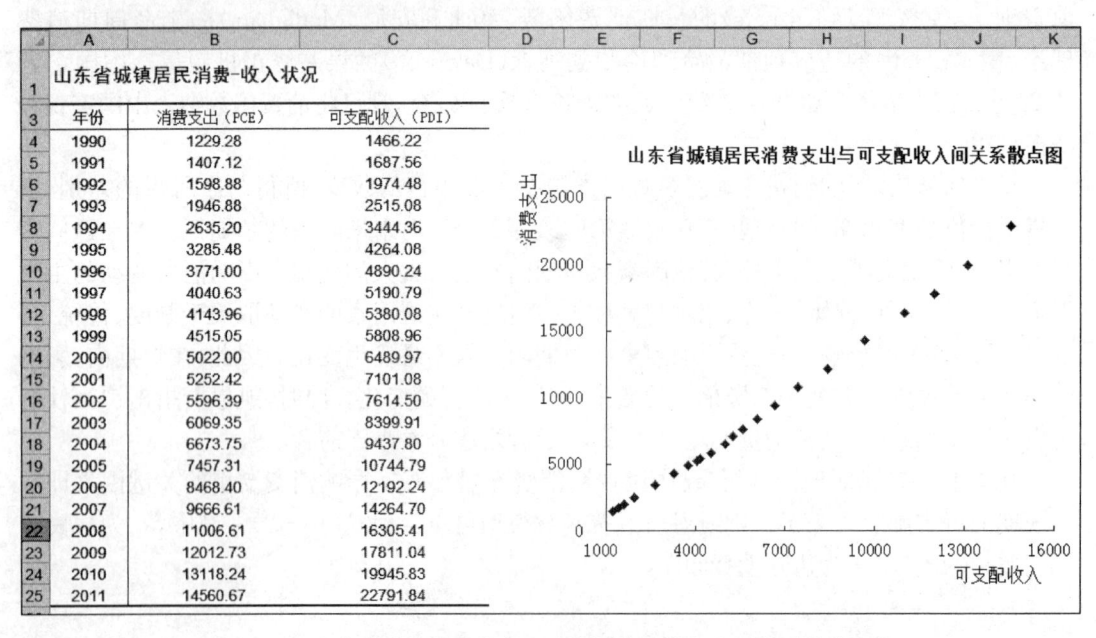

年份	消费支出(PCE)	可支配收入(PDI)
1990	1229.28	1466.22
1991	1407.12	1687.56
1992	1598.88	1974.48
1993	1946.88	2515.08
1994	2635.20	3444.36
1995	3285.48	4264.08
1996	3771.00	4890.24
1997	4040.63	5190.79
1998	4143.96	5380.08
1999	4515.05	5808.96
2000	5022.00	6489.97
2001	5252.42	7101.08
2002	5596.39	7614.50
2003	6069.35	8399.91
2004	6673.75	9437.80
2005	7457.31	10744.79
2006	8468.40	12192.24
2007	9666.61	14264.70
2008	11006.61	16305.41
2009	12012.73	17811.04
2010	13118.24	19945.83
2011	14560.67	22791.84

图10-3 山东省城镇居民消费支出与可支配收入之间关系的散点图

2. 参数估计

利用 Excel 中的"数据分析——回归"命令,得到模型(10-2)和模型(10-3)的参数估计结果如图 10-4 和图 10-5 所示。据此可知,绝对收入假设下的山东省城镇居民消费函数为 $C_t = 609.259\,9 + 0.632\,9Y_t$,消费习惯假设下的山东省城镇居民消费函数为 $C_t = 380.702\,1 + 0.341\,8Y_t + 0.503\,7C_t$。

	A	B	C	D	E	F	G
1	SUMMARY OUTPUT						
2							
3		回归统计					
4	Multiple R	0.9986					
5	R Square	0.9973					
6	Adjusted R Square	0.9971					
7	标准误差	209.2915					
8	观测值	22					
9							
10	方差分析						
11		df	SS	MS	F	Significance F	
12	回归分析	1	320795904.4	320795904.4	7323.6	3.96037E-27	
13	残差	20	876058.4	43802.9			
14	总计	21	321671962.9				
15							
16		Coefficients	标准误差	t Stat	P-value	下限 95.0%	上限 95.0%
17	Intercept	609.2599	77.8367	7.8274	0.0000	446.8954	771.6244
18	可支配收入(PDI)	0.6329	0.0074	85.5781	0.0000	0.6175	0.6483
19							
20							
21	RESIDUAL OUTPUT						
22							
23	观测值	预测 消费支出(PCE)	残差				
24	1	1537.2294	-307.9494				
25	2	1677.3153	-270.1953				

图 10-4 模型(10-2)Excel 回归分析估计结果

	A	B	C	D	E	F	G
1	SUMMARY OUTPUT						
2							
3		回归统计					
4	Multiple R	0.9995					
5	R Square	0.9990					
6	Adjusted R Square	0.9989					
7	标准误差	126.6049					
8	观测值	21					
9							
10	方差分析						
11		df	SS	MS	F	Significance F	
12	回归分析	2	296863631.1	148431815.6	9260.321903	7.66921E-28	
13	残差	18	288518.3375	16028.79653			
14	总计	20	297152149.5				
15							
16		Coefficients	标准误差	t Stat	P-value	下限 95.0%	上限 95.0%
17	Intercept	380.7021	70.2347	5.4204	0.0000	233.1445	528.2598
18	可支配收入(PDI)	0.3418	0.0528	6.4782	0.0000	0.2310	0.4527
19	消费习惯(Ct-1)	0.5037	0.0919	5.4783	0.0000	0.3105	0.6969
20							
21							
22	RESIDUAL OUTPUT						
23							
24	观测值	预测 消费支出(PCE)	残差				
25	1	1576.79	-169.67				
26	2	1764.45	-165.57				
27	3	2045.84	-98.96				

图 10-5 模型(10-3)Excel 回归分析估计结果

3. 模型检验与评价

利用 Excel 回归分析工具估计模型(10-2)和模型(10-3)后计算的各检验统计量值均可从图 10-4 和图 10-5 中读取，汇总于表 10-1。两个模型的所有指标均通过显著性检验。从标准误差上看，模型(10-3)要好于模型(10-2)，这在预期中。从两个模型的误差序列散点图 10-6 至图 10-9 分析看，第一个模型的误差图呈现较明显的规律性，可能存在序列相关问题，表明模型被误设的可能性较大，第二个模型的误差散点图明显好于前者。

表 10-1 模型估计检验统计量

检验标准	模型(10-2)		模型(10-3)			检验结论
Y 的估计标准误差	209.291 5		126.604 9			模型(10-3)精度高
拟合优度 R^2	0.997 3		0.999 0			拟合优度很好，解释了 99%
t 统计量	7.827 4	85.578 1	5.420 4	6.478 2	5.478 3	$t>1.96$，所有变量均显著
F 统计量	7 323.62		9 260.32			F 检验通过，线性模型有效

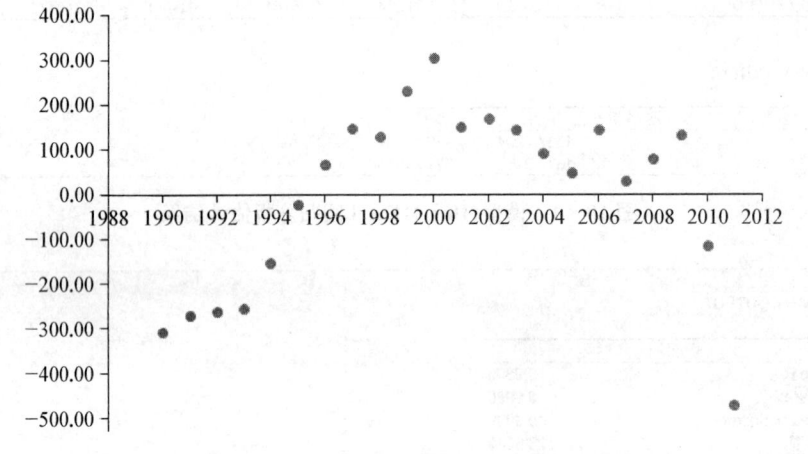

图 10-6 模型(10-2)误差的时间散点图

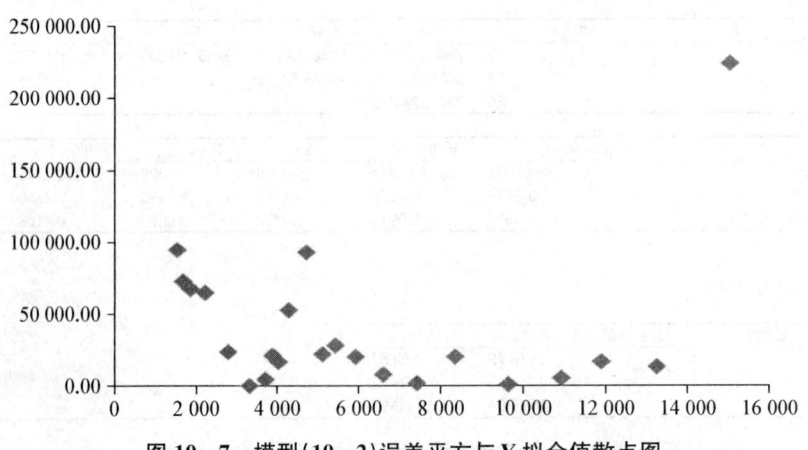

图 10-7 模型(10-2)误差平方与 Y 拟合值散点图

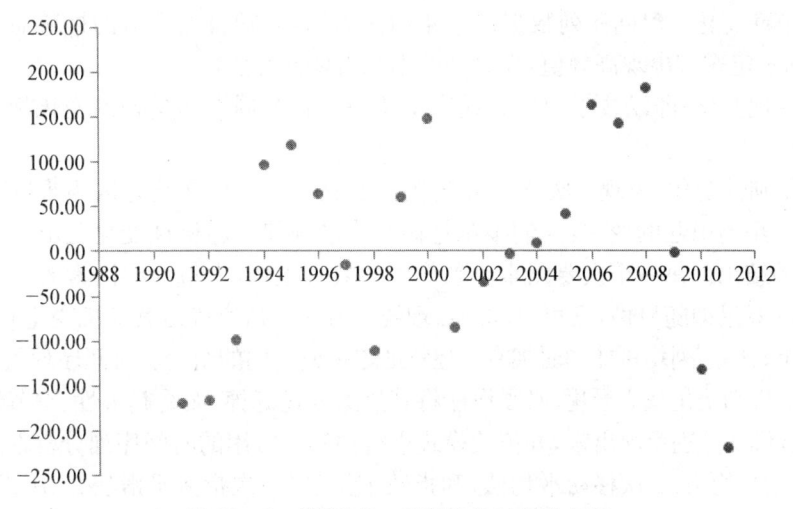

图 10‑8 模型(10‑3)误差的时间散点图

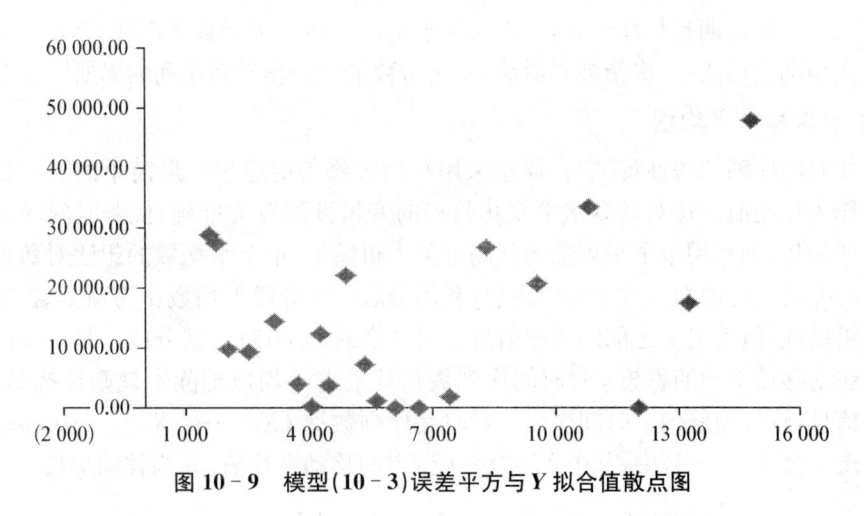

图 10‑9 模型(10‑3)误差平方与 Y 拟合值散点图

4. 模型应用——预测

山东省统计公报显示,2012 年山东省城镇居民可支配收入为 25 755 元。利用模型(10‑2)预测的居民消费支出为 16 910 元,预测区间为[16 499,17 320]。利用模型(10‑3)预测的居民消费支出为 16 519.29 元,预测区间为[16 271,16 767]。从预测区间上看,消费习惯假设下的模型(10‑3)的精度比前者高。

三、时间序列预测法

时间序列数据是政策分析过程中遇到的重要数据类型之一。随着时间的变化,影响时间序列数据的社会、经济、政策等因素复杂多样,且难以识别,但这些因素的影响都会在时间序列数据中得以反映,致使时间序列数据随时间的变化表现出趋势性变化、季节性变化、周期性变化和不规则性变化等不同的规律特征。

(1) 趋势性变化。时间序列变量由于受某些因素持续的同性质的影响,其随时间变化的规律呈现持续的水平、上升或下降的总的变化趋势,这种总的变化趋势可能是线性的,也可能是非线性的。

(2) 季节性变化。时间序列数据以一年四季为周期,随自然季节的推移而呈现变化规律,在各年的一定季节出现高峰值,在另外的季节出现低谷值。

(3) 周期性变化,即以数年、月、日或数十年、月、日为周期而呈现的变化规律。季节性是周期性变化的一个特例。

(4) 不规则性变化,表现为突发性和随机性变化。突发性变化是因为难以预料的偶然因素的强烈作用而引起的变化,人们很难把握其变动规律。随机性变化是由大量的次要因素共同影响的结果。每一个次要因素单独作用的效果很弱,大量次要因素的共同作用在宏观上所呈现的效果即随机性,它可以利用数理统计方法来研究确定其随机变化的概率规律。

任何一个时间序列均可能同时拥有上述特征之一或它们的组合。时间序列预测分析的主要思想是将不规则变化视为干扰,必须设法将其排除或过滤掉,而将趋势性、季节性和周期性特征及其组合模式分别反映出来,并依此模式进行预测。常用的时间序列分析方法有移动平均法(一次移动平均法、二次移动平均法)和指数平滑法(一次指数平滑法、二次指数平滑法)等。一次移动平均法和一次指数平滑法较适用于变化比较平稳的时间序列,且适合短期预测。对预测时间序列的长期趋势性而言,二次移动平均法不如二次指数平滑法有效。所以,本节仅介绍一次移动平均法、一次指数平滑法、二次指数平滑法和时间序列的周期性分析方法。

(一) 一次移动平均法

在寻找时间序列趋势性特征时,通常采用平均数修匀的思想。最简单的想法是采用单个平均数作为预测值。这对具有水平变化趋势的变量预测较为准确,但若时间序列数据呈递增或递减趋势,则利用单个平均数的预测未免太粗糙了,单个平均数的想法对数据过度修匀。改进的办法是将数据分段平均的思想,利用最后一个分段平均数作为预测值,克服了过度修匀的粗糙性,但丢失了之前的数据信息是很可惜的,如何对数据分段也是一个问题。优化后的方法是移动平均的思想:对时间序列数据移动着平均以消除不规则性扰动,利用了全部数据信息,较好地修匀了时间序列。对时间序列数据 $\{X_1, \cdots, X_T\}$,一次移动平均法的原理体现在公式(10-5)中,其中 M_t 为第 t 试点的移动平均值,n 为移动步长。

$$M_t = \frac{X_{t-n+1} + X_{t-n+2} + \cdots + X_t}{n} \qquad (10-5)$$

一次移动平均法的预测原理:首先根据公式(10-5)计算得出一次移动平均序列 $\{M_t\}$,然后利用第 t 期的一次移动平均序列 M_t 作为第 $t+1$ 期的预测值,即 $Y_{t+1} = M_t$。该原理的模板如表10-2所示。

表10-2 一次移动平均预测法原理模板

T	X_t	M_t	Y_t	e_t
1	X_1			
2	X_2			
…	…			
n	X_n	M_n		

续 表

T	X_t	M_t	Y_t	e_t
$n+1$	X_{n+1}	M_{n+1}	$Y_{n+1}=M_n$	$e_{n+1}=Y_{n+1}-X_{n+1}$
…	…	…	…	…
T	X_T	M_T	$Y_T=M_{t-1}$	$e_T=Y_T-X_T$
$T+1$			$Y_T=M_T$	

实践中，移动步长 n 的选择很重要。n 越大，序列被修匀的程度越高。$n=T$ 时得到一个平均值，$n=1$ 时与原时间序列相同。如何选择 n 呢？通常采用 MSE 检验，原理是选取几个 n 方案，分别做一次移动平均法处理，再根据公式(10-6)计算 MSE，选取 MSE 最小者所对应的 n 即所求。

$$MSE_{(n)} = \frac{\sum_{t=n+1}^{T} e_t^2}{T-n} \tag{10-6}$$

（二）一次指数平滑法

将一次移动平均法改写成 $M_t = \frac{1}{n}X_{t-n+1} + \frac{1}{n}X_{t-n+2} + \cdots + \frac{1}{n}X_t$，可知移动平均法对待历史数据的态度与一次移动平均法是一样的，认为历史上各期数据的重要程度相同。但实际上，相对于历史远期影响因素对未来预测的影响而言，越是近期的影响因素对未来预测的影响程度越大，将各期数据的权重均视为 $\frac{1}{n}$ 的做法是有问题的，应加以改进。一次指数平滑法采用了这一思想，其原理由公式(10-7)呈现，其中 $S_t^{(1)}$ 为第 t 期一次指数平滑序列，$0<\alpha<1$ 为平滑系数。

$$S_t^{(1)} = \alpha X_t + (1-\alpha) S_{t-1}^{(1)} \tag{10-7}$$

一次指数平滑法的预测原理模板如表 10-3 所示。使用公式(10-8)首先要设定初始化值条件，一般设定初始值 $S_0^{(1)}=X_1$；然后要选择平滑系数 α，原理是选取几个 α 方案，分别做一次指数平滑运算，并根据公式(10-8)计算 MSE，选取 MSE 最小者所对应的 α 为所求。

$$MSE_{(\alpha)} = \frac{\sum_{t=1}^{T} e_t^2}{T} \tag{10-8}$$

表 10-3　一次指数平滑预测法原理模板

T	X_T	$S_t^{(1)}$	Y_t	e_t
0		$S_0^{(1)}$		
1	X_1	$S_1^{(1)}$	$Y_1=S_0^{(1)}$	$e_1=Y_1-X_1$

续 表

T	X_T	$S_t^{(1)}$	Y_t	e_t
2	X_2	$S_2^{(1)}$	$Y_2=S_1^{(1)}$	$e_2=Y_2-X_2$
...	...	...	...	...
T	X_T	$S_T^{(1)}$	$Y_T=S_{T-1}^{(1)}$	$e_T=Y_T-X_T$
$T+1$			$Y_{T+1}=S_T^{(1)}$	

利用递推关系,变换公式(10-8)有

$$S_t^{(1)} = \alpha X_t + (1-\alpha) S_{t-1}^{(1)}$$
$$= \alpha X_t + (1-\alpha)[\alpha X_{t-1} + (1-\alpha) S_{t-2}^{(1)}]$$
$$\cdots$$
$$= \alpha X_t + \alpha(1-\alpha) X_{t-1} + \cdots + \alpha(1-\alpha)^{t-1} X_1$$

$0<\alpha<1$ 使得越是近期的数据权重越大,这正是不同历史时期影响程度不同的思想体现。当 $\alpha=0$ 时,平滑序列均为 X_1,过度修匀;当 $\alpha=1$ 时,平滑序列仍为原数据。α 越大,数据修匀程度越小。比较一次移动平均法和一次指数平滑原理,一般有 $\alpha=\dfrac{2}{n+1}$。由于公式(10-8)是连续函数,因此利用 Excel 的"规划求解"工具可以求出最小化 MAD 或 MSE 的 α。

(三) 二次指数平滑法

一次移动平均法和一次指数平滑法适用于具有水平趋势变化特征的平稳时间序列。当时间序列呈现线性趋势性变化特征时,利用这两种方法预测会出现越来越大的滞后偏差。适合此类情形的预测方法是二次指数平滑法。

二次指数平滑法是利用同一个 α 值对一次指数平滑序列 $\{S_t^{(1)}\}$ 再进行一次指数平滑,得到时间序列的二次指数平滑序列 $\{S_t^{(2)}\}$,即 $S_t^{(2)}=\alpha S_t^{(1)}+(1-\alpha)S_{t-1}^{(2)}$,初始值设定为 $S_0^{(2)}=X_1$;然后利用公式(10-9)进行预测,其中参数 a_t 和 b_t 由公式(10-10)确定,T 为自 t 时点起向后预测的时期数。

$$Y_{t+T} = a_t + b_t T \qquad (10-9)$$

$$\begin{cases} a_t = 2S_t^{(1)} - S_t^{(2)} \\ b_t = \dfrac{\alpha}{1-\alpha}[S_t^{(1)} - S_t^{(2)}] \end{cases} \qquad (10-10)$$

二次指数平滑法的预测原理模板如表 10-4 所示,其适用条件是时间序列具有线性变化趋势。该方法适合做时间序列变量的长期预测。

表 10-4 二次指数平滑法预测原理模板

T	X_t	$S_t^{(1)}$	$S_t^{(2)}$	a_t	b_t	Y_t	e_t
0		$S_0^{(1)}$	$S_0^{(2)}$	a_0	b_0		
1	X_1	$S_1^{(1)}$	$S_1^{(2)}$	a_1	b_1	$Y_1=a_0+b_0*1$	$e_1=Y_1-X_1$

续 表

T	X_t	$S_t^{(1)}$	$S_t^{(2)}$	a_t	b_t	Y_t	e_t
2	X_2	$S_2^{(1)}$	$S_2^{(2)}$	a_2	b_2	$Y_2=a_1+b_1*1$	$e_2=Y_2-X_2$
…	…	…	…	…	…	…	…
T	X_T	$S_T^{(1)}$	$S_T^{(2)}$	a_T	b_T	$Y_T=a_{T-1}+b_{T-1}*1$	$e_T=Y_T-X_T$
$T+1$						$Y_{T+1}=a_T+b_T*1$	
$T+2$						$Y_{T+2}=a_T+b_T*2$	
…						…	
$T+m$						$Y_{T+m}=a_T+b_T*m$	

（四）时间序列的周期性分析方法

政策分析实践中，人们经常会遇到如图 10-10 所示的一类时间序列数据。从变化趋势看，它带有明显的线性变化趋势和季节性或周期性变动规律。如何对该类时间序列进行建模预测呢？

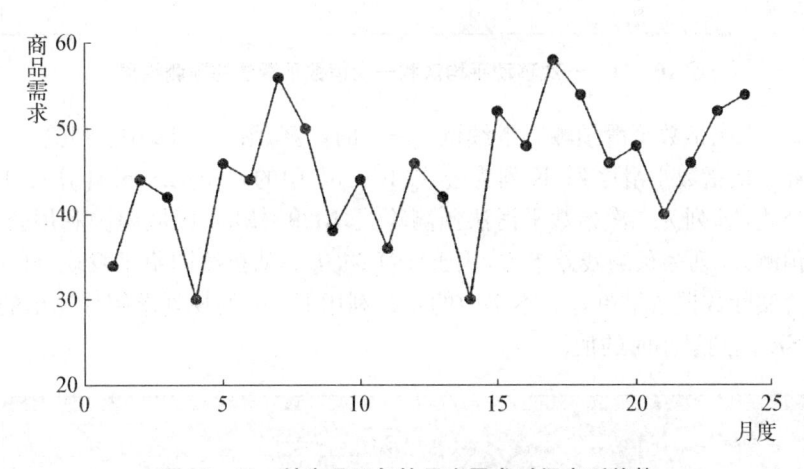

图 10-10 某商品两年的月度需求时间序列趋势

预测的基本思想是，基于时间序列加法模型（$Y=T+S+C+I$）或乘法模型（$Y=T\times S\times C\times I$），首先利用移动平均法、指数平滑法、趋势回归法等方法将原时间序列中的长期变化趋势 T 分离出来，并将该趋势 T 从原时间序列数据中剔除（$SCI=Y-T$）或 $\left(SCI=\dfrac{Y}{T}\right)$，得到包含季节性或周期性的新序列；然后从这个新的序列剔除不规则变动因素，求出季节（周期）指数 S_i 或 C_i，对相应的季节求均值，并利用趋势数据 T 做外推预测；最后根据加法模型或乘法模型将趋势预测值与季节指数或周期指数进行逆组合，即得预测值。

（五）时间序列预测案例

例 10-1 一次移动平均/一次指数平滑预测。根据表 10-2 至表 10-4，预测计算的结果如图 10-11 所示。其中的 C5：C28 区域为某商品月度需求数据。D 列是步长 n 取 3 时的一次移动平均算式,E 列为一次移动平均预测,F 列为计算 MSE 用的残差平方,G2 单元格为 α 值的存储单元格,G 列为一次指数平滑算式,H 列为一次指数平滑预测算式,I 列为计算 MSE 用残差平方,F30 和 I30 单元格分别用来计算一次移动平均法的 MSE 和一次指数平滑法的 MSE。本例利用 Excel 规划求解计算的最小 MSE 的 α 为 0.299 2。

两种方法的计算结果显示,一次指数平滑预测的 MSE 为 62,小于一次移动平均预测的 MSE(73.1),指数平滑法要优于移动平均法。

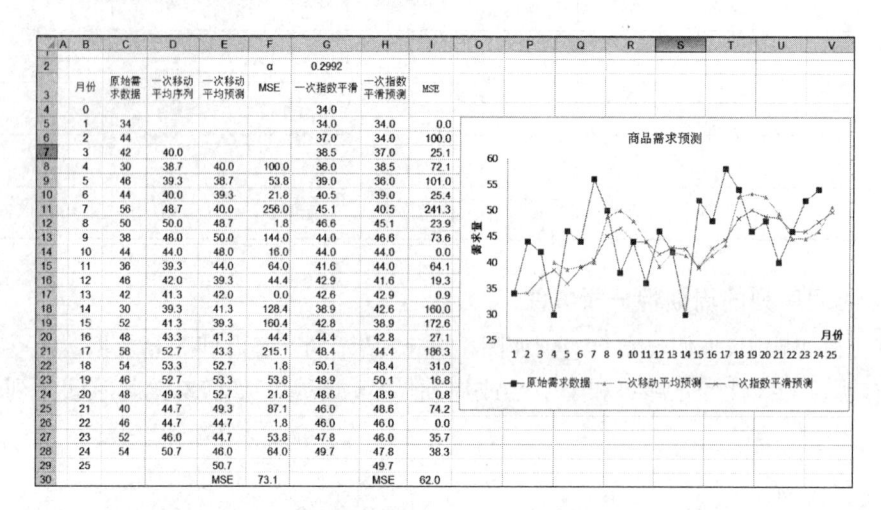

图 10-11　一次移动平均法和一次指数平滑法的预测结果

例 10-2　二次指数平滑预测。继续例 10-1 的计算,图 10-12 中 J 列输入二次指数平滑公式以计算二次指数平滑序列,K 列为公式(10-10)中的 a_t 的 Excel 计算式,L 列为计算 b_t 的 Excel 公式,M 列为二次指数平滑法预测算式,M29:M34 区域内为利用公式(10-6)进行的外推预测,N 列为预测残差平方,用于计算 MSE。从折线图不难发现,样本期内二次指数平滑拟合实际数据效果更好。本例中的 α 是利用 Excel 的规划求解计算出的使 N35 单元格中的 MSE 达到最小时的值。

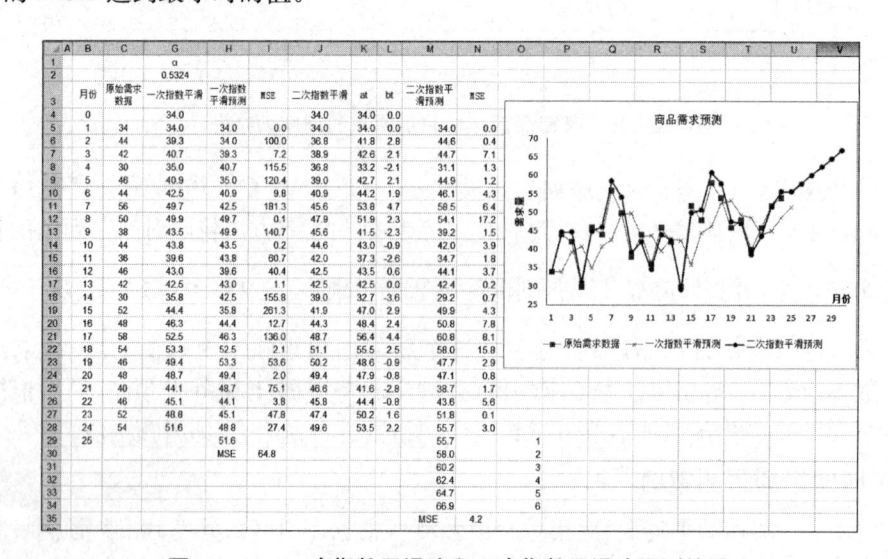

图 10-12　一次指数平滑法和二次指数平滑法预测结果

第二节 政策规划决策方法

为了理解公共政策的制定过程,人们发明了诸多政策模型。综观这些政策模型不难发现,政策制定的每一个环节都离不开人们的决策选择。实际上,决策是人们工作和生活中普遍存在的一种活动,是为解决当前或未来可能发生的问题而选择最佳方案的过程。例如,个人外出公差选择哪一种交通方式,是否带雨伞;公交公司如何设置一条公交路线的站点,需要配置多少辆公交车;某市某年需要拨付多少财政款项以改善中小学校的校园设施;等等。小至人们的生活、企业的经营,大至国家的经济、政府的政策,随时都需要决策。决策贯穿管理的整个过程,管理就是决策。决策是否正确、合理,直接影响决策的效果,有时将决定个人、企业和国家的前途。如何做到正确、合理地决策?理解决策的内涵、特征,掌握科学的决策方法是十分必要的。

一、决策的内涵与分类

决策是做出决定的过程,是为达到某一预定目标,在掌握充分必要的数据的前提下,按照一定的价值评判标准,运用逻辑和数学推理方法,从诸多可行方案中选择满意或最优方案,并付诸实施的管理过程。

任何决策,不论大小,都涉及三类重要概念:

一是自然状态,是人们决策时面临的客观自然条件。例如出门办事,人们面临着下雨、不下雨两种自然状态。再如商品销售,企业面临着市场需求旺盛、一般和低迷三种自然状态。天是否下雨、市场需求强弱都是决策面临的不可控的客观要素,这些要素构成的集合称为"决策的状态空间",记为 $\Theta=\{\theta_1, \theta_2, \cdots, \theta_m\}$。{下雨,不下雨}是一个状态空间,{需求强,需求一般,需求弱}是一个状态空间。状态空间的构成要求状态要素集合具有完备性和互斥性。所谓完备性,通俗地说就是将决策面临的状态考虑周全,不漏掉任何可能影响决策的状态要素。所谓互斥性,就是状态要素之间相互独立,天要么下雨,要么不下雨,两者居其一发生。

二是决策变量,即人们决策时可以控制的行为要素。不同状态条件下不同决策变量的组合构成决策方案,也称作"策略"。所有策略的集合称为"决策空间",记为 $A=\{a_1, a_2, \cdots, a_n\}$。{带雨伞,不带雨伞}是一个决策空间,{设置 n 个站点$|n$ 为自然数}是一个决策空间。最终选择哪个决策方案由决策者决定。

三是决策目标,任何决策都是有目的的决策,决策所要达到的目的即决策目标。在复杂的环境条件下的决策,无论怎样小心谨慎,都有可能遭受损失。决策方案选择的事后损益值矩阵如式(10-11)所示。

$$V = \begin{pmatrix} V(\theta_1, a_1) & \cdots & V(\theta_1, a_n) \\ \vdots & \ddots & \vdots \\ V(\theta_m, a_1) & \cdots & V(\theta_m, a_n) \end{pmatrix} \quad (10-11)$$

综上所述,任何决策从系统论角度都可记为 $D=D\{\Theta, A, V\}$。根据决策状态空间的性质不同,决策问题通常可分为三类:当 $m=1$ 时,为确定型决策。当 $m \geqslant 2$ 时,为不确定性决策。在不确定性决策中,如果已知状态空间的概率分布,则称为"风险型决策";如果状态空间的概率分布未知,则称为"不确定型决策"。

二、确定型决策与规划模型

(一)确定型决策的内涵

确定型决策问题具备以下条件:一是存在决策者希望达到的一个明确的目标,收益最大或损失最小;二是仅存在一个确定的自然状态;三是存在两个或两个以上可供选择的行动方案;四是不同方案在确定状态下的损益值可计算。

确定型决策看起来似乎很简单,但实际工作中是很复杂的。例如市公交公司的人力资源计划问题:公司的某条运营线路每天的工作时间表和司乘人员需求如表10-5所示,公司要求司乘人员分别在各时间段开始时上班,并连续工作8小时后下班。如何调配司乘人员才能在保证工作顺利完成的同时最节省人力成本呢?再如社保基金投资问题:国家社保基金管理局计划用500万元社保资金进行长期投资,可供选择的投资机会有购买国库券、购买公司债券、购买股票、投资房地产或银行保值储蓄等,不同的投资方式有不同的收益和风险,具体参数假设如表10-6所示,基金管理部门的投资组合平均年限不超过5年,平均期望收益率不低于15%,风险程度不超过4,收益的增长潜力不低于12%。如何选择投资组合才能在保证要求的前提下投资收益最高?

表10-5 某公交线路工作时间表和人员需求

班 次	时 间 段	所需人数(人)
1	06:00—10:00	50
2	10:00—14:00	40
3	14:00—18:00	60
4	18:00—22:00	30
5	22:00—02:00	15
6	02:00—06:00	10

表10-6 社保基金投资方式

投资方式	投资期间(年)	年收益率(%)	风险系数	增长潜力(%)
国库券	3	11	1	0
公司债券	15	18	3	15
股票	5	15	10	20
房地产	3	30	9	20

续 表

投资方式	投资期间(年)	年收益率(%)	风险系数	增长潜力(%)
短期存款	1	9	1	5
长期存款	5	12	2	10
现金储蓄	0	3	0	0

上述这些问题都被简化为确定型决策问题。问题的求解需要掌握净现值模型、线性规划模型等方法。以第一个问题为例，假设 x_i 表示第 i 班次开始时计划上班的司乘人员人数，则可建立如公式(10-12)所示的模型。它呈现如下特点：有一组决策变量 x_i，$i=1,2,\cdots,6$，有一个决策目标 $\min Z$ 是决策变量 x_i 的线性函数；有一组不等式表示的约束条件，且约束条件左边项也是 x_i 的线性函数，这样的模型称为"线性规划模型"。

$$\min Z = x_1 + x_2 + x_3 + x_4 + x_5 + x_6$$

$$s.t. \begin{cases} x_1 + x_6 \geqslant 50 \\ x_1 + x_2 \geqslant 40 \\ x_2 + x_3 \geqslant 60 \\ x_3 + x_4 \geqslant 30 \\ x_4 + x_5 \geqslant 15 \\ x_5 + x_6 \geqslant 10 \\ x_1, \cdots, x_6 \geqslant 0 \end{cases} \quad (10-12)$$

(二) 规划模型及案例应用

现实中遇到的规划问题复杂多变，约束条件各异，规划模型的表现形式也多种多样，其求解算法十分复杂，但在计算机软件的帮助下，规划模型的求解较为容易，困难在于如何构建模型、如何理解和分析软件的输出结果，为此需要掌握规划模型的相关概念。

规划模型通常分为线性规划模型和非线性规划模型。线性规划模型的一般形式由公式(10-13)表示。其中，$X=(x_1,x_2,\cdots,x_n)$ 为决策变量，表示要寻求的问题解决方案，X 的每一组值就是一个决策方案，$\max(\min)CX$ 为决策目标，追求的是最大化(或最小化)的目标，是 X 的线性函数，m 个约束条件是用等式(或不等式)表述的决策环境资源限制条件，其左边项也是 X 的线性函数。目标函数和约束条件关于决策变量的线性函数特征正是线性规划模型名称的由来。如果目标函数或约束条件关于决策变量呈非线性函数特征，则称之为"非线性规划模型"。

$$\max(\min)CX = c_1x_1 + c_2x_2 + \cdots + c_nx_n$$

$$s.t. \begin{cases} a_{11}x_1 + a_{12}x_2 + \cdots + a_{1n}x_n \geqslant = \leqslant b_1 \\ a_{21}x_1 + a_{22}x_2 + \cdots + a_{2n}x_n \geqslant = \leqslant b_2 \\ \vdots \\ a_{m1}x_1 + a_{m2}x_2 + \cdots + a_{mn}x_n \geqslant = \leqslant b_m \end{cases} \quad (10-13)$$

在规划模型中，满足所有约束条件的决策变量 X 的值称为"可行解"，所有可行解构成的集合称为"可行域",实现目标最优化的可行解称为"最优解"。线性规划模型求解的典型算法是单纯形方法,求解软件有 Lingo、Matlab、Scilab 和 Excel 的规划求解工具。非线性规划模型由于其非线性性,求解算法多种多样,软件求解因初始值的不同也常出现意外结果,不同的初始值会得到不同的局部解。实际解决问题时,需要多做几次求解比较。

例 10-3 以模型(10-12)为例,利用 Excel"规划求解"工具求解规划问题。

【解答】 第一步,根据具体线性规划模型的特点,将规划模型合理地布局在 Excel 工作表中,效果如图 10-13 所示;第二步,Excel"规划求解"工具的参数设置与求解,参数设置图和求解结果分别如图 10-14 和图 10-15 所示。

图 10-13 Excel 求解线性规划工作表布局

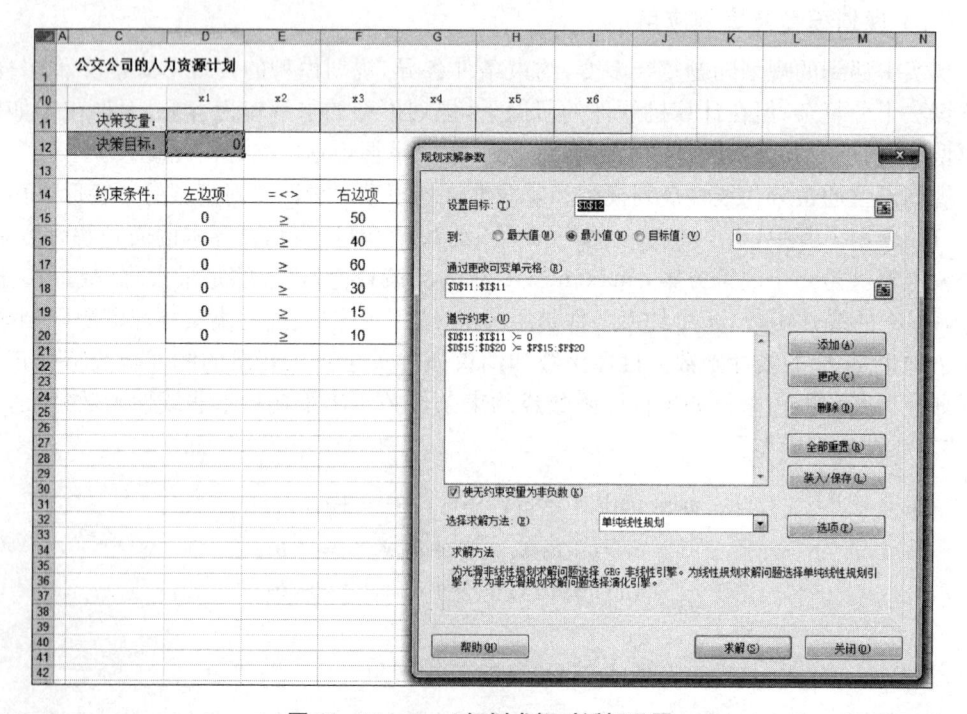

图 10-14 Excel 规划求解对话框设置

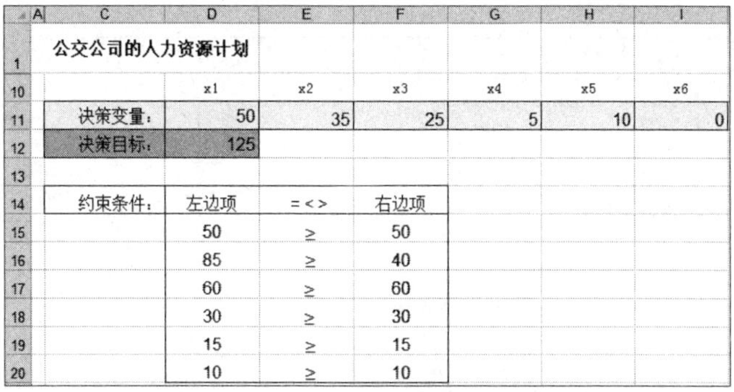

	C	D	E	F	G	H	I
1	公交公司的人力资源计划						
10		x1	x2	x3	x4	x5	x6
11	决策变量:	50	35	25	5	10	0
12	决策目标:	125					
13							
14	约束条件:	左边项	=<>	右边项			
15		50	≥	50			
16		85	≥	40			
17		60	≥	60			
18		30	≥	30			
19		15	≥	15			
20		10	≥	10			

图 10－15　Excel 求解线性规划案例结果

公交公司最优的司乘人员配置计划：6:00 点安排 50 人，10:00 点安排 35 人，14:00 点安排 25 人，18:00 点安排 5 人，22:00 点安排 10 人，共需安排 125 人次上班。

三、风险决策与决策树模型

(一) 风险型决策的内涵与期望值准则

风险型决策问题具备以下条件：一是存在决策者希望达到的一个明确的目标，如收益最大或损失最小。二是存在两个或两个以上自然状态，未来哪种自然状态可能出现，决策者不能肯定，但自然状态发生的概率分布可以被决策者事先感知或由经验估计出来，如 $P\{$下雨，不下雨$\}=\{0.7, 0.3\}$。三是存在两个或两个以上可供选择的行动方案。四是不同行动方案在不同自然状态下相应的损益值可计算。

预测研究发现，面对未来的不确定性变化，"均值"思想是人们预测的基本手段。上述第三、第四个条件的启示是，如果能将两者结合起来，以各种状态的概率为权重计算出各个方案的期望损益值，通过比较每一个方案的期望损益值的大小，就可以根据最大化期望收益、最小化期望损失来进行决策，这就是风险型决策的期望值准则(expected value)。最大化收益期望值决策准则如式(10－14)所示，将公式中的 $\max_i(\cdot)$ 改为 $\min_i(\cdot)$ 即最小化损失期望值决策准则。如果改写公式(10－14)的表达方式，并结合状态概率分布和期望值算式，绘制表 10－7，则期望值准则的应用就十分方便了。

$$\max_i E(a_i) = \max_i \left[\sum_{j=1}^{m} p(\theta_j) v_{ij} \right] \tag{10-14}$$

表 10－7　期望值准则决策表

状态与概率分布 / 损益值 / 方案	自然状态空间				期望值 $E(a_i)=\sum_{j=1}^{m} p(\theta_j)v_{ij}$
	θ_1	θ_2	…	θ_m	
	$p(\theta_1)$	$p(\theta_2)$	…	$p(\theta_m)$	
a_1	v_{11}	v_{12}	…	v_{1m}	$E(a_1)$
a_2	v_{21}	v_{22}	…	v_{2m}	$E(a_2)$

续　表

状态与概率分布 损益值 方案	自然状态空间				期望值 $E(a_i)=\sum_{j=1}^{m}p(\theta_j)v_{ij}$
	θ_1	θ_2	...	θ_m	
	$p(\theta_1)$	$p(\theta_2)$	...	$p(\theta_m)$	
...	...	...	...	...	...
a_n	v_{n1}	v_{n2}	...	v_{nm}	$E(a_n)$
期望值决策准则					$\max_i E(a_i)$或$\min_i(a_i)$

（二）决策树模型及案例应用

例 10-4　某企业要确定某产品下一个月的生产计划，经验研究与市场调查预测表明，该产品的市场销路好、中、差的概率分布为$\{0.4,0.4,0.2\}$，根据需求设计了三个生产方案，每个生产方案的盈利预期与期望值计算的 Excel 函数见图 10-16 和表 10-8，计算结果显示第三个方案是最优方案。

	A	B	C	D	E	F
1						
2		状态与概率分布	自然状态空间			期望值
3		损益值	好（θ_1）	中（θ_2）	差（θ_3）	$E(a_i)=\sum_{j=1}^{m}p(\theta_j)v_{ij}$
4		方案	0.4	0.4	0.2	
5		a_1	200	150	50	=SUMPRODUCT($C$4:$E$4*C5:E5)
6		a_2	180	100	80	=SUMPRODUCT($C$4:$E$4*C6:E6)
7		a_3	150	300	60	=SUMPRODUCT($C$4:$E$4*C7:E7)
8			期望值决策准则			=MAX(F5:F7)

图 10-16　期望值决策计算

表 10-8　期望值决策结果

状态与概率分布 损益值 方案	自然状态空间			期望值 $E(a_i)=\sum_{j=1}^{m}p(\theta_j)v_{ij}$
	好(θ_1)	中(θ_2)	差(θ_3)	
	0.4	0.4	0.2	
a_1	200	150	50	150
a_2	180	100	80	128
a_3	150	300	60	192
期望值决策准则				192

期望值准则决策表对单级决策计算十分简洁,在 Excel 工作表中利用 Sumprodct(·,·)函数、max(·)或 min(·)函数计算即可;但对多级决策而言,要做到"走一步看几步",就需要有更为清晰的逻辑思维,决策树模型可帮助人们实现这个想法,利用 Treeplan 工具可方便地制作决策树。

四、不确定型决策矩阵方法

(一) 不确定型决策的内涵

不确定型决策问题具备以下条件:一是存在决策者希望达到的一个明确的目标,如收益最大或损失最小;二是存在两个或两个以上自然状态,但未来哪种状态出现以及出现的概率,决策者是无法知道的;三是存在两个或两个以上可供选择的行动方案;四是不同行动方案在不同自然状态下相应的损益值可计算。

与风险型决策下人们掌握了各种自然状态的概率分布相比,不确定型决策下人们掌握的信息更少,在无法继续搜寻信息而又不得已需要决策时,从人们对客观情况所抱持的心理态度和决策行为看,有乐观决策准则、悲观决策准则和折中决策准则。

乐观决策准则也称"最大最大准则",其思想基础是对客观状况总是持乐观主义心态。对每一个决策方案而言,面对各种自然状态下的收益值,总是期望收益值最大的那一个状态发生,再选择这些最大的收益值中的最大者所对应的决策方案,表 10-9 为乐观准则决策表模板。

表 10-9 乐观准则决策表

损益值 方案 \ 自然状态	\multicolumn{4}{c}{自然状态空间}	每一个方案对应的最大值 $\max_j v_{ij}$
	θ_1	θ_2	...	θ_m	
a_1	v_{11}	v_{12}	...	v_{1m}	$\max_j v_{1j}$
a_2	v_{21}	v_{22}	...	v_{2m}	$\max_j v_{2j}$
...	...	...	...	...	...
a_n	v_{n1}	v_{n2}	...	v_{nm}	$\max_j v_{nj}$
乐观决策准则					$\max_i (max v_{ij})$

悲观决策准则也称"瓦尔德决策准则"(Wald decision criterion),其思想基础是对客观状况总是抱有悲观主义态度,总是把事情结果估计得太坏,但还想在最坏的情况下找出好一点的方案,因此又称"最大最小准则"。对每一个决策方案而言,面对各种自然状态下的收益值,总是预期收益值最小的那一种状态发生,然后选择这些最小的收益值中的最大者所对应的决策方案。表 10-10 为悲观准则决策表模板。

折中决策准则也称赫维奇决策准则(Hurwicz decision criterion),其思想基础是对客观状况的估计既不那么乐观,也不那么悲观,主张尽量取得某种平衡折中的决策。决策者根据经验判断确定一个决策系数 α:$0 < \alpha < 1$,使用公式(10-15)计算 $\max_i CV_i$ 进行决策方案的选择。

表 10-10 悲观准则决策表

自然状态 损益值 方案	自然状态空间				每一个方案对应的最大值 $\min\limits_{j} v_{ij}$
	θ_1	θ_2	...	θ_m	
a_1	v_{11}	v_{12}	...	v_{1m}	$\min\limits_{j} v_{1j}$
a_2	v_{21}	v_{22}	...	v_{2m}	$\min\limits_{j} v_{2j}$
...	...	...	...	...	...
a_n	v_{n1}	v_{n2}	...	v_{nm}	$\min\limits_{j} v_{nj}$
悲观决策准则					$\max\limits_{i}(\min v_{ij})$

$$CV_i = \alpha \max\nolimits_j (v_{ij}) + (1-\alpha) \min\nolimits_j (v_{ij}) \tag{10-15}$$

使用公式(10-15),首先找到每一个决策方案在各种自然状态下的最大收益值和最小收益值,然后以 α 加权平均计算出 CV_i 并进行比较,选取最大者 i 所对应的决策方案。表 10-11 为折中准则决策表模板。

表 10-11 折中准则决策表

自然状态 损益值 方案	自然状态空间				折中系数 α		折中各方案的最大最小收益值 CV_i
	θ_1	θ_2	...	θ_m	$\max\limits_{j}(v_{ij})$	$\min\limits_{j}(v_{ij})$	
a_1	v_{11}	v_{12}	...	v_{1m}	$\max\limits_{j}(v_{1j})$	$\min\limits_{j}(v_{1j})$	CV_1
a_2	v_{21}	v_{22}	...	v_{2m}	$\max\limits_{j}(v_{2j})$	$\min\limits_{j}(v_{2j})$	CV_2
...	...	...	...	...	...	...	...
a_n	v_{n1}	v_{n2}	...	v_{nm}	$\max\limits_{j}(v_{nj})$	$\min\limits_{j}(v_{nj})$	CV_n
折中决策准则							$\max\limits_{i}(CV_i)$

(二) 不确定型决策案例应用

例 10-5 针对例 10-3 的基本事实,不考虑概率分布,使用乐观准则、悲观准则和折中准则进行决策。考察模板图 10-15、图 10-16 和表 10-7 的决策表结构,在 Excel 工作表中利用 max(·)和 min(·)函数很容易将其综合在一张表中进行决策选择,计算模板见图 10-17。

计算结果如表 10-12 所示,乐观准则应选择方案 a_3;悲观准则应选择方案 a_2;利用折中准则,大约在 α<0.143 时应选择方案 a_2,在 α>0.143 时应选择方案 a_3。

可见,不确定型决策依据的准则不同,选择的结果也不同,应用时需谨慎对待。

	A	B	C	D	E	F	G	H
2	自然状态		自然状态空间			折中系数α：	0.5	折中收益值
3	收益值		好(θ_1)	中(θ_2)	差(θ_3)	$\max_j v_{ij}$	$\min_j v_{ij}$	CV_i
4	方案							
5		a_1	200	150	50	=MAX(C5:E5)	=MIN(C5:E5)	=$G$2*F5+(1-$G$2)*G5
6		a_2	180	100	80	=MAX(C6:E6)	=MIN(C6:E6)	=$G$2*F6+(1-$G$2)*G6
7		a_3	150	300	60	=MAX(C7:E7)	=MIN(C7:E7)	=$G$2*F7+(1-$G$2)*G7
8	最大最大、最大最小、折中决策准则					=MAX(F5:F7)	=MAX(G5:G7)	=MAX(H5:H7)

图 10-17 例 10-5 的不确定型决策的 Excel 工作表模板

表 10-12 例 10-5 的不确定型决策计算结果

损益值 自然状态 方案	自然状态空间			折中系数α：0.5		折中收益值 CV_i
	好(θ_1)	中(θ_2)	差(θ_3)	$\max_j v_{ij}$	$\min_j v_{ij}$	
a_1	200	150	50	200	50	125
a_2	180	100	80	180	80	130
a_3	150	300	60	300	60	180
最大最大、最大最小、折中决策准则				300	80	180

上 机 实 验

问题 1 本案例的研究目的是了解在中国有工作的妇女是否受到歧视。在中国综合社会调查项目数据库 CGSS2006 中，有调查样本的性别、年龄、受教育年限和个人全年总收入等变量。利用这些横截面调查数据，研究男、女全年总收入是否有差别，可以在一定程度上了解针对工作妇女的性别歧视问题。

【提示】 人力资本理论认为，个人的受教育水平提高可提高人的生产率，从而较高的受教育水平会使人们获得较高的收入水平。刚性工资理论认为，随着人们年龄的增长，人们的收入会逐年增长，但增长的速率是递减的。根据已有文献的研究经验和数据可知，如果存在性别歧视，则性别因素对个人收入的影响是显著的。为此，建立的理论模型如式(10-16)所示。

$$Income = b_0 + b_1 Gender + b_2 Age + b_3 Age^2 + b_4 Edu + u \quad (10-16)$$

其中，$Income$ 为个人全年总收入，$Gender$ 为性别(男为 0，女为 1)，Age 为年龄，Edu 为从小学起受教育的最高年限。

基本结论：$Gender$ 和 Edu 变量是显著的，Age 和 Age^2 两者择一纳入模型后显著，且各变量的符号符合理论预期分析。模型估计的结果显示，2006 年中国女性工作者的全年收入比男性的低大约 30.6%，大约低 4 300 元。

问题 2 利用线性规划模型和 Excel 规划求解工具，求解本章表 10-6 所提出的社保基金投资组合问题。

【提示】 如果记该笔基金在七种投资方式上的投资比例分别为 x_i，$i=1,2,\cdots,7$，则所构建的线性规划模型如式(10-17)所示，请解释模型各部分的含义，利用 Excel 规划求解工具计算该笔基金在七种投资方式上的投资组合比例分别为 2.19%、23.75%、0.00%、31.56%、42.50%、0.00%、0.00%时，可获得的最优收益率。

$$\max R = 11x_1 + 18x_2 + 15x_3 + 30x_4 + 9x_5 + 12x_6 + 3x_7$$

$$s.t. \begin{cases} 3x_1 + 15x_2 + 5x_3 + 3x_4 + x_5 + 5x_6 \leqslant 5 \\ 11x_1 + 18x_2 + 15x_3 + 30x_4 + 9x_5 + 12x_6 + 3x_7 \geqslant 15 \\ x_1 + 3x_2 + 10x_3 + 9x_4 + x_5 + 2x_6 \leqslant 4 \\ 15x_2 + 20x_3 + 20x_4 + 5x_5 + 10x_6 \geqslant 12 \\ x_1 + x_2 + x_3 + x_4 + x_5 + x_6 + x_7 = 1 \\ x_i \geqslant 0 \end{cases} \quad (10-17)$$

问题3 某市政工程局面对 A、B 两个建筑工程投标选择，由于资源条件限制，最多只能选择一项工程进行投标。面对激烈的行业竞争和不确定的需求环境，工程 A 中标的概率为 0.7，且中标后还有一次以 150 万元将其外包出去的机会，但如果自己组织建设，就将面临不确定的盈利前景，好、中、差三种可能状态的概率为{0.4,0.3,0.3}，相应的收益分别为 300 万元、150 万元和 20 万元。工程 B 中标的可能性为 0.6，但标书要求只能自己组织建设，盈利前景好、中、差三种状态的概率为{0.3,0.4,0.3}，相应的收益分别为 400 万元、200 万元和亏损 50 万元。准备两份工程投标的前期成本分别是 3 万元和 2 万元。请利用 Treeplan 工具制作决策树并写出最优决策方案。

【提示】 这是一个多级决策问题，制作完成的决策树如图 10-18 所示，最优决策路径方案是首先投标 A 工程，如果中标，则选择自己组织筹建，将得到最优的盈利为 116.7 万元。

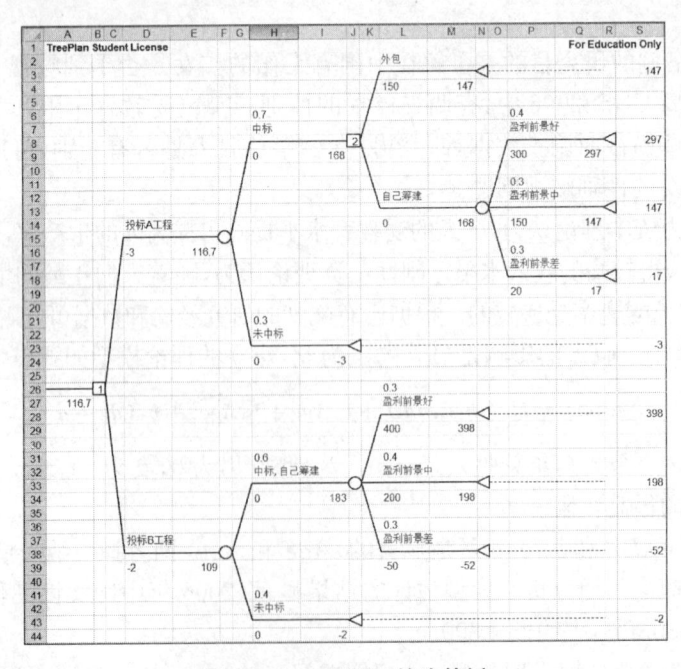

图 10-18 问题 3 的决策树

附录　2006年全国城镇居民社会调查问卷（简化版）

先生/女士/同志：您好！

我叫_____，是受中国人民大学社会系委托的社会调查员。我们正在进行一项社会调查，目的是了解民众的就业、工作和生活情况，以及对当前一些社会问题的看法。经过严格的科学抽样，我们选中了您作为调查对象。您的合作对我们了解有关信息和制定社会政策有十分重要的意义。

对问卷中问题的回答没有对错之分，您只要根据平时的想法和做法回答就行。访问要1个小时左右。对于您的回答，我们将按照《中华人民共和国统计法》的规定，严格保密，并且只用于统计分析，请您不要有任何顾虑。希望您协助我们完成这次访问，谢谢您的合作。

1. 问卷编号(serial)：_____
2. 被访者性别(qa01)：1. 男　2. 女
3. 您的出生年(qa02_1)：_____
4. 您目前的最高受教育程度(包括目前在读的)(qa05a)：
   没有受过任何教育 …………………………………………………………… 1
   扫盲班 ………………………………………………………………………… 2
   小学 …………………………………………………………………………… 3
   初中 …………………………………………………………………………… 4
   职业高中 ……………………………………………………………………… 5
   普通高中 ……………………………………………………………………… 6
   中专 …………………………………………………………………………… 7
   技校 …………………………………………………………………………… 8
   大学专科(成人高等教育) ……………………………………………………… 9
   大学专科(正规高等教育) ……………………………………………………… 10
   大学本科(成人高等教育) ……………………………………………………… 11
   大学本科(正规高等教育) ……………………………………………………… 12
   研究生及以上 ………………………………………………………………… 13
   其他(请注明：_____) ………………………………………………………… 14
5. 从上小学开始算起，您一共受过多少年的学校教育(qa05d)：_____年
6. 您目前的政治面貌(qa08_1)：(单选)

共产党员 ……………………………………………………………	1
民主党派 ……………………………………………………………	2
共青团员 ……………………………………………………………	3
群众 …………………………………………………………………	4

7. 您目前的工作状况(qb01)：(单选)

目前有工作 …………………………………………………………	1
曾经工作过,但目前没有工作 ………………………………………	2
从未工作过 …………………………………………………………	3

8. 您目前的婚姻状况(qd01)：(单选)

从未结过婚 …………………………………………………………	1
同居 …………………………………………………………………	2
已婚有配偶 …………………………………………………………	3
分居 …………………………………………………………………	4
离婚 …………………………………………………………………	5
丧偶 …………………………………………………………………	6

9. 2005年,您个人的全年总收入(qd35a)：_____元
(个人总收入指个人全年的全部所得,包括工资、奖金、补贴、分红、股息、保险金、退休金、经营性纯收入、租金、利息、馈赠等)

10. 在您2005年的总收入中,下列各项收入的比重是多少(%)：(各项收入比重之和不必为100%)

    a. 工资性收入占全年总收入比重(qd35ba)：_____%

    b. 奖金收入占全年总收入比重(qd35bb)：_____%
    (奖金收入包括年终奖/年终分红/节假日奖金)

    c. 工作外收入占全年总收入比重(qd35bc)：_____%
    (工作外收入包括投资利息、房租、退休金、父母/小孩给予的生活费等)

11. 您的单位是否为您提供下列保险和补贴：(每行单选)

项 目	提供	不提供	[不清楚]
a. 公费医疗(qc27_a)	1	2	3
b. 基本医疗保险(qc27_b)	1	2	3
c. 补充医疗保险(qc27_c)	1	2	3
d. 基本养老保险(qc27_d)	1	2	3
e. 补充养老保险(qc27_e)	1	2	3
f. 失业保险(qc27_f)	1	2	3
g. 住房或住房补贴(qc27_g)	1	2	3

12. 在您看来,中国社会中下列群体之间冲突的严重程度如何?(每行单选)

项　　目	非常严重	比较严重	不太严重	没有冲突	[难以选择]
1. 穷人与富人之间的冲突(qe06_1)	1	2	3	4	5
2. 工人阶级与白领阶层之间的冲突(qe06_2)	1	2	3	4	5
3. 干部与群众之间的冲突(qe06_3)	1	2	3	4	5
4. 管理人员与一般工作人员之间的冲突(qe06_4)	1	2	3	4	5
5. 工厂老板与工人之间的冲突(qe06_5)	1	2	3	4	5
6. 社会上层与社会下层之间的冲突(qe06_6)	1	2	3	4	5

13. 在您看来,您的家庭的经济状况在未来 3 年内会有什么变化(qe12):(单选)

　　越来越好 ·· 1
　　差不多现在这个样子 ·· 2
　　越来越差 ·· 3

14. 假定政府有一笔较大的资金要用于本地的发展和建设,您认为应该主要用于下列哪些方面?(限选 3 项并排序)

项　　目	第一位(qe17_1)	第二位(qe17_2)	第三位(qe17_3)
1. 环境保护	1	1	1
2. 医疗卫生	2	2	2
3. 警察、司法	3	3	3
4. 义务教育	4	4	4
5. 体育健身场馆	5	5	5
6. 养老金	6	6	6
7. 贫困救济	7	7	7
8. 增加就业机会	8	8	8
9. 失业救济	9	9	9
10. 文化艺术事业	10	10	10

15. 总的来说,对以下各方面的生活状况,您是否觉得满意?(每行单选)

项　　目	非常满意	比较满意	不太满意	非常不满意	[不适合]
1. 家庭经济状况(qe48_1)	1	2	3	4	5
2. 家庭关系(qe48_2)	1	2	3	4	5
3. 人际关系(qe48_3)	1	2	3	4	5
4. 个人健康状况(qe48_4)	1	2	3	4	5
5. 住房状况(qe48_5)	1	2	3	4	5
6. 所居住的社区(qe48_6)	1	2	3	4	5
7. 工作(qe48_7)	1	2	3	4	5
8. 总体而言,您对目前的生活状况是否满意(qe48_8)	1	2	3	4	5

16. 您是否愿意告诉我们您的电子邮件(e-mail)地址,以便我们偶尔就一些社会问题征询您的意见和看法(qe50)?(单选)

我没有电子邮件(e-mail)地址 ………………………………………… 1
不愿意 ………………………………………………………………… 2
愿意 …………………………………………………………………… 3

访问结束,填写后面的访谈记录,记录完整封面,感谢被访者!

访问员保证:我保证本问卷所填各项资料皆由我依照作业程序规定完成,绝对真实无欺,若发现一份作假,全部问卷作废,并赔偿公司损失。

访问员签名:＿＿＿＿＿＿＿＿

参考文献

[1] 阿尔蒙德,鲍威尔.比较政治学:体系、过程和政策[M].上海:上海译文出版社,1987.
[2] 埃维森,等.统计学:基本概念与方法[M].北京:高等教育出版社,2000.
[3] 保罗·A.萨巴蒂尔.政策过程理论[M].北京:生活·读书·新知三联书店,2004.
[4] 保罗·A.萨巴蒂尔,等.政策变迁与学习:一种倡议联盟途径[M].邓征,译.北京:北京大学出版社,2011.
[5] 保罗·萨缪尔森.经济学(第十二版)[M].高鸿业,等,译.北京:中国发展出版社,1992.
[6] 岑泳霆.德尔菲预测法的数量分析[J].预测,1993(5).
[7] 查尔斯·林德布洛姆.政策制定过程[M].北京:华夏出版社,1988.
[8] 查尔斯·林德布洛姆.政治与市场:世界的政治-经济制度[M].上海:上海人民出版社,1996.
[9] 陈刚.公共政策学[M].武汉:武汉大学出版社,2011.
[10] 陈季修.公共政策学导引与案例[M].北京:中国人民大学出版社,2011.
[11] 陈庆云.公共政策分析(第二版)[M].北京:北京大学出版社,2011.
[12] 陈振明.公共政策学[M].北京:中国人民大学出版社,2012.
[13] 陈振明.公共政策学:政策分析理论、方法和技术[M].北京:中国人民大学出版社,2010.
[14] 陈振明.政策科学——公共政策分析导论(第二版)[M].北京:中国人民大学出版社,2004.
[15] 戴维·伊斯顿.政治生活的系统分析[M].北京:华夏出版社,1989.
[16] 道格拉斯·C.诺斯.经济史上的结构与变革[M].北京:商务印书馆,1992.
[17] 范存德,秦宝庭,陈警,等.德尔菲预测方法在编制科技发展规划中的应用[J].系统工程,1984(2).
[18] 弗莱蒙特·E.卡斯特,詹姆斯·E.罗森茨韦克.组织与管理——系统方法与权变方法(第4版)[M].北京:中国社会科学出版社,2000.
[19] 郭剑鸣.地方公共政策学[M].北京:科学出版社,2022.
[20] 郭渐强,方放.公共政策分析[M].北京:北京大学出版社,2021.
[21] 哈罗德·孔茨,海因茨·韦里克.管理学(第9版)[M].北京:经济科学出版社,1993.
[22] 何浩然.公共政策的效果能否被准确预测?来自中国塑料袋使用限制政策的自然实验证据[J].经济学(季刊),2012(4).
[23] 赫伯特·西蒙.管理行为[M].北京:机械工业出版社,2004.
[24] 赫伯特·西蒙.现代决策理论的基石[M].北京:北京经济学院出版社,1989.
[25] 胡宁生.现代公共政策学[M].北京:中央编译出版社,2007.
[26] 胡宁生.现代公共政策研究[M].北京:中国社会科学出版社,2000.
[27] 胡伟.政府过程[M].杭州:浙江人民出版社,1998.
[28] 黄孟藩.管理决策概论[M].北京:中国人民大学出版社,1987.
[29] 加塔诺·莫斯卡.统治阶级——政治科学原理[M].南京:译林出版社,2002.
[30] 蒋红珍.政府规制政策评价中的成本收益分析[J].浙江学刊,2011(6).
[31] 杰伊·沙夫里茨,卡伦·莱恩,克里斯托弗·博里克.公共政策经典[M].彭云望,译.北京:北京大学出版社,2008.

[32] 金太军,钱再见,张方华,等.公共政策执行梗阻与消除[M].广州:广东人民出版社,2005.
[33] 卡尔·帕顿,大卫·沙维奇.公共政策分析和规划的初步方法[M].北京:华夏出版社,2002.
[34] 凯恩斯.就业、利息和货币通论[M].北京:华夏出版社,2005.
[35] 康芒斯.制度经济学(上册)[M].北京:商务印书馆,1997.
[36] 克朗.系统分析与政策科学[M].北京:商务印书馆,1985.
[37] 克鲁斯克·杰克逊.公共政策词典[M].上海:远东出版社,1992.
[38] 拉雷·N.格斯顿.公共政策的制定——程序和原理[M].重庆:重庆出版社,2001.
[39] 李德,钱迪松.运筹学[M].北京:清华大学出版社,2005.
[40] 李·S.弗里德曼.公共政策分析的微观经济理论[M].北京:中国人民大学出版社,2019.
[41] 李志军.公共政策评估[M].北京:经济管理出版社,2022.
[42] 林德布洛姆.决策过程[M].竺乾威,胡君芳,译.上海:上海译文出版社,1998.
[43] 林永波,张世贤.公共政策[M].台北:五南图书出版公司,1993.
[44] 刘斌,王春福.政策科学理论[M].北京:人民出版社,2000.
[45] 刘春.公共政策概论[M].北京:当代世界出版社,2000.
[46] 罗伯特·达尔.论民主[M].北京:商务印书馆,1999.
[47] 罗伯特·米歇尔斯.寡头统治铁律——现代民主制度中的政党社会学[M].天津:天津人民出版社,2003.
[48] 马德普,霍海燕,高卫星,杜孝珍.当代中国公共政策[M].北京:北京大学出版社,2017.
[49] 迈克尔·豪利特,M.拉米什.公共政策研究:政策循环与政策子系统[M].上海:生活·读书·新知三联书店,2006.
[50] 迈克尔·罗斯金,等.政治科学[M].林震,等,译.北京:华夏出版社,2001.
[51] 米尔斯.权力精英[M].北京:北京时代华文书局,2019.
[52] 米切尔·黑尧.现代国家的政策过程[M].北京:中国青年出版社,2004.
[53] 宁骚.公共政策学(第三版)[M].北京:高等教育出版社,2018.
[54] 宁骚.中国公共政策为什么成功?——基于中国经验的政策过程模型构建与阐释[J].新视野,2012(1).
[55] 乔治·M.格斯,保罗·G.法纳姆.公共政策分析案例(第二版)[M].北京:中国人民大学出版社,2017.
[56] 切斯特·巴纳德.经理人员的职能[M].北京:中国社会科学出版社,1997.
[57] 丘昌泰.公共政策基础篇[M].台北:复文书局,2008.
[58] R.科斯,A.阿尔钦,D.诺斯.财产权利与制度变迁——产权学派与新制度学派译文集[M].上海:上海三联书店,上海人民出版社,1994.
[59] 桑春红,吴旭红.公共政策学[M].北京:清华大学出版社,2019.
[60] 桑玉成,刘百鸣.公共政策学导论[M].上海:复旦大学出版社,1991.
[61] 沙莲香.传播学[M].北京:中国人民大学出版社,1990.
[62] 舒泽虎.公共政策学[M].上海:上海人民出版社,2005.
[63] 斯坦因·U.拉尔森.政治学理论与方法[M].上海:上海世纪出版集团,2006.
[64] 谭跃进.定量分析方法[M].北京:中国人民大学出版社,2002.
[65] 托马斯·R.戴伊.自上而下的政策制定[M].北京:中国人民大学出版社,2002.
[66] 托马斯·R.戴伊.理解公共政策(第十二版)[M].北京:中国人民大学出版社,2011.
[67] 托马斯·R.戴伊.理解公共政策[M].台北:韦伯文化事业出版社,1999.
[68] 托马斯·萨金特约科·维尔穆宁.公共政策中的宏观经济学[M].北京:中国人民大学出版社,2016.
[69] 王达梅,张文礼.公共政策分析的理论与方法[M].天津:南开大学出版社,2009.
[70] 王福生.政策学研究[M].成都:四川人民出版社,1991.

［71］ 王洛忠.公共政策学[M].北京：北京大学出版社,2022.
［72］ 王骚.公共政策学[M].天津：天津大学出版社,2012.
［73］ 王振海.公共职位论纲——政府职位的属性与配置机制[M].郑州：河南人民出版社,2002.
［74］ 威廉·F.韦斯特.控制官僚——制度制约的理论与实践[M].重庆：重庆出版社,2001.
［75］ 威廉·N.邓恩.公共政策分析导论(第四版)[M].北京：中国人民大学出版社,2011.
［76］ 吴立明.公共政策分析[M].厦门：厦门大学出版社,2018.
［77］ 吴锡泓,金荣枰.政策学的主要理论[M].上海：复旦大学出版社,2005.
［78］ 吴元其,等.公共政策新论[M].合肥：安徽大学出版社,2009.
［79］ 伍启元.公共政策[M].台北：台湾商务印书馆,1985.
［80］ 习近平.论坚持全面深化改革[M].北京：中央文献出版社,2018.
［81］ 习近平.习近平谈治国理政(第一卷)[M].北京：外文出版社,2018.
［82］ 习近平.习近平谈治国理政(第二卷)[M].北京：外文出版社,2018.
［83］ 习近平.习近平谈治国理政(第三卷)[M].北京：外文出版社,2018.
［84］ 谢明.公共政策导论(第五版)[M].北京：中国人民大学出版社,2020.
［85］ 严宽.公共政策学[M].北京：社会科学文献出版社,2008.
［86］ 杨宏山.公共政策学[M].北京：中国人民大学出版社,2020.
［87］ 俞可平.权利政治与公益政治[M].北京：社会科学文献出版社,2000.
［88］ 约翰·W.金登.议程、备选方案与公共政策(第2版)[M].北京：中国人民大学出版社,2004.
［89］ 约翰·克莱顿·托马斯.公共决策中的公民参与：公共管理者的新技能与新策略[M].北京：中国人民大学出版社,2005.
［90］ 约翰迈克尔·豪利特,M.拉米什.公共政策研究：政策循环与政策子系统[M].北京：生活·读书·新知三联书店,2006.
［91］ 岳经纶,朱亚鹏.中国公共政策评论(第21卷)[M].上海：格致出版社,2022.
［92］ 约瑟夫·斯蒂格里茨.政府经济学[M].北京：春秋出版社,1988.
［93］ 詹姆斯·E.安德森.公共决策[M].唐亮,译.北京：华夏出版社,1990.
［94］ 詹姆斯·多尔蒂.争论中的国际关系理论[M].北京：世界知识出版社,1987.
［95］ 詹姆斯·莱斯特,小约瑟夫·斯图尔特.公共政策导论[M].北京：中国人民大学出版社,2004.
［96］ 张成福,党秀云.公共政策学[M].北京：中国人民大学出版社,2001.
［97］ 张国庆.公共政策分析[M].上海：复旦大学出版社,2020.
［98］ 张国庆.现代公共政策导论[M].北京：北京大学出版社,1997.
［99］ 张金马.政策科学导论[M].北京：中国人民大学出版社,1993.
［100］ 张金马.政策科学导论(第二版)[M].北京：中国人民大学出版社,1996.
［101］ 张红凤.西方规制经济学的变迁[M].北京：经济科学出版社,2005.
［102］ 张红凤.环境规制理论研究[M].北京：北京大学出版社,2012.
［103］ 张楠,马宝君,孟庆国.政策信息学：大数据驱动的公共政策分析[M].北京：清华大学出版社,2019.
［104］ 张世贤.公共政策析论[M].台北：五南图书出版公司,1986.
［105］ 张雄,张安录,宋敏,等.农用地使用权征用中农民的成本收益分析[J].中国人口资源与环境,2011(9).
［106］ 珍妮特·V.登哈特,罗伯特·B.登哈特.新公共服务：服务而不是掌舵[M].北京：中国人民大学出版社,2004.
［107］ 郑方辉,李旭辉.民意调查与公共政策评价[J].江汉论坛,2007(3).
［108］ 中国社会科学院公共政策研究中心,香港城市大学公共管理及社会政策比较研究中心.中国公共政策分析(2001年卷)[M].北京：中国社会科学出版社,2001.
［109］ 中国社会科学院语言研究所词典编辑室.现代汉语词典[M].北京：商务印书馆,2002.

[110] 周树志.公共政策学[M].西安：西北大学出版社，2000.

[111] 朱崇实，陈振明.中国公共政策[M].北京：中国人民大学出版社，2003.

[112] 朱志宏.公共政策[M].台北：台湾三民书局，1991.

[113] Abou, C. T. and Krause W.. The Causal Effect of Radical Right Success on Mainstream Parties, Policy Positions — A Regression Discontinuity Approach[J]. British Journal of Political Science, 2020，50(3).

[114] Adams, J. F., Böhmelt, T., Ezrow, L. and Schleiter, P.. Backlash Policy Diffusion to Populists in Power[J]. PLOS ONE, 2022，17(9).

[115] Amital, E.. Mixed Scanning: A "Third" Approach to Decision Making[J]. Public Administration Review, 1967，27(4).

[116] Anne, T. and Terry, B.. A Lad of Old Garbage: Applying Garbage Can Theory to Contemporary Housing Policy[J]. Australian Journal of Public Administration, 2002，61(3).

[117] Birkland, T. A.. An Introduction to the Policy Process: Theories, Concepts, and Models of Public Policy Making[M]. M. E. Sharpe, 2002.

[118] Broockman, D. E. and Skovron C.. Bias in Perceptions of Public Opinion among Political Elites[J]. American Political Science Review, 2018，112(3).

[119] Christoforou, A.. Social Capital and Civil Society in Public Policy, Social Change, and Welfare[J]. Journal of Economic Issues(Taylor & Francis Ltd.)，2022，56(2).

[120] Cobb, R. W. and Elder, C. D.. Participation in American Politics: The Dynamics of Agenda-building[M]. Johns Hopkins University Press, 1972.

[121] Cobb, R. W., Ross, J. K. and Ross, M. H.. An Introduction to the Study of Public Policy[M]. Monterey: Agenda Building as a Comparative Political Press, 1976.

[122] Cohen, M. D., March, J. G. and Olsen, J. P.. A Garbage Can Model of Organizational Choice[J]. Administrative Science Quarterly, 1972，17(1).

[123] Daniels, M. R.. Terminating Public Program: An American Political Paradox[M]. Armonk. New York: M. E. Sharp, 1997.

[124] David, D.. Problem Definition in Policy Analysis[M]. Lawrence. KS: University Press of Kansas, 1984.

[125] Dror, Y.. Policy Making under Adversity[M]. New Brunswick, 1986.

[126] Dunn, W. N.. Methods of the Second Type: Coping with the Wilderness of Conventional Policy Analysis[J]. Policy Studies Review, 1988，7(6).

[127] Dunn, W. N.. Public Policy Analysis: An Introduction[M]. Englewood Cliffs, New Jersey: Prentice Hall, 1994.

[128] Dunn, W. N.. Public Policy Analysis: An Introduction(Fourth Edition)[M]. Pearson-Prentice Hall, 2008.

[129] Dynes, A. M. and Holbein, J. B.. Noisy Retrospection: The Effect of Party Control on Policy Outcomes[J]. American Political Science Review, 2020，114(1).

[130] Ficher, F. and Forester, J.. Confronting Values in Policy Analysis: The Politics of Criteria[M]. Beverley Hills: Sage Publications, 1987.

[131] Forester, J.. Anticipating Implementation: Normative Practive in Planning and Policy Analysis[M]. Beverley Hills: Sage Publications, 1987.

[132] Giles, A. and Susana, M.. Cost-benefit Analysis and the Environment: Recent Developments[M]. OECD Publishing, 2006.

[133] Gomez, D. M. M. and Levine, E. E.. The Policy-people Gap: Decision-makers Choose Policies That

Favor Different Applicants than They Select When Making Individual Decisions[J]. Academy of Management Journal, 2022, 65(3).

[134] Gordon, W. J. J.. Synectics: The Development of Creative Capacity[M]. New York: Harper & Row Gough, 1961.

[135] Ishikawa, K.. Guide to Quality Control[M]. Tokyo: Asian Productivity Organization, 1968.

[136] James, P. L. and Joseph, S. J.. Public Policy: An Evolutionary Approach(Second Edition)[M]. Wadsworth/Thomson Learning Wadsworth Publishing, 2000.

[137] Jia, N.. The "Make and/or Buy" Decisions of Corporate Political Lobbying: Integrating the Economic Efficiency and Legitimacy Perspectives[J]. Academy of Management Review, 2018, 43(2).

[138] John, S. D. and Brian, R.. The Ambitions of Policy Design[J]. Policy Studies Journal, 1998 7(4).

[139] Jones, C. O.. An Introduction to the Study of Public Policy[M]. California: Brooks/Cole Publishing Company, 1984.

[140] Jones, C.. An Introduction to the Study of Public Policy[M]. North Situate, Duxbury Press, 1977.

[141] Knudsen, J. S. and Moon, J.. Corporate Social Responsibility and Government: The Role of Discretion for Engagement with Public Policy[J]. Business Ethics Quarterly, 2022, 32(2).

[142] Lasswell, H. D.. A Pre-view of Policy Science[M]. New York: American Elsevier Publishing Company, 1971.

[143] Latham, E.. The Group Basis of Politics[M]. New York: Random House, 1965.

[144] Lindblom, C. E.. Still Mudding, Not Yet Through[J]. Public Administration Review, 1979, 39(6).

[145] Lipsey, R. G. and Lancaster, K.. The General Theory of Second Best[J]. Review of Economic Studies, 1956, 24(1).

[146] Lowi, T. J.. American Business, Public Policy, Case-studies, and Political Theory[J]. World Politics, 1964(16).

[147] Luke, F.. How to Implement Policy: Coping with Ambiguity and Uncertainty[J]. Public Administration, 2021, 99(3).

[148] Manski, C. F.. Public Policy in An Uncertain World: Analysis and Decisions[M]. Cambridge: Harvard University Press, 2013.

[149] Martin, R. and Francine, R.. Implementation: A Theoretical Perspective[M]. Cambridge, Massachusetts: The MIT Press, 1978.

[150] McLaughlin, M. W.. Implementation as Mutual Adaptation: Change in Classroom Organizations[M]. New York: Academic Press, 1976.

[151] Michael, H. and Ramesh, M.. Studying Public Policy: Policy Cycles and Policy Subsystems[M]. Oxford University Press, 1995.

[152] Mitchell, S. M.. Meta-regulation in Practice: Beyond Normative Views of Morality and Rationality[J]. Administrative Science Quarterly, 2018, 63(3).

[153] Parsons, D. W.. Public Policy[M]. Aldershot UK: Edward Elgar, 1995.

[154] Parsons, W.. Public Policy: An Introduction to the Theory and Practice of Policy Analysis[M]. Cheltenham: Edward Elgar Publishing Limited, 1997.

[155] Peter, J.. Analysing Public Policy[M]. Wellington: Wellington House, 1998.

[156] Porter, A. L.. Tech Forecasting: An Empirical Perspective[J]. Technological Forecasting & Social Change, 1999, 62(1).

[157] Robbins, L.. An Essay on the Nature and Significance of Economic Science[M]. London: Ludwig von Mises Institute, 1932.

[158] Robert, E.. The Thread of Public Policy: A Study in Policy Leadership[M]. Indianapolis, 1971.
[159] Russel, L. A.. Redesigning the Future: A System Approach to Social Problem[M]. New York: Willey, 1974.
[160] Sabatier, P. A. and Mazmanian, D.. The Conditions of Effective Implementation: A Guide to Accomplishing Policy Objectives[J]. Policy Analysis, 1979, 5(4).
[161] Sabatier, P. A.. Toward Better Theories of the Policy Process[J]. Political Science and Politics, 1991, 24(2).
[162] Sabatier, P. and Mazmanian, D.. The Implementation of Policy: A Framework of Analysis[J]. Policy Studies Journal, 1980, 8(4).
[163] Schattschneider, E. E.. Party Government: American Government in Action (Library of Liberal Thought) [M]. Transaction Publishers, 2003.
[164] Simon, H. A.. Administrative Behavior — A Study of Decision Making Processes in Administrative Organization[M]. New York: Macmillan Publishing Co, Inc., 1971.
[165] Smith, T. B.. The Policy Implementation Process[J]. Policy Science, 1973, 2(4).
[166] Stephen, T.. The Uses of Argument[M]. Cambridge University Press, 1958.
[167] Strassheim, H.. Lasswell's Legacy Revisited: Critical Perspectives on Psychological and Behavioural Public Policy[J]. Critical Policy Studies, 2019, 13(2).
[168] Thomas, R. D.. Understanding Public Policy(Twelfth Edition)[M]. Prentice-hall, 2008.
[169] Tony, B.. The Mind Map Book[M]. Penguin Books, 1996.
[170] Truman, D. B.. The Governmental Process[M]. New York: Alfred A Knopf, 1951.
[171] Van Meter, D. S. and Van Horn, C. E.. The Policy Implementation Process: A Conceptual Framework[J]. Administration and Society, 1975, 6(4).
[172] Walter, D. B. and Martha, W.. American Politics and Public Policy[M]. Cambridge Massachusetts: The MIT Press, 1978.
[173] Walter, W. and Richard, F. E.. Social Program Implementation[M]. New York: Academic Press, 1976.
[174] Wilder, M.. Comparative Public Policy: Origins, Themes, New Directions[J]. Policy Studies Journal, 2017, 45(S1).
[175] Zahariadis, N. and Allen C. S.. Ideas, Networks, and Policy Streams: Privatization in Britainand Germany[M]. Policy Studies Review, Transaction Publishers, 1995.

后　　记

《公共政策导论》得以顺利再版,是中国公共行政学、政策科学快速发展的结果。本书在借鉴国内外经典教材的基础上,从实用性和可操作性出发,重新构建了公共政策总体框架,不仅大大丰富了现有教材的内容,而且重点增加了有关分析方法的运用以及最新案例的分析,知识体系更加完备。再版在第一版的基础上增加了课程思政的相关内容,即将中国重要的国家发展和治理的历史事实与公共政策的理论相结合,唤起学生的家国情怀,树立学生的道路自信、制度自信、理论自信和文化自信。

《公共政策导论》的再版既是团队协作的成果,也是集体智慧的结晶,离不开各有关方面给予的大力支持和帮助。在再版过程中,在我的全盘把关和统筹协调下,团队成员张新颖、谢绍虎、于翠平等参与了第一章至第三章的改写,张莹、师凤莲、韩珵、张电电、段培新等参与了第四章至第八章的改写,王龙参与了第九章至第十章的改写。张莹、张电电、韩珵、张新颖等协助我完成了全书的统稿工作。李国锋、刘玉安、周峰、贾莎等在第一版的写作中也付出了辛勤的劳动。此外,本书的写作还参考了许多国内外专家学者的论著和教材,在此谨向他们致以最诚挚的谢意。

最令人感动的是上海财经大学出版社的领导和编辑,在此次再版过程中倾注了大量心血。他们主动、热情、敢于开拓的精神,朴实、认真、一丝不苟的工作作风,给我留下了极深刻的印象。

本书可能存有疏漏甚至错误之处,敬请专家学者和广大读者批评指正。我们拟在适当时间举办相关研讨会,听取相关意见,以便继续修改完善,提高本书的编写水平。

在此,对所有帮助、关心和支持本书编写与出版的各位专家和朋友表示最衷心的感谢。

2022 年 12 月